《华中学术》第 36 辑编委会

顾　问：邢福义　王先霈　刘守华　王庆生
　　　　　王忠祥　张三夕　孙文宪　戴建业

编委会主任委员：胡亚敏

编委会委员（按姓氏笔画顺序）：
　　　　　王　炜　刘　云　汤江浩　许祖华
　　　　　苏　晖　汪国胜　张岩泉　陈建宪
　　　　　周晓明

主　编：汤江浩

编辑部主任：安　敏

本辑执行编辑：安　敏

国家"双一流"建设学科"华中师范大学中国语言文学"资助项目
中文社会科学引文索引（CSSCI）来源集刊
华中师范大学文学院　主办

Central China Humanities

第36辑

主编　汤江浩

2021/4
VOL.13 NO.4

华中师范大学出版社

新出图证(鄂)字 10 号
图书在版编目(CIP)数据

华中学术.第 36 辑/汤江浩主编.—武汉:华中师范大学出版社,2021.12
ISBN 978-7-5622-9518-1

Ⅰ.①华…　Ⅱ.①汤…　Ⅲ.①社会科学—文集　Ⅳ.①C53

中国版本图书馆 CIP 数据核字(2021)第 266606 号

华中学术(第 36 辑)
ⓒ汤江浩　主编

责任编辑:王中宝	责任校对:肖　阳	封面设计:罗明波
编 辑 室:学术出版中心		电话:027-67867792
出版发行:华中师范大学出版社		
社址:湖北省武汉市洪山区珞喻路 152 号		邮编:430079
电话:027-67863426(发行部)		
传真:027-67863291		
网址:http://press.ccnu.edu.cn		电子邮箱:press@mail.ccnu.edu.cn
印刷:湖北新华印务有限公司		督印:刘　敏
字数:450 千字		
开本:787mm×1092mm　1/16		印张:20
版次:2021 年 12 月第 1 版		印次:2021 年 12 月第 1 次印刷
定价:98.00 元		

欢迎上网查询、购书

敬告读者:欢迎举报盗版,请打举报电话 027-67867353

目　录

【文艺学研究】（主持人：刘　涛）

文学作品及其具体化
　　——英加登现象学文论管窥 …………………………………… 郭勇健(1)
绘画何以可能
　　——论梅洛-庞蒂与马尔罗的艺术之辩 ………………………… 杜　超(12)
神性的入世与两难：美国清教对爱默生美学的影响 ………………… 李珍珍(21)

【文学伦理学批评与外国文学研究】（主持人：苏　晖）

霍华德·雅各布森《J》中的记忆与他者伦理 ………………………… 苏学林(30)
罗朗·巴特"大众戏剧"理论的时代特征及其三要素 ………………… 宫宝荣(42)
美国历史面前的三次"转身"
　　——评梯姆·奥布莱恩的《爸爸的"可能"书》 ……………… 甘文平(53)

【古代文学文献学研究】（主持人：付林鹏）

先秦"说"与先秦两汉小说文体及观念的发生 ………………………… 许　宁(64)
论司马氏父子对孝思想的接受 …………………………………………… 宗靖华(74)
宋代奏议文集的编纂与文体观念新变 …………………………………… 张　敏(84)

【元明清文学研究】（主持人：王　炜）

诗之真与情之真
　　——兼论"真诗乃在民间"的文学思想史价值 ……………… 王　炜(95)
钱谦益诗作中的自我指称与身份建构 ……………………………… 骆耀军(109)

【当代文学研究】（主持人：张岩泉）

莫言小说近作的乡村日常叙事 ……………………………………… 杨　波(120)
传播·接受·权力话语
　　——穆旦诗歌经典化建构的三重力量耦合 ……………… 李蒙蒙(128)

创伤记忆与文学治疗
　　——海峡两岸少数民族作家的灾害书写…………………………… 杨　森(138)

【汉语方言研究】(主持人：汪国胜)
湖北口头文化的采录与整理……………………………………………… 汪国胜(147)
皖北方言的"子/儿"缀量词………………………………………………… 郭　辉(156)
河南偃师方言处置兼被动标记"叫"
　　——兼论"叫"在汉语方言中的地理分布…………………………… 郭　笑(168)

【语言学研究】(主持人：刘　云)
基于二分网络的汉越佛教熟语对比……………………………………… 赵燕华(186)
认知视角下"好/坏＋N"格式研究 ………………………………………… 曾　李(198)
朗诵的现代性：语言、文体与技巧………………………………………… 苏文清(208)

【古代汉语研究】(主持人：曹海东)
《老子》语词义的跨层潜含………………………………………………… 夏凤梅(218)
从《论语集注》的字词训释看朱熹训诂的价值
　　——以和前代《论语》经注比较为中心……………………………… 于芝涵(222)
再论"月亮"的词汇化……………………………………………………… 班　曼(233)

【经学与文学研究】(主持人：安　敏)
《春秋》属辞比事与《左传》文章义法……………………………………… 张高评(245)
经与文的碰撞
　　——论清前期《左传》专书评点的"离经义化"……………………… 安　敏(266)

【民间文学研究】(主持人：孙正国)
由民间到海外：清末民初来华西人之中国民间文学译介 ……………… 朱灵慧(278)
谢林的新神话理念及其神话学意义……………………………………… 周争艳(290)
英国维多利亚时期民间童话对文学童话的影响………………………… 甘　露(300)

《华中学术》来稿注意事项………………………………………………………(309)

【文艺学研究】

文学作品及其具体化
——英加登现象学文论管窥

郭勇健

（厦门大学人文学院，福建厦门，361005）

内容摘要：英加登现象学文论的枢纽是文学作品及其具体化的区分。这是本体论的区分。本体论关注多中之一、变中的不变，因而将读者作为杂多和变量排除在外，将阅读、具体化悬搁起来。但英加登主张文学作品是"主体间性的纯意向性客体"，与一个读者社会相联系，并没有完全排除读者。在认识论领域，英加登进一步区分了艺术价值和审美价值。但英加登并未正面阐述艺术价值，因为艺术价值在文学作品中处于潜在状态，必须通过具体化过程实现为审美价值。在逻辑上，艺术价值先于审美价值，但在现实中，艺术价值只能通过审美价值来定义自身。英加登对文学作品和具体化的区分具有重大的学术意义，但也有缺陷。缺陷之一是过于生硬，以至于在文学作品问题上陷入二元论，有违"现象学一元论"的精神。缺陷之二是认为文学作品的基本功能是让读者构成审美对象，这是对文学意义的狭窄化。近年来现象学系统的美学和文学理论倾向于弥合英加登的区分。

关键词：英加登；文学作品；具体化；艺术价值；审美价值

英加登现象学文论主要由两个部分构成，即文学作品本体论和文学作品认识论。前者探询文学作品的存在方式，后者旨在考察对文学作品的认识方式，其重心是阅读行为对文学作品的具体化（concretization）。一言以蔽之，英加登现象学文论的枢纽是文学作品及其具体化的区分。在英加登看来，文学作品本身只是一个"图式化构成"（a sehematic formation），其中充满了"未定域"（places of indeterminacy），这些未定域将在阅读活动中被读者所填充，使作品得以具体化，因此，文学作品不同于文学作品的具体化。文学作品的具体化有许多方式，最重要的方式是审美具体化，审美具体化将文学作品构造为审美对象。于是，文学作品及其具体化的区分，可扩展为一般意义上的艺术作品与审美对象的区分。这一区分被现象学美学家杜夫海纳所接受。不过在论述程序上，英加登是文学作品在先，审美对象在后；杜夫海纳是审美对

象在先，艺术作品在后。本文拟从现象学美学的艺术作品—审美对象这对概念返回到英加登的文学作品—具体化，从这一区分管窥英加登的现象学文论，然后尝试跳出英加登的文学现象学，剖析这一区分在学理上的得与失。

一、本体论的区分

英加登为什么要区分文学作品和文学作品的具体化？这是由于他研究文学的首要目的是建立文学作品本体论。他在《论文学作品》[1]（1931）中开宗明义地说："绝大多数研究家都很努力地研究了各种不同的——有时候甚至很有趣的——具体问题，但他们却没有注意到，如果不把中心问题，也就是文学作品的本质问题提出来，并把它说清楚，他们研究的那些具体问题是不能完全解决的。我要研究的正是这个中心问题。"[2]值得注意的是，被英加登视为"中心问题"的并非"文学的本质"，而是"文学作品的本质"。"文学"只是一个抽象而空洞的概念，"文学作品"却是可以直观的东西，现象学的宗旨正是打开并进入无限丰富的直观领域。事实上在英加登之后，现象学美学家基本上都是研究文学作品和艺术作品，而不是直接研究文学或艺术。还有一处值得注意的是，英加登的提问方式显然受到胡塞尔现象学"本质直观"（Wesensschau）方法的影响。正如胡塞尔现象学不是事实研究而是本质研究，英加登的文学现象学也要研究"文学作品的本质"。但是，这里的"本质"并不是古希腊柏拉图和亚里士多德的本质，不是理念或概念，而是现象学的本质。现象学的本质是不离现象的本质，本质就在现象之中，因此，"文学作品的本质"在英加登这里也就是文学作品本体论，它追问的是文学作品的存在方式。

本体论之思追问多样性中的统一性（同一性），简称"多中之一"。柏拉图对"美本身"的追问便是最好的例子。柏拉图在《大希庇阿斯篇》说："我问的是美本身，这美本身，加到任何一件事物上面，就使那件事物成其为美，不管它是一块石头，一块木头，一个人，一个神，一个动作，还是一门学问。"[3]不过柏拉图的本体论属于概念本体论，美本身作为共相是理念或概念，而且居于殊相之后或之上，是先行决定或暗中规定"多"的"一"。柏拉图考察的不是"审美对象"，而是"美"的概念。倘若落实到文学领域，则柏拉图考察的必不是"文学作品"，而只是"文学"。英加登也追求"多中之一"，但他作为现象学家不离"多"而求"一"、不离"现象"而求"本质"，因此他追问"文学作品本身"；他也做本质研究，但"本质"对于英加登毋宁说是文学作品共有的结构。事实上英加登主张文学作品是一种多层次的结构，任何文学作品都由语音造体、意义单元、再现客体、图式观相这四个层次所构成。总之，柏拉图式的概念本体论可能会问"文学是什么"，英加登的现象学本体论问的是"文学作品如何存在"。

本体论寻求"多中之一"，亦即寻求"变中的不变"。在《大希庇阿斯篇》中，希庇阿斯对"美是什么"给出回答是美女、汤罐、母马等，亦即将"美"替换为"审美对象"。审美对象变化万千，而柏拉图意在"不变"的存在，不得不将变化多端的审美对象排除在外。不过，审美对象之所以变化万千，有客观和主观两个原因，主观原因在于人总是"各美其美"。变化的不仅是林林总总形形色色的审美对象、艺术作品、文学作品，还有一个让它们发生变化的因素，那就是人，或者说是美、艺术、文学的接受者。有鉴于此，柏拉图强调："美是而且将来也还是对于一切人都是美的。"[4] 这就是说，人是一个"变量"，也是"杂多"之源，柏拉图呼吁把人的因素排除在本体论研究之外。按照柏拉图的思路，美学研究应当瞄准"美"这个不变的概念，而不能着眼于个别和具体的"审美"现象。即便是现象学本体论，既然也是一种本体论，那它自然也要避开变化的因素，以免陷入只有"多"没有"一"的局面。英加登的文学作品本体论的首要关怀是"文学作品本身"，因此要将"具体化"悬搁起来，加上括号。何谓具体化？英加登说："文学的艺术作品必须同它的具体化相区别，后者产生于个别的阅读（或者打个比方说，产生于一出戏剧的演出和观众对它的理解）。"[5] 同一段文字、同一部作品，在个别的阅读中必然发生这样那样的变化，而英加登意在探索文学作品的不变结构、一般结构，这就有必要将文学作品本身与它的具体化区分开来。

但英加登随即遇上了一个问题，在现象学视域中将文学作品与它的具体化区分开来是可能的吗？或者换一种问法，排除了读者阅读的文学作品本体论是可能的吗？这个问题对于柏拉图式的本体论根本就不是问题，因为柏拉图的本体论是"客观本体论"。但现象学领域本来就是主体性、内在性的领域。"纯客观的存在"在现象学中是没有立足之地的。既然如此，"不被阅读的文学作品"岂非也没有立足之地？杜夫海纳认为可以将艺术作品和审美对象分别对待："作品是可以进行客观研究的，……我们曾经指出，审美对象在一定意义上可以等同于作品。要在对象背后重新发现作品，只需放弃审美态度，采取一种正好适于客观分析的客观化态度。我们不把作品作为已感知之物来考察，而是作为已认识之物，作为先于知觉而存在之物来考察。"[6] 在杜夫海纳，审美对象就是被知觉的艺术作品，单独考察艺术作品之时，他要求放弃审美知觉而对艺术作品加以客观研究。这与英加登悬搁具体化而客观地考察文学作品如出一辙。但事实上，杜夫海纳和英加登都没有放弃现象学的主体性。杜夫海纳主张审美对象是一个"准主体"，而英加登认为文学作品是一个"意向性客体"（intentional object）。

考察文学作品的存在方式，这首先意味着对文学作品加以分类，亦即将文学作品纳入某个"本体论范畴"。此前已有两个本体论范畴即观念和实在，但文学作品显然既不是观念也不是实在。英加登主张文学作品是"意向性客体"。文学作品作为意向性客体是不可能独立于意识、独立于人的。不仅如此，文学作品还是"纯意向性客体"。英加登指出："纯意向性客体的存在决定于意识行动。"[7] "要将一般理解的纯意向性的客体和不依赖意识而独立自主地存在的客体区分开。对于这些独立自主地存在的客体来说（如果这种客体存在的话），意识如果对它们采取了一个或者多个行动，而它们也派生地成了'意向性的客体'，这完全是偶然的。"[8] 实在客体在偶然进入知觉时也成为意向性客体，而文学作品本身却完全是作家通过语言意向性地构成的。例如，"日月之行，若出其中。星汉灿烂，若出其里。"——这诗句构建的再现客体，只是一种纯意向性客体，只存在于曹操的《观沧海》中，不必有现实世界的对应物。

但是，如果文学作品只是作家的意向性客体，那就意味着它是主观的存在，其同一性仍然成问题。作家自以为写了一部小说，实际上可能只是散文。作家自以为写了一部可以拿诺贝尔奖的杰作，实际上可能只是平庸之作。英加登意识到这一点，因此进一步强调，文学作品是"纯意向性客体"，还是"主体间性的纯意向性客体"，他总结道：

> 文学作品是一个纯粹意向性构成（a purely intentional formation），它存在的根源是作家意识的创造活动，它存在的物理基础是以书面形式记录的本文或通过其他可能的物理复制手段（例如录音磁带）。由于它的语言具有双重层次，它既是主体间性可接近的又是可以复制的，所以作品成为主体间性的意向客体，同一个读者社会相联系。这样它就不是一种心理现象，而是超越了所有的意识经验，既包括作家的也包括读者的。[9]

文学作品本体论寻求"多样性中的同一性"，而文学作品的同一性，是由"主体间性"（Intersubjectivity）来保证的。它不仅意味着作者与读者之间的主体间性，而且意味着读者与读者之间的主体间性。文学作品与一个"读者社会"相联系。如此一来，英加登等于重新把读者纳入文学作品的存在。

在悬搁读者的情况下，英加登也曾考虑文学作品的同一性。在《论文学作品》中，英加登认为对文学作品的同一性至关重要的是"意义单元层次"。因为语言具有社会性，"几乎每一个构成语词或赋予意义的事例都是两个或更多的人共同工作的结果，他们发现自己面对同一对象（一个事物或一个具体过程）或处在一个共同的境遇中"。"以这种方式产生的具有意义的语词从一开始就是一个主体间际的实体，其意义是主体间际可接近的，而不是一个具有'个人'意义的东西。"[10]意义是主体间性的，意义单元层次在一定程度上保证了作品的同一性。之所以说"在一定程度上"，是由于文学作品还有其他层次。对再现客体层次和图式观相层次的具体化，往往取决于读者，随读者的不同而不同，因此仅仅强调语言意义的主体间性并不能最终担保作品的同一性。在《对文学的艺术作品的认识》（1937）中，英加登凸显了读者的主体间性。文学作品是一个"读者社会"的共同对象，如此便再次保证了作品的同一性。

不过，既然读者参与了文学作品的存在，那就说明文学作品无法与其具体化截然分开。根据现象学的精神，不被阅读的文学作品相当于不存在。用英加登的术语来说，不被具体化的文学作品相当于不存在。在《论文学作品》中，英加登其实已经意识到区分文学作品和具体化的困难。英加登自问："既然文学作品只能从具体化中去认知它，那么我们怎么能够把文学作品看成是和它的具体化不相容的东西，而要通过对它的结构的研究来认知它呢？"答案是："每次具体化的不同使我们看到，什么属于作品的本身，什么属于决定于一些偶然因素的具体化。"[11] "可以说，一部和这同一部作品是在不同的和不断变化的'观相'中出现的。……那许多观相出现在两次不同的阅读中是不一样的，于是就给我们开辟一条能够区分作品和它的每一次具体化的途径。"[12]文学作品只能在具体化中被给予我们。但是，不存在两种完全相同的具体化。况且有很多未定域即使在具体化中也是无法被填充的。各种具体化的差异使我们可以推知一个不受具体化影响的文学作品。因此英加登又把他对文学作品的结构分析称为现象学的"先验分析"(a priori analysis)。尽管英加登对区分提供的理由尚能自圆其说，但我们似乎仍然可以怀疑，英加登让文学作品独立于具体化、让文学作品本体论先于文学作品认识论的做法是否有违现象学的直观原则。

二、认识论的区分

对英加登文学作品本体论的一个质疑是忽视了文学作品的价值问题。英加登在《论文学作品》中确实说过："我在研究文学作品时，并不考虑它是不是有肯定的价值，还是根本没有价值。"[13] 现象学研究素有"价值中立"(value neutral)的原则，而本体论研究，确实也可以与价值论无涉。但文学作品毕竟是一种价值存在物，价值问题是无法撇开的。因此在第二部著作《对文学的艺术作品的认识》中，英加登增加了价值问题的讨论，其表述也做出相应的调整：

> 如果一部文学作品是具有肯定价值的艺术作品，那么它的每一个层次都具有特殊性质。它们是两种价值性质：具有艺术价值的性质和具有审美价值的性质。后者在艺术作品中以一种潜在状态呈现出来。在它们的全部多样性中产生了确定作品价值性质的审美价值质素(aesthetically valent qualities) 特殊的复调性(polyphony)。[14]

英加登以上这段话中提到文学作品，已不再是以前的态度——"不考虑它是不是有肯定的价值，还是根本没有价值"，而是用了"如果具有肯定价值的艺术作品"的说法。那么，我们是否可以说英加登把文学作品的本体论与价值论合而为一了呢？很难给出一个肯定的回答。因为英加登的"文学作品"是一个比较宽泛的概念，"'文学作品'首先指美文学作品，尽管在以后的研究中，这个词也适用于包括科学著作在内的其他语言作品"，"我们不把其他作品，例如社论、随笔以及科学著作排除在我们的思考范围之外"[15]。照此说法，"具有肯定价值的艺术作品"只是文学作品的一部分。不能排除有很多作品具有否定价值，还有很多"文学作品"不具有价值。可以断定的是，无论是艺术价值还是审美价值都是在"对文学的艺术作品的认识"中方才出现的。而且艺术价值在文学作品中处于"潜在状态"，还是得在具体化过程中将它显势化，实现为审美价值。总之，在《对文学的艺术作品的认识》中，英加登现象学文论发生的变化是：本体论视域中的文学作品和具体化的区分，在认识论视域中进一步发展为文学作品的艺术价值与审美价值的区分。艺术价值属于文学作品，审美价值属于文学的具体化。

对文学作品的认识，必然建立在阅读之上。关于阅读和认识两个概念，英加登都有细致的规定。例如他区分了"消极阅读"和"积极阅读"，前者只能理解句子的意义，后者不仅理解句子的意义，还能把握句子建构的意向对象——事态和其他意向关联物。无论是艺术价值还是审美价值，都是积极阅读才能把握到的。他还区分了两种阅读方式："第一，阅读一部特定的文学作品或者在这个阅读过程中发生的对作品的认识。第二，那种可以导致理解文学的艺术作品的基本结构和独特性的认识态度。它们是两种不同的认识方式并提供两种完全不同的知识。"[16]第一种阅读是"特定性阅读"，第二种阅读是"非特定性阅读"。第一种阅读针对特定的具体的作品，产生文学批评；第二种阅读针对文学作品的基本结构或一般本质，产生文学理论。由于艺术价值和审美价值的区分是文学作品认识论的一般性论断，因此，无论是艺术价值还是审美价值，都是第二种阅读才能把握到的。

关于认识，英加登首先区分了两种认识态度，即"学者的态度"和"读者的态度"，前者旨在"求得科学知识"，后者"首先关心通过阅读使作品达到审美具体化的现实化，以便在这种具体化中审美地欣赏它和观照它"[17]。对文学作品的认识方式则被分为两种或三种。两种方式是"'前审美'的方式"和"审美的方式"，"在前者，文学的艺术作品本身在其图式化形式中构成研究的主要对象；在后者，研究的对象是在审美经验中得到现实化的作品的具体化"[18]。这是将文学作品和具体化的本体论区分延伸到认识论领域：前审美认识是认识文学作品，审美认识是认识从文学作品中具体化的审美对象。假如仅看这个说法，可能让人以为文学作品是一种非价值的存在物，不过英加登还有认识方式的三分法："我们可以审美地体验所有这些作品；我们也可以在前审美认识或本身不是审美的但建立在审美经验基础上的认识中理解它们。只有对作品的后一种认识性理解才能提供关于作品价值的正确知识。"[19]不妨将三者简称为"前审美认识""审美认识"和"后审美认识"。英加登认为，这三种认识都涉及价值。在"前审美认识"中，认识对象是文学作品，但它并不是冥顽不灵的非价值存在物。

> 作品本身明显具有一种能够审美地影响读者的工具的价值。所以它具有一种关系价值，同对象的审美价值相对照，这种价值永恒地存在于对象之中并且完全以审美相关性质为基础。所以对象的价值在这个意义上是一种"绝对的"价值并且属于审美对象，完全独立于后者是否服务于任何目的或发挥任何功能。这些价值的第一种我称为艺术价值，第二种称为审美价值。揭示和理解艺术价值首先属于文学的艺术作品的前审美研究认识的任务；对艺术作品审美具体化中呈现的审美价值的理解是一种完全不同的认识的任务，这种认识只有在审美经验中构成审美对象之后才能进行。[20]

英加登说得很清楚，审美认识或"审美具体化"理解审美价值，"前审美研究认识"理解艺术价值。但问题在于，并不是所有的美学家都要区分艺术价值和审美价值，更常见的情况倒是将二者等同起来，任选一词以代表两者。具体到文学领域，我们通常避开艺术价值和审美价值的异同，将文学的艺术价值和审美价值笼统地合称为"文学价值"；我们往往会说在审美活动中把握到文学价值。一般的"研究认识"是不会把握到文学价值的。例如，《毛诗序》说"《关雎》后妃之德也"，潘重规把《红楼梦》视为"汉族志士反清复明之作"，这类观点明显属于"前审美认识"，与《关雎》和《红楼梦》的文学价值毫无关系。所以我们必然会感到疑惑，所谓的"前审美认识"，究竟如何可能把握文学作品的艺术价值呢？综观《对文学的艺术作品的认识》，英加登对这个问题给出了两种回答，第一个回答是消极的，第二个回答是积极的。

消极的回答是把文学作品与科学著作加以比较。科学著作对于英加登的现象学文论颇有意义。英加登的叙述策略之一是在与科学著作的对照比较之中，凸显文学作品的特征。最经典的一例就是在《论文学作品》中，英加登指出科学著作中的陈述句是真判断，而文学作品中的陈述句是"拟判断"（quasi-judgement），这应当是英加登现象学文论最具原创性的观点之一。本体论研究如此，认识论研究也是如此。《对文学的艺术作品的认识》一书专门辟有一章"对科学著作的认识"。英加登指出，"了解文学的艺术作品的整个过程和理解科学著作是根本不同的"[21]，例如，文学作品的基本功能是让读者进行适当的审美具体化，生成审美对象，体验审美价值，但是，对于科学著作来说，那些构成审美价值的审美相关性质都是没有必要的。英加登还指出科学著作仅有语音造体、意义单元、再现客体三个层次，没有图式观相层次，而图式观相层次对文学作品的审美具体化发挥了至关重要的作用。总之，在与科学著作的比较中，英加登表明文学作品是一个具有价值质素的客体。以科学著作之所无，反衬文学作品之所有，所以说是"消极的回答"。

积极的回答是在认识中引进情感因素。我们知道，价值是感受、体验、享受的对象，与情感密不可分。用现象学的术语说，价值是情感的意向关联物。观察是理智的观察，欣赏是情感的欣赏。以往的认识论往往把认识视为排除了主观情感的理智活动，因为情感在认识过程中只会起干扰作用，歪曲认识对象，使认识失去客观性。但英加登认为，并非所有的情感都会歪曲对象。对文学作品的认识，更不可能离开情感，例如读者要理解小说人物，不能仅从旁边冷静、中立地"观察"他，而是要与小说人物"同呼吸、共命运"，要对他"感同身受"，这就是"同情"或"同感"。因此，"在文学的艺术作品的前审美认识中，必须经验这样一种'同情'而不是以纯粹理智的方式进行"[22]。这种前审美认识的同情，并不基于审美价值质，因而并不能发展为审美经验。但无论如何，在这种同情中，文学作品不再是价值中性的，而是可能具有艺术价值了。

在《对文学的艺术作品的认识》一书中，英加登多处区分了艺术价值和审美价值，以深化《论文学作品》对文学作品和具体化的本体论区分，但是，关于审美价值他固然给出不少说明，关于艺术价值却基本上从未正面论述。因此我们并不能从英加登的论述中了解什么是艺术价值。不难发现个中缘由是，艺术价值在艺术作品中处于潜在状态，必须通过现实化为审美价值才能显明自己的存在。在逻辑上，艺术价值先于审美价值，但在现实中，艺术价值只能通过审美价值来定义自身。通过具体化了的审美价值，英加登推知存在着具体化之前的艺术价值，这正如文学作品本身也是通过与诸多具体化相对照才得以确立一样。

三、英加登二分法的得失

英加登对文学作品及其具体化的区分，主要有两大贡献。第一是建立了现象学的艺术作品本体论，揭示了文学作品的多层次结构。这是原创性的学术建构，也是开宗立派的学术举动。杜夫海纳的现象学美学、韦勒克的新批评文学理论、伊瑟尔（Wolfgang Iser）的接受美学，都建立在英加登的学说之上，或以英加登学说的某些观点为出发点。伽达默尔的诠释学美学，也对英加登的文学作品本体论颇有借鉴。第二是在文学研究中引进了读者因素。这在西方文论史上虽非破天荒的第一次，却堪称最深刻的一次。文学现象学蕴含着接受美学的可能性，推动了美学史和文论史的发展。历史本身就是对英加登文论的表彰。

英加登的文学作品本体论也对文学理解（和文学批评）提供了规范。在本体论领域，文学批评奠基于阅读，大致属于英加登所说的具体化；在认识论领域，文学批评大致属于英加登认识三分法中的"后审美认识"。英加登让文学作品本体论在认识论之前，这就确保了文学理解和文学批评的可靠性。显然，无论是具体化还是文学批评，都得忠实于先在的文学作品。英加登一再提到"恰当的具体化"，服从文学作品的具体化才可能恰当。具体化必须"恰当"，文学理解和文学批评也必须基于恰当的具体化。举例来说，英加登在分析语音造体层次时曾谈论节奏。他照例区分了属于作品的节奏和属于阅读的节奏。苏东坡曾经讽刺"三分诗七分读"；新批评的先驱瑞恰慈（I. A. Richards）能够像诵读莎士比亚诗歌那样朗读电话簿，让听众为之倾倒。这两种阅读行为都可能将不属于作品的节奏强加于作品之上，英加登称之为"不恰当的具体化"。

忠实于或顺从于艺术作品，这是现象学美学在阅读和批评问题上的基本原则。尽管英加登已发现读者参与作品的存在，然其本体论诉求决定了他必然让作品优先于读者。到了接受美学那里，读者的重要性益发凸显，英加登赋予文学作品的优先性被取消了。第一个接受美学家姚斯（Hans Robert Jauss）提出"期待视野"（Erwartungshorizont）概念，他说："如果在对象化的期待系统中描述一部作品的接受与影响的话，那么，在每一部作品中出现的历史瞬间，读者文学经验的分析就避免了心理学的可怕陷阱。"[23] 与英加登一样，姚斯也坚决向文学研究中的"心理主义"宣战，但他使用的武器并不是文学作品本体论，而是"期待视野"。这个"可以客观化的期待参照系"主要指文学惯例，如文类的特征、作品的形式和题材、诗的语言和实用语言的对立。姚斯用"期待视野"或文学惯例替代了英加登的文学作品，之后读者反应批评的代表人物斯坦利·费什（Stanley Fish）则直接取消了英加登的文学作品：

> 当前文学讨论中经常引起争论的问题：在本文中到底有什么（What is in the text）？问题的出发点是假设在某种（或许是分子结构的）平面上，本文中存在的东西独立于，而且先于人们对它所作的解释；因此，本文是稳固的，即使对它的解释可以改变。我想要说的是，本文总是客观存在在那儿（正如一个普通的客体存在总是存在在那儿一样），不过，本文中存在的东西能够发生改变，因此，没有在哪一个平面上，本文是独立于而且先于解释的。[24]

英加登显然认为"本文中存在的东西独立于，而且先于人们对它所作的解释"，例如艺术价值就是独立存在于作品（文本）中的东西，而审美价值是对它所作的解释。而费什则坚持"没有在哪一个平面上,本文是独立于而且先于解释的"。如果用英加登的术语来说,那么费什显然认为,只有具体化的文学作品,而没有具体化之外的"文学作品本身"。但倘若并没有文学作品本身,那么读者对作品的解释不会随心所欲吗?费什认为不会。他提出了"解释团体"(interpretive communities)概念,指出一切解释都发生于某个团体之内,团体必是因某种文化而聚集起来的团体,团体的文化已预先规定了解释的方向,因而不会导致言人人殊的主观主义或相对主义。英加登用"主体间性"保证文学作品的同一性,此举兼顾"文本内外";费什用"解释团体"保证文本意义的同一性,明显走向"文本之外"。我们还可以认为,费什的"解释团体"说是姚斯的"期待视野"说的一种极端化发展。在这种极端化发展中,文学作品本体论的地位岌岌可危。

当然,费什也提及"本文总是客观存在在那儿",这似乎也给了文本或作品以某种"本体论地位"。费什承认了两种存在,一是客观存在的文本,二是作为解释对象的文本。但他又说,客观存在的文本"正如一个普通的客体总是存在于那里一样"。在英加登的术语体系中,费什此说相当于把客观存在的文本视为实在客体。这是英加登的文学现象学早已驳斥过的。英加登也赞同文学作品总要寓于某种物质载体中,"它存在的物理基础是以书面形式记录的本文或通过其他可能的物理复制手段(例如录音磁带)"。但是在他看来,物理基础并不进入文学作品的存在,恰似衣服不属于人的身体,文学作品及其具体化都是意向性客体。在这个话题上,英加登的谈论给出了三层架构:文学作品的物理基础—文学作品本身—文学作品的具体化。而费什的论述只有两层:客观存在的文本—读者解释中的文本。费什观点中缺失的恰恰是中间一层:文学作品本身。于是这里就产生了一个疑问:有没有必要将文学作品本身和它的具体化区分开来?

在现象学家中只有杜夫海纳接受了英加登的这一区分。但杜夫海纳同时对之进行了两个改造:(1)英加登从文学即语言艺术出发,杜夫海纳从表演艺术出发,于是将文学作品与具体化发展为作品与表演;当然在一般意义上,两人都主张艺术作品与审美对象的区分。(2)在英加登的体系中,本体论在认识论之前,文学作品先在于具体化、艺术作品先在于审美对象;而杜夫海纳是先讨论审美对象再讨论艺术作品。还有一个不同是,杜夫海纳主张,在完美的表演或完美呈现的审美对象中,艺术作品和审美对象合而为一。前面引用杜夫海纳的话中就有一句:"审美对象在一定意义上可以等同于作品。"艺术作品和审美对象合而为一,在现象学意义上就是具体而微的存在和现象合而为一。而英加登自始至终都在强调审美对象和艺术作品之间的不同或差别。这就是说,杜夫海纳对艺术作品与审美对象的区分,不像英加登那么生硬。杜夫海纳看到了两者的异与同,英加登却只看到两者的异。由于这种生硬性,英加登在文学作品问题上陷入了存在—现象的二元论。这与所谓"现象学一元论"的精神是有所违背的。或许正因为如此,除了杜夫海纳,英加登之后的其他现象学家如海德格尔、伽达默尔等都没有区分艺术作品与审美对象。

英加登二分法的生硬性,还可以从艺术价值与审美价值的二分中见出。将艺术价值归之于艺术作品,使之区别于审美价值,这是将文学作品和具体化的区分进一步深化。但是如前所述，我们并没有找到英加登对艺术价值的正面界定。艺术价值必须通过审美价值才能显示自身的存在，或者说艺术价值概念寄生于审美价值概念，这自然使我们怀疑，艺术价值的概念究竟是否有存在的必要？只用审美价值概念岂非已经足够？英加登在《论文学作品》中就不使用艺术价值概念。艺术价值概念是《对文学的艺术作品的认识》中新增的，但概念固然增加了，内容却没有增加。作为潜在于文学作品的价值，艺术价值难道不就是由英加登所说的"审美价值质"构成的？也就是说，艺术价值和审美价值的区分是否有必要？在这两个概念中选用一个不就可以代表两者了？另一位现象学美学家莫里茨·盖格尔就选用了艺术价值概念，他强调："'审美'价值也应当毫无保留地被理解成为'艺术'价值。"[25] 比较而言，艺术价值要比审美价值宽泛、丰富得多。

除了生硬性，还有狭窄性。这是说英加登的二分法造成了对文学意义的狭窄化。英加登认为，"文学的艺术作品真正的基本功能在于使对作品持正确态度的读者能够构成一个审美对象，它属于作品所容许的若干审美对象之一，并且能够产生一种同作品相适应的审美价值"[26]。这意味着只有把文学作品当作审美对象，才是对作品的"正确态度"。但是我们关于文学作品的许多经验都不是审美经验，文学经验不限于审美经验。正是看到这一点，伽达默尔对英加登评论道："虽然我认为R. 英加登对于文学作品的'图式论'分析太少地为人重视，但当他在'审美对象'的具体化过程中看到艺术作品的审美评价的活动余地时，我是不同意他的。"[27] 伽达默尔主张艺术经验要比审美经验丰富得多，反对英加登把文学作品当作审美体验的对象，质疑英加登对艺术作品和审美对象的区分。

当然，伽达默尔在某种意义上承认了"图式化构成"和"具体化"这对概念。伽达默尔也有艺术作品本体论，其基本观点是"艺术作品的存在方式就是表现（Darstellung）"[28]。这里的"表现"约等于英加登的"具体化"。但是，承认这对概念并没有让伽达默尔陷入英加登的二元论。伽达默尔用"存在扩充"（Zuwanchs Sein）这个概念来发展英加登的具体化概念，艺术作品的"表现"也就是"存在的扩充"。根据这个概念，文学作品在阅读中被具体化，实现了存在的扩充。但伽达默尔不认为对文学作品或艺术作品的具体化就是审美具体化，且产生审美对象。伽达默尔是个善于维持平衡、不走极端的哲学家，他吸收了英加登的观点并超越了英加登的观点。其他质疑英加登的学者就没有伽达默尔那么平和了，如前面提到的费什，他的文学思想，其远亲是现象学，近邻是伽达默尔诠释学。伽达默尔诠释学是对海德格尔诠释学现象学的延伸，因而也属于现象学系统。总而言之，在英加登之后，近年来现象学系统的美学和文学理论都倾向于弥合英加登的区分。

注释：

[1] 此书的德文版名为《文学的艺术作品》，于1931年出版；波兰文译本易名为《论文学作品》，于1960年出版。张振辉中译本《论文学作品》是根据波兰文版本译出的。

[2] [波]英加登：《论文学作品》，张振辉译，开封：河南大学出版社，2009年，第27页。

[3] 朱光潜编译：《柏拉图文艺对话集》，北京：人民文学出版社，2000年，第188页。

[4] 朱光潜编译:《柏拉图文艺对话集》,北京:人民文学出版社,2000年,第188、189页。
[5] [波]英加登:《对文学的艺术作品的认识》,陈燕谷、晓未译,北京:中国文联出版公司,1988年,第12页。
[6] [法]杜夫海纳:《审美经验现象学》,韩树站译,北京:文化艺术出版社,1996年,第273页。
[7] [波]英加登:《论文学作品》,张振辉译,开封:河南大学出版社,2008年,第148页。
[8] [波]英加登:《论文学作品》,张振辉译,开封:河南大学出版社,2008年,第144页。
[9] [波]英加登:《对文学的艺术作品的认识》,陈燕谷、晓未译,北京:中国文联出版公司,1988年,第12页。
[10] [波]英加登:《对文学的艺术作品的认识》,陈燕谷、晓未译,北京:中国文联出版公司,1988年,第26、27页。
[11] [波]英加登:《论文学作品》,张振辉译,开封:河南大学出版社,2008年,第320页,脚注部分。
[12] [波]英加登:《论文学作品》,张振辉译,开封:河南大学出版社,2008年,第318页。
[13] [波]英加登:《论文学作品》,张振辉译,开封:河南大学出版社,2008年,第43页。
[14] [波]英加登:《对文学的艺术作品的认识》,陈燕谷、晓未译,北京:中国文联出版公司,1988年,第11页。
[15] [波]英加登:《对文学的艺术作品的认识》,陈燕谷、晓未译,北京:中国文联出版公司,1988年,第5、4页。
[16] [波]英加登:《对文学的艺术作品的认识》,陈燕谷、晓未译,北京:中国文联出版公司,1988年,第8页。
[17] [波]英加登:《对文学的艺术作品的认识》,陈燕谷、晓未译,北京:中国文联出版公司,1988年,第178页。
[18] [波]英加登:《对文学的艺术作品的认识》,陈燕谷、晓未译,北京:中国文联出版公司,1988年,第178页。
[19] [波]英加登:《对文学的艺术作品的认识》,陈燕谷、晓未译,北京:中国文联出版公司,1988年,第5页。
[20] [波]英加登:《对文学的艺术作品的认识》,陈燕谷、晓未译,北京:中国文联出版公司,1988年,第248页。
[21] [波]英加登:《对文学的艺术作品的认识》,陈燕谷、晓未译,北京:中国文联出版公司,1988年,第172页。
[22] [波]英加登:《对文学的艺术作品的认识》,陈燕谷、晓未译,北京:中国文联出版公司,1988年,第246页。
[23] [德]H.R.姚斯、[美]R.C.霍拉勃:《接受美学与接受理论》,周宁、金元浦译,沈阳:辽宁人民出版社,1987年,第28页。
[24] [美]斯坦利·费什:《读者反应批评:理论与实践》,文楚安译,北京:中国社会科学出版社,1998年,第67页。
[25] [德]莫里茨·盖格尔:《艺术的意味》,艾彦译,南京:译林出版社,2012年,第5页。
[26] [波]英加登:《对文学的艺术作品的认识》,陈燕谷、晓未译,北京:中国文联出版公司,1988年,第85-86页。
[27] [德]伽达默尔:《诠释学Ⅰ:真理与方法》,洪汉鼎译,北京:商务印书馆,2013年,第175页。
[28] [德]伽达默尔:《诠释学Ⅰ:真理与方法》,洪汉鼎译,北京:商务印书馆,2013年,第202页。

绘画何以可能

——论梅洛-庞蒂与马尔罗的艺术之辩

杜 超

(华东师范大学中文系,上海,200241)

内容摘要：作为一种艺术,绘画何以可能?在这个艺术本体论问题上,梅洛-庞蒂与马尔罗持不同的观点,这可从二者对艺术、风格、历史的不同阐释中得到体现。马尔罗将艺术看作艺术家在对现实世界摧毁的基础上建立艺术世界的手段,梅洛-庞蒂则认为艺术是表达人在世界中存在的方式;马尔罗认为风格是现代画家所独有的,且为画家自身所知的创新方式,梅洛-庞蒂则将风格看作每位在世存在的主体与世界打交道的独特方式;马尔罗认为绘画的历史是断裂的,梅洛-庞蒂则提出历史是一种具有连续性的建制。在梅洛-庞蒂看来,马尔罗最大的问题在于过度夸大了艺术家个人的作用,而忽视了其在世存在的本体论基础。

关键词：艺术；绘画；风格；历史

一、引论

自海德格尔以来,关于艺术本体论的问题便在法国得到了众多学者的关注,梅洛-庞蒂是其中之一。他受海德格尔"艺术的本质运行于'大写的存在'境域之中"[1]这一思想的影响,进一步将艺术与存在联系了起来,形成了艺术研究的现象学路径。与之相对的是,另有一些学者仍从对艺术家个人的分析出发阐释其作品,马尔罗对艺术的阐述,便是这种"艺术个体主义"的体现。而梅洛-庞蒂与马尔罗的思想差异,就可看作这两类不同艺术研究路径之间区别的具体显现。

1952年6~7月,梅洛-庞蒂在《现代》(*Les Temps Modernes*)杂志上分期发表《间接的语言与寂静之声》(*Le Langage Indirect et les Voix du Silence*)一文,此文后被完整地收录于1960年出版的《符号》(*Signes*)文集之中。梅洛-庞蒂的学生兼助手克劳德·勒福(Claude Lefort)指出,"此文不是对绘画的直接阐释,而是对安德烈·马尔罗在《寂静之声》(*Les Voix du Silence*)与萨特在《什么是文学?》(*Qu'est-ce que la littérature ?*)中提出的美学理论的批判式回应"[2]。《寂静之声》是马尔罗出版于1951年的艺术研究巨著,收录了1500余幅马尔罗亲自拍摄并挑选的图片，在参照这些图片的基础上，通过对不同艺术形式的分析，马尔罗就艺术创造、艺术创造中的主体、绘画的历史等提出了相应观点：受法国哲学家帕斯卡（Pascal）影响，他将艺术看作摆脱人类荒诞现状的反叛（révolte），看作"人的永恒的报复"[3]；通过对现代绘画的研究，他将艺术创造看作艺术家个人风格的显现，将艺术创造的原因完全归结于艺术家的主观因素；另外，他还将绘画的历史看作非连续的，是由"一系列决定性的断裂与发现组成的"[4]。针对这些观点，梅洛-庞蒂在《间接的语言与寂静之声》中一一给予了深刻批判。因此，本文将结合二者的相关文本，对梅洛-庞蒂与马尔罗的绘画理论进行对比研究，以进一步厘清二者在艺术本体论问题上的差异。

二、艺术：人对世界的反叛或表达

作为获过龚古尔文学奖的小说家、只身前往东亚的冒险者、戴高乐执政时期的法国文化部长、参加过反法西斯斗争的前线战士，马尔罗的每部作品都与他的人生经历密切相关。《征服者》（*Les Conquérants*）和《人的境遇》（*La Condition Humaine*）反映了他参加亚洲革命运动的经历；《王家大道》（*La Voie Royale*）是他前往柬埔寨密林寻找失落文明的见证；而"当我试着表达西班牙革命给我的启示时，我写了《希望》（*L'espoir*），当我试着表达艺术和它当前的变化给我的启示时，我写了《寂静之声》"[5]。可以说，马尔罗一直都在"把尽可能多的经历转化为意识"[6]。在1952年的一次访谈中，马尔罗表示，"当'什么是艺术'这一问题被重新思考时，'什么是人'这一问题也离得不远了"[7]。他对艺术的分析，是以他对人作为主体的境遇阐发为前提的。

1925年马尔罗离开亚洲之后，在归国的船只甲班上写下了《西方的诱惑》（*La Tentation de L'Occident*），在这部小说里，他将东西方文明进行了对比，并指出两种文明均走向衰败没落的现状，其结果便是人类生活在一片荒诞之中。马尔罗关于人类生存荒诞性的思想受惠于哲学家帕斯卡，而后者对人类生存现状及生命的意义始终持一种消极态度。在帕斯卡看来，人类自我的飘忽不定，注定遭受的厄运，会在人类身上引发一种无可摆脱的焦虑感受，而人类却无法通过行动对现状作出改变，这便是人类生存的荒诞。马尔罗在《西方的诱惑》中直接引用帕斯卡的论述来描述这一荒诞状况，"请设想一下，戴着锁链的一大批人，他们每个人都判处了死刑，每天，其中一些人眼看着另一些人被处死，留下来的人，从他们同类的状况，看到了自己的状况，痛苦而绝望地互相对视着……这就是人的状况的图景"[8]。与帕斯卡消极悲观的态度不同，马尔罗认为人类可以通过行动与命运斗争，因此，人类对荒诞现状的反抗，成了贯穿他作品的重要主题，不仅他小说中的英雄式主人公在与命运抗衡，甚至艺术家也要通过艺术创作来抵抗世界的荒诞。在《寂静之声》中，马尔罗将人所存在的真实世界看作是混乱的、无序的，但他赋予人绝对的权力，给予人类通过对现实元素的变形创造新世界并摆脱真实世界的可能。作为艺术家，自然承担着通过艺术反抗世界荒诞性的使命。"艺术是对一个竞争性世界的创造，这一世界基于对'真实世界'的一系列转换过程之上。"[9]对于马尔罗来说，艺术家所创造的自主世界，是与其所在的真实世界对立的,不同于人在真实世界中的被动与无助,在艺术世界中,艺术家将世界统一并赋予其秩序。于是,人的地位从被动接受转变为主动统治,这也暗示着艺术的创造必定以人与其所在真实世界的断裂为前提,否则艺术世界便无法诞生,人也无法获得主导地位。而正是对人与其所处真实世界关系的不同理解,导致了梅洛-庞蒂与马尔罗在艺术思想上的一系列分歧。

梅洛-庞蒂在承继胡塞尔现象学道路的基础上,结合海德格尔的存在论观念,提出了人的"在世存在"(être au monde)这一思想,以期为现象学奠定一种存在论基础,避免其走向一种纯反思的哲学。"我思将我的思想当作一个不可剥夺的事实,它取消各种唯心主义,而发现我的'在世存在'。"[10]在梅洛-庞蒂看来,我思所确立的既非笛卡尔意义上那个不可被怀疑的"我"的存在;也非胡塞尔现象学所提出的意识活动优先性,而是"我"在世存在的这一已定事实。对于梅洛-庞蒂而言,"世界是某种前客观地、前反思地存在着的东西,是人的生存不得不与之打交道的东西"[11]。因此,作为主体的人与其所在的世界是无法割裂的,人的任何行动必须以其在世存在为前提。"世界与主体的中介关系是一种于存在层面已互相依存、互相渗透的关系。"[12]正是这种关系,才确保了人之为人的可能性。同时,人所存在于其中的世界并非如马尔罗所言,是具有消极与否定意义的荒诞,是一种注定的厄运,相反,它是一种模糊的,混沌的,处于不断运动中的"现象性现实的中性域"[13],人与世界之间始终是一种感性的关系。这体现在主体通过知觉与世界发生联系,而知觉是先于一切思维加工与价值判断的。当主体通过知觉与世界接触时,他所感受到的,仅是运动中的世界在自己经验中的暂时结晶(cristallisation)状态,是世界呈现给主体的某种样态,这是世界本来面目的展现,而无关于主体对世界的任何解释或判断。一旦主体把知觉提升为理智活动时,就落入了理智主义(Intellectualisme)的陷阱,马尔罗所认为的充满否定与消极意义的世界,在梅洛-庞蒂看来,是如自然科学一般对世界做出的解释,而不是世界的原初形态。对于艺术家而言,他通过作品所要表达的,正是自身所感受到的世界的样态,是自己与世界的这种原初感性联系。艺术家不是世界的统治者,他作为世界的一部分存在于其中,这一世界既是艺术家作为主体存在的基础,更是他进行艺术创作的基础,他不可能脱离其所在的世界,去创造另一个新的世界。

可以说,正由于梅洛-庞蒂与马尔罗受不同的哲学思想影响,才导致二者在对艺术本体进行界定时出现了重大差异。马尔罗将艺术看作对真实世界的反抗,而梅洛-庞蒂认为艺术是对世界的表达。基于这种对艺术的本体论认识差异,两者对风格、历史等问题有了不同的阐释。

三、风格:个体创新或普遍样态

在《寂静之声》中,马尔罗对风格(style)做出如下界定:"所有伟大风格的概念都是不同的、不可兼容的观看世界的方式的表述。"[14]由于马尔罗赋予艺术家创造艺术世界以摆脱真实世界的使命,因此,风格就是艺术家创造这一艺术世界,并为这一艺术世界赋予秩序的方式。马尔罗通过对绘画史的考察,提出"形式的不断变化,就是艺术的本质"[15]。因此,绘画的演变体现在其形式的更迭之上,新绘画流派的兴起必然意味着与过去绘画流派的决裂,并暗示着对以往绘画技法的否定与摧毁,于是,不同的绘画流派之间形成了一种竞争关系。对于画家而言,他只能"复制另一位画家或创新"[16],而风格的诞生,便是画家创新的结果。

在马尔罗看来,"只有现代艺术才称得上是风格艺术"[17]。马尔罗通过对拜占庭(Byzantium)艺术、古埃及艺术、古印度艺术等不同种类的原始艺术的考查,指出原始艺术服务于宗教目的,服务于一种绝对存在(absolu),此类艺术的目的是唤起一种超验绝对(如上帝)的神秘在场。而当艺术作为一种手段服务于宗教时,艺术家便处于一种被动的地位,他不能再创造一个新的艺术世界,风格自然无从谈起。随后,马尔罗对古典绘画进行了探究,在他看来,古典绘画虽然不服从于绝对存在,但它是对客观世界的模仿,是画家表现真实世界的一种方式。通过透视法的变形,古典画家将所见如实再现于画布上,而这一过程并不涉及画家的自主创新。马尔罗对现代艺术的分析,始于对画家埃尔·格列柯(El Greco)与乔治·德·拉图尔(Georges de La Tour)绘画的探究。在他看来,格列柯"在缺乏层次感的拜占庭空间中,用强烈的光的效果突出富于动势的巴洛克式的图画,拉图尔则是运用卡拉瓦乔风格的几何形体表现看似多面的立体图形"[18]。这两位画家的尝试意味着一种形式上的彻底革新,一种全新的创造,这表明了画家对以往绘画技法的主动修正,它是画家主观性的表达,也是画家个人风格的体现。

因此,马尔罗将风格看作现代画家所独有的,为画家个人所自知的一种创新方式。它"既不是被添加的附属,也不是修饰,它是由艺术所要求的在转换过程中的实质"[19]。当现代画家不满足于再现世界,而力求创造新的自主艺术世界时,风格就是他创造这一新世界的方式,格列柯用光的效果创造艺术世界,拉图尔则用多面立体图形实现这一目的,这在以往的绘画中都是没有的。"风格是一种意指,它将意义加于视觉经验之上。"[20]画家在视觉经验的基础上,依据主观性对视觉元素进行筛选与组合,构建一种新的秩序,形成一种新的意义,并最终以视觉形式呈现一个尚未出现的艺术世界。一位画家风格的形成,意味着对过去已完成风格的彻底摧毁,对于马尔罗来说,"真正的艺术作品,是一种看起来像是从无中生有(ex nihilo)的意义上进行的创造"[21],这种隐含的断裂意味着画家风格的形成完全取决于画家自身,而正是对画家主观性的过分夸大,成了梅洛-庞蒂批判马尔罗的原因之一。

在《间接的语言与寂静之声》中,梅洛-庞蒂对"风格"的概念做了重新界定。在他看来,风格并非仅属于现代画家的,相反,它具有一种存在论的意涵,涉及每位在世存在的主体,它"体现了在世界上存在的主体同处境的关系,体现着身体—主体与他人或一般意义上的他者的共—在(co-existence)"[22]。这意味着风格是任何在世存在的主体参与世界、与世界及他者发生关系的方式,而这种方式是主体不自知的,"在我们的一般知觉中,风格已被识别;在我们的日常动作中,风格已被表达"[23]。因此,对于画家来说,他的风格是一种表达样式,以表达他与其所在世界的存在论关系。风格"不是可盘点的一种方式,或众多的程序与习惯性动作,它是一种别人亦能辨识出的表达,对于艺术家来说,它却像其轮廓或日常动作一样不易感知"[24]。既然风格涉及每位在世存在的主体,那么,马尔罗依据风格对古典绘画与现代绘画的区分也失去了意义。在梅洛-庞蒂看来，古典画家的绘画也包含了一种风格，透视法也是画家表达其与世界联系的手段之一，马尔罗把风格完全归属于现代画家的看法是不妥的，这不仅因为风格具有一种存在论层面的普遍性，更因为即便是现代画家，也无法完全依据自己的主观性绘画，无法自觉认识自己的风格。

梅洛-庞蒂以现代画家保罗·塞尚与保罗·克利为例，来反驳马尔罗的这一论点。他提出，即使是这样的现代画家，也无法完全凭借主观性绘画，绘画并非个体为混乱的世界赋序，画家也不是像野心家或吸毒者一样，以摧毁真实世界为乐。"风格不能够作为对象而被把握，因为它还什么都不是，并且只有在作品中才能够让自己成为可见的。"[25]野兽派画家亨利·马蒂斯在看到自己作画时的慢镜头后也感到吃惊，他在绘画中不是从众多可能的轮廓线之中做出选择，而是以在世存在的身体为介质，描绘世界与其相遇的方式，并最终用肉质的手以痕迹的形式将这种相遇呈现于画布之上。风格不再如马尔罗所言，是现代画家对真实世界的摧毁、对艺术世界进行自主创造的方式，相反，"画家在工作中并不知晓人与世界的反题，意义与荒诞的反题，以及风格与再现的反题，他忙于表达同世界的交往，以致不会因其在不自觉中产生的风格而洋洋自得"[26]。在绘画中，画家不是超脱于世的造物主，拥有一种"出世"的视野，而是在世存在的人，只有通过绘画作品，才能使其参与世界的方式变得可见。就此而言，风格具有一种绝对独特性和不可复制性，因为每位画家表达其与世界关系的方式不尽相同。

概括而言，马尔罗始终从世界的外部来观察风格，因此他将风格归属于现代画家的主观性，而梅洛-庞蒂的风格概念，涉及一种存在论意义，它植根于主体与其所在世界的关系，作为一种普遍的表达样态而起作用。

四、历史：断裂或连续

由于马尔罗在对艺术史的研究中，将新艺术的产生看作是对原有艺术的摧毁，因此，他总是通过对比来研究艺术的发展。"只有通过比较，才能感受，把一座希腊雕塑与一座埃及的或亚洲的雕塑加以对比，要比研究一百尊希腊雕塑更能深切地了解希腊人的艺术天才。"[27]每种新绘画形式的产生意味着对过去形式的否定，因此，连续的概念便成为不可能。"对于马尔罗来说，艺术的历史是对一系列创造的叙述，这暗含了一种'非连续'的历史，它是由一系列决定性的断裂与发现组成的。"[28]马尔罗在《想象的博物馆》（*Le Musée Imaginaire*）中指出，博物馆中展示的绘画史不是真正的历史，而只是对一种对历史的叙述。博物馆墙壁上的绘画，以时间为顺序，选取不同时期画家的代表作悬挂于其上，使得绘画史看上去具有了连续性。但由于新绘画的产生是以对原有绘画的摧毁为基础的，即使是同一位画家，其早期的作品与晚期的作品之间也隐含了一种分裂，"艺术，不是屈从，而是征服，征服什么？表达艺术的情感和方式"[29]。因此，在马尔罗看来，历史并不是一个统一的持续发展过程，随着线性时间的推进，它不断以对过去的否定为基础而前进，这是一种不连续的、断裂的历史。

但是，马尔罗在对绘画的分析中发现，尽管某些绘画所产生的文化背景不同，规模不同,但在其中可发现一种相似的表达风格。因此,他总结道:"有一种艺术的理性目的(telos)在个体艺术家身上展开,尽管这并不要求一种首要的黑格尔式精神。"[30]他以理性目的这一形而上的术语来解释所发现的微型画(miniature)的相似性,可以说,马尔罗在对历史进行了分割之后,又试图从断裂之中寻找共同的要素将其统一。在此意义上,他建构了自己的想象博物馆,马尔罗对自己拍摄的数万张照片进行了筛选与组合,这些照片中包含了各种艺术形式,甚至一些被排除在博物馆之外的艺术,包括哥伦比亚艺术、墨西哥艺术等,他建构想象博物馆的目的是实现"对不可见的复苏"[31]。马尔罗力图打造的是一个百科全书式的博物馆,它不限于已完成的画作,甚至一些彩绘、玻璃图案也被纳入其中,通过这种尝试,马尔罗试图造就一种不同于博物馆中的艺术史,并以此来寻求艺术的共通性及其背后的理性目的。然而,马尔罗的想象博物馆并未创建一种连续的历史,相反,它是"一种自我本位式的装置,当它能使我们复苏、面对、中和并协调艺术作品、艺术家以及我们选择的风格时,它就将艺术史的领域缩减到了个人的品位之上"[32]。换言之,马尔罗是依据自己的审美喜好为想象博物馆选择内容,他始终站在历史之外,以一种凌越式思维去研究艺术史,而这样的历史,在梅洛-庞蒂看来,只是一种人为的主观性历史,并不是主体居于其中的真正历史。

在《辩证法的历险》(*Les Aventures de la Dialectique*)中,梅洛-庞蒂直接地对马尔罗的历史观提出了批评:"人们总是可以像马尔罗所指出的那样反驳说,考问和理解所有文明的成见本身就是一种不同于这些文明的文明现象,它使这些文明产生形变,把十字架变成了艺术品,把作为一种获取神圣者的手段的东西变成了认识的对象,最后,历史意识就靠这种站不住脚的悖论来维持:它把那些其中的每一个都被作为绝对来体验的生命片段汇集到想象之中,以一种单一的目光对它们进行比较,并把它们思考为某个单一的发展的诸环节。"[33]概括而言,梅洛-庞蒂认为,马尔罗的历史观在人为地对历史进行分割之后,又试图以某种更宏观的概念将其整合起来。而对于梅洛-庞蒂而言,历史从不是可被分割的,它是一种连续之流,是一种建制(l'institution)。

建制的概念来自胡塞尔的创制(stiftung)概念,梅洛-庞蒂认为胡塞尔用此概念来指涉文化产物的丰富性,这些文化产物"在它们出现之后仍具有价值,并能打开它们在其中能永久复苏的研究场域"[34]。在此基础上,梅洛-庞蒂对胡塞尔的这一概念进行了发展,在他看来,建制是"建立一种关乎未来行动的开放轨迹的传统"[35],它能"给予我们一些它自身不具有的,以及我们从它之中获取,我们带给它的东西"[36]。而历史就是这样一种建制。具体而言,在梅洛-庞蒂看来,历史的发展不是遵循线性的时间,而是具有一种可不断回返其自身的回溯性。就绘画史而言,出现在绘画史中的任何绘画,都不会因为时间的推移而丧失意义,相反,这些意义会作为一种沉积(sédiment)不断地发生作用。绘画形式的更新,新绘画流派的出现,并不意味着与过去绘画的彻底断裂,相反,过去的绘画已经沉积在了当前的文化之中,以一种悄然的方式影响着当前的绘画,而当前的绘画也以回溯的方式影响着过去的历史。因此,在历史中,过去、现在与未来处于一种持续对话之中。对于画家来说,他早期的风格也沉积在了当前的表达之中。

梅洛-庞蒂在对历史的分析中，拒绝黑格尔式的综合概念，并以此批判马尔罗赋予绘画史的人为统一性，在他看来，"真正的绘画史是把绘画完全置于现在，使之寓居于艺术家们那里，并且把该画家重新纳入到画家们的兄弟般关系之中的历史"[37]。在这样的历史中，画家作为历史中的人，他们之间不再是竞争、对立的关系，而是一种平等的对话关系。这种历史不是放弃个体的人以强调宏观的历史，也不是宗教中人作为上帝的从属参与其中的超验性历史，而是人当下参与其中、活生生的历史，它是"由有价值的所有言语，所有作品和所有行动交织起来的一场永久的对话，每一个都由于其所处之位在其独一无二的处境中验证和证实了另一个，每一个都重新创造了全部的他者"[38]。学者伯特兰·达弗扎克（Bertrand Davezac）指出，在讨论艺术史时，必须将两个重要因素纳入其中，"一个因素是风格，它强调非连续的要素与个体主义，另一个要素是主题材料，它强调艺术中的连续性要素"[39]。显然，马尔罗的历史研究仅关注了非连续的方面。

五、结语

梅洛-庞蒂对马尔罗相关艺术理论的批判，是基于二者对艺术本体的不同理解。马尔罗将艺术看作人对命运的反叛，将艺术世界看作对真实世界的否定与摧毁，而梅洛-庞蒂则将艺术看作表达人与其所处世界的关系的方式。正是由于二者对艺术本体的阐释不同，才导致了二者在风格、历史概念上产生的分歧。马尔罗将艺术作品的创造看作艺术家个人风格的体现，同时提出只有现代画家才具有创造的能力，才具有自己的风格，在他看来，古典画家只是模仿世界，而缺乏创造的维度。于是，现代画家成了"特殊才能的化身"[40]，其作品成了自身天分的显现。在这一过程中，艺术家通过自身的才能不断对以往的艺术进行变形，直至同过去完全决裂，才能创造出新的艺术。于是，在马尔罗看来，像史学家一样谈论艺术史是毫无意义的，因为历史的概念必然包含了一种对以往的否定，艺术史是充满断裂与非连续性的。

而对于梅洛-庞蒂而言，风格是任何在世存在的人与世界发生联系的方式，它作为一种表达样态而存在，这种样态因主体的不同而各有所异，它不仅属于现代画家，更属于每一位在世存在的人，它具有整体普遍性与个体独特性。对于画家来说，他在绘画时遵循着一种等价体系和一致性变形，这种变形不是对以往艺术元素的转换，而是画家在与世界动态接触的过程中，不断寻求一种相对稳定状态的尝试。世界处于运动之中，作为在世存在的画家亦处于运动之中，当画家画完一笔时，他与世界的关系已因运动而发生了改变，画家需要通过一致性变形，来重新获取这种平衡。不同于马尔罗赋予历史的非连续性，梅洛-庞蒂将历史看作一种建制，它既不是事件的并置，也不是某种先验理念的展开，而是一种充满意义的连续性运动，在其中，过去被带向未来，未来被回溯到过去。

总而言之，正如莫里斯·布朗肖批判马尔罗将艺术家看作"永恒的唯一主人"[41]，将"历史的意义看作是艺术所赋予的"[42]一样，在《寂静之声》结尾处，马尔罗写道："数千年的光阴在暮色中陪伴着这只手的颤动，这只手因为某种最高的神秘形式而颤抖，这正是生而为人的力量和荣誉的表现形式。"[43] 对于梅洛-庞蒂而言，重要的是，这只手不是被当作事物的手（main-chose），画家也不是依靠它在自在（en soi）空间中绘画。相反，这是一只作为现象的手（main-phènomène），它存在于运动的、被知觉的世界之中，依据同世界的原初关联而获得意义，从而使绘画成为可能。

注释：

[1] [澳]芭芭拉·波尔特：《海德格尔眼中的艺术》，章辉译，重庆：重庆大学出版社，2016年，第55页。

[2] M. Merleau-Ponty, *Œuvres*, Paris：Éditions Gallimard, 2010, p.68.

[3] 柳鸣九、罗新璋：《马尔罗研究》，桂林：漓江出版社，1984年，第30页。

[4] D. Allan, *Art and the Human Adventure：André Malraux's Theory of Art*, New York：Editions RodopiB.V., 2009, p.132.

[5] [法]加埃唐·皮康：《马尔罗》，张群、刘成富译，上海：上海人民出版社，2008年，第16页。

[6] [法]加埃唐·皮康：《马尔罗》，张群、刘成富译，上海：上海人民出版社，2008年，第9页。

[7] A. Malraux, "Entretien avec Gabriel Aubarède", in Derek Allan, *Art and the Human Adventure：André Malraux's Theory of Art*, New York：Editions RodopiB.V., 2009, p.20.

[8] 柳鸣九、罗新璋：《马尔罗研究》，桂林：漓江出版社，1984年，第12页。

[9] D. Allan, *Art and the Human Adventure：André Malraux's Theory of Art*, New York：Editions RodopiB.V., 2009, p.114.

[10] M. Merleau-Ponty, *Œuvres*, Paris：Éditions Gallimard, 2010, p.664.

[11] 杨大春：《杨大春讲梅洛-庞蒂》，北京：北京大学出版社，2005年，第68页。

[12] 刘国英：《法国现象学的踪迹：从沙特到德里达》，台北：漫游者文化，2018年，第169页。

[13] M. Merleau-Ponty, *The Incarnate Subject：Malebranche, Biran, and Bergson on the Union of Body and Soul*, translated by P. B. Milan, New York：Humanity Books, 2001, p.21.

[14] A. Malraux, *The Voice of Silence*, translated by Stuart Gilbertl, Princeton：Princeton University Press, 1978, p.274.

[15] 柳鸣九、罗新璋：《马尔罗研究》，桂林：漓江出版社，1984年，第33页。

[16] A. Malraux, *The Voice of Silence*, translated by S. Gilbertl, Princeton：Princeton University Press, 1978, p.319.

[17] 张颖：《意义与视觉：梅洛-庞蒂美学及其他》，北京：北京时代华文书局，2017年，第133页。

[18] 柳鸣九、罗新璋：《马尔罗研究》，桂林：漓江出版社，1984年，第331页。

[19] D. Allan, *Art and the Human Adventure：André Malraux's Theory of Art*, New York：Editions RodopiB.V., 2009, p.115.

[20] A. Malraux, *The Voice of Silence*, translated by S. Gilbertl, Princeton：Princeton University Press, 1978, p.324.

[21] D. Allan, *Art and the Human Adventure：André Malraux's Theory of Art*, New York：Editions RodopiB.V., 2009, p.126.

[22] 张颖：《意义与视觉：梅洛-庞蒂美学及其他》，北京：北京时代华文书局，2017年，第125页。

[23] 张颖:《意义与视觉:梅洛-庞蒂美学及其他》,北京:北京时代华文书局,2017年,第126页。

[24] M. Merleau-Ponty, *Œuvres*, Paris:Éditions Gallimard, 2010, p.1481.

[25] [法]梅洛-庞蒂:《眼与心·世界的散文》,杨大春译,北京:商务印书馆,2019年,第173页。

[26] M. Merleau-Ponty, *Œuvres*, Paris:Éditions Gallimard, 2010, p.1481.

[27] 柳鸣九、罗新璋:《马尔罗研究》,桂林:漓江出版社,1984年,第28页。

[28] D. Allan, *Art and the Human Adventure : André Malraux's Theory of Art*, New York: Editions RodopiB.V., 2009, p.132.

[29] [法]安德烈·马尔罗:《政治与文化:安德烈·马尔罗讲演访谈录》,黄芳,等译,上海:华东师范大学出版社,2019年,第57页。

[30] D. A. Landes, *The Merleau-Ponty Dictionary*, London:Bloomsbury Academic, 2013, p.110.

[31] F. Charles-Louis Foulon, J. Mossuz-Lavau, Michaël de Saint-Cheron, *Dictionnaire André Malraux*, Paris:CNRS Editions, 2011, p.207.

[32] B. Davezac, "Malraux's Ideas on Art and Method in Art Criticism", *The Journal of Aesthetics and Art Criticism*, 22, 1963.

[33] [法]梅洛-庞蒂:《辩证法的历险》,杨大春、张尧均译,上海:上海译文出版社,2009年,第14~15页。

[34] M. Merleau-Ponty, *Œuvres*, Paris:Éditions Gallimard, 2010, p.1486.

[35] D. A. Landes, *The Merleau-Ponty Dictionary*, London:Bloomsbury Academic, 2013, p.113.

[36] M. Merleau-Ponty, *Institution and Passivity : Course Notes from the Collège de France (1954-1955)*, translated by L. Lawlor and H. Massey, Evanston:Northwest University Press, 2010, p.60.

[37] [法]梅洛-庞蒂:《眼与心·世界的散文》,杨大春译,北京:商务印书馆,2019年,第191页。

[38] [法]梅洛-庞蒂:《眼与心·世界的散文》,杨大春译,北京:商务印书馆,2019年,第206页。

[39] B. Davezac, "Malraux's Ideas on Art and Method in Art Criticism", *The Journal of Aesthetics and Art Criticism*, 22, 1963.

[40] G.T.Harris, "Malraux and the Psychology of the Artist", *FCS*.vii, 1966.

[41] D.Allan, *Art and the Human Adventure:André Malraux's Theory of Art*, New York: Editions RodopiB.V., 2009, p.210.

[42] D. Allan, *Art and the Human Adventure:André Malraux's Theory of Art*, New York: Editions RodopiB.V., 2009, p.211.

[43] [法]加埃唐·皮康:《马尔罗》,张群、刘成富译,上海:上海人民出版社,2008年,第165页。

神性的入世与两难：
美国清教对爱默生美学的影响

李珍珍

(复旦大学中文系，上海，200433/柏林自由大学哲学系，柏林，14195)

内容摘要：爱默生美学作为美国清教世俗化运动的有机部分，具有强烈的尘世功利色彩，符合现代社会重科技理性、重经济发展的主流，其间隐现着对美国清教入世观念的继承。在继承中，他也发现了现代理性主义下的物化局限所带来的信仰危机，试图用灵魂神性予以拯救，在物性有限中展现心灵的无限性。然而，爱默生的这一思路并未取得理想效果，审美经验与灵魂顿悟共同存于爱默生的美学观中，使其美学呈现矛盾面向。

关键词：爱默生；宗教；美学；精神；物性

    作为美国文明缔造者的爱默生，清教思想几乎伴随了他一生，影响着他观念、生活、行为等诸多方面，当然也影响着他的美学思想。其美学中务实入世的思想诉求，于有限凡尘中追寻无限的精神指向，甚至包括其美学内部存在的矛盾，均与他的清教观念脱不开干系。

一、神性入世：宗教世俗化的脉络

    爱默生宗教思想的形成离不开他的生长环境。从第一批清教徒踏上北美土地开始，清教文化便与美国精神的形成捆绑在一起，成了美国文化的血脉和根基。有研究者认为，"在相当长的历史阶段中，以新英格兰清教教义为核心的清教文化被公认为是美国文化的主流和中心"[1]。这的确是事实。新英格兰地区正是爱默生的家乡，生于斯、长于斯的爱默生及其家人都有着浓厚的清教情结。他的父亲是波士顿第一教堂的牧师，祖辈曾有七人，都是较有名望的清教牧师，其"血管流淌着'许多祖辈牧师'与精神指引者的血液"[2]。这就不难理解，为何他年轻时也想做一名清教牧师。即使后来变成清教"逆子"，也不是说他真就完全抛弃了清教思想，后者一直是他哲学、美学构成中的底色。

    清教对爱默生的最大影响该是入世倾向。这种倾向是在清教进入美国后发生的。爱默生的祖辈们当初面对北美大陆陌生甚至恶劣的环境，他们无心考究清教观念，关心的只是如何将清教思想运用于日常生活，发挥教义的实用性，把美洲建成宜居之所。这样，清教世俗化、理性化的趋向逐渐明显，影响也越来越大。到了爱默生这一辈，也就是19世纪初，这种趋向已经成为社会性的现实。"我不想赎罪，只想生活。我生活是为了生活本身。"[3]这是贯穿爱默生一生的宗教态度，也代表了19世纪后美国大多数清教徒的心声：救赎不寄望于上帝的拯救，要靠个人在生活中的努力；清教观念不应住在天国，而应现身于尘世。

开辟新大陆让人更加务实，传统羁绊也小，是清教入世的原因，却只是外因，更主要的原因在内部，也就是欧洲启蒙运动对北美的冲击，它改变了美国清教观念，也形成了爱默生的个人平等意识及道德觉知。欧洲启蒙运动的思想核心是科学理性，在18世纪传入北美后，无论是牛顿的力学，培根、笛卡尔的归纳演绎法，还是洛克的经验论，它们改变的不仅仅是生活，还有人们的信仰。如帕灵顿所讲，"一种批判精神正在酝酿，一种初生的理性主义开始质疑"[4]，教徒们不得不用"科学"维护清教教义。尤其是到18世纪后期，当英国的自然神论到达北美后，这种调和"宗教"与"科学"的产物促成了美国加尔文教向唯一神教的转变，加快了北美清教的世俗化进程。自然神论的信徒们排斥天启、奇迹等神秘因素，尝试用人类理性取代上帝的绝对权威，加速了美国"大觉醒"宗教运动后加尔文教的分裂。加尔文教一分为三，分别是温和派、自由派与强硬派。其中，自由派思想与加尔文教会越发敌对，逐渐发展成为看重理性的唯一神教。

出生于19世纪初的爱默生，最初接受的就是唯一神教，他思想中人的主体性及自由平等意识，就是出自这次宗教分裂的成果。唯一神教在两个方面改变了加尔文教义，一是否认"三位一体"说，认为只有一个上帝，耶稣是人而非神。二是肯定了人具有神性，上帝存于人的理智中。这便从根本上背离了加尔文教的原罪论、"恩典契约"等核心观念，否认了教条、仪式甚至教会的权威。事实上，许多唯一神教牧师终其一生也未建立任何宗教组织，他们将宗教信仰的解释权还给教徒们，让民众自发确立其生存、行为的合法权威，与社会缔约。人的信仰由此掌握在自己手里，体现在自主的生活行为中。曾是唯一神教牧师的爱默生喜闻乐见这种变化，他说："教区里最好的人和最坏的人，穷人和富人……总有一天是在同一片屋顶下以兄弟相见，它标志着灵魂中的平等权利。"[5]自由平等落入众生、落入真实的生活中，这是爱默生坚守的信念。

除了人的主体性和自由平等意识，爱默生认为人的道德观念来自生活经验，这一点也与唯一神教有关。在加尔文教那里，教义规定人有原罪，只有遵循上帝严格的道德准则，才有获救的可能。道德权威在上帝身上，人是被动的一方。随着唯一神教对传统清教教义的修正，清教的社会影响也从树立上帝权威向强调生活伦理转变。唯一神教鼓励人们用理性目光重审生活经验，在经验中提高道德生活。在卢梭契约论、洛克经验论影响下，他们相信自然状态下人是善的，个人可以通过自身努力追求美好德性，并觉察到加尔文教义与实际生活经验相去甚远。新英格兰乡村处处都是具备美好品德的人，他们恭谦礼让、正直善良、勤劳节俭……教义在生活经验面前失去了社会保障。这使得人们对道德常识合理性与理性思维有效性的依赖远胜于对上帝旨意、宗教教义的揣测，人们不再从上帝的神圣道德来考虑现实，而是从经验出发来考虑道德的神圣。对如此重归人间的道德观念，爱默生无疑持赞成态度。在《纪律》等文中他讲到万物都是道德的，"都会向人悄悄地提示或大声地宣告是非的法则，并且呼应基督教十诫的规定"[6]，因而人们在对自然事物的正确知觉中便能增加对于道德法则的理解。在这里，爱默生对尘世理性表达出充分信任。

除去启蒙运动的理性因子，北美商业、经济的不断发展更是从内部催促着清教走入世俗生活。面对急需开垦、机遇无限的新大陆，即使没有受到启蒙运动冲击，清教徒们可能也会背离加尔文教所倡导的追求来世的预设，将目光投向积累财富、满足自身欲望上，并以实际行动瓦解清教教义对尘世事功的束缚。因为清教徒在北美大陆所表现出来的"求实、务实的精神实际上已经远远超过他们对上帝的信赖"[7]。18世纪美国商业、经济的快速发展及其城镇化的生活方式，极大地冲击着传统的清教伦理，"在新英格兰，也可以普遍看到宗教热情的衰落"[8]。他们更为看重生活中的经济效益，而这正是市民社会的特点。马克思在《论犹太人问题》中说过，"市民社会从自己的内部不断产生犹太人……实际需要、利己主义是市民社会的原则……犹太人是实际的基督徒，而实际的基督徒又成了犹太人"[9]。利己主义是马克思要批判的，但清教与尘世事功的结合，也是美国历史的事实，是清教入世的重要渠道，表现在交往、职业、伦理等各个层面。在美国清教文化中，"一项职业有用与否，因而它受上帝的青睐与否，主要从道德角度衡量"[10]，而营利又被视为是伦理至善，因此，追逐利益成为一种与宗教观念有着密切关系的情感。一时间，银行、批发出口业、手工业等迅速壮大，现代市民将生活中的盈利机会视作上帝的指引，将赚钱视为自己的天职。而对美国市民社会重事功、重科技理性的倾向，爱默生总体是支持的。他认为宗教的神性本就该在生活现实铸造并体现出来，生存是最基本的事实。他说："所有的人都依赖某种他们所具有的美或实用的鲜明特色而生存。"[11]而且也相信万物都是实在有用的。

然而，爱默生又十分睿智地觉察到清教世俗化过程中潜在的问题，问题也正出在唯一神教与商品贸易快速繁荣上。唯一神教在教义上过度强调理性的必要，致使宗教信仰逐渐被科学、理性架空。作为唯一神教的代表钱宁便宣称，"如果他的理性与《圣经》发生冲突，他宁可相信自己的理性"[12]。这种对理性、逻辑的过度看重，给心灵带来的羁绊十分严重。而经济发展与物欲增长更让民众将利益视为追逐的焦点，对精神信仰逐渐淡漠。清教入世正在酿造人性堕落的苦果。科学、理性既让清教走下圣坛融入生活，也以尘世事功稀释了宗教在精神上对人的引领。爱默生对前者表示赞同，但对后者则十分不满，予以抨击。他指出如果用科学知识机械地演绎自然事物，充满神性的自然便会沦为毫无生气的理性载体，那么"真正的基督教——那种基督原本认为'人生无限'的信念——已被丢失了。没有人崇信人的灵魂"[13]，人们不断体验着商品、金钱所带来的便利，物欲成了最高信仰，早已忘却内在的精神财富。

爱默生的意图不难理解，他想在接受技术理性的同时，又不丧失神性的创造力。理性主义意味着切入现代社会的生活实践，他非但不反对，而且也乐于投身其中。如其所讲，"我仅仅在实验，我是一个无止境的探索者，身后没有过去"[14]。但是，针对清教入世对理性主义的绝对倚重，他又觉得过了，是对神性的曲解，真正的神性当然包括理性，却也不能缺少灵魂、情感的无限光辉，这恰恰是有限的理性不能给予，甚至是与之对立的。清教世俗化的主要问题就是用理性主义吞噬了心灵力量，以常识、规则代替宗教情感，扼杀了灵魂光辉。因此，他渴望在现代理性主义积极入世的潮海中同时实现灵魂的超越。

二、入世之美：重构后的审美迹象

带着对唯一神教的不满与内心渴望变革的冲动，爱默生在1832年毅然辞去唯一神教牧师一职，宣告他彻底独立于正统教派，重新定义宗教体验的决心。同年夏天，爱默生在日记中表明了态度，他认为宗教不是头脑中的轻信，不是实践中的制度形式。这是一种生活，是一个人的秩序与健全。他说："上帝是什么？就是头脑中能形成的最崇高的人格概念，正是个人灵魂得到了完美的实现。"[15]这与加尔文主义、唯一神教的观念显出明显差别：对早期的加尔文教徒来说，清教观念应与严格规定的神学模式相一致；对唯一神论者而言，清教思想则应和理性的社会标准相匹配。二者都强调遵从外部法则、标准的重要[16]。但在爱默生看来，宗教的表现形式不应是刻板教义、规则形式，它应是个体心灵在生活中的持续、创造性的体验，灵魂才是人类行为的尺度。事实上，"除了人再没有别的客体使他感到兴趣。……扎根于人的心灵，这才具有莫大的魅力"[17]。他相信上帝的神性内化于个体心灵，灵魂与神性同一，这预见了费尔巴哈对神学的理解，即上帝意志则是自我意志。而作为上帝的造物实例——自然，"也起源于同一种精神"[18]，具有上帝的神性，与心灵同一。同一性是爱默生对宗教本质的理解，其目的也很明显，他要凭借自我与事物精神上的同一性，去消解唯一神教过度倡导的理性形式、复兴宗教情感。这在爱默生的推动下成为美国超验主义运动的指南，标志着美国清教世俗化进入新阶段：清教向着关乎内在灵魂、泛宗教化的方向发展。

这一阶段的宗教活动等同于个体的道德情感活动，宗教体验即为个体的生活经验。换言之，宗教神学、道德伦理直接住进了每个人的日常生活，彻底融进了尘世中，加上爱默生对逻辑、推理等理性形式的排斥，看重更为直接、感性的审美经验，这就使得审美成为清教入世的重要保证，宗教、伦理与美合而为一了。爱默生说："那种能够让人不带任何矫揉造作去真心热爱的美，正是一种美与人类意志的混合物。美是上帝赋予美德的标记。"[19]这符合爱默生诗人的气质，他说过，"我生来就是一个诗人……我能感知到灵魂和物质的和谐"[20]，"我告诉传教士，他们应该是一个热爱道德、天性和谐的诗人"[21]。他愿意以诗意审美去表现灵魂的真善美。

受欧洲浪漫主义、神秘主义的影响，他认为这种真善美存于流动不居的自然中，存于个体对自然事物每一次的体验、洞察中。相比于唯一神教固定、僵化的教义形式，变化的自然时刻给予灵魂以启示，能激起个体心中的敬畏与喜悦，而这些日常情感就是宗教情感。他指出，自然如同一本无声的圣经，"正是造物主旨意的现成解释者"[22]，展示着人类的道德本质。宗教教义、道德规范都融在象征性的自然中，"与精神本质维持着一种不间断的联系……它用它所有的壮丽景色来增进人们的宗教情感"[23]。也就是说，宗教情感不再源于对《圣经》的理性分析，而是来自自然对心灵的审美教化。人们得以凭借感性经验在自然中随时生发出宗教、道德情感，这无疑将清教平等、民主的观念进一步融入尘世生活，个体普遍的感性经验保障了每一位公民平等领会神启的权力。

爱默生对个体感性经验的运用似乎是对唯一神教倚重经验理性的重申，毕竟"唯一神教最初给爱默生的影响是构成经验论"[24]。但他并没有沿着经验逻辑走上唯一神教的老路。他认为在宗教情感的刺激下，心灵会逐步挣脱物性束缚，以直觉通达至善。在其看来，"德性是自主的和永恒的，是一种不需要二手学习的直觉"[25]。这便意味着他否定了凭借理性认识灵魂本质的可能。因为理性认识是对事物区分、定义与推理，而直觉则是以直接、顿悟、审美的方式去把握一切"超验"的东西。他的做法满载着他对人性的热忱，他是想在超越感官经验的本质层面，让每个个体彻底保有精神的平等自由。因为当心灵直觉到自身神性的瞬间，人便是上帝，上帝落入人间，神性、道德、至美便蕴于个体的灵魂也彻底落入尘世了。

个体灵魂便可如上帝般凭借想象力，在尘世中创造新价值。爱默生专注于思考当神性下移到人类意识，个体如何体现神的无限与永恒。他认为那是创造、是想象。他指出"人的想象力可以说成是理性用来创造物质世界的工具"[26]。人要想真正具备上帝的德性，则必须发挥灵魂的创造力，去创造"第二自然"。事实上，"第二自然"是由原初自然派生的，就像人造物品印证的是个人灵魂的德性。当灵魂成熟时，个体便会借助想象力去表现自己，将灵魂（即德性）言说出来，以此创造承载着新思想的新形式。换句话说，个人的创造活动就是将神圣内心具体化的过程，它不依赖任何历史传统，而是灵魂对当下生活洞察后的表达，这在艺术家的作品中体现得最明显。爱默生称赞摩西、弥尔顿的创作，认为其"最大功绩就在于他们蔑视书本和传统，不是自己想到的东西不说"[27]，能够尊重自己内心的感受，进而呼吁美国学者不要再依赖欧洲传统，学会依靠自身灵魂觉察美、创造美，这无疑推动了美国民族文学的繁荣。

更值得注意的是，爱默生以心灵情感、直觉及灵魂"造世"来纠正唯一神教过度倚重理性所带来的信仰危机，并非要让人们逃离工业文明下商品繁荣、物质便利的真实世界，他清楚地认识到试图让个体减少欲望是无用的，人类物欲的增长已是大势所趋，"人生来就是要富有的"[28]。爱默生肯定技术理性、商业贸易的价值，他坚信个人可以凭借直觉与心灵的力量，"把人工和违背自然的东西重新归于自然"[29]，实现物质与精神的和谐。因为"无论具体情况是多还是少，精神事实仍然不可更改"[30]。在灵魂面前，铁路纵横、商场林立与田园乡村、丛林湖泊并没有实质差异，都不过是佐证心灵价值的形式依据，统统都可以纳入自然、生活内，被灵魂直觉洞见其精神价值。这样一来，他便能在自己的观念中重申清教重功用、讲实效的传统。他反复强调美与有用无法分离，其依据也在于此。他说："美必须回到有用的技艺那儿去，必须把美和实用技艺的区分忘掉……在大自然中，一切都是有用的，一切都是美的。"[31]爱默生肯定经验、技艺对于制物活动的实践性意义，为唯一神教的"理性"遗产找到了留存的位置。

爱默生美学对人灵魂神性的推崇是其严肃思考时代问题后的回应，也是清教世俗化不断推进的结果。爱默生美学总体上具有强烈的入世特征。他以心灵的情感体验、直觉想象去抵制世俗经验的物性洪流，从中寻找灵魂造世的可能性，这是对个体自由精神、无限创造力的张扬；他又在统领万物的灵魂面前，强调尘世事功，看重艺术的实用性，这是对现代理性主义的肯定。如何勾连物性的有限和灵魂的无限，是爱默生美学竭力解决的理论问题，更是他所面对的现实问题。其美学的成就与矛盾，尽显于此。

三、矛盾面向：物性与精神的两难

爱默生美学中的矛盾是现实矛盾的反映。一方面，清教日益世俗化顺应了现代社会物质发展的需要，将人从上帝的桎梏中解放出来，肯定了技术理性的突出价值，这无疑在精神层面推动了美国科技高速发展和物质文明的进步。但另一方面，也正是由于宗教教义对理性主义的推崇，商业市场、消费文明持续高涨，致使道德沦丧越发严重。人类如何在物质追求与精神信仰间达成平衡，成了在清教世俗化进程中遇到的时代命题，也是爱默生宗教美学直接针对的现实问题。在此问题上，渴望纠正唯一神教弊病的爱默生，其宗教美学观念也呈现出精神与物性的两难。

爱默生美学思想的困境源于其理论强烈的入世意图。他强调灵魂神性并不是为了实现如费希特般的绝对自我，而是为给理性经验、物质生活找到可以注入的精神价值，从而更好地加速工业社会进程。因为他看到了"世界的面目从诺亚方舟到拿破仑时代已经发生了多么巨大的变化啊！"[32]他也对精神力量有着冷静审视，说道："就纯粹的精神生活而言，历史尚未提供任何一个真正的榜样。……除非他亲自动手，辛苦劳动。"[33]这都说明爱默生鼓励人们发现自身神性、相信内心不是其理论的最终目的，能够切实指导人们更好的入世生活才是其理论旨归。这样一来，灵魂是否真能如其所愿的实现精神对物性生活的引导，就成了爱默生解决问题的关键。

围绕个体灵魂，爱默生给出的方案有两个路径：一是自下而上的，主张在物性世界中的心灵，可以在感觉经验的刺激下，直觉洞察到物性事物的神圣，使其成为精神的表征，并借以通达自身的神性。在这条路径中，伴随着心灵去除物性遮蔽，具体经验知识可以实现精神化、道德化，从而超脱经验物性的桎梏。二是由上而下的，强调充满神性的个体灵魂是最高的理性，如上帝般可以创造新形式、整合既有事物，能够将世间万物都置于其主宰中，以此为美国人追求物质财富、商业繁荣等物性形式找到合理依据。他的方案看似可以让物性生产合理化，让日常经验置于精神引导中，但在具体实践中却举步维艰。爱默生寄希望于灵魂拯救，这过于理想化了。

作为生活于物性世界中的人很难实现对灵魂神性的洞察。无论他具有多么强大的直觉力，首先发挥作用的依旧是一种感官体验。生活不会因爱默生需要个体将感觉经验转化为上帝般的洞见，便总是发生奇迹。个体有时确实没有属神的精神洞察力。对此，他在日记中曾多次表达过，生活是凡俗琐事的堆积，以至于他没法培养所渴望达到的精神顿悟。生活经验正诚实地说明个体直觉顿悟灵魂神性的道路并非屡试不爽的坦途，现实的人常常会向下看、向实用看，去挖掘物性生活的意义。这样一来，人与上帝便又区分开了，神性入世成了理论空谈。退一步说，即使人人都能洞察灵魂的神性、成为上帝，但那虚空缥缈的灵魂也难以发挥实际效用。爱默生主张当人顿悟到灵魂神性时，肉身便不复存在了，变得透明，成了精神表征，他将其隐喻为"透明的眼球"。但透明、抽象的"眼球"并"不能提供任何有具体内涵的伦理原则，因此它对于日常经验的提升最终是没有意义的"[34]。因为任何精神思想都需要物质形态作为载体。而神圣、无限、超脱的自由精神根本难以呈现在世俗、有限、合乎规律的理性形式中，这就使得神性的灵魂只能存于理论层面而无法落地。

他关于个体有上帝般创造力的设想，便是明显例证。爱默生认为上帝无处不在，在自然凡俗间，尤其是在个体的想象中，他指出个体所拥有的想象可以代表最高权威创造、整合物性形式，这是一种极浪漫且难以执行的构想。因为想象是神秘自由且不受控制的，也是不负责任的。它不依赖于物质真实，没有客观实际对其制约。在个体无限自由的想象面前，能够制衡它的只有更为神秘的神性灵魂。想象与本心，二者都是完全主观的，它或许是诗人、艺术家创作的原动力，却难以成为指导、创建物性形式的有力法则。换句话说，个体与自然、与现实的连接极其微弱，物质体验、感官经验和个体的想象力间缺乏牢固联系。爱默生也逐渐意识到这一问题，他指出个体在迈向理想境界时，一定不能失去与自然现实的联系，精神应该扎根在感觉经验的升华上，"常识的优雅制衡是所有有效心灵的标志"[35]。但这似乎仅能看作是爱默生的热切期望，他依旧没有找到灵魂兼容物性与精神的良方。从这个意义而言，超验主义下的宗教、美学世俗化进程或许只是理想主义者"在19世纪所取得的物质进步的基础上对理想主义的反思"[36]。实际上，就算日常经验在人类本性力量的指导下可以实现升华，也会违背爱默生对自由、独立等美国精神的推崇。因为，多样的个体经验在实现精神升华后，便会消解自身的有限性，成为精神的象征。而消解的代价是失去个体独特、多元的呈现姿态，这显然也违背了爱默生的初衷。

基于此，爱默生后期美学逐步放弃了精神力量的主宰性，"竭力推进现世性，直至其达到精神性。他发现……现世中的任何特殊现实都能够被努力地推进到超越自身"[37]。他逐渐加强对人实践力量与行动价值的推崇，主张人只要处于不断实践、不断行动的过程中，便能超越现世的物性，抵达精神彼岸。抽象的个人自由被改写成一种与现实命运不断对抗的实践力量。爱默生从理论层面无法调和物性经验与心灵精神的矛盾，因而不再强求物性、精神的和谐统一，转而突出审美主体的实践性、操作性，以求在物质生产活动中，在衣食住行间，在功利性的世俗文化中，依靠审美主体的力量发掘超功利的审美维度，进而培育一种基于尘世经验的精神价值。

事实上，爱默生美学越来越走向生活，既是其美学观念物性与精神矛盾演变的产物，更是时代工业、经济发展在美学方面的影射。在工业化社会生产下，工具理性的势头越发猛烈，面对这一时代环境，爱默生指出："世界上所有的东西都是受到条件限制的；它们并非是尽善尽美的，但又是现在可以生存的最好的东西。"[38] 为了生活，为了生存，爱默生的美学逐渐从贵族化、学院化的抽象理性体系下移到人现实生存中的审美体验。审美活动不再是简单的艺术合目的性的反思愉悦，而越发成为一种与日常生活紧密相关的审美实践。诚如爱默生在《共和国的命运》中所说："人类的全新的生存境况的确有利于进步……思想的完善在于不断地被运用，在这儿，思想植根于实践。"[39] 美一旦与实践、与生存相勾连，便有了存在论的意味，势必会削弱审美认识论的基石。也正因此，在时代的催促下，爱默生的美学流露出从认识论向生存论转变。这一转变意味着精神与物质、知性与理性的矛盾将逐渐被人如何生存的问题所取代，而这正是时代发展、人类生存的选择。

* 本文系国家留学基金委资助项目"理想与世俗之间：爱默生美学思想研究"【CSC202006100057】的阶段性成果。

注释：

[1] 张晓立：《美国文化变迁探索：从清教文化到消费文化的历史演变》，北京：光明日报出版社，2010年，第40页。

[2] [美]詹姆斯·卡伯特：《爱默生传》，佘卓桓译，哈尔滨：黑龙江教育出版社，2017年，第4页。

[3] [美]爱默生：《爱默生随笔全集》，蒲隆译，北京：北京理工大学出版社，2015年，第36页。

[4] [美]沃浓·帕灵顿：《美国思想史》，陈永国，等译，长春：吉林人民出版社，2002年，第135页。

[5] [美]爱默生：《爱默生集》，范圣宇编，广州：花城出版社，2007年，第28页。

[6] [美]爱默生：《爱默生集》，赵一凡，等译，北京：生活·读书·新知三联书店，1993年，第32页。

[7] 向玉乔：《人生价值的道德诉求：美国伦理思潮的流变》，长沙：湖南师范大学出版社，2006年，第55页。

[8] [美]纳尔逊·布莱克：《美国社会生活与思想史》，许季鸿，等译，北京：商务印书馆，1994年，第140页。

[9] [德]马克思：《论犹太人问题》，《马克思恩格斯全集》第三卷，中共中央编译局编译，北京：人民出版社，2002年，第194～197页。

[10] [德]马克斯·韦伯：《新教伦理与资本主义精神》，彭强、黄晓京译，西安：陕西师范大学出版社，2002年，第153页。

[11] [美]爱默生：《爱默生集》，赵一凡，等译，北京：生活·读书·新知三联书店，1993年，第635页。

[12] 钱满素：《爱默生和中国：对个人主义的反思》，北京：生活·读书·新知三联书店，1996年，第12页。

[13] [美]爱默生：《爱默生集》，赵一凡，等译，北京：生活·读书·新知三联书店，1993年，第100页。

[14] [美]爱默生：《爱默生集》，赵一凡，等译，北京：生活·读书·新知三联书店，1993年，第454～455页。

[15] R.W.Emerson, *The Journals and Miscellaneous Notebooks of Ralph Waldo Emerson*, vol. Ⅲ. eds. W. H. Gilman, R. H. Orth et al, Cambridge：Harvard University Press, 1960-1982, p.182.

[16] I.S.M. Makarushka, *Religious Imagination and Language in Emerson and Nietzsche*, London：The Macmillan Press LTD, 1994, p. 22. 文中多处参考该书观点。

[17] 袁义江、罗志野、李泰俊：《美国哲学史》，桂林：广西师范大学出版社，1989年，第34页。

[18] [美]爱默生：《爱默生集》，赵一凡，等译，北京：生活·读书·新知三联书店，1993年，第49页。

[19] [美]爱默生：《爱默生集》，赵一凡，等译，北京：生活·读书·新知三联书店，1993年，第

17页。

[20] [美]詹姆斯·米勒:《思想者心灵简史》,李婷婷译,北京:新华出版社,2015年,第263页。

[21] R.W.Emerson, *The Journals and Miscellaneous Notebooks of Ralph Waldo Emerson*, vol. V, eds W. H. Gilman, R. H. Orth et al, Cambridge: Harvard University Press, 1960-1982, p.471.

[22] [美]爱默生:《爱默生集》,赵一凡,等译,北京:生活·读书·新知三联书店,1993年,第49页。

[23] [美]爱默生:《爱默生集》,赵一凡,等译,北京:生活·读书·新知三联书店,1993年,第32页。

[24] 袁义江、罗志野、李泰俊:《美国哲学史》,桂林:广西师范大学出版社,1989年,第33页。

[25] V. L. David, *Emerson's Epistemology: The Argument of the Essays*, Cambridge: Cambridge University Press, 1986, p.99.

[26] [美]爱默生:《爱默生集》,赵一凡,等译,北京:生活·读书·新知三联书店,1993年,第40页。

[27] [美]爱默生:《爱默生集》,赵一凡,等译,北京:生活·读书·新知三联书店,1993年,第283页。

[28] R. W. Emerson, *The Complete Works of Ralph Waldo Emerson*, vol 6, eds. E. W. Emerson, Boston: Houghton Mifflin, 1903-1904, p.85.

[29] [美]爱默生:《爱默生集》,赵一凡,等译,北京:生活·读书·新知三联书店,1993年,第504页。

[30] [美]爱默生:《爱默生集》,赵一凡,等译,北京:生活·读书·新知三联书店,1993年,第505页。

[31] [美]爱默生:《爱默生集》,赵一凡,等译,北京:生活·读书·新知三联书店,1993年,第487页。

[32] [美]爱默生:《爱默生集》,赵一凡,等译,北京:生活·读书·新知三联书店,1993年,第13页。

[33] [美]爱默生:《美国学者》,赵一凡译,北京:生活·读书·新知三联书店,1998年,第191页。

[34] 毛亮:《抽象与具象之间:爱默生个人主义的形而上学问题》,《外国文学评论》2010年第2期,第151~166页。

[35] R. W. Emerson, *The Complete Works of Ralph Waldo Emerson*, vol 8, eds. E. W. Emerson, Boston: Houghton Mifflin, 1903-1904, p.9.

[36] [美]小罗伯特·理查森:《爱默生:充满激情的思想家》,石坚、李竹渝,等译,成都:四川人民出版社,2001年,第798页。

[37] [美]威廉·迪安:《美国的精神文化:爵士乐、橄榄球和电影的发明》,袁新译,北京:商务印书馆,2013年,第139页。

[38] [美]爱默生:《美国学者》,赵一凡译,北京:生活·读书·新知三联书店,1998年,第1049页。

[39] R. W. Emerson, *The Complete Works of Ralph Waldo Emerson*, vol 11, eds. E. W. Emerson, Boston: Houghton Mifflin, 1903-1904, p.400.

【文学伦理学批评与外国文学研究】

霍华德·雅各布森《J》中的记忆与他者伦理

苏学林

(华中师范大学文学院,湖北武汉,430079)

内容摘要:雅各布森在小说《J》中,以晚近的大屠杀史实为模型,以现代化社会为蓝本,建构了多重记忆,它们从不同层面指涉自我与他者之间的伦理关系。"当下"政府利用同化政策强行隔断社会成员的文化记忆,本质上反映了大屠杀施暴者企图逃避罪责的狡诈本性,同时也勾连了西方传统哲学中对待"他者"的霸权渊源;以因果意识为纽带的家庭记忆,维持着人物对外部世界的反抗,表达了以犹太民族为代表的族性意识;后灾难记忆通过对普遍人性的思考,以主体之间的伦理责任来反拨萨特式的他者关系,以期将现实引向更加积极的未来。雅各布森虽然在时间观上与列维纳斯互有抵牾,通过二者却都不约而同地指向了同一个方向:通过主动承担对他者的责任,将人类引向自我救赎。

关键词:霍华德·雅各布森;《J》;文化记忆;他者伦理;列维纳斯

入围 2014 年布克奖决选的小说《J》,在喜剧作家霍华德·雅各布森(Howard Jacobson,1942—)的整个作品系统里也显得别具一格。马修·斯皮克特(Matthew Specktor)指出,《J》是个"关于大屠杀的故事",但却比寓言小说更加具有普适性[1]。艾略特诗歌奖得主伯恩赛德(Burnside)发表在《卫报》上的评论可谓对此做了最好的注脚:"从没完没了地生产公式化的流行文化和美化幼稚的消费,到逃避困难和系统性地侵犯人的隐私",《J》巧妙地反映了"我们当前生活方式的主要特征"[2]。雅各布森以现代社会为原型,在《J》中虚构了一个充满极权色彩的"当下"政府,在大屠杀发生之后,它利用一系列措施来消除社会成员尤其是受害者族群的记忆,企图创造出一个不分你我的乌托邦社会。而实际上,人们陷入互相"说抱歉"所带来的虚无感中,每个人都变得异常暴躁。男女主人公凯文·科恩和爱琳·所罗门斯身为被屠杀的犹太人的后裔,在整个社会的敌视中相依为生。令人震惊的是,他们的结合居然也是人为操纵的,其目的是实现一个培养社会仇恨对象的极端计划。小说以深沉的笔触勾连了历史、记忆和现实,深刻地抨击了当前人类乱象纷呈的生存状态。但是这样一部深具现实意义的优秀作品，在国内却鲜有学者注目。相比之下，国外学者或探讨作品中敌托邦（dystopia）的文化景观，或分析家庭空间的叙事功能，或解读后大屠杀小说的"历史编纂"价值，也始终缺乏对于小说伦理蕴涵的关注。有鉴于此，本文注意到雅各布森借助乌托邦小说的形式在文本中构建了多重记忆，它们无不指向自我与他者之间最根本的伦理关系。

他者的本质是什么？自我与他者到底处于何种关系之中？这是人类发展至今一直不断思考的问题。从古希腊哲学到笛卡尔的"我思"，到黑格尔的"主奴关系"和胡塞尔的"他我"，再到海德格尔的"共在"和萨特的"凝视"，甚至到"后现代"中列维纳斯的"绝对他者"和德里达的"弥赛亚精神"，"他者"在不同的思想家那里不断地更换着面目。尤其是历经列维纳斯之后，"他者"终于从"主体的附庸"中夺回自己的绝对身份，摆脱了西方传统哲学所携带的隐性暴力和霸权意识。有感于纳粹带来的不幸，列维纳斯将人道主义思想融贯在以"时间"和"他者"为核心的哲学体系中，借此将他者伦理推向了指涉人类生存的形而上层面，以期从根本上杜绝人为灾难的再次发生。同为犹太人，雅各布森也往往从犹太族裔的角度探讨普遍的人类行为和社会关系。尤其是在《J》中，雅各布森所建构的记忆书写，虽有悖于列维纳斯"断裂式"的时间观，但二者却在本质意图上殊途同归，都不约而同地指向了一个方向：将人类引向自我救赎。

一、文化记忆与政治"赋魅"

20世纪80年代，德国文化学者扬·阿斯曼（Jan Assmann）和阿莱达·阿斯曼（Aleida Assmann）夫妇在继承和批判莫里斯·哈布瓦赫（Maurice Halbwachs）的"集体记忆"（La mémoire collective）理论的基础上，建构起了"文化记忆"（Kulturelles Gedächtnis）的理论体系。在《文化记忆：早期高级文化中的文字、回忆和政治身份》（*Kollektives Gedchtnis und kulturelle Identität*，1988）一书中，扬·阿斯曼将记忆分为"交往记忆"（Kommunikatives Gedächtnis）和"文化记忆"两种形式：前者是以日常交往为基础形成的"对刚刚逝去的过去的回忆"[3]，而后者则指向了神话传说或发生在绝对过去的事件。文化记忆以高度成型的节日或仪式为固定形态，以文字、图像、舞蹈等稳定的载体作为编码和展演的媒介，同时具有专门的职业者负责其传承，因此，能够对当下的现实社会产生持续且深远的影响，能够标示出一个集体的独特属性和价值。文化记忆为个体的生命体验创造出"双重时间性"，即在"日常时间"之上创立了"神圣时间"的维度，补救了人类在日常世界中被忽略的维度和其他潜在可能性。

文化记忆纵然具有稳定性和持续性，但是也会遭遇"断裂"的危险。尤其是进入二十世纪后，两次世界大战对人类生活造成了难以想象的冲击，冷战的继续演进将意识形态的角力摆上台面。记忆被挪用为政治博弈的工具，甚至成为特定集团私有化的财产。在众多殖民地地区或宗主国内的客民族群聚居区，弱势族群被强行或潜移默化篡改文化记忆的事情屡见不鲜，这无疑加剧了文化记忆的脆弱性。在小说中，文化记忆的位置被官方的政治"催眠术"所更置，人们无权追溯自己族群的记忆，更不能言说历史，只能在政府营造的现实幻象中痛苦地生存。文化记忆的缺失同时也意味着"神圣时间"维度的消逝，取而代之的是，日常世界被权力话语的"暗示"（suggestion）不断"赋魅"，"遗忘"和"忏悔"被用作统治手段强加于社会之中，这使得各个角落都弥漫着难以名状的虚无感，渐渐滋生出各种仇恨情绪。模糊身份、控制记忆媒介和储存器、擦除公私界限是权力系统钳制文化记忆，"赋魅"于己的主要内容。

首先，"当下"政府企图模糊种族间的身份差别，营造一个不分"你""我"的社会景象。"为了理解历史、保存现状，我们不说'我们''他们'，根本不存在'我们''他们'。"[4]而这却建基于极端暴行的史实之上的，究其实质，不过是犯罪者掩盖罪行、维护政权的狡诈策略。在历史上，犹太民族就是备受此害的典型群体。作为一个"流浪的民族"，犹太人曾长期散居于世界各地，其中又尤以客居于欧洲社会中的情况最为复杂，受到的迫害也最为严重。在中世纪的欧洲，当地政府一方面不断地排挤、驱逐甚至屠戮外来犹太人，另一方面又以权宜的缓和政策来吸纳那些富有的犹太商人，利用他们的财富来弥补财政亏空，等到榨干他们身上的经济价值，便毫不犹豫地将其抛弃。犹太人的欧洲寄居史反映了其悲惨的命运："始受鼓励，继而受辱，遭受迫害，最后被驱逐。"[5]"当下"政府美化这些外来族群的他者地位，实际上也就消除了他们曾遭受的不公平遭遇，使施暴者从道德责任中抽离出来，这势必会造成新的历史循环。小说中提到，在首都尼科洛波利斯，那些犹太石油富豪很容易成为被仇视的对象，在"出事——如果真的出过事"发生后，他们被迫滞留在度假地，每天惴惴不安，而其后代也同样生活在恐慌之中。尼科洛波利斯，在希腊语中意为"死者之城"。城市名字的历史寓意和他们危机四伏的现实处境之间的同构性，形成了深刻的隐喻，暗示着这些犹太群体可能即将遭遇同样的历史命运。

当权者还将社会成员的共同忏悔打造成其逃避罪责的幌子。小说中虚构出的一个官方哲学家宣称，纪念碑、陵园这些遗址只会造成人们的无力感和神经质，只有在上面刻上"我原谅你"，才能宽慰那些永不忘怀的人。人人毫无理由地说抱歉，能够"将我们所有人从相互指责的过往中解放出来，去往一个无可指摘的未来时代"[6]。讽刺的是，那些受害者群体的后裔，同样需要加入"说抱歉"的阵营，被迫履行忏悔和原谅的道德"义务"。道歉行为隐藏着权力机制对于弱势群体的重复伤害，最终沦为施暴者的一种武力自恋，人们不可能从中真正宽宥他人或获得道德豁免。

姓名作为群体内部约定俗成的形式，储藏着一个集体的文化记忆。"在圣经中人名不仅是保存记忆的适当工具，也被当做与人的本质密切相关的因素。"[7]在宗教领域和现实生活中，往往存在将人杀死继而抹除其名字的极端行为，在玛格丽特看来这就构成了"双重谋杀影像"[8]。"当下"政府在大屠杀后实行了"以实玛利行动"，它强迫人们忘记出事之前的旧姓名，由政府随机颁发新姓名（每个人的新名字中都有犹太姓名的成分）。以实玛利行动一次性地豁免了所有人之间的憎怨差别，将社会置入到人为设定的亲缘关系中。政府将名字作为社会成员的合法性证明，可以批量生产随机派发，这无疑消除了名字背后的神圣"光晕"（Aura）。现实社会陷入一种"无名"的恐惧之中，呈现出缺失"过去"维度和"未来"维度的平面化特征。"以实玛利行动"造成的直接影响,就是人们再也无法从时间中汲取身份认同的营养。为了响应"以实玛利",凯文的母亲将姓氏由汉纳福改为克兰菲尔德,父亲由豪厄尔改成科恩。而在凯文和爱琳的姓名中,同样糅合了犹太姓氏和凯尔特名字这两种族类的信息。原始姓名的丢失,导致人们难以追溯自己的血缘历史和集体记忆,同时也割断了与现时同胞的联系纽带。在尼科洛波利斯城,凯文来到科恩村,以期在犹太社区中寻找精神安慰。可是,他很快发现这是无法实现的。因为,"科恩和凯文一样,都是人家给的名字","没人知道谁是谁,或者谁曾经是谁"[9]。对名字进行政治管辖,带来的不是种族的无差别对待,而是社会成员身份的彻底混乱。

其次,官方政府对档案、书籍、资料等记忆文本实行严格把控,并更改墓园等公共记忆场所的内容,以此建构自身合法化的功能记忆。按照阿莱达·阿斯曼的观点,文化的功能记忆可以作为主体建构的基础与现时相关联。国家或民族等集体化的行为主体可以根据当下需要,有意识地选取或支配功能记忆来建构自身。其中,合法化是"官方或者政治记忆的首要诉求"[10]。尤其是在后灾难时代,受害者群体的文化记忆必然与施暴政府的合法化记忆相抵牾,因此,新政权会强行引入一个记忆换血的时代。流行文化和消费文化就作为新型的麻痹器,取代了严肃的审美取向和文化记忆,将人们引向一个疏于反思而耽于享乐的群氓时代。小说中的艺术教授埃弗里特是"当下"政府的忠实拥趸。在他看来,过度审视过去只会引发更大的危机,唯智主义会摧毁一切。他将全部精力投入到官方倡导的艺术中,既不愿面对曾经发生过的暴乱,也不相信如今这个"温和的国度"会鞭策人们去实施暴力。这遭到了图书管理员罗森文·费根布拉特的质疑,她揭穿他们无非是在躲避"智识的危害"。在这里,作者互文性地指涉了《一九八四》中的宣传标语:"战争即和平,自由即奴役,无知即力量。"[11] 这种自相矛盾的愚化政策,的确在一定程度上关闭了人们的自动记忆机制,将人们的目光引向毫无预期的当下。值得一提的是,官方对于理性精神的拒斥,却引发了人们非理性意识的泛滥,导致整个社会都弥漫着挥之不去的仇恨情绪。

再者,私人与公共领域的界限被擦除,作为私人空间的家庭彻底暴露在政府的"全景敞视"之下。家庭不被允许存储关于"出事"之前的记忆材料,成为不具有实质记忆内容的"真空"空间。栖居其中的人们,清楚地意识到自己处于一种"被隔绝和被观察的孤独状态"[12]中,出于对于权力的畏惧,他们对记忆怀抱着不自觉追寻和被迫拒绝的矛盾态度。在小说中,凯文是一个与社会格格不入的边缘人,是村民眼中愚蠢的"可可"(小丑)。他的言行举动被埃弗里特等人详细记录在案,受此影响,他的生活时刻笼罩在惶恐不安的氛围之中。当凯文被当做杀人嫌疑犯接受审问后,他最担心的并不是自己的清白问题,而是探长古德金在他家里发现了大量的私藏物品。在爱琳的讲述中,我们得知,她也遭遇过同样的问题,曾有警员以调查夜盗案为名,借机到她家检查照片、信件等私人物品。他们离开鲁本港去旅游,也是为了"享受每一分钟不再被人盯着的感觉"[13]。果然,在他和爱琳离开的那段时间里,有人秘密潜入了他的家中,虽然没有丢失任何东西,但是这足以使凯文原本脆弱的神经变得几近崩溃。除监视功能外,在米歇尔·福柯(Michel Foucault)的全景敞视建筑中还存在着一个实验室,作为研究改造手段、规训策略、教学试验等的机构。凯文不仅被监视、被记录,同样也被作为埃斯米进行社会实验的样品,就连他和爱琳的爱情都是被埃斯米操纵的。如此,私人空间彻底向公共权力敞开,这也意味着,个体记忆必须进行"去私人化"的重构以适应集体记忆,自我主体更难再保持其独特性。

综上所述,记忆的"同一化"是政治附加于社会的最大魅影。在西方语境中,它不仅仅体现为一种具体的权力运作方式,而且还指向了长期以来被遮蔽的伦理精神。西方传统哲学中的自我,是认识世界的基础、万物的中心。与此相对,他者不过是一种"他我"(alter ego),这反映出自我中心主义的暴力本质。雅各布森的《J》尽管集中笔墨于人物当下的日常生活,却在不经意间勾连了西方文化的宏大背景,揭示出了集体记忆与政治权力之间的媾和关系,同时也开解了记忆自身的伦理属性。记忆与伦理紧密相关,也就意味着,他者作为外在于自我的一切,必须被引入到人类的伦理反思之中。

二、家庭记忆与族性表达

从学科界域的角度来看,哈布瓦赫是站在社会学的立场上,将个体记忆纳入集体记忆的视野中。他认为并不存在纯然的个体记忆,记忆只有在社会参照框架之下才得以产生和保存,在当下失去了参照框架的记忆必然走向遗忘。"个体通过把自己置入群体的位置来进行回忆,但也可以确信,集体的记忆是通过个体记忆来实现的,并且在个体记忆中体现自身。"[14]将记忆的存在基础归于外在的社会关系,也就意味着,在一定程度上忽视了主体自身的能动作用。正是意识到这种缺陷,扬·阿斯曼提出了一种有别于文化记忆的记忆类型——交往记忆。社会交往在本质上依托于个体的主观认知和交际能力,因此变相地恢复了集体记忆中被忽视的个体维度。与文化记忆相比,交往记忆是以个体生平为框架所经历的历史,栖存于社会的日常交往之中,并通过亲身经历和他人转述得以流传,因此,在时限上一般局限于社会的晚近历史,集中在三四代以内。如果说,文化记忆主要从社会集体的角度揭示了时间的稳定性,那么,交往记忆则更倾向于从日常交往的层面彰显个体生命的独特价值。从这个意义上讲,将小说中的家庭记忆置于交往记忆的视域中来做考察,更能够挖掘出文本的内在意蕴。

吉尔伯特(Gilber)在分析小说中的敌托邦世界时,指出"《J》描绘了一个螺旋扭曲的世界,以某种方式将小说中的人物以及读者引向一个不稳定的起点"[15]。可以说,这种螺旋扭曲的状态同样存在于小说中的时间层面:围绕着现实政治的强力作用所形成的巨大涡旋,原有的文化记忆被不断被吸入其中,社会行将陷入一种集体健忘状态。小说正是反映了当记忆的集体框架发生变化时,人类个体在遗忘边缘的临界状态,以及在这种极端困境中所面临的种种伦理选择。在小说中,人物的伦理意识与他们的家庭记忆紧密纠缠在一起。雅各布森在描述人物琐碎日常的基础上,不断借由人物私藏的书信、笔记或杂志等记忆文本,将先人们的生平经历穿插其中,这些看似混乱的记忆碎片拼凑出了不同家庭的族缘谱系和微观历史。由此,外在断裂的文化记忆与不断拼合的家庭记忆反向并行,也可以说,正是两者之间的撕裂与丝连构建起了小说的书写张力。

在小说中，家庭构成了人物在物质世界中生存的最小集体单位，同样也规划出了人物精神世界的坐标体系。家庭记忆深深影响着个体对于世界的认知，"实际上，自从我们成为这个群体的成员的那一刻起，家庭思想就成为了我们思想的主要成分。我们的亲属传达给我们关于人和事物的最初观念。在很长的一段时间里，我们对外部世界的了解，只能通过外部事件在我们的亲属圈内激起的反响来实现"[16]。"说抱歉"却不知为何抱歉的悖论性逻辑打乱了社会的原定秩序，世界因此陷入一种断裂的无序状态中。几乎所有的人物都深受其扰，从他们的对话中，我们可以清晰地感受到，他们对自我身份和外在世界的认知充满了矛盾性和迷惘性。也正是在追寻家庭记忆的过程中，人物为自己的现实行为求取到了一种内在理据，这种理据突出表现为一种因果意识。譬如，埃斯米在父母的婚姻生活中发现了社会失去的"深刻的敌对体验"，古德金从外曾祖父的杂志中寻找到了阴谋论的家族渊源，爱琳在先人的书信中看到了自己"母系宗族"的宿命，科伊拉从父母的劝诫和经历中醒悟到暴力事件的恶性循环，凡此种种，不一而足。因果意识揭示了时间整体的有机联系，将现实世界拉入到可阐释的稳定秩序之中，因此，也成为人物抗御外在世界暧昧性的反抗话语。有趣的是，作者也在无意间修补了文本中断裂的时间脉络，为复杂混乱的现实社会寻得了始末根由。

在主人公凯文身上，因果意识往往和罪责意识及忏悔精神融于一体，呈现出一种共生关系。他从小生活在家庭思想的规训中，继承了"恐慌的倾向"，比如父亲告诫他要尽量遮掩自身的异族特征，当他将要说出以"J"开头（隐喻着犹太身份）的单词时，就要将手指压在嘴唇上；祖母也警告道，不能对人表现出嫌恶，也要小心不要沦为嫌恶情绪的对象，因为随便哪个人都有可能给你带来灾难。犹太身份的苦难属性构成了凯文生命的悖论性底色：他既清楚地认识到自己悲剧性的种族命运，又紧紧死守不愿放弃。恰如爱琳所说，他是"一个亚哈那样的男人，死心塌地着了魔似的执着于他的不幸"[17]。

此外，家族的罪恶过往也被凯文巨细靡遗地继承在自己身上。他的外公是个罗锅，外婆是个美丽又冷漠的"疯人"；而在父母身上同样有难以启齿的丑闻：他们的结合实际上是一种乱伦行为。而且，母亲西贝拉曾经出轨过一个屠夫，"用性甜头换好处"，从屠夫手里拿免费的肉；父亲在大屠杀中将自己的兄弟关在门外，拒不伸出援手，任由他在严寒中被尾随的人抓住。这一切使他意识到，自己不过是近亲交配的产物，身上有着不干不净的血脉。所以，在得知他的身世后，他的性爱需求也卡壳了。凯文和爱琳约定好不再生育，就是企图在从嗣系繁衍上断绝罪恶的延续。换言之，凯文将自己视为了家族罪恶的最终容器。

放眼雅各布森的其他作品，犹太性一直是他书写的重要主题。例如在其获得布克奖的《芬克勒问题》（*The Finkler Question*，2010）中，就对"犹太性、犹太复国主义以及以色列问题的种种不同的观点、信念与行动"进行了深刻的探讨[18]。凯文的受难意识不仅能从家族规训中找到因由，还可以一直追溯到犹太文化的深层渊源。在犹太文化中，受难意识往往与犹太教中的"选民观"紧密联系在一起。犹太教认为，犹太民族是"上帝的选民"，曾与上帝缔结契约，规定他们只能信仰上帝耶和华这唯一的神。犹太人有责任在"德行上成为像亚伯拉罕、以撒、约伯那样的义人"[19]，以作别族的表率。犹太人所受之罪皆是为了从上帝那里获得救赎。与犹太民族自诩的优等地位相对照，在历史上，犹太民族却长期处于流散的状态，且屡遭迫害和屠杀，可谓是一个苦难的民族。因此，"J"对于凯文而言，既是他的原罪和宿命，又是他必须遵守的道德指令。面对复杂的家族记忆，凯文不可避免地会产生一系列伦理问题。

"记忆义务的根源，源于与恶的斗争和对过去的重新认识和对集体记忆的理解。"[20]记忆既指向客观的历史，也会牵涉到人的主观想象，因此，面对记忆，人类不得不进行诸如"生存和死亡、记住和忘却、言说和沉默、忏悔和宽恕"之类的抉择，而这些无疑都反映出人的伦理意识[21]。凯文仿佛受难的基督，将所有的罪恶都承受在自己身上，并自始至终都渗透着一种忏悔精神。他认为，"我们必须要对自己的命运负责，就连蚂蚁也一样"，但是面对毫无出路的现实，他又滋生了消极情绪甚至虚无思想，认为"落在了它身上，就是他的耻辱"[22]。不仅如此，他还意识到，必须要面对历史事实和种族命运遗留的问题，即认清"在他们眼里看来，我们是什么？"凯文始终感觉错误地占有了不属于自己的地方，从小时候起，他就感觉有人要闯进家里来，将地盘夺走。在他看来，自己的生存本身就已经对他人构成了侵犯，因此他也必须承担这份道德责任。正是重重叠加的罪责意识使他无法看到乐观的未来，所以最终走向了自杀的悲剧结局，但也正是这种责任意识成了凯文的生存支柱："时时萦绕他的，是对生者和死者的责任。从他睁眼起就有一条仪式链，没有了责任和重复，他就成了风中颤抖的谷壳。"[23]所以，罗森文评价凯文是一个"伦理主义者"，在艺术家根本不用负责任的地方，他却得溺死。

当我们提到事物间的因果联系时，往往习惯于从时间的线性特征着手进行解释，即所谓"前因"导致"后果"。这意味着行为主体将责任置于行为之后，承担道歉的责任不过是对暴行的补偿，根本不能避免悲剧的发生。然而在《J》中，因果联系还表现在不断地将现在引向过去，将当下的现实作为过去发生的事件的诱因，即在时间上呈现出悖时（anachronisme）的特点。在小说中穿插的关于大屠杀的片段中，我们也可以看到灾难幸存者的剪影，"女人冷静地记录大屠杀的情况，却不愿去面对沉痛的现实，把选择和哀悼都寄托于明天。就在她注视之时，历史已经恢复原状"[24]。而结果就是，暴行会和以前一模一样地发生。爱琳的外祖母丽贝卡的遭遇做了最好的解释：当你不愿去面对记忆时，也就导致了灾难循环而至。恰如鲍曼所分析的那样，大屠杀往往被简化为一个民族的灾难，而事实上，"没有现代文明及其最核心本质的成就，就不会有大屠杀"[25]。换言之，责任先于行为，只有承担起关于记忆和他者的责任，勇敢面对当下社会的人际关系，才有可能避免暴力行为的再次发生。这也正是雅各布森隐藏在叙事策略背后的道德警示。

三、后灾难记忆与他者伦理

随着新冠疫情在全球范围内的肆虐，人们被迫互相隔离、疏远，而这恰恰也给予了人们重新审视自身与他者的机会。在疫情中，人们无时无刻不承受着病毒传染所带来的恐惧，每个他者对自己而言都是潜在的威胁，每个人也都生活在他人充满排斥的目光中。这使人联想到萨特的"他者"世界：人与人之间是一种彼此对立、相互竞争的生存状态。个体的自由因暴露在他者的包围中而受到威胁和限制，个体的自我意识也在他者的"凝视"中得以形成。"被凝视往往意味着被客体化、对象化，在这个过程中，主体'我'沦为了对象'我'，被他人的意识所支配和控制。"[26] 每个人都想从中争得支配权，主体之间的"凝视"因此衍变成为一场生存斗争。对待他者，雅各布森的态度明显更加审慎，他坦言，不是只有病毒出现时，人与人之间才需要保持距离，人们应该时刻警惕并远离"人群中那种浪潮般汹涌的情绪"[27]。在《J》中，他甚至将人物抛入了一个更加极端的他者世界。

小说中有一处细节：埃弗里特在日记中记载，有一次他和凯文走进一处酒吧，本能地感受到了那些贝塞斯达本地人的排斥，他们并没有公开地羞辱，而是大声地喧哗，彼此交流眼神，他们还"在私下窃窃议论时给人判处私行"。恰如本地人克罗普利克所说，他们以前就是诸神，而现在却沦入与这些异族人共存的"诸神的黄昏"之中。这种时隐时现的对立意识可谓贯穿文本始终。相较于克罗普利克的平民立场，埃斯米体现了更加深入的精英思维。她最早意识到政府的同化策略已然滋生大量的暴力倾向，受到迫害后，她从父母的婚姻关系中找到解决社会问题的答案，即恢复那种"敌意的对抗平衡"。根据这种构想，她进行了一项社会实验，想要将凯文和爱琳的孩子培养为未来的仇恨目标，以此来恢复国家的稳定。埃斯米的社会实验喻示着社会的未来走向，也在一定程度上呼应了克罗普利克希望恢复的"人人互相杀戮的勇士史"。

如前所述，在小说的文化记忆层面和家庭记忆层面无不渗透着这种对待他者的敌视态度，甚至将凯文的自我认同推向了虚无主义的深渊。但如果将这种近乎绝望的消极情绪视为雅各布森想要表达的核心思想，那么未免与文本中隐含的作者价值观相去甚远，甚至完全忽略了小说精心设置的细节暗示。从小说结构上看，关于大屠杀的历史几乎完全隐迹在作者模棱两可的叙述和人物支吾不清的对话中，构成了一个面目模糊的灾难隐喻，而更加明晰的主体则是身处后灾难时代的人们的日常生活和个体思考。因此更加准确地说，《J》是一部"后灾难"小说，它体现了作者对于人道灾难的反思，以及对于后灾难人性和人生存价值的担忧。后灾难人性是"人在经历了巨大的人道灾难之后，在新历史情境中的自我调适"[28]，它破除了大屠杀行为的受众壁垒，将问题引入到普遍人性的哲学语境中进行追根溯源，以此来开启人的未来维度。通过小说《J》，雅各布森向所有人类发出诘问：自我与他者是否必然处于对立与冲突之中？我们是否有权伤害他者？如何才能避免各种人道灾难的再次发生？这种思考与列维纳斯的他者伦理思想不谋而合。

将雅各布森与列维纳斯放在一起进行讨论，基于二者都认同的一个基本问题，即必须将对他者的责任纳入伦理的范畴，人与人之间的伦理关系不只是基本的道德总则和框架，而是指涉一种超越生存困境、获得救赎之道的本质精神。唯其如此，犹太民族才可能从"J"的诅咒中挣脱出来，现代社会才能避免出现随意剥夺他人生命的恶行丑态。而这些突出反映在雅各布森对于"死亡"和"重生"这两个关键问题的处理上。

无论是大屠杀，抑或是新冠疫情，最令人感到恐怖的地方在于它使人如此真切地感受到死亡的召唤。按照列维纳斯的看法，死亡对主体而言是具有绝对异质性的他者，代表着绝对的未来。在现实中，我们无法亲历死亡，而只能通过他者之死进行间接感知。"脸"（face）作为他者的显现，以其全部力量来抵制我的权能，体现出一种"超越的无限"。正是在他者之脸中，我们看到了他者死亡的可能性，感受到脸所表达的道德律令："汝勿杀。"[29]他者之脸使我们看到自己的暴力倾向，也要求我们担负起尊重他人生命的责任。因此，自我、他者和死亡之间形成了三位一体的伦理体系。《J》作为一本关于大屠杀的小说，必然会涉及"死亡"这个问题，其中明确描述有关死亡的场面可以被概括为"他者之死"与"自我之死"两个方面。

在埃斯米的母亲罗达的少女时期，曾经与一个年老的丑陋男人有过短暂的风流史。他向她讲述了一件发生在大屠杀中的不堪往事：为了报复性情古怪又三心二意的情人，他趁着大屠杀造成的混乱，任由她年仅九岁的女儿被烧死在画廊中，没有施以任何援救。女孩的死使他反思"暴力"的本质：一切暴力行为都源于人们"心中暴力的投射"，"有可能我看到的要比事实更加暴力，因为我想让它更暴力"[30]。大屠杀不再是单纯的种族迫害行为，而是每个个体的自由意志的外化。换言之，当我们将暴力视为夺取自由的武器或途径时，那么每个人都已成为潜在的施暴者。小说中的"他"将自己的暴行归咎于"文化的灌输"，将对女孩的拯救寄托于上帝，将对自身的宽恕假助于女孩的替身——罗达。他以种种借口来逃避责任，却掩盖不住自己始终在回避罗达的目光。从中我们看出，罗达（被烧死的女孩）的"脸"变成了他"在道德上感到羞愧的源始"[31]，同时也解构了自我与他者之间的"暴力"关系：依靠伤害他者换取来的"自由"根本无法在伦理世界中立足，反之，只有承认并承担对待他者的伦理责任才可以获得自我救赎，真正清除历史的遗毒。

无独有偶，凯文的父亲也有过类似的经历。相较而言，他从受害者的角度显示了无力救助他者后的精神愧责。他曾经亲眼看见弟弟被屠杀者抓住，而自己却像对待一条处在严寒中的狗一样，把他关在门外。这种罪孽感始终深深埋藏在他心里，伴随他的一生。在临终之际，他还神志错乱地请求凯文代替自己的兄弟原谅他。在此意义上，凯文父亲永远无法说出口的"J"，不再只是犹太身份的象征，而且还是一种复杂人性的巨大影像，是显露在历史记忆中的他者之"脸"，是违犯了"脸"中的道德律令而不得不承受的道德审判。

如果说，出现在小说中的"他者之死"关涉的都是难以摆脱的过去，那么，凯文的自杀则触及了小说的未来维度。小说末尾，凯文意识到自己作为他人眼中的他者身份不会发生好的改变，而能够留给他们唯一的报复就是拒绝与他们为伍，所以，最终以自杀的方式结束这一切。和列维纳斯一样，雅各布森在文本中表现出来的未来难以预期，神秘叵测。基于对现实的绝望情绪，凯文并不知道未来将会怎样，但他还是本能地承担保持"真实"的伦理责任。正是这种责任意识，使得绝对未知的未来隐约出现了零星的光点。同时，对于读者而言，凯文的死也是一种"他者之死"。透过凯文之死，读者被拉进文本营造的伦理场域中，与凯文的"脸"迎面而遇，继而感受到"脸"所带来的伦理威严和道德律令。它警示我们：生命本来就是多元的，我们无权伤害他人。只有尊重他者的存在，才能将未来引向一个相对"可期的"方向。凯文无法预知的未来在读者既获的伦理意识中渐渐明晰起来，有了趋于积极的走向。

时间并不止于死亡，它还会通过"生育"向无限敞开。由生育诞生的"儿子"，既给主体的时间施加了无限的向度，同时又与主体完全不同。因此，"主体真正意义上出离了自身，而不再是那个'命中注定回归自身（soi）的自我'，从而变成了自身的他者"[32]。凯文和爱琳关于怀孕的问题发生了激烈的争吵，他们截然不同的看法反映了雅各布森对于未来的矛盾态度：既对未来保持悲观预期，又不愿意放过一丝希望。但不可否认，这个孩子达成了对凯文"自我超越的回声"，意味着存在于凯文悲观认知中的未来将慢慢改写。正如雅各布森坦言，"生活经常都是恐怖又令人失望的，但在某些小角落，你必须相信，事实并非如此"[33]。他用生命繁衍的力量撕开了现实织就的绝望之网，透过这条微乎难辨的裂缝，我们终于看到了"云朵的银边"，收获到来自未来的一丝希望。

总的来说，小说中的后灾难记忆力图破除历史的特殊化倾向，通过对普遍人性的思考，以主体之间的伦理责任来反拨其它记忆层面的人际对峙状态，将悲观消极的历史和现实导向积极的未来。需要指出的是，列维纳斯对于时间的认识是基于"现在"的瞬间性。一切存在物转瞬即逝，每个瞬间之间都是断裂的，"它打断并又重新接合了它由自身出发所进入的绵延"[34]。这意味着割断了现在与过去及未来的联系，我们无法真正地回忆过去，也不能根据现在预知未来。不同于此，雅各布森在小说中不断重申记忆的现实功用，力图维护时间本身前后相继的脉络联系。二者虽然在整体时间观上有着不同的认识，但都将未来寄予了人类"弥赛亚（Messie）"式的自我救赎，即付诸对待他者的责任。

小说还有很多地方，都可以反映出雅各布森与列维纳斯在思想上的一致性，甚至可以说，在《J》中处处隐藏着列维纳斯的影子。但不可否认的是，就像小说中人物对于"出事"的描述一样，雅各布森对此的表述也显得有些暧昧不明。这也正迎合了一些外国学者的揶揄：雅各布森通过简单地将他的故事设定在"出事"之后，"将自己从想象事情是如何发生的或者做何必要的工作使行动看起来似乎是合理的责任中解放出来"[35]。鉴于小说围绕"他者"呈现出来的悖论性书写，我们可以感知雅各布森流露出来的复杂心态，这里面既有作者本人种族身份和个人经历的影响，也反映出了其对现实和未来深重的忧患意识。

结语

在现代化的现实语境中，大量充满人性化的科技产品纷纷涌向市场，加剧了人类对于外物的依赖；传播媒体从专业机构下放到每个社会个体，使人时陷入众说纷纭的乱象中；消费文化的狂热和流行文化的盛行，又在不断削磨人的思考能力和反思精神……与之相应，各种记忆被放进诸如博物馆、图书馆、纪念公园等特定的场所里，成为供人观瞻的特殊展品，日益失其本初意义。人们沉浸在当下的"喧哗与骚动"中，愈加不愿面对和记忆之间的"血肉联系"。《J》通过文化记忆、家庭记忆和后灾难记忆的书写，将大屠杀的极端境况置于现代化的语境中，迫使人们重新反思记忆对当下的能动作用、现实社会中的人际关系和人本身的生存价值。渗透在文本之中的"他者"思想，彰显了以霍华德·雅各布森为代表的知识分子的道德使命和现实关怀，更加为身处后疫情时代的人类提供了可供勉诫的道德启示。

＊本文为国家社科基金重大项目"文学伦理学批评的理论资源与对外传播研究"【21&ZD264】的阶段性成果。

注释：

[1] Specktor,"J by Howard Jacobson",*The New York Times*,12 December 2014, http://www.Nytimes.Com/2014/12/14/Books/Review/J-ByHoward-Jacobson.Html.

[2] J. Burnside,"The British Dystopian Novel of Our Time? Review of *J* by Howard Jacobson",*The Guardian*,3,21 August,2014.

[3] [德]扬·阿斯曼：《文化记忆：早期高级文化中的文字、回忆和政治身份》，金寿福、黄晓晨译，北京：北京大学出版社，2015年，第44页。

[4] [英]霍华德·雅各布森：《J》，张小意译，上海：上海人民出版社，2020年，第23页。

[5] 张力升：《重回耶路撒冷：犹太人的三千年》，北京：金城出版社，2009年，第33页。

[6] [英]霍华德·雅各布森：《J》，张小意译，上海：上海人民出版社，2020年，第43页。

[7] [以]玛格利特：《记忆的伦理》，贺海仁译，北京：清华大学出版社，2015年，第20页。

[8] [以]玛格利特：《记忆的伦理》，贺海仁译，北京：清华大学出版社，2015年，第19页。

[9] [英]霍华德·雅各布森：《J》，张小意译，上海：上海人民出版社，2020年，第183页。

[10] [德]阿莱达·阿斯曼：《回忆空间：文化记忆的形式和变迁》，潘璐译，北京：北京大学出版社，2016年，第151页。

[11] [英]奥威尔：《一九八四》，董乐山译，沈阳：辽宁教育出版社，1998年，第5页。

[12] [法]福柯：《规训与惩罚》，刘北成、杨远婴译，北京：生活·读书·新知三联书店，2012年，第226页。

[13] [英]霍华德·雅各布森：《J》，张小意译，上海：上海人民出版社，2020年，第143页。

[14] [法]莫里斯·哈布瓦赫：《论集体记忆》，毕然、郭金华译，上海：上海人民出版社，2002年，第71页。

[15] Gilbert,"'No outlines':From dystopia to heterotopia in Howard Jacobson's *J*",*Journal of European Popular Culture*,7,2016,pp.9-19.

[16] [法]莫里斯·哈布瓦赫：《论集体记忆》，毕然、郭金华译，上海：上海人民出版社，2002年，第107页。

[17] [英]霍华德·雅各布森：《J》，张小意译，上海：上海人民出版社，2020年，第126页。

[18] 吴攸：《文化交融还是文明冲突？——论〈芬克勒问题〉中的犹太文化身份困境》，《当代外国文学》2019年第2期，第54～62页。

[19] 傅有德：《犹太哲学和宗教研究》，北京：中国社会科学出版社，2007年，第175页。

[20] [以]玛格利特：《记忆的伦理》，贺海仁译，北京：清华大学出版社，2015年，第73页。

[21] 赵静蓉：《文化记忆与身份认同》，北京：生活·读书·新知三联书店，2015年，第138页。

[22] [英]霍华德·雅各布森：《J》，张小意译，上海：上海人民出版社，2020年，第379页。

[23] [英]霍华德·雅各布森：《J》，张小意译，上海：上海人民出版社，2020年，第331页。

[24] [英]霍华德·雅各布森：《J》，张小意译，上海：上海人民出版社，2020年，第80页。

[25] [英]鲍曼：《现代性与大屠杀》，杨渝东、史建华译，南京：译林出版社，2002年，第118页。

[26] 张剑:《西方文论关键词:他者》,《外国文学》2011年第1期,第118~127页。

[27] 李乃清:《霍华德·雅各布森:我害怕众口一词和人群中汹涌的情绪》,《南方人物周刊》2020年第14期,第65页。

[28] 徐贲:《人以什么理由来记忆》,长春:吉林出版集团有限责任公司,2008年,第233页。

[29] [法]列维纳斯:《总体与无限:论外在性》,朱刚译,北京:北京大学出版社,2016年,第183页。

[30] [英]霍华德·雅各布森:《J》,张小意译,上海:上海人民出版社,2020年,第308页。

[31] 孙向晨:《面对他者——莱维纳斯哲学思想研究》,上海:上海三联书店,2008年,第150页。

[32] [法]列维纳斯:《时间与他者》,王嘉军译,武汉:长江文艺出版社,2020年,第23页。

[33] 李乃清:《霍华德·雅各布森:我害怕众口一词和人群中汹涌的情绪》,《南方人物周刊》2020年第14期,第69页。

[34] [法]列维纳斯:《从存在到存在者》,吴蕙仪译,南京:江苏教育出版社,2006年,第91页。

[35] M. Moseley,"Booker Prize 2014", *The Sewanee Review*,2,2015,pp.286-294.

罗朗·巴特"大众戏剧"理论的时代特征及其三要素

宫宝荣

(上海戏剧学院外国戏剧研究中心,上海,200040)

内容摘要:作为当代法国文艺理论大师,罗朗·巴特的"大众戏剧"观为其理论的一个重要组成部分。本文结合1950年代布莱希特叙事戏剧在法国的传播,对巴特的"大众戏剧"观的时代特征及其"观众、剧目和先锋性"三大元素分别进行阐述,乃是对这一对法国当代戏剧的转型产生过重要影响的戏剧理论一次初探。文章结语部分结合法国同时期重要戏剧导演、国立大众剧院院长让·维拉尔的实践,阐明巴特的"大众戏剧"理论其实根植于维拉尔的实践。

关键词:大众戏剧;布莱希特叙事剧;观众;剧目;先锋"做剧法";让·维拉尔

罗朗·巴特(Roland Barthes,又译罗兰·巴尔特等,1915—1980)是20世纪中期最有影响的法国文学家、思想家、文艺理论家之一。作为"新批评派"的领袖,他在法国符号学、结构主义、后结构主义乃至解构主义、叙事学等各方面都做出了卓越的贡献,而生动活泼的文笔又使其理论如虎添翼,影响及至整个世界。在中国,早在上世纪80年代就有巴特著作被译成中文出版,进入新世纪后更是掀起了一股小高潮。与此同时,国人的研究成果也逐年增长。令人遗憾的是,这位被认为是"继萨特之后法国学界的'现代大师'"[1]在戏剧理论方面的建树国人却是知之甚少。

巴特的戏剧观点主要集中在由后人编纂出版的《论戏剧》一书中,这些文字散见于其时的法国报纸杂志,不少发表在其担任编辑的《大众戏剧》之上。从这些文章中不难发现,形成于1950年代的巴特戏剧思想中贯穿着一条红线,那便是打着深刻的布莱希特"叙事戏剧"的时代烙印、有着一个多世纪历史的"大众戏剧"精神。在某种程度上,正是"叙事戏剧"与以让·维拉尔代表的"大众戏剧"实践相结合,才形成了这一对当代法国戏剧产生过重大影响的巴特戏剧观。因此,本文将围绕具有鲜明时代特征的巴特戏剧理论予以展开,分别论述布莱希特的深刻影响、巴特"大众戏剧"理论的三大组成元素,最后则以维拉尔戏剧的实践表明巴特对这一戏剧事业的坚定信心。

一、深刻的时代烙印

少年时代的罗朗·巴特就喜欢看戏,尤其爱看"四人联盟"上演的探索性和思想性兼具的戏剧演出,其中又数庇托耶夫和杜兰的作品更受其青睐。这些演出使得小罗朗受到深刻的教益,对戏剧抱有满腔的热情。大学期间,他创建过学生剧团,热衷于粉墨登场,却因生病中断了一切。1940年代末期,巴特前往意大利、埃及等地从事并不稳定的研究工作,自然不再出入剧院。直到1953年,罗贝尔·瓦赞和贝尔纳·道特等人创建《大众戏剧》[2]杂志并将他纳入了编委会,巴特才再次频繁出入巴黎剧院并在杂志上发表剧评、宣扬自己的戏剧主张。不过,真正促使其戏剧观念发生根本改变的,是在次年观看了布莱希特的戏剧演出之后。

1954年,布莱希特率领柏林剧团在欧洲各国巡演,为巴黎观众带来了《大胆妈妈和她的孩子们》。此次演出给巴特带来的震撼是巨大的,以至于十多年后他对这场"灵光般的启示"回顾道:

> 这次启示犹如一场大火:法国戏剧在我的眼前一无所剩;在"柏林剧团"和其它剧院之间,我意识到存在的差别并不是量的,而是质的,几乎是历史性的。因此,这场经历对我来说,其性质是根本的。布莱希特使得我对一切不完美的戏剧失去了兴趣,好像正是从这个时候起我再也不去看戏了。[3]

如果说在1954年之前,维拉尔领导的国立大众剧院的实践在巴特的眼里已经属于"大众戏剧"范畴的话,那么在柏林剧团巴黎巡演之后,布莱希特的叙事戏剧便成为胜其一筹的理想范本。换言之,巴特是在接触了布莱希特戏剧之后才对"大众戏剧"的认识产生深刻的变化与极大的提高。在他看来,维拉尔的戏剧实践必须经过"叙事化"之后方能使"大众戏剧"进一步升级。

对巴特而言,布莱希特叙事戏剧究竟具有哪些重大意义呢?1955年,他在《布莱希特革命》中着重强调了两点:其一,布莱希特极其重视戏剧的政治功能,与资产阶级文化针锋相对,其叙事戏剧具有"革命性"。巴特原本就受到马克思主义的影响,一直认为戏剧家及其创作都具有政治性,无论是作品本身还是服务对象都有阶级之分,所以真正的"大众戏剧"也必须以普通百姓为服务和教育对象。除此之外,布莱希特戏剧之所以如此令人震撼,还因为它是一场打破了资产阶级戏剧向来在西方剧坛占据统治地位的"革命",旨在让人民大众清醒过来。巴特认为,传统的亚里士多德式戏剧已经沦为金钱统治的"庸俗戏剧",成为资产阶级文化的一部分,与大众利益背道而驰。在他看来,"文化上的资产阶级,这个是存在的,它代表了一定数量的神话、形式和观众,而这些又是非常坚固、非常确定,并且总是围绕着权力在运转,因为它们为其进行开脱"[4]。而布氏新型的叙事戏剧作为一种"受到了马克思主义照耀的大众戏剧",乃是一种与资产阶级庸俗戏剧针锋相对的"政治戏剧",一种"进步的""具有历史高度的戏剧"[5]。和宣扬宿命论的庸俗戏剧不同,布氏叙事戏剧打上了马克思主义的烙印，不再认为世界的现状是"自然的"、观众只有忍受和顺从，而是通过演员表演的"间离效果"来唤醒观众，使其觉悟到世界是可以改变、可以控制的。因此，在巴特眼里，布莱希特戏剧的重大主题都是"进步"的：

> 亦即人类的不幸掌握在自己的手里，换言之世界是可控的；艺术能够而且应该介入历史；今天的艺术应该和科学齐心协力，一起完成共同的任务；今后我们需要的是解释的艺术，而不再是表达的艺术；戏剧必须通过揭示其进程来坚定地帮助历史；舞台技术本身也是介入型的；最后，并不存在一种永恒的艺术"本质"，每个社会必须尽己之力地去创造一种艺术。[6]

这段话无疑是巴特对叙事戏剧极其简洁的总结，也是他对"大众戏剧"的一种新的期待。

其二，叙事戏剧在挑战长期统治西方剧坛的亚里士多德式戏剧的同时，提出了一整套新型的戏剧演出体系。巴特认为，在传统剧院里，无论观众的兴趣何在、信仰为何，他们所能得到的"信条"是不变的，即"观众越是感动，越是与主人公认同，舞台越是模仿行动，演员越是化身为角色，戏剧便越是神奇，演出便越是好看"[7]。然而，由于它是为资产阶级的统治服务的，因此也是极其有害的。布莱希特的伟大之处，便是勇于打破这一切，创造了一整套以"间离效果"为核心的演剧体系。巴特称赞布氏是"我们这个时代最伟大的剧作家，他不仅为我们提供了作品，而且还拥有一个强大、和谐、稳定的体系"[8]。不过，他也承认这一体系执行起来并不容易，但其"拯救"作用却是毋庸置疑的。他强调，布氏戏剧的"高贵"之处在于，"它并非某种色彩精致的或造型美观的动作（人们可以从其他当代戏剧家作品中发现这些），而是一种如此清晰、如此简约的'符码'，以至于演出变得既令人目眩又十分扣人心弦"[9]。两相比较之下，布莱希特叙事戏剧对巴特的吸引力之强大可想而知，比孔夫子闻听韶乐之后三月不知肉味有过之无不及。他表示："面对这种终于将政治内涵与困难形式的矛盾予以解决的高级平衡时，任何演出对我来说都是不完美的，一句话，就是本义上的'败作'。"[10]从此，巴特不再走进剧院。不过，他还是提出了一套具有新的时代特征的"大众戏剧"标准，即"大量的普通观众""文化品位高的剧目"和"先锋的做剧法"。

二、"大众戏剧"三要素之一："大量的普通观众"

如前所述，在遭遇布莱希特叙事戏剧之前，巴特就十分推崇"大众戏剧"，并将其时领军人物让·维拉尔在国立大众剧院所从事的艺术实践视为榜样。在接受了布氏叙事戏剧理论之后，他更是不遗余力地鼓吹"大众戏剧"，并因为布莱希特的影响而打上了这一时代的烙印。

巴特在经历了叙事戏剧的洗礼之后，原先为其推崇备至的维拉尔的"大众戏剧"自然得与时俱进了。那么，什么才是具有时代精神的"大众戏剧"？巴特为此颇费脑筋，他在《为大众戏剧下定义》(1954)一文中开门见山地写道：

> 在我们这个时代，试图为大众戏剧下定义是一件被认为令人泄气的事。然而，我要在这里尝试的，正是这个极其具体的定义。我要即刻并且一言以蔽之地说，大众戏剧乃是那种服从于三项互相竞争的要素的戏剧。当然，分别来看的话，三者中的每一项都不新鲜，但仅是将三者聚于一体就完全可能是革命性的，即大量的普通观众、文化品位高的剧目、先锋的编剧法。[11]

同年12月，他又发表了题为《今日大众戏剧》的文章，进一步阐述了"三要素"理论，将其归纳为由"有规律地触及广大观众、呈现高文化品位的剧目、实践先锋性的做剧法"[12]构成的三位一体。巴特认为，分别来看这三点的话，其时的法国剧坛都已具备，然而能够将三点合而为一的院团却极其罕见。如果能够真正做到的话，那就离理想目标很近了。

"大众戏剧"的第一要素为观众。众所周知，戏剧艺术在法国历来享有很高的地位，但长期以来都以王公贵族为其主要服务对象，而在大革命之后又几乎变成资产阶级的独享专利，普通百姓往往被排斥在剧院门外。19世纪下半期以来，为了改变这种状况，一代代戏剧家响应18世纪法国大革命时期有识之士发出的创建"大众戏剧"的口号，并开始付诸实践。然而，直到20世纪中叶，平民百姓去剧院看戏始终没有蔚然成风。在巴特看来，其中一大因素在于票价昂贵，正是高票价阻止了他们的脚步，既与戏剧的内容本身无关，也与剧院所在的位置无关。对此，笔者认为如果说有关票价的观点还能够成立的话，那么与内容和剧院位置无关的说法无疑值得商榷。纵然高乃依、拉辛等人的戏剧具有无穷的艺术魅力，但一个普通观众如果没有接受过良好教育的话，其实是很难理解充斥了古希腊罗马文学和历史典故的古典主义悲剧作品的，而在教育远不如今天这么普及的20世纪前半期，绝大多数法国普通民众能够高中毕业就相当不错，也在很大程度上减少了他们看戏的热情。至于剧院的地理位置，它们一般都位于巴黎市中心的高大上地区，建筑富丽堂皇加上出入者衣冠楚楚，自然令普通工薪阶层望而却步。显然，在这一点上，巴特的观点是片面的，要吸引更多的普通大众前来看戏，无疑光靠降低票是不够的，还得同步提高他们的教育水平，以及就近建造更多的剧院才是。

因此，与内容相比，巴特有关票价的论述更值得我们的重视。如何吸引更多的民众走进剧院？在他看来，光靠逢年过节敞开巴黎歌剧院或法兰西喜剧院的大门是不够的，必须有更为持久有效的措施才行。当然，在如何解决票价这一问题上，巴特的观点是激进的。他要求的是剧院全面降价，希望不只是开放低档次的座位，那些高档的座位更应该降价，目的在于"更加公正"，"大众戏剧首先是一种不存在鸡窝和正厅区别的戏剧"[13]。因此，除了普遍降低票价之外，还得缩小不同等级座位之间的差价。他以维拉尔的国立大众剧院为例，认为其票价基数较小且仅有三倍之差是极为可取的，如此能够改变以金钱区分观众的现象，从而达到社会公正和惠及大众的目的。

尽管如此，巴特又清醒地认识到，要做到这些，光靠剧院一己之力是不够的，还得有赖于国家出台得力的资助政策才行。他反复强调："只有国家具有扩大观众的能力，通过加倍、提高和必要时重新分配其资助。""只有当国家针对广大观众实行一种长期的票价紧缩政策亦即一种系统性地票价减少差距的政策时，才能够把他们带入并留在剧院。"[14]因此，除了戏剧从业者必须敬业之外，更有必要让国家明白自己所肩负的责任。巴特的这一观点恰与维拉尔呼吁国家将戏剧视为"公共服务"的要求如出一辙[15]，在某种程度上，可以说正是在维拉尔、巴特及其《大众戏剧》同仁的大力呼吁下，法国政府对戏剧的资助力度才逐渐增加，并始终在欧洲各国名列前茅。相对英美国家而言，法国剧院的票价显然是低廉的，至于是否真正实现了让普通百姓都走进剧院则另当别论了。

三、"大众戏剧"三要素之二："尖端的现代性"剧目

巴特心目中的"大众戏剧"的第二项要素为剧目。这一点并不难以理解，毕竟还是在20世纪中期，阿尔托的"残酷戏剧"理论尚未被广泛接受，剧本在戏剧创作中依然占据中心位置，更何况法国原本就是一个文学传统深厚的国度。然而，究竟哪些剧本才能受到巴特的首肯呢？从上述他对布氏戏剧的论述中可以看出，首先绝不能来自资产阶级的林荫道戏剧。他一再强调，不能因为"大众戏剧"面向普通民众就得降格以求，将剧目困在所谓的"大众"层面，甚至局限于"庸俗而又傻气"之中，亦即低劣的演出技术和庸俗的剧情内容。所谓低劣的技术，指的是舞台上奢华的布景、身着亮丽服装的演员及其虚假的表演，庸俗的剧情则是林荫道戏剧的一贯所好，即乐此不疲地表现男女偷情，并在人物心理的包装之下大"洒狗血"。

巴特心目中的大众戏剧的剧目包括两类，即"高度明智"的经典作品和具有"尖端的现代性作品"。在他看来，欧洲各国的优秀古典戏剧都是现成的大众戏剧的剧目，从莎士比亚到莫里哀、从高乃依到克莱斯特，均是典型的"高度明智"的剧作。这些优秀剧作并不是富人的专利，而是包括普通民众在内的共同财富。虽然巴特并没有阐述这些剧本究竟有哪些"明智"之处，但从他对林荫道戏剧的鄙夷中可以推理得出一二。比起"肮脏"和"奴媚"的资产阶级金钱戏剧来，传统经典剧目既"纯洁"又"坚强"，完全适合广大普通观众，能够为他们带来"愉悦"和"激动"[16]。与唯利是图的商业戏剧相比，古典戏剧家们以真诚的态度对待观众，充分地信任他们，所创作的剧目具有高质量的艺术性，并因此受到社会不同阶层的观众广泛欢迎。为了证明这一点，巴特举出维拉尔导演的莫里哀《唐璜》（1953）为例，这部曾经被认为缺少一切讨好观众的诸如爱情情节、偷情女人等元素的"不太大众"的剧作，由于导演的努力最终赢得了百姓观众的热烈欢迎，恰好与同时期法兰西喜剧院上演的作品形成鲜明的对照。

那么，什么又是"尖端的现代性作品"呢？既然巴特专门论述了经典剧目，人们很容易以为他指的是现代作品。事实上并非完全如此，巴特认为一部戏剧作品是否具有现代性，并不取决于它作于何时，更在于它在搬演时是否被导演赋予了这种特质。

他解释道，所谓具有"尖端的现代性作品"，并不一定是当下编创的，更多是指其成为舞台演出作品时的"现代性"。因此，不必像罗曼·罗兰那样去刻意编创大众剧目，虽然用心良苦却事倍功半，甚至以失败告终。他认为，维拉尔之所以能够吸引大量的观众，就在于从经典剧目中选取了那些"纯粹的作品"作为排演对象，并融入了"尖端的现代性"，因而哪怕一部像《唐璜》这样一部"最不讨好的"剧目都能获得巨大的成功。如此不难理解，巴特心目中的大众戏剧剧目便是维拉尔在国立大众剧院推出的那些被注入了当代精神的作品，既有《亨利四世》（莎士比亚）、《吝啬鬼》（莫里哀）、《玛丽·都铎》（雨果）、《洪堡王子》（克莱斯特）等这些经典作品，也有《给我红玫瑰》（奥凯西）、《死亡舞蹈》（斯特林堡）、《大胆妈妈》（布莱希特）、《俄狄浦斯》（纪德）、《侵犯》（阿达莫夫）等现当代作品。而历史也已证明了维拉尔眼光的独到，几乎所有现当代作品都经受住了时代的考验成为新的经典。

那么在这些创作时间跨度巨大的作品中，究竟体现了怎样的"现代性"呢？巴特的目光又一次投向了布莱希特的叙事剧，认为布氏剧目极其具有"现代性"，且在本质上与"大众戏剧"相一致。换言之，为当下观众所理解、所接受便是"现代"的。以布氏代表作《大胆妈妈》为例，巴特在相关评论中直截了当地写道："《大胆妈妈》之所以伟大的第一个理由便是：它是一部地地道道的大众戏剧作品，因为这是一部其深刻的意图只能为大众所理解的作品。"[17]更为重要的是，剧作家不仅揭示了大胆妈妈悲剧的深层原因，而且还提出了解决问题的方法，亦即让观众明白只有铲除统治者为了谋取利益而发动战争这一根源才能结束悲剧。布莱希特的高明之处，在于"将这一重要意图与真正的戏剧结合在一起"[18]，不是通过说教或论证，而是通过"戏剧行动本身"：三十年战争无情地将一切裹挟了进去，无论是人物（包括情感和身体）还是事物都明显地在不断衰败，就像大胆妈妈的三个孩子一样逐个地毁灭。虽然大胆妈妈一直没有清醒过来并将一切都归咎于命运，但布氏通过离间手段让观众看清了战争的本质以及人物的盲目与无知。观众既是被动的演员又是自由的观众，既是宿命论的信徒，又在破除这一迷信。巴特因此总结道："对布莱希特而言，舞台在叙事，观众在评判，舞台是叙事的，观众席是悲情的。可这正是伟大的大众戏剧的定义本身。"[19]巴特还将布氏戏剧与法国民间大木偶剧进行比较，认为在两者中"观众同样地知道演员所不知道的"，看到台上人物如此愚蠢，观众感到惊讶、不安；但再越过一步，他便会发现其实蠢人就是他自己，并由此醒悟过来[20]。

由此可见，对巴特来说，布莱希特叙事剧的同时也是"大众戏剧"的"尖端的现代性"便是，能让观众进入剧情但并不沉溺于其中，并能破除幻觉保持清醒，将戏剧行动与社会现实予以对照，进而采取相应的行动。它恰与林荫道戏剧背道而驰，后者"根本上是虚假的：它们将观众粘住，是一种让人放弃的做剧法。相反，布莱希特的做剧法拥有某种启发力量，它既再现又让人评判，既是动人的又是间离的；一切都作用于让人感动但又不沉溺；这是一种团结人的而不是污染人的戏剧"[21]。总之，"大众戏剧"的剧目，无论经典还是现代，其最重要的特质便是具有"尖端的现代性"，亦即与资产阶级催眠做剧法决裂，让观众保持清醒的头脑，提高政治辨别能力和起身反抗的行动能力。

四、"大众戏剧"的第三项要素：先锋的"开放性做剧法"

巴特"大众戏剧观"的第三大元素为"先锋的做剧法"。戏剧自存在以来，不同时代有着不同的编剧和演剧方法，即"做剧法（dramaturgie）"[22]。在法国，自17世纪高乃依、拉辛和莫里哀等人的悲、喜剧诞生以来，一套由"三一律"等一系列规则组成的"古典主义剧作法"便应运而生。这套剧作法因其缜密性和有效性不仅在法国至高无上，甚至在整个欧洲都被奉为圭臬，在各国剧坛占据统治地位长达二百多年。然而，19世纪末20世纪初，随着时代的发展和观念的进步，在以安托万为代表的新一代戏剧家们的推动下，欧洲剧坛刮起阵阵"先锋戏剧"之风，极大地动摇了古典主义"剧作法"的地位，促进了现当代欧美戏剧的发展。

那么，巴特眼里的"先锋戏剧"及其"做剧法"又是什么呢？它与20世纪欧洲出现过的形形色色的"先锋戏剧"有着怎样的区别呢？作为一名青年时代就受到马克思主义影响的文艺理论家，巴特看重的与其说是先锋戏剧表面的表现形式，不如说是其内在的反抗精神。在《什么戏剧之先锋？》（1956）一文中，他认真讨论了"先锋"一词的含义，表现出鲜明的政治意识。他表示，"先锋"一词何时出现虽然难以考证，但它肯定与19世纪末20世纪初资产阶级艺术的没落有关。而其时的"先锋"，充其量只是个别文学家出于对这种艺术在美学上的退步而表达出来的不满和抗议而已，本质上还是为资产阶级代言，在政治上属于保守派。由于先锋艺术既没有与资产阶级决裂的意愿，更没有对其统治进行反抗，所以两者之间实际上是某种同谋互补的关系。巴特将这种现象与列维-斯特劳斯所描写的巫术相提并论："先锋作家有点类似所谓原始社会的巫人：他把反常划定出来，以便更好地从社会人群中予以清除。"[23]如此，先锋艺术在一定程度上乃是资产阶级的一种自救方式，这也是为什么它们最终都为其所收买和利用，如克洛代尔之于戏剧、诗歌之于兰波、电影之于科克托。巴特尖锐地指出："先锋艺术从来没有将其浪子生涯进行到底：早晚都会重返赋予它的生活圈子之内，只存在着一段时间的纯粹缓刑的自由。"[24]他进而认为，历史上先锋艺术从来都不是被资产阶级扼杀的，而是灭亡于其所具有的"政治觉悟"，典型者如超现实主义。这是一股最初颇具造反精神的革命力量，曾经勇于面对政治问题，甚至接触到了共产主义思想，但是它却很快放弃了革命，主动接受了死亡。从这一观点出发，巴特不无担心地认为，其时正在崛起的以贝克特、尤奈斯库和阿达莫夫等人为代表的先锋戏剧同样也面临着被利用、逐渐放弃抗争和丧失批判精神的危险。为了避免这些先锋戏剧家重蹈覆辙，巴特希望能够利用《大众戏剧》杂志这一阵地，一是要坚定地捍卫政治戏剧，二是要以先锋艺术的手段来为之服务："它可以提供新的技术手段，尝试决裂、舒缓戏剧语言、为现实主义作家再现对某种自由调子的要求，让他从通常对形式不上心的状态中醒悟过来。"[25]

由此，我们便不难明白何为巴特的"大众戏剧"理论中的"先锋"概念。所谓先锋戏剧或实验戏剧，并不在于舞台上出现多么复杂的技术手段，而在于其思想是否先进。正如他在《今日大众戏剧》一文中所写的那样：

> 先锋的做剧法并不一定是某种复杂的或实验性观念的产物，也不仅仅面向一小部分内行的知识分子。任何与所谓写实主义的冗赘风格、过于细致的布景以及演员夸张的表演艺术作斗争的导演艺术都是革命的。大众戏剧完全不要求那种常常是官方剧院的那种既豪华又愚蠢的做剧法；它追求的恰恰相反：一种简单、空灵、写意的舞台艺术，诉诸观众的想象力，让观众自己去制造戏剧幻觉，而不是让舞美设计师的谎言或演员过分强调的意图带往错误的方向。[26]

总之，凡是能够打破观众欣赏习惯、打破舞台常规的做法，不再利用虚假的布景制造人为的幻觉，并且让观众成为演出的主人等等，诸般手法无不属于"革命"的、先锋性之举。巴特表示，任何实验只要不是过于晦涩或过于繁琐的都可以用来一试，对"先锋的做剧法"而言，"必要的是，与妥协而自满的金钱戏剧美学决裂"[27]。正是从这一观点出发，巴特才将维拉尔在空灵的舞台上搬演的《唐璜》视为一种"先锋戏剧"。

不难看出，巴特的"先锋做剧法"在很大程度上首先是政治性的，"先锋戏剧"便是利用那些具有反抗精神的"资产阶级形式"来宣扬布莱希特式社会主张的政治戏剧。只不过，要做好政治戏剧，绝不能拘泥于传统戏剧的老旧手法，更不能投鼠忌器，而是要大胆地运用实验戏剧的创作手段、打破常规、消除苟且主义。在他看来，"大众戏剧"既然也是一种政治戏剧，除了意识形态之外，还应该重新思考的便是"戏剧的物质性"，而"先锋戏剧能够带来一切：它可以提供新的技巧，尝试决裂，舒缓戏剧语言，替现实主义作者代表对某种自由语气的要求，唤醒通常对形式漠不关心的作者"[28]。除此之外，还因为先锋戏剧的不少手段早已为戏剧人尤其是年轻的一代所掌握，它们完全可以为"新的政治艺术"赋能。

究其实质，巴特"大众戏剧"的这种"先锋"做剧法，与人们通常理解的以各种"实验性"见长的戏剧并无太大的关联，在很大程度上乃是一种回归传统的"开放性"，目的在于加强观众与舞台的沟通。在他的眼里，"开放性"才是历史上一切伟大戏剧的先锋特征。而他列举的例子也更多与这种"开放性"相关，如1930年代费尔曼·吉米耶在巴黎马戏场里所做的戏剧"实验"，又如维拉尔在夏佑剧院里扩大舞台，取消大幕、画景甚至天幕以突出灯光效果等大胆举动。所有这些，巴特都称之为"开放性的做剧法"。这种先锋的"做剧法"在让观众积极参与其中的同时，也使之成为作品的创造者，从而成为大众戏剧"先锋性"的最重要标志之一。

五、维拉尔：巴特心目中一面"大众戏剧"的旗帜

综上所述，巴特的"大众戏剧"理论的形成，既与时代风气，更与戏剧实践本身紧密相关。它既是布莱希特叙事戏剧在欧洲刮起的旋风影响所致，同时也是法国剧坛上早已出现的让·维拉尔及其戏剧实践的产物，可以说是法国戏剧家们百余年来魂牵

梦绕的"大众戏剧"理想的现实化。正因为有维拉尔的成功实践在先，所以当布莱希特在法国掀起一股"叙事戏剧"旋风之后，巴特的"叙事化"大众戏剧理论才逐渐形成并丰满起来。也正因为有了维拉尔的实践，巴特才对大众戏剧事业充满了信心。

在巴特看来，真正为法国"大众戏剧"注入了新的内涵的戏剧家不是别人，正是亲手创立了阿维尼翁戏剧节的导演艺术家让·维拉尔。这位堪称"大众戏剧"旗手的导演，继承了杜兰、庇托耶夫等前辈的精神并将之发扬光大，其最大的贡献正在于把戏剧艺术作为精神食粮送给了广大普通观众。巴特如此赞美道：

> 维拉尔做到了在戏剧的消费规则中展开一场真正的革命；由于他的功劳，几百年来到现在都被远离戏剧艺术的那些阶层（如小资产阶级、贫穷的大学生或中学生甚至工人）都第一次接触到了高质量的戏剧、去除了谄媚的纯粹戏剧，严格的、大胆的、自信的戏剧，而这些新观众似乎真正地"迷恋"上了所提供的剧目和新的风格；这些观众不但在变化、在扩大，而且还在扎根；多亏维拉尔的经验，戏剧正在成为大众的一项伟大的娱乐，与电影或足球平起平坐。[29]

维拉尔所领导的巴黎国立大众剧院不仅在巴黎向普通百姓开放，而且还主动送戏给工人居住的郊区，后又通过阿维尼翁戏剧节等途径送往外省。与此同时，法国政府还在各地建立以郊区和农村人口为对象的外省戏剧中心，在法国建起了一张庞大的戏剧传播网。所有这一切，都使得巴特对"大众戏剧"运动洋溢着乐观主义精神。

巴特对"大众戏剧"事业是坚信不疑的，正如他认为"大众戏剧就是相信人的戏剧"[30]一样。因为"大众戏剧是一种相信人、赋予观众自己创造演出能力的戏剧"[31]，所以它一定会受到普通百姓的拥戴和参与。这种信心在《今日大众戏剧》一文中表达得极其充分，他在其中两次写到只要国家有意"今天就可以实现"。然而，事实表明，巴特的这种观点未免过于乐观。事实上，即使从今日法国观众的构成来看，也很难说其"大众戏剧"的理想目标已经达成。

* 本文为国家社会科学基金艺术学重大项目"当代欧美戏剧研究"【19ZD10】、上海市地方高水平大学战略创新团队项目"现当代欧美戏剧史论研究"【21ZLCX0180】的阶段性成果。

注释：

[1] 参见汪耀进：《罗兰·巴特和他的〈一个解构主义的文本〉》，罗兰·巴特：《恋人絮语》，上海人民出版社，1996年，第2页。

[2] 该杂志于1953年由出版人罗贝尔·瓦赞（Robert Voisin）提议并在法国国立大众剧院院长维拉尔支持下创办，编辑有戏剧理论家贝尔纳·道特（Bernard Dort）、罗朗·巴特等人，对这一时期的法国戏剧影响重大，后因经费困难等原因于1964年停刊。

［3］R. Barthes, "J'ai toujours beaucoup aimé le théâtre…", *Ecrits sur le théâtre*, Paris: Editions du Seuil, 2002, p.20.

［4］R. Barthes, "M. Perrichon à Moscow", *Ecrits sur le théâtre*, Paris: Editions du Seuil, 2002, p.76.

［5］R. Barthes, "Théâtre capital", *Ecrits sur le théâtre*, Paris: Editions du Seuil, 2002, p.91.

［6］R. Barthes, "La révolution brétienne", *Ecrits sur le théâtre*, Paris: Editions du Seuil, 2002, p.134.

［7］R. Barthes, "La révolution brétienne", *Ecrits sur le théâtre*, Paris: Editions du Seuil, 2002, p.134.

［8］R. Barthes, "La révolution brétienne", *Ecrits sur le théâtre*, Paris: Editions du Seuil, 2002, p.135.

［9］R. Barthes, "J'ai toujours beaucoup aimé le théâtre…", *Ecrits sur le théâtre*, Paris: Editions du Seuil, 2002, p.22.

［10］R. Barthes, "J'ai toujours beaucoup aimé le théâtre…", *Ecrits sur le théâtre*, Paris: Editions du Seuil, 2002, p.22.

［11］R. Barthes, "Pour une définition du théâtre populaire", *Ecrits sur le théâtre*, Paris: Editions du Seuil, 2002, p.99.

［12］R. Barthes, "Le théâtre populaire d'aujourd'hui", *Ecrits sur le théâtre*, Paris: Editions du Seuil, 2002, p.116.

［13］R. Barthes, "Pour une définition du théâtre populaire", *Ecrits sur le théâtre*, Paris: Editions du Seuil, 2002, p.99.所谓"鸡窝",一般指的是剧院顶楼的观众席,由于又高又窄且视野受到很大妨碍,因而票价比较低廉。而正厅因位置好、观演效果佳而票价较高,通常为有钱人所占。

［14］R. Barthes, "Le théâtre populaire d'aujourd'hui", *Ecrits sur le théâtre*, Paris: Editions du Seuil, 2002, p.117.

［15］参见 J. Vilar, *Le théâtre, service public*, Paris, Gallimard, 2013.

［16］R. Barthes, "Le théâtre populaire d'aujourd'hui", *Ecrits sur le théâtre*, Paris: Editions du Seuil, 2002, p.118.

［17］R. Barthes, "Mère Courage avengle", *Ecrits sur le théâtre*, Paris: Editions du Seuil, 2002, p.183.

［18］R. Barthes, "Mère Courage avengle", *Ecrits sur le théâtre*, Paris: Editions du Seuil, 2002, p.183.

［19］R. Barthes, "Mère Courage avengle", *Ecrits sur le théâtre*, Paris: Editions du Seuil, 2002, p.184.

［20］R. Barthes, "Mère Courage avengle", *Ecrits sur le théâtre*, Paris: Editions du Seuil, 2002, p.184.

［21］R. Barthes, "Mère Courage avengle", *Ecrits sur le théâtre*, Paris: Editions du Seuil, 2002, p.185.

［22］该词曾经通译为"剧作法",在一切以文学剧本为中心的时代它主要是指剧本的编创。但该词在如今的戏剧语境中内涵已经有所扩大,除了剧本写作之外,还包括从策划、构思到表导演等整个戏剧的创作过程,故有现译。

［23］R. Barthes, "À l'avant-garde de quel théâtre ?", *Ecrits sur le théâtre*, Paris: Editions du

Seuil, 2002, p.203.

[24] R. Barthes, "À l'avant-garde de quel théâtre ?", *Ecrits sur le théâtre*, Paris: Editions du Seuil, 2002, p.203.

[25] R. Barthes, "À l'avant-garde de quel théâtre ?", *Ecrits sur le théâtre*, Paris: Editions du Seuil, 2002, p.204.

[26] R. Barthes, "Le théâtre populaire d'aujourd'hui", *Ecrits sur le théâtre*, Paris: Editions du Seuil, 2002, p.119.

[27] R. Barthes, "Pour une définition du théâtre populaire", *Ecrits sur le théâtre*, Paris: Editions du Seuil, 2002, p.100.

[28] R. Barthes, "À l'avant-garde de quel théâtre ?", *Ecrits sur le théâtre*, Paris: Editions du Seuil, 2002, p.204.

[29] R. Barthes, "Le théâtre populaire d'aujourd'hui", *Ecrits sur le théâtre*, Paris: Editions du Seuil, 2002, p.120.

[30] R. Barthes, "Pour une définition du théâtre populaire", *Ecrits sur le théâtre*, Paris: Editions du Seuil, 2002, p.100.

[31] R. Barthes, "Le théâtre populaire d'aujourd'hui", *Ecrits sur le théâtre*, Paris: Editions du Seuil, 2002, p.120.

美国历史面前的三次"转身"
——评梯姆·奥布莱恩的《爸爸的"可能"书》

甘文平

(武汉理工大学外国语学院,湖北武汉,430070)

内容摘要:《爸爸的"可能"书》是美国最著名越战作家梯姆·奥布莱恩写给两个儿子的书信集,也被视为他的"封笔"之作。奥布莱恩向儿子叙述了自己的三次"转身"——因"单独媾和"失败而从学生到越战士兵、从士兵到全方位思考和书写越战的作家、从作家到洞悉美国"双重标准"的历史本质的父亲,并借此希望两个儿子在认识和理解自己"转身"意义的基础上吸取父亲的经验与教训,认清美国历史的本质逻辑,做一个有强烈历史批判意识和正义感的美国人。

关键词:《爸爸的"可能"书》;越南战争;越战文学创作与批评;双重标准

前言

梯姆·奥布莱恩(1946—)是美国当代最著名的小说家之一和最杰出的越战作家。他至今已经出版小说《假如我死在战区,把我装棺运回家》(1973)、《北极光》(1975)、《追寻卡西亚托》(1978)、《核时代》(1985)、《他们携带的东西》(1990)、《林中之湖》(1994)、《恋爱中的托马斯》(1998)、《七月、七月》(2002),另外还有中篇小说《越南在我心中》(1994)以及若干篇短篇小说。奥布莱恩的所有作品都在书写越南战争,他同时也是国内学者研究越战研究得最多的美国越战作家。《爸爸的"可能"书》(2019)是一本非虚构作品,同样书写越南战争。

《爸爸的"可能"书》(以下简称《书》)是奥布莱恩在他的妻子和小儿子的建议之下以"父亲身份写作的对其他父亲有用的书"[1]。作者基本上按照时间顺序叙述了从2003年大儿子蒂米出生到2005年小儿子泰德出生直至2046年——前后43年间父子的生活经历和心路历程以及美国社会历史的变化,中间穿插了若干个关于战争、美国历史、小说创作和批评的片段。《书》由60个片段组成,第1个片段是写于2003年大儿子出生的"贺信",最后一封信写于2046年,也是写给儿子的,像是遗书。《书》兼有多重"可能"的身份——一本"家书"或"家训"、日记、"回忆录""自白书"或者"忏悔录"。它的主要内容如下:既有对两个儿子生活和学习经历的记录,也有对他们言行的思考；既有对自己年轻时参加越南战争的悔意，也有对儿子们成长期间美国社会的批判；既有给儿子睡觉前的故事讲述，也有儿子给父亲编故事；既有布置给儿子的作文题目和父子之间的作文讨论，也有教导儿子如何认识当时美国各种社会现象；既有教导儿子如何创作文学作品，也有谈论如何创作越战文学和评论战争文学；既有表达对海明威战争小说的喜爱，也有对美国侵略他国行为的批判；既有担心儿子们长大后的离去，也有对家庭和社会过去与未来的各种"可能"设想。以上内容在历时和共时两个维度上同时存在。在写作手法上，作者延续自己擅长的创作技巧——采用写实与想象或者真实与虚构相结合的手法，为读者创造了一个个真实与想象交融的物理世界和精神世界。其中，穿插在这些内容和写作手法之中的主线是奥布莱恩向儿子叙述了自己的三次"转身"——因"单独媾和"失败而从学生到越战士兵、从士兵到全方位思考和书写越战的作家，以及从作家到洞悉美国"双重标准"的历史本质的父亲，作者借此希望两个儿子在认知自己"转身"意义的同时吸取父亲的经验与教训，认清美国历史的本质逻辑，做一个有强烈历史批判意识和正义感的美国公民。

一、从学生到士兵："单独媾和"的失败者

奥布莱恩在《书》中主动向两个儿子袒露自己深藏了51年的"心结"，即在参加还是逃避越南战争问题上"单独媾和"的失败——他最终没有逃避战争，而是选择了参战。

20世纪60年代的美国社会患上了"越南综合征"。一方面美国政府极力鼓吹发动越南战争，遏制日益壮大的共产党势力，达到保持美国在世界霸权地位的目的；另一方面美国民众运用各种方式质疑和反对美国政府的"官方叙事"[2]，例如反文化运动、反战运动、黑人民权运动、女权运动、新左派运动等各种运动风起云涌，喧嚣不止。部分美国民众——尤其是年轻人难以辨别如此分裂的美国声音之真伪，对是否参加越战感到犹豫不决却又无能为力，他们为此遭受痛苦的煎熬。反战和参战的两种声音同时回响在美国大学校园，成为"一个高度敏感的政治、社会、道德问题"[3]。奥布莱恩此时似乎面临生死抉择。结果，他成为"单独媾和"的妥协者——放弃研究生学业，决定应征入伍。然而令奥布莱恩没有想到的是，从他作出入伍抉择的那一刻起，他就有负罪感[4]。

为了减轻积压已久的心理愧疚，奥布莱恩全盘"托出"了自己的内心世界，将包括他两个儿子在内的读者视线拉回到半个多世纪前的那个时刻。

>……很多的内疚。由于参加了我认为是非正义的战争——我已经背叛了自己的良心——我自己的心和我自己的头。我参加了杀人，我做了一个道德懦夫做的事。没有其他言语可以描述它。我害怕嘲笑和尴尬。我害怕让其他人不高兴，包括我的父母、我的家乡、我的国家。当你因为害怕而不得不做了你认为是错误的事情时，你不能为此找其他任何借口，唯一正确的词语就是懦夫。[5]

奥布莱恩的"自白"包含了他作为大学生和作为士兵两种不同身份背景下对越南战争的不同认知，这在他的第一部作品《假如我死在战区，把我装棺运回家》（*If I Die in the Combat Zone, Box Me up and Ship Me Home*, 1973。以下简称 *If I Died* 和《战区》）得到详细的描写。该作品真实地叙述了奥布莱恩从学生到士兵的一系列心理和行为变化。

1968年夏天是奥布莱恩的人生转折点。尽管他的大学同学对他应征入伍非常不满，但是奥布莱恩不敢向他们表达自己的恐惧。大学时期的奥布莱恩接受了以下教育："那时我听从了规劝，现在依然听从规劝——战争是错误的。因为它的错误，人们会因为错误的结果而丢掉生命，所以它是邪恶的……战争是错误的计划，没有充分理由。"[6] 有战争就有死亡，因此战争是罪恶——这是普遍性的道理。而且，奥布莱恩认为包括越南战争在内的所有战争是国家意志与利益的体现，因此逃避战争对家庭、家乡、国家而言是不道德的，是一种负罪的行为。正是基于如此想法，奥布莱恩认为应征入伍是因为"我亏欠大草原（特指奥布莱恩的家乡，作者注）一些东西。21年来我一直生活在它的法则之下，接受了它的教育，吃了它的食物……"[7]。奥布莱恩面临两难处境：一方面，战争本质是邪恶和不道德的，而且战争意味着死亡——两种情形都会令奥布莱恩感到恐惧；另一方面，不上战场意味着对家乡的背叛和遭到亲朋好友的唾弃——两种情况让奥布莱恩产生负罪感。奥布莱恩为了感恩——报答家乡的物质与精神滋养而最终选择入伍。在"单独媾和"面前至奥布莱恩认为，他的选择不像他的同学说的有错，而是正确的。此时，奥布莱恩的勇敢似乎战胜了对死亡以及对战争邪恶本质认知的恐惧，但是恐惧并未消失。

在接受步兵高级训练的间歇期，奥布莱恩再次萌生了"单独媾和"——逃避战争的想法，但是他还是失败了。他利用周末时间去图书馆查阅书写逃兵的文章，其中描写美国士兵逃到加拿大的文章启发了他。他准备首先逃到加拿大，在那里发出写给家人、老师和朋友的书信，解释自己当逃兵的理由以及对参战感到良心不安的感受。经过激烈的身体和思想斗争之后奥布莱恩放弃了这个念头。他为此感到身心俱疲，痛苦不堪，孤独无助，以致卧病在床。奥布莱恩没有逃跑的勇气，最终烧掉了信件："我不能逃跑。家庭、家、小镇、朋友、历史、传统、恐惧、迷茫、流亡：我不能逃跑。"[8] 奥布莱恩的心理负荷不断加重，他之前的勇气与感恩之情被现在的恐惧和内疚蚕食殆尽。

在成为一名真正的士兵之后，奥布莱恩之前的所有恐惧都变成了现实，印证了深藏心中因参战而生愧疚之情的真实性和正确性。首先，越战战场上的物质形态给他和同伴带来恐惧感。越南位处热带地区，地形复杂：多山、多雨、多树，夏天酷热，虫咬蚊叮；加之越南人采用地雷战、地道战、游击战等非常规的作战方式与美军周旋，大大地增加了美国官兵随时遭到伏击身亡的可能性。因此美国军营弥漫着死亡般的恐惧感。其次，美国士兵的非理性行为让奥布莱恩深感困惑与不安。美国士兵经常通过虐待越南平民的方式发泄心中的愤怒和恐惧。例如，一个美国兵无端地朝一个双目失明的越南老农民扔牛奶盒子，盒子砸中农民的脸，鲜血直流。然而，老人仍然微笑着为美军做一些力所能及的事情，扔盒子的士兵却为此感到开心。更有甚者，美军不加区分地枪杀越南人,"有一些是婴儿和孩子……他们都死了,但没有引起同情"[9]。这种非人性行为完全超出了奥布莱恩的想象。奥布莱恩亲历这一切却无能为力,他感到自己也成了杀人的刽子手。因此他的恐惧夹杂了愤怒、内疚和悔恨。

在经历了上述种种恐惧之后,当逃兵成为包括奥布莱恩和其他许多身处战场前线战友又一次产生了"单独媾和"的念头——逃到战场的后方才能活下来成为许多美国士兵的唯一目标。他们认为在前线多停留一分钟就会多一份生命危险,所以美国士兵"利用一千种策略回到战场的后方。有的士兵故意打伤自己的脚或手指……"[10]。奥布莱恩幸运地回到战场后方,他似乎是"单独媾和"的胜利者。然而他没有太多的喜悦感,而是增添了更多的内疚与恐惧。尽管他逃离了硝烟,但是种种死亡的场景已经镌刻在他的脑海;而且可能还会出现更多无辜的越南平民遭到杀戮,更多的美军士兵被越南人枪杀;这都是奥布莱恩不希望看到的。他因此感到双重的愧疚和痛苦,良心和道德受到加重的谴责。回国之后,奥布莱恩目睹许多越战老兵集会游行,要求美国政府停止战争,停止战争给美国和越战造成更多的死亡和创伤,但是奥布莱恩没有加入其中。多年以后,他为自己的懦弱行为感到懊悔和羞耻。回想自己的种种胆怯经历,奥布莱恩可谓"旧悔未了,又添新恨"。他的良心和道德受到愈加沉重的折磨。

继《战区》之后,奥布莱恩在小说《追寻卡西亚托》(*Going After Cacciato*,1978)继续思考和书写"单独媾和"的主题,并且成功地塑造了一个"单独媾和"的"成功者"——保罗·柏林。柏林是越战期间一个守望哨所的美国士兵,在被恐惧包围的夜晚值班期间里做了一个"梦"——梦见一个名叫卡西亚托的美国士兵从越战战场逃离,一路向西逃到了巴黎。柏林和战友们一起跨越了8600英里,追寻卡西亚托到巴黎。越战参战国正在巴黎举行停战和谈。但是柏林和他的同伴最终也未能找到卡西亚托。柏林回到了现实的战场,"他们谈论着回家的话题。它会成为一个战争故事"[11]。小说的主题十分鲜明:美国士兵都希望越战早日结束,伤亡早日停止,和平早日到来。卡西亚托"带领"柏林和其他战士"成功"地逃离战场,保全性命,但是那只能存在于"梦"和"想象"里。尽管如此,他们反战、逃战、停战的愿望跃然纸上。柏林是奥布莱恩的"替身",他在为奥布莱恩参战之后的恐惧与悔恨"代言"。这个"梦"一方面体现了士兵奥布莱恩想当逃兵的潜意识心理,另一方面说明他的胆怯以及对现实的无奈。奥布莱恩的上述心理状态一直延续到两个儿子的相继出世,正如他在《爸爸的"可能"书》写道:"小儿子和蒂米都不问我关于越南战争的问题,没有一个问题。过去一两年以来,这件事一直让我感到苦恼。"[12]——这是对奥布莱恩经历了三次"单独媾和"失败之后心路历程的最好阐释。

二、从士兵到作家:美国"越战作家"的宿命

越战带来的恐惧、懊悔、愤恨以及对越战的思考和书写等复杂心情一直在奥布莱恩心里激烈交锋,成为他生命的一部分。因此"越战把我变成一个作家"[13]成为奥布莱恩的必然选择。这主要表现在以下两个方面。

第一,奥布莱恩将自己的越战经历"照进"日常生活中,即将父子俩玩魔术和魔术师身份与越战紧紧地联系起来,表达了作者对越战中的"在场(发生)"与"缺席

(消失)"以及"魔术"与"魔鬼"相互关系的深入思考。

"魔术秀"是《书》重点关注的主题。奥布莱恩从小就喜欢玩魔术,并且一直坚持到结婚生子。童年时期的奥布莱恩喜欢躲在储藏室里玩魔术,因为它可以让悲伤和恐惧"消失",让快乐"发生"。后来奥布莱恩一家四口经常邀请朋友到家里观赏他们的魔术作品。奥布莱恩认为魔术可以"让我们进入一个虚构的世界",因此"我们一直在渴望奇迹"[14]。然而当泰德对奥布莱恩说:"如果是真正的魔术,当你让妈妈消失时你为什么不让我站在你后面?是不是担心我看到了什么?"[15]小儿子的话深深地刺痛了奥布莱恩内心的伤疤。他说的"看到了什么"指的是奥布莱恩深藏心中的"魔术情结",是小说《林中之湖》(*In the Lake of the Woods*,1994,以下简称《湖》)的主题。

《湖》的男主人约翰·韦德是一位越战退伍老兵,回国后因家庭和睦和仕途通畅而决定竞选美国参议院的参议员。但是,他的手下揭发他是"美莱大屠杀"[16]的参与者。此事曝光后韦德变得近似疯狂,妻子因无法忍受韦德而离家出走,下落不明。韦德借着离家去寻找妻子,也踪影全无。韦德从小"经常在储藏室练习魔术"[17]。在他看来,"政治和魔术几乎是同一件事情。改变——那只是它的一部分——试图改变很多事情"[18]。原来,韦德偷偷地从档案中抹去自己的真实姓名,取而代之的是"魔术师"——士兵给他的绰号。因此几十年来没有人知道他的真名,直到被人曝光才真相大白。韦德的悲剧根源在于:在越战的"美莱大屠杀"面前,他企图使用魔术来隐藏自己杀人的事实,达到让真相"缺席"的目的。然而,魔术就是魔术,它的"改变"只是假象;它产生的"奇迹"也是假象;它无法让"在场"的事实成为真正的"缺席"。韦德对魔术的执念与奥布莱恩惊人地相似,或者说前者就是后者的"自我"。奥布莱恩一方面希望借助魔术将自己的参战决定和参战经历变成"缺席",以消解自己的痛苦与忏悔;另一方面揭示了魔术的"虚构的世界"之本质,表明他敢于向读者揭露自己的"黑暗之心"。这体现了一个作家具有自我纠错的勇气和道德良知,值得肯定。

第二,奥布莱恩将儿子对待越战老兵的态度与他们回国后的生活经历联系起来,集中表达越战带给美国士兵的创伤。蒂米在一次放学途中看到一个越战老兵在人行道上哭喊,他随即跟着老兵一起哭泣,并做出了一系列让奥布莱恩意想不到的事情。蒂米"对苦难的陌生人的同情心"[19]唤醒了奥布莱恩心中关于越战老兵创伤经历的记忆。

首先,奥布莱恩表达了自己对作家海明威的《士兵之家》(*Soldier's Home*,1925)[20]中士兵克莱勃斯和作家拉里·海涅曼(Larry Heinemann,1944—)的越战小说《帕科的故事》(*Paco's Story*,1986)[21]中的越战老兵帕科的深刻认同。《士兵之家》的主人公哈罗德·克莱勃斯为了"做一个好孩子"而参加了第一次世界大战,但是当他回到家乡时向战争英雄致敬的热潮已经过去。家乡早已厌倦有关战争暴行的故事,反而对真实的战争故事不感兴趣。克莱勃斯发现他只有撒谎才能让别人听他讲战争故事,但是"他这样做了两次后,连他自己也产生了反感,不愿意再去谈它了。因为撒了谎,战争中他亲身经历过的每一件事,现在都使他感到厌烦……他明白自己一直处于病态的十分恐惧的心情中"[22]。克莱勃斯的谎言和恐惧在奥布莱恩身上得到了印证。奥布莱恩心中藏着一个谎言——在入伍受训期间试图找借口逃到加拿大，并且已经在书信中写好了"理由"。尽管他最后烧掉了书信，但是当逃兵的想法一直存在。奥布莱恩的谎言始终深藏心底，直到40多年后才被揭开。此外，无论是战争本身抑或逃兵思想还是参战经历都给奥布莱恩带来了恐惧，而且这种恐惧伴随他到老年。因此，奥布莱恩说"我年轻时候的'士兵之家'绝对不是我今天心中的'士兵之家'。我一直难以找到表达恐惧的词语"[23]。学生时代和刚刚参战的奥布莱恩不懂克莱勃斯关于"家"和恐惧的深意，在经历越战及其带给自己的影响之后，奥布莱恩对克莱勃斯有了更深的认同感。

《帕科的故事》描写了以下四个层面的内容：包括帕科在内的美国士兵在越战中的种种暴行——帕科自己用匕首刺死一名受伤的越军士兵，同伴们轮奸一名女战俘后开枪打死她，并且从越南人尸体上割掉了39对耳朵；帕科的噩梦般的越战经历——作为93位美国官兵中唯一幸存者的帕科，遍体鳞伤，在烈日下的泥浆中躺了两天两夜，全身叮满了苍蝇，爬满了蛆虫。他侥幸得救，但伤愈回国后漂泊无依，流浪到中部小镇时几乎身无分文；帕科感到痛苦、孤独和寂寞，却因为被镇上居民视为怪物而无法与他人进行正常的交流，只能选择继续流浪；帕科由于经常做噩梦以及死人的阴魂在梦中游荡而导致精神恍惚。奥布莱恩对帕科以及其他美国士兵的种种经历感同身受，所以他说："对于那些杀了人和陷入各种怪诞的战争罪恶的人来说，都有一种无声的无助感随后涌现出来。冯尼古特的毕利·皮尔格里姆[24]有这种无助感；海明威的哈罗德·克莱勃斯有；海涅曼的帕科·萨利文有……奥布莱恩的奥布莱恩也有。"[25]

其次，奥布莱恩向两个儿子推销自己的越战小说。除了直接提到《战区》以及间接提到《追寻卡西亚托》和《林中之湖》以外，奥布莱恩多次引用《他们携带的东西》(*The Things They Carried*, 1990, 以下简称《东西》)的某些细节，也直接介绍作者于"2002年出版的近作"[26]，即小说《七月、七月》(*July, July*, 2002)[27]。

奥布莱恩通过引用《东西》第一章的第一句话对仅有一岁多的蒂米进行创作启蒙教育——告诉他如何成为一个更好的作家，如何让读者相信作家的故事。那句话是"吉米·克罗斯中尉携带着新泽西州塞巴斯蒂安学院大一女生玛莎给他的一些信"[28]。这句话起到了三重效果：第一是奥布莱恩没有告诉读者这句话的出处，激发了读者关于它"身世"的好奇心；第二是为小说设置了悬念，引起读者提出"为什么要携带书信"以及"书信内容是什么"等问题；第三是"悬置"了克罗斯和玛莎之间的关系，促使读者关注他们的关系走向。接着，奥布莱恩多次描写越南的水稻田、"搜索-摧毁"战术、美国士兵通过射杀水牛来发泄心中的恐惧与愤怒，这些都是《书》中的内容；再者，奥布莱恩通过给儿子问答题的方式详细地阐明事实与虚构的关系，这正是《东西》的第19章集中讨论的话题[29]。该章描写了一个美国士兵为了驱赶恐惧在玩投掷手雷游戏时被炸死，滴血的尸体碎片挂在树上。当死者的战友含泪将此噩耗告诉死者的妹妹时，她全然不信，并且对此不置可否。这件事加重了战友的痛苦。该故事表明：不同的人对事实或者虚构有不同的看法，有的人可能永远不知道某件事情的真相，或者不相信即使是真相的事实；而知道真相的人只能独自拥有真相。最后，奥布莱恩在《书》中直接自述：他的好友迈克遭遇车祸后瘫痪了几十年，最后自杀身亡。后来迈克成为《东西》的主人公诺曼·鲍克。鲍克是一个越战老兵，回国后一直受到战场上各种惨痛经历的煎熬，而且无法与他人沟通，最后自杀身亡。作者把真实的故事写进小说，表达了对他们的怀念之情。此外，展现美国越战老兵的创伤经历也是奥布莱恩其他小说——包括《七月、七月》的思想主题，他因此被称为"创伤艺术家"[30]。

奥布莱恩总结性地写道：他被贴上如此标签——"一个战争作家，更严格地说是一个越战作家……这是我的错……让我感到刺痛的是，曾经发生在我身上最糟糕的事将决定我的讣告的全部内容"[31]。奥布莱恩没有错；如果有错，那就是他未能赢得"单独媾和"。奥布莱恩命中注定要成为一名越战作家。

三、从作家到父亲：美国"双重标准"的洞悉者

奥布莱恩从2002年到2019年一直没有作品问世，两儿子出生时奥布莱恩已是59岁，《书》出版时奥布莱恩已到73岁——所有这一切让奥布莱恩深感自己余生之短暂，爱子之深沉，教子之心切。因此，奥布莱恩希望向儿子传授"观史明志"的道理，做一个"有人文情怀的人（being human）"[32]。作为越战、海湾战争以及新世纪美国历史的见证者，奥布莱恩敏锐地洞察到贯穿美国当代历史发展的"轴线"就是美国独有、从"天命论（Manifest Destiny）"[33]演化而来的"双重标准（Double Standard）"[34]。

第一，"双重标准"就是美国对自己实施一个标准，对其他国家实施另一个标准。换言之，美国始终把自己的利益放在首位，始终奉行美国霸权主义的"政治正确"。第二次世界大战以后以苏联和中国为代表的共产主义力量日渐强大，这让美国政府深感不安。美国政府视共产主义为"红色威胁"，并从20世纪50年代开始杜鲁门总统制定了"遏制政策"，到60年代肯尼迪总统出台"新边疆主义政策"——意欲全力阻挠共产主义的发展与壮大。后来美国政府乘法国军队在越南战败之际于60年代初出兵入侵越南，发动了越南战争。美国政府的目的十分明确：消灭北越的共产主义势力并乘机占领越南，然后"北进"攻打新中国并进一步威胁苏联，以实现美国在世界上的长期霸主地位。这种"双标"在越战中具体表现在以下三个方面。

首先，"双重标准"运用在越南战场上就是：美军在对待"敌""我"问题上的态度与言行就是"标准"，其他国家必须遵守该"标准"。美军认为越南人都是敌人，所以采取"不留行动之物"和"搜索-摧毁"的策略，以"死亡人数（body count）"为胜利的标准。具体地说，美军在战场上见到越南人就杀，不留活口，甚至连动物也不放过。于是，美国官兵在越战中犯下了一个又一个滔天之罪，"美莱大屠杀"就是其中最典型的案例。而且，美军视越南人为低等民族，称他们为"越南佬"和"魔鬼"等。更有甚者，他们对越南妇女进行轮奸、鸡奸、剖腹。这些细节在《湖》和《书》中都有描述。战场上的奥布莱恩获悉以上骇人听闻的事件以后感到十分惊恐，与此同时他自己也见证了美军的暴行。当他对此深感震惊而无法自拔时，卡里克利斯

少校回答说:"不是站在那里被动地希望正确地发生;而是主动出击,勇敢坚强,敏锐思考,人为制造[英文原文为斜体——作者注]事情正确地发生。"[35]这个"人为制造"就是美国政府"政治正确"在越战中的具体实践。

其次,"双重标准"在种族问题上表现为白人的标准就是唯一标准——白人是优等民族,其他所有有色人种皆为次等民族。种族问题是美国的社会问题,也是越战的一部分。据调查,相当多的美国黑人参加越南战争是为了改善自己的物质条件和获得与白人士兵同等的公平待遇,然而由于黑人士兵的生活方式和语言方式与白人士兵存在差异而遭到白人士兵的鄙视,因而被隔离单独住在一起。此外,黑人士兵在战场上的死亡比例比白人士兵要高得多;而且黑人士兵回国后的失业率是白人士兵的八到九倍。所以美国政府发动的越南战争也是"一场种族战争(The Race War)"[36]。奥布莱恩通过自己的经历为这场种族战争提供了证据。那些像奥布莱恩一样,因为懦弱而不敢放弃应征入伍的士兵中既有白人士兵也有士兵,他们在战场上仍然想尽办法逃离战斗前线——在后方谋求一个差事,以保全性命。然而,由于军官位置由白人控制,因此白人军官"可以自由地将后方工作交给白人士兵"[37]。奥布莱恩是白人,所以比较容易地得到一份"后方工作"。他为此既感到庆幸又感到羞耻,同时也感到愤怒。

再者,"双重标准"用于比较美国(美国人)和世界其他各国(各国人们)时就是:美国是全球最好的国家,美国人民是地球上最优秀的人种,其他皆为草芥或瘟神。同样,奥布莱恩是该"标准"的证明人和受益者。当美国飞机载着奥布莱恩和其他士兵即将离开越南返回美国时,女乘务员在机舱里向温控的空气里喷洒消毒剂,"杀死蚊子和未知的疾病,保护机舱和美国免遭亚洲罪恶的侵袭,把我们所有人永远地清洗得干干净净"[38]。很明显,奥布莱恩在此使用一个隐喻表达了美国"双重标准"的具体含义,即美国是文明和进步的象征,亚洲各国是罪恶的象征。所以文明征服罪恶,进步抛弃落后是天经地义的"正确"。但是奥布莱恩对此进行直白的质疑与自我批评。在其他美国士兵为此举行欢呼仪式时,奥布莱恩显得十分平静。当女乘务员一边微笑欢迎士兵回家,一边朝着士兵喷洒消毒液时,奥布莱恩陷入沉思:"那些棺材是否被消毒了?如果我不想被消毒,她会在意吗?她会停止吗?"[39]换言之,美国官兵在越战期间犯下了弥天大罪是永远洗不干净的;美国才是恶魔的代表;那些杀人的美国士兵就是刽子手,必将受到良心和道德的审判;只有死才能洗涮他们的罪孽。

最后,"双重标准"对美国越战老兵的同化作用,这令奥布莱恩感到不解甚至是忧虑。年届70岁的奥布莱恩对1964年8月至1975年5月在越战中服役的260万美军士兵进行不同方式的了解后,发现了以下9种情况:许多越战老兵把奥布莱恩视为局外人;大部分参战士兵为自己的服役感到自豪;很多士兵表达出对军旅生涯的怀念;很多士兵还想重上战场;相当一部分士兵认为他们是被政客们出卖的受害者,身处象牙之塔的傻瓜们责备他们应该为战争的失败负责;奥布莱恩的战友中有相当一部分人认为反战游行是不爱国,甚至是叛国行为;很多士兵认为美国在越战中失败的原因不是美国,而是忘恩负义的抗议者、知识分子、大学教授等等;奥布莱恩的战友中还有大部分士兵认为美国至少在军事上没有失败;许多士兵认为:只要美国不加限制地投放大量先进的火力,越战就能够取得胜利,而且早该获得胜利[40]。我们从中可以看出,这些老兵对美国实施的"政治正确"与"双重标准"表现出一边倒的态度——他们认同和支持美国发动越南战争;他们似乎忘记了美军在越战中的暴行,忘记了越战给他们自己和家人以及美国社会带来的各种创伤。奥布莱恩对以上所有看法都不赞成,但又无能为力,"我是一个柔弱之人。我是一个该死的和平作家"[41]。综上所述,奥布莱恩在对待越战和美国老兵的态度上,是一个温和的反战型的美国作家兼公民。从这一意义上讲,奥布莱恩是美国"双重标准"的妥协者。

第二,"双重标准"在海湾战争中的强力实施。《书》这样写道:"我们现在在打仗。再一次,很像40年前的另一场战争。"[42]"另一场战争"就是越南战争。越战结束不足30年,美国再次发动战争,这次的目标是伊拉克。乔治·布什在决定出兵伊拉克时说:"没有疑问。我没有疑问。"[43]美国认定伊拉克恐怖分子制造了"9·11"事件,认定伊拉克拥有大规模杀伤性武器,因此必须对之进行报复和打击。打击的结果在美国的意料之中,伊拉克被打败,国家陷入混乱和破碎之中。但是出于世人的意料之外的是,伊拉克并没有大规模杀伤性武器,这是美国的"双重标准"杜撰出来的。不过,美国认为有,这就够了。21世纪以来,美国一直视伊朗为"异类"或者"逆子",并多次威胁要打击伊朗。这也是美国运用"双重标准"给伊朗"正确定位"的产物。

尽管年轻时期的奥布莱恩反对美国发动越南战争,但是他从家庭和家乡两个层面权衡利弊之后还是参战了。然而,奥布莱恩无法从国家层面考虑美国发动越战的真正起因,对他来说越南战争是"一场没有明确原因的战争"[44]。成为职业作家之后的奥布莱恩从历史和现实的角度持续思考越战的各方因素——包括当时的世界局势以及美国政治和社会现状;战争经历和作家履历让奥布莱恩比较深刻地认识到自越战以来美国历史发展的"文化逻辑",它就是他老年时期感悟到的美国特有的"双重标准"。

奥布莱恩在耄耋之年勇于放下个人尊严和作家地位,揭露自己内心之丑,针砭美国历史之弊——他在两个儿子面前做到了成为一个"有人文情怀的人",值得肯定与钦佩。但是我们必须要指出:作为美国最有影响力的越战作家,奥布莱恩早该如此!唯有如此,《爸爸的"可能"书》也许能够彰显更高的学术价值和更强的现实意义。

结语

奥布莱恩通过记录美国社会历史现象,揭示作者内心世界,呈现越战小说内容的方式,教育儿子学会审视美国社会现实、察观美国历史本质、晓明美国文学学理。《爸爸的"可能"书》的读者不仅仅是作者的两个儿子,而是所有的美国人。尽管该《书》充满各种"可能",但是有一点是十分明确的:美国民众一方面要认清美国发动越南战争的侵略本质,另一方面要摒弃"双重标准"思想,不要重蹈美国历史上的错误道路,做一个有道德良知和坚守正义的美国人。该作品对我们认识特朗普政府和拜登政府的政治路线设计、文化外交策略以及经贸往来走势都具有相当重要的参考价值。

* 本文系国家社科基金项目"历史政治文化语境中的美国越南战争小说研究"【11BWW032】的阶段性成果。

注释：

[1] T. O'Brien, *Dad's maybe Book*. Boston: Houghton Mifflin Harcourt, 2019, p.7.

[2] P. Geyh, F. G. Leebron, *Postmodern American Fiction: A Norton Anthology*, New York·London: W. W. Norton & Company, 1998, p.xii.

[3] T. Herzog, *Tim O'Brien*, New York: Twayne, 1997, p.46.

[4] T. Herzog, *Tim O'Brien*, New York: Twayne, 1997, p.14.

[5] T. O'Brien, *Dad's maybe Book*, Boston: Houghton Mifflin Harcourt, 2019, p.85.

[6] T. O'Brien, *If I Die in a Combat Zone, Box Me Up and Ship Me Home*, New York: Dell, 1973, p. 18.

[7] T. O'Brien, *If I Die in a Combat Zone, Box Me Up and Ship Me Home*, New York: Dell, 1973, p. 18.

[8] T. O'Brien, *If I Die in a Combat Zone, Box Me Up and Ship Me Home*, New York: Dell, 1973, p. 68.

[9] T. O'Brien, *If I Die in a Combat Zone, Box Me Up and Ship Me Home*, New York: Dell, 1973, p. 120.

[10] T. O'Brien, *If I Die in a Combat Zone, Box Me Up and Ship Me Home*, New York: Dell, 1973, p. 172.

[11] T. O'Brien, *Going After Cacciato*, New York: Dell, 1978, p.394.

[12] T. O'Brien, *Dad's maybe Book*. Boston: Houghton Mifflin Harcourt, 2019, p.100.

[13] G. Caldwell, "Staying True to Vietnam", *The Boston Globe*, (29 March), 1990, p.75.

[14] T. O'Brien, *Dad's Maybe Book*, Boston: Houghton Mifflin Harcourt, 2019, p.66.

[15] T. O'Brien, *Dad's Maybe Book*, Boston: Houghton Mifflin Harcourt, 2019, p.62.

[16] "美莱大屠杀"，越南战争中最骇人听闻的事件。1968年3月16日，美军官兵在越南广义省的美莱村用机关枪向越南平民扫射，造成五百多名无辜百姓死亡，死者包括婴儿、青少年、青年和中年妇女和老年人。奥布莱恩在《林中之湖》中有大量的描写，在《书》的第226页也有直接的描写。

[17] T. O'Brien, *In the Lake of the Woods*, New York: Houghton Millflin, 1994, p.25.

[18] T. O'Brien, *In the Lake of the Woods*, New York: Houghton Millflin, 1994, p.27.

[19] T. O'Brien, *Dad's Maybe Book*, Boston: Houghton Mifflin Harcourt, 2019, p.77.

[20] "士兵之家"，原本为20世纪初在美国某些小城镇上存在的优抚性机构，供参加过内战或者美西战争的孤鳏无依的退伍及残疾老兵居住。这些老兵平日默默无闻，遇到重大节日则穿上旧日军服，佩戴全副勋章，以示荣耀。实际上他们已成为象征爱国精神的古董。像克莱勃斯参加第一次世界大战的老兵在时代和思想巨变面前已是与时代格格不入。海明威选取这一个名字为题，以此对比完全不同的两代老兵，这本身含有讽刺意味。见海明威：《海明威短篇小说全集》（上册），陈良廷，等译，上海：上海译文出版社，1995年，第168页。

[21] L. Heinemann, *Paco's Story*, Farrar Straus and Girou Inc, 1986.见李文耀：《帕科的故事》——对于越南战争的反思，《外国文学》1988年第3期，第86~87页。

[22] 海明威：《海明威短篇小说全集》（上册），陈良廷，等译，上海：上海译文出版社，1995年，第167~168页。

[23] T. O'Brien, *Dad's Maybe Book*, Boston: Houghton Mifflin Harcourt, 2019, p.135.

[24] 比利·皮尔格里姆是美国作家库特·冯尼古特的小说《第五号屠场》(1969年)中的主人公。

[25] T. O'Brien, *Dad's Maybe Book*, Boston: Houghton Mifflin Harcourt, 2019, p.136.

[26] T. O'Brien, *Dad's Maybe Book*, Boston: Houghton Mifflin Harcourt, 2019, p.134.

[27] T. O'Brien, *July, July*, The Penguin Group, 2002.

[28] T. O'Brien, *Dad's Maybe Book*, Boston: Houghton Mifflin Harcourt, 2019, p.26.

[29] T. O'Brien, *The Things They Carried*, Boston: Houghton Mifflin/Seymour Lawrence, 1990, pp.42-54.

[30] M. A. Heberle, *A Trauma Artist: Tim O'Brien and the Fiction of Vietnam*, Iowa City: University of Iowa Press, 2001.

[31] T. O'Brien, *Dad's Maybe Book*. Boston: Houghton Mifflin Harcourt, 2019, p.302.

[32] "being human"在《书》中多次出现,是奥布莱恩着力表现的思想主题。

[33] T. O'Brien, *Dad's Maybe Book*. Boston: Houghton Mifflin Harcourt, 2019, p.54.

[34] T. O'Brien, *Dad's Maybe Book*. Boston: Houghton Mifflin Harcourt, 2019, p.120.

[35] T. O'Brien, *If I Die in a Combat Zone, Box Me Up and Ship Me Home*, New York: Dell, 1973, p. 200.

[36] M. Bates, *The Wars We Took to Vietnam: Cultural Conflict and Storytelling*, Berkeley: University of California Press, 1996, p.48.

[37] T. O'Brien, *If I Die in a Combat Zone, Box Me Up and Ship Me Home*, New York: Dell, 1973, p. 173.

[38] T. O'Brien, *If I Die in a Combat Zone, Box Me Up and Ship Me Home*, New York: Dell, 1973, p. 206.

[39] T. O'Brien, *If I Die in a Combat Zone, Box Me Up and Ship Me Home*, New York: Dell, 1973, p. 206.

[40] T. O'Brien, *Dad's Maybe Book*, Boston: Houghton Mifflin Harcourt, 2019, pp.300-301.

[41] T. O'Brien, *Dad's Maybe Book*, Boston: Houghton Mifflin Harcourt, 2019, p.301.

[42] T. O'Brien, *Dad's Maybe Book*, Boston: Houghton Mifflin Harcourt, 2019, p.56.

[43] T. O'Brien, *Dad's Maybe Book*, Boston: Houghton Mifflin Harcourt, 2019, p.56.

[44] T. O'Brien, *If I Die in a Combat Zone, Box Me Up and Ship Me Home*, New York: Dell, 1973, p. 138.

【古代文学文献学研究】

先秦"说"与先秦两汉小说文体及观念的发生

许 宁

(广西师范大学文学院,广西桂林,541004)

内容摘要:"小说"由先秦的"说"分化而来,原指那些相对于"大道"而言的"小道"之"说",属于"诸子"之列。根据先秦的"说"体,推知其体裁有四:一为纯粹的议论文;二为具有一些语体性质的"记";三为以短小历史故事来说明论题的论述文;四为纯粹抄录的一些历史小故事。汉代的"小说"观念,更多继承着荀子有关"小家珍说"的论述。汉代"小说"也称"短书""传书"。人们虽然也认为"小说"为"小道",所说不过是"街谈巷议、道听途说",无关国家的兴衰存亡之言;但人们同时也从"小说"作者的稗官、"闾里小知者"身份和其虚构、荒诞不实及浅俗的风格特征等方面,对"小说"进行了界定。就其体裁而言,根据《汉书·艺文志》所录小说和汉人所谓的"短书""传书"来看,不仅具有先秦小说的四种体裁,同时也在历史传记的基础上,形成了单篇故事体和传记体。先秦两汉的小说观念和小说文体体裁,不仅规定了中国小说的发展方向,也确立了中国小说审美的核心价值取向。

关键词:先秦两汉;说;小说;文体体裁

中国古代的"小说"概念,是由先秦的"说"而产生,为"说"之一体。因为每一种文体,都包含着功能、内容题材、文体体裁以及表现方式和风格等要素,故以先秦的"说"为坐标,便可推断先秦两汉小说的功能、内容题材、文体体裁以及表现方式,解释当时小说相关方面的观念。从汉代以后的小说,我们可以看到,先秦的"说"体及小说观念,已经规定着汉代以后小说发展的总轨迹。

一、先秦的"说"

要说清先秦两汉"小说"内容题材、文体体裁以及表现方式和风格等观念,必须先对先秦的"说"体进行阐释。明确"说"体的发生及其特征,对我们理解中国早期"小说"这一概念和文体特征,具有极为重要的意义。

先秦的各种文体,原本产生于一定性质的行为。诸如"誓",产生于战争之前的誓师行为,故将誓师的言辞谓之为"誓"。"说"原为一种祭祀行为方式。《周礼注疏》

谓大祝"掌六祈,……六曰说"[1]。又曰:"诅祝掌盟、诅、类、造、攻、说、禬、禜之祝号。"[2]郑注谓:"攻说则以辞责之。禜如日食,以朱丝萦社,攻如其鸣鼓然。董仲舒《救日食祝》曰:'炤炤大明,瀸灭无光,奈何以阴侵阳,以卑侵尊?'是之谓说也。"[3]又《周礼·秋官·庶氏》曰:"庶氏掌除毒蛊,以攻说禬之,嘉草攻之。"郑注谓:"攻说,祈名。祈其神,求去之也。"[4]可知"说"原为祭祀之名,行为的目的是消除灾害。而祭祀时太祝所用言辞,即为文体的"说"。故《礼记·礼运》谓:"祝嘏辞说,藏于宗祝巫史。"[5]

但是,宗教祭祀之"说",显然不是小说之"说"的母体。宗教祭祀之"说"的本义在"兑之",即以辞相责,其主要特征如郑注所言,对祭祀对象进行指责。《吕氏春秋·劝学》云:"凡说者,兑之也,非说(同悦)之也。"[6]宗教祭祀的"说",显然已经包涵了说理的因素。因为指责必须存在一个"理"的标准。如果无是无非,也就失去了指责的依据。在祭祀者对祭祀对象的"不该如此"的指责之中,都是以"应该怎样"为准则的。"不该如此"和"应该怎样",事实上已具有说理倾向,只不过这说理不存在一个论证的过程。

正因如此,在宗教祭祀之"说"的基础上,先秦演化出解说之"说"和游说之"说"两种文体。解说之"说"原本指就某种行为和话语进行解说,使对象理解接受。如《左传》昭公九年:"公欲废知氏而立其外嬖……使荀跞佐下军以说焉。"杜注:"说,自解说。"[7]意思是派荀跞前去解说。《战国策·齐策四》载齐宣王见颜斶,颜斶曰:"士贵耳,王者不贵。"王曰:"有说乎?"[8]这都是解释、说明的意思。《墨子·经上》谓:"说,所以明也。"[9]说的正是解说之"说"这一特征。

游说之"说"按刘勰说,当起源很早。《文心雕龙》谓:

> 说之善者,伊尹以论味隆殷;太公以辨钓兴周;及烛武行而纾郑,端木出而存鲁,亦其美也。暨战国争雄,辩士云踊;从横参谋,长短角势;转丸骋其巧辞,飞钳伏其精术;一人之辨,重于九鼎之宝,三寸之舌,强于百万之师。[10]

伊尹以味说汤,见《吕氏春秋·本味》;姜太公以钓干周文王之说,见《六韬·文韬·文师篇》;烛之武退秦师之说,见《左传》僖公三十年。他们的这些"说"辞和战国时期纵横家们的游说之辞一样,主要特征都在于明晓某种道理或某一事情。正如《管子·宙合》所云:"知事之不可兼也,故名为之说,而况其功。"戴望注谓:"知一事不可兼众事,故每事皆立名而为之说;又恐未明其功,比况以晓告之。"[11]

宗教祭祀之"说"和游说之"说"以及解说之"说",是完全不同性质的行为。解说之"说",是要将问题说明白,游说之"说"的目的在于通过取悦于言说对象,使其在接受自己的观念时接受自己。但这并不是说游说之"说"就完全消解了宗教之"说"的本义。《韩非子·说难》主要是论述游说的种种难处,认为"说之务,在知饰所说之所矜而灭其所耻"[12]。即顺从言说对象的好恶进行游说,则会导致公认的道理不存。所以,游说之辞不能仅"饰所说之所矜而灭其所耻",也应"明割利害以致其功,直指是非以饰其身"[13]。从韩非所言来看,游说之"说"依然继承着宗教之

"说"的"以辞相责"的含义。

先秦最早以"说"名篇的当是《墨子·经说》。《墨子》有《经》上下两篇,又有《经说》上下两篇。《经说》是对《经》的解说。但这种解说,偏重于对一些概念的界定和命题的定义。如《经说上》:"仁:爱己者,非为用己也,不若爱马,著若明。"[14] 故梁启超说:"《经上》很像几何学书的'界说',《经下》很像几何学书的'定理'。《经说上》《经说下》就是这种'界说''定理'的解释。"[15]《周易·说卦》亦是如此。在诸子之中,以"说"名篇的还有《韩非子·八说》《说林》《内储说》《外储说》和《庄子·说剑》等。《说林》多载一些小的历史故事,和内外《储说》一样,都不过是游说的材料。内外《储说》是先列出论题,以之为经,后以"说一""说二"等不同的历史故事对论题进行认证,类似《墨子·经说》。《八说》主要在论述所谓"不弃""仁人""君子""有行""有侠""高傲""刚材""得民"对"人主之公利"之害,论述的特征明显。《说剑》虽有说理的成分,但是以事说理,可视为解说之"说"的演变。

从上述可以看出,先秦的"说"虽然由宗教行为转变为解释和游说行为,但其主要言说特征应该说没有多少改变。解说之"说"和游说之"说"和宗教祭祀之"说"一样,都具有明确的说理目的;不同的是,解说之"说"和游说之"说"发展到后来,具有了论证过程。故"说"原本是一种议论性说理文,这是完全可以确定的。

二、"说"与"小说"

厘清先秦"说"体的特征,对小说观念的产生及其文体的推定具有非常重要的意义,是因为"小说"原本为"说";只不过是相对于"说"而言,言说的是不合"大道"的没有政治实用价值的"小道"之言,故名之为"小说"。

先秦谈到小说及相关概念的有《庄子》《荀子》和《吕氏春秋》,"小说"这一概念产生于先秦,最早见于三处战国文献。一为《庄子·外物》:

> 夫揭竿累,趣灌渎,守鲵鲋,其于得大鱼难矣,饰小说以干县令,其于大达亦远矣。是以未尝闻任氏之风俗,其不可与经于世亦远矣![16]

意思是说,拿细小的竿绳,奔走于水沟水坑,只能得到鲵鲋之类的小鱼,难以钓到大鱼。将小说加以装饰以求大的声誉,也完全是不可能的。因为根据"小说"去治理社会,根本不可能解决问题。

二为《荀子·正名》:

> 故知者论道而已矣,小家珍说之所愿者皆衰矣。[17]

荀子认为,"道"进可以达到自己的目的,退可以节制自己的欲求,是天下最好的理论。智者深知这一点,故只是"论道",即只言说"道"所谓的大道理。这样,那些"小家珍说"所谓的道理就将衰微了。《荀子·正论》是一篇专门驳斥不知"论

道"的"世俗之说"文字,对十个"世俗之为说"的观点进行批判,如:

> 夫曰"尧舜擅让",是虚言也,是浅者之传,陋者之说也,不知逆顺之理,小大、至不至之变者也,未可与及天下之大理者也。[18]

也是说那些虚传的言论浅陋之说,与"天下之大理"无法相比。荀子在这里并没有明确说浅陋之言为小说,但结合荀子这话的前后语境看,所谓"小家珍说"亦即浅陋而不合于大道的小道理。

三是《吕氏春秋·疑似》所谓:"褒姒之败,乃令幽王好小说以致大灭。"[19]是说周幽王不用那些真正能够治国的道理,而是喜爱那些疑似"大道"的"小说",而致国家灭亡。

将《庄子》和《荀子》《吕氏春秋》三相对照,知他们所谓的"小说",都是相对于"明达大智""天下之大理"的"短见浅识之语"而言,"小说"意即见识短浅之"说"。

汉人的小说观念,在刘歆的《七略》和《汉书·艺文志》中有比较全面的体现。《汉书·艺文志》说刘歆有《辑略》《六艺略》《诸子略》《诗赋略》《兵书略》《术数略》《方技略》,并依《七略》在《诸子略》中载学术流派十家:儒、道、阴阳、法、名、墨、纵横、杂、农、小说,而将《诗赋略》《兵书略》《术数略》《方技略》分列于十家之外。班固说:

> 小说家者流,盖出于稗官。街谈巷语,道听涂说者之所造也。孔子曰:"虽小道,必有可观者焉,致远恐泥,是以君子弗为也。"然亦弗灭也。闾里小知者之所及,亦使缀而不忘。如或一言可采,此亦刍荛狂夫之议也。[20]

意谓小说即如孔子所言"小道"。班固虽然没有完全否定小说存在的必要,但和庄子、荀子一样认为,小说因所言为"小道",不能和儒、道、阴阳、法、名、墨、纵横、杂、农所言一样,"可以通万方之略",不是治国平天下、有关政教的"大道"。故"诸子十家,其可观者九家而已"。言外之意,也是小说于政治起不了大的作用。知汉人所谓的"小说",依然是指无关乎治天下的"小道"之言。正因如此,那些于政治无用的俳谐笑话,在汉末也被归之为小说。如《三国志》卷二一注引《魏略》说曹植"时天暑热,植因呼常从取水自澡讫,傅粉。遂科头拍袒,胡舞五椎锻,跳丸击剑,诵俳优小说数千言讫"[21]。

由上可知,不管是先秦还是两汉,"小说"这一概念的核心内涵是就其功用而言,指的是那些不符合"大道",于政治无用而不入流的言说话语。

应当说,不管是《庄子》《荀子》还是《吕氏春秋》,"小说"都是就言说功用的大小而言,而没有明确的文体区分的意义。但时人之所以将这些言说谓之为"小说",却透露出小说的母体——说,即小说由"说"分化而来。说"小说"源于"说",是因为小说和"说"一样,原本为论说或说理性文体。《荀子》曾多次提到"某某之说"

和"某某为说",如《成相》"百家之说",《王霸》"墨子之说",《非十二子》"十二子之说",《正论》"世俗之为说者"。荀子所谓的这些"说",显然是指那些说理的话语,即战国诸子的说理性散文。

应该说,班固的小说观更多的是受到了荀子小说观的影响。在班固看来,小说家和其他九家一样,都属于"诸子"之列。所以,后来众多目录学著作亦将小说纳入"子部"。《汉书·艺文志》"小说家"曾列有"小说"十五家,其中以"说"而名的有《伊尹说》二十七篇、《鬻子说》十九篇、《黄帝说》四十篇、《封禅方说》十八篇、《虞初周说》九百四十三篇。此外还有《宋子》《务成子》等。这其中有一些可以肯定为论说文体,如《宋子》。《荀子》曾引其言:

> 子宋子曰:"明见侮之不辱,使人不斗。人皆以见侮为辱,故斗也;知见侮之为不辱,则不斗矣。"子宋子曰:"人之情,欲寡,而皆以己之情,为欲多,是过也。"[22]

从《荀子·正论》所引宋子其言看,知《宋子》应当主要就某些问题进行议论。至于《务成子》,王应麟在《汉艺文志考证·务成子十一篇》中载《荀子》"舜学于务成昭"注谓:

> 尸子曰:"务成昭之教舜曰:避天下之逆,从天下之顺,天下不足取也。避天下之顺,从天下之逆,天下不足失也。"[23]

从尸子所引《务成子》看,《务成子》亦当为论说文。从《汉书·艺文志》师古注曾引应劭说,《虞初周说》"其说以《周书》为本"看,《虞初周说》当是阐释《周书》,有如《周易·说卦》之类,也当是一种说理性文体。

在中国古代,子部之作虽然并不完全是论说文,但从汉代以后的许多目录学著作中"小说家"类也收录有一些论说文体的典籍,也可看出"小说"与"说"的这层关系。如《旧唐书·经籍志下》将《鬻子》列入"小说"。而《列子》所引《鬻子》三条,皆黄老清净之说。如《黄帝篇》引《鬻子》曰:

> 欲刚,必以柔守之;欲强,必以弱保之。积于柔必刚,积于弱必强。观其所积,以知祸福之乡。强胜不若己,至于若己者刚;柔胜出于己者,其力不可量。[24]

《新唐书·艺文志》"小说家"亦载有《开元御集诫子书》,显然亦是"说"体之作。而唐宋的许多小说也以"说"而名体,如宋张唐英的《搢绅脞说》、曾慥的《类说》、朱弁的《骩骳说》等等。可见,唐宋以来,人们也大多认为"小说"源于"说"这一观念。

所以说,小说原本名之"说",由"说"分化而来,本是"说"的一种,为说理的论说文体,故刘勰《文心雕龙》将"论说"两种文体放在一起予以论述。可以肯定,先秦两汉人们于"说"中分出"小说",在很大的意义上说,是以"说"为正,以"小说"为"说"的流变。

三、"说"体与先秦两汉小说体裁

确定了小说由"说"发展而来,那么,早期小说的体裁也就可以得到比较准确的判定。在先秦,小说体裁应该包括纯论说文和带有记述性质的语体文。而到了汉代,小说除这两种文体外,还有一些杂史类。

(一) 先秦小说的体裁

战国时期,百家争鸣,诸子或奔走于诸侯之间,凭借三寸不烂之舌,兜售自己的政治外交主张,如孟子;又或是著书立说宣扬自己的学术,如墨子、荀子、韩非。但他们都有着一个共同的目的,"腾说以取富贵"。《庄子》说"小说"的主体是"饰小说以干县令",可知其行为和诸子一样,是一种"干求"性质的行为,目的如成玄英疏所谓,希望以言说去求得"高名令问"。故小说的创作主体,应该也属"诸子"之列,只不过是这些"诸子"见识低下而已。

从战国诸子大都是以话语言说和议论文体的言说去干求声名利禄来看,小说的创作主体和其他诸子的目的一样,故在那个时代,其言说的手段也当和其他诸子没有什么不同。这一点,确定了"小说"的体裁和"说"的体裁的大致相同。

过去,学者一般根据《汉书·艺文志》所谓的小说来解释《庄子》所谓的小说。但其实班固所谓的小说与《庄子》所谓的小说还是有一定的不同。这种差异体现在对小说体裁的认识上,当是先秦的小说是针对"说"这种文体而言。而根据《韩非子·八说》《周易·说卦》《庄子·说剑》等皆为议论文体看,小说当然也属于说理的论说文体。由此,我们不难推知先秦小说的体裁形式为四类:

其一,如《韩非子·八说》《周易·说卦》一样,为纯粹的议论文,没有丝毫"记"的特征。但是,它与"论"应有一定的区别,既"论"存在一个论证过程,而小说与"说"更多如《韩非子·八说》一样,全是言说主体的话语言说,而且只是指出"应该如此",而对"为什么应该如此"却很少阐释。

其二,如《说剑》一样,具有一些语体"记"的特征。它不仅带有叙事的元素,而且多以人物的对话结构全文。如《说剑》先以记事开篇:"昔赵文王喜剑,剑士夹门而客三千余人,日夜相击于前,死伤者岁百余人,好之不厌。如是三年,国衰,诸侯谋之。太子悝患之,募左右曰……"然后以"左右曰……""太子曰……""王曰……""庄子曰……"结构全文[25]。《汉书·艺文志》载有小说家《务成子》,班固自注谓"称尧问",也透露出《务成子》的对话体形式特征。

其三,如韩非内外《储说》和刘向的《说苑》一样,先提出议题,然后以大量的短小历史故事来予以说明。如《内储说下》先提出:"六微:一曰,权借在下;二曰,利异外借;三曰,托于似类;四曰,利害有反;五曰,参疑内争;六曰,敌国废置。"[26]然后在"说一"至"说七"中以历史小故事来予以论证。这种形式,在《吕氏春秋》也大量存在。

其四,如《韩非子·说林上》所载一样,纯粹抄录一些历史小故事。如:"温人之周,周不纳客,问之曰:'客耶?'对曰:'主人。'问其巷人而不知也,吏因囚之。君使人问之曰:'子非周人也,而自谓非客,何也?'对曰:'臣少也诵诗,曰:普天之下,莫非王土,率土之滨,莫非王臣。今君天子,则我天子之臣也,岂有为人之臣而又为之客哉?故曰主人也。'君使出之。"[27]

上述四种体裁,其实可以分为两大类,即其一、其二、其三为议论性文体;其四为记叙性文体。先秦的"说"体,包括所有的诸子散文,均在这四种体裁形式之内。故可以肯定,先秦的小说其体裁形式,也当不出其右。

值得注意的是,《说林》及《储说》虽名为"说",但却与语体有着非常密切的关系。根据《国语》《论语》看,先秦语体存在多种体式:一是纯记言或纯对话体;二是片段记事体,即只取一个行为过程中的某一片段进行记述;三是简短故事体。而《说林》《储说》中也存在这几种体式。如《说林上》,"韩宣王谓樛留曰"为典型的语体文,仅记对话,虽也为"记",但却基本不存在叙事的成分。《外储说右上》"齐景公之晋",有事情开始和结果的交代,杂以人物简单行为和对话的记述,可视之为片段记事体。而《说林下》"荆王弟在秦",虽也有较多的对话记述,但不仅交代了事情的起因,而且对使秦国放掉楚王弟弟的谋划及过程、结果都有叙述,具有较强的叙事性,可视之为简短故事体。

《说林》及《储说》的这些体式,也为六朝以来小说的基本体式,不管是《搜神记》《世说新语》《殷芸小说》,还是唐代的《朝野佥载》《大唐传载》《唐摭言》《酉阳杂俎》等,基本上均采用了这些体式。这也同样说明,小说为"说"的一种,是由"说"体发展而来的。

(二)汉代小说的体裁

汉代所谓的小说,虽然依旧继承了先秦小说为"小道"的观念,但我们注意到,在汉代,小说也称为"传书""短书"。桓谭《新论》载:"若其小说家,合丛残小语,近取譬论,以作短书。"[28]可知汉代亦将小说称之为"短书",故后代也多将短书、小说并称。如《北史》中云:"小说短书,易为湮落,脱或残灭,求勘无所。"[29]《史通·内篇·补注》中也说:"方复留情于委巷小说,锐思于流俗短书,可谓劳而无功,费而无当者矣。"[30]《史通·内篇·叙事》中又谓:"至如诸子短书,杂家小说……"[31]

在汉代,短书又往往与"传书"并称。先秦时,"传"原本是释经的一种文体,如《左传》《系辞传》。而先秦的"说"同时也是一种解说文体,如《墨子·经说》,前文为经,后面解释的文字为说。所以"说"也时有被谓之"传"。《汉书·艺文志》载有《论语》,其后又载有《传》(师古注谓:"解释《论语》意者。")《齐说》《鲁夏侯说》《鲁安昌侯说》《鲁王骏说》《燕传说》,基本上是传、说不分,故有了"传说"这一概念。所以,汉代人也将小说称为"传书"。《论衡·书虚篇》曾谓:

世信虚妄之书,……睹真是之传,与虚妄之书相违,则并谓短书不可信用……夫世间传书诸子之语,多欲立奇造异,作惊目之论,以骇世俗之人;为谲诡之书,以著殊异之名。[32]

基本上是将传书与短书并称,将传书视为短书。故我们也基本上可以确定,小说在汉代,也被称为传书、短书。汉代的小说也指传书、短书,为我们认定汉代的小说文体观念提供了依据。根据这一点,我们基本可以确定汉代人们观念中小说所包含的文体体裁。

《汉书·艺文志》"小说家"列有十五家:《伊尹说》《鬻子说》《周考》《青史子》《师旷》《务成子》《宋子》《天乙》《黄帝说》《封禅方说》《待诏臣饶心术》《待诏臣安成未央术》《臣寿周纪》《虞初周说》《百家》。分析这些小说,可推知汉代人认为的小说文体体裁大概有三类:一是先秦小说中的议论性文体,如前所说的《宋子》《务成子》。二是典章制度等方面的杂记。如《周考》,班固自注谓:《周考》"考周事也"。《青史子》"古史官记事也"[33]。但这所记之事并非片段记事体和简短故事体。《大戴礼记》曾引《青史子》谓:

> 青史氏之记曰:"古者胎教,王后腹之,七月而就宴室,太史持铜而御户左,太宰持斗而御户右。比及三月者,王后所求声音非礼乐,则太师缊瑟而称不习,所求滋味者非正味,则太宰倚斗而言曰:不敢以待王太子。太子生而泣,太师吹铜曰:声中其律。太宰曰:滋味上某。"[34]

其所记为经籍所未记载的典章。可知,《周考》与《青史子》大概相当于典章杂记之类。

三是片段记事体和简短故事体。我们注意到,先秦的说体,因其功能和体式与"语""传"有着许多的相同,故在先秦和两汉存在着"说""语""传"不分的情况。如前所言说体与语体存在着多种相同的体式。《荀子·正论》说:"'尧舜擅让',是虚言也,是浅者之传,陋者之说也。"[35]以"传""说"对举,可知先秦的说体存在着与传、语的文体互动,故汉代也将小说称之为传书。从桓谭说小说为"丛残小语"看,也可能有片段式记事和简短故事的叙事之作,如《臣寿周纪》。

此外,笑话之作也被纳入了小说的范畴,如《三国志》所谓的俳优小说。而那些笑话之类的作品,据邯郸淳的《笑林》来看,也大都采用着《说林》和《储说》的体式,如:"鲁有执长竿入城门者,初竖执之,不可入;横执之,亦不可入,计无所出。俄有老父至曰:'吾非圣人,但见事多矣,何不以锯中截而入?'遂依而截之。"[36]具有片段式记事和简短故事体的特征。

汉代的这三种小说体裁,都可以说是对先秦说体的继承。但是,汉代将小说也谓之短书、传书,而《论衡》明确称之为传书和短书的,有《列女传》《说苑》《韩诗外传》《燕丹子》《吴越春秋》《越绝书》《淮南子》等[37]。如果将这些著述也纳入小说的范畴,那我们可以看出,汉代的小说体裁,在历史传记的基础上,已经形成单篇故事体和传记体。因为在这些著述中,《燕丹子》为单篇记述燕丹子为复仇而使荆轲刺杀秦王的故事。《吴越春秋》《越绝书》虽不以传名书,但却采用了《史记》的传记体,其中多数篇章都以"传"为名。而这一小说体裁的形成,因其大量采用传说的产物,已经开始了由说的论述性质向历史记事文的转变。

四、余论

汉代以后,人们对小说功用的认识有了不少改变。人们认识到小说有助于政教,也有求文名、明神仙、宣佛理等方面的功用。正如宋人曾慥集百家之说而成《类说》时,说小说可以"资治体,助名教,供笑谈,广闻见"[38]。其实,自六朝以来,小说更多的还是继承了言"小道"的功用观,用于"供笑谈,广闻见"的娱乐。故六朝以来的小说,尤其是文人笔记,在内容上更集中于神仙鬼怪、奇谈异闻、野史之类。小说的文体体裁虽然基本不见了说理文体,但诸如笔记之类的杂录和神仙鬼怪、奇谈异闻的短小故事体,依然是小说的主要体裁。那些单篇曲折故事的短篇和长篇历史小说,则更多的是继承和发展了汉代史传小说。就小说的言说方式而言,虽然杂史、野史之类也存在实录的状况,但更多的却继承了先秦两汉人们观念中小说虚构的手法,具有虚诞的特征。

故我们说,汉代以后的小说,较先秦、两汉虽有很大的发展,但文人对小说的认知基本上继承了先秦两汉人们的观念;小说的文体体裁,也主要沿着两汉小说的轨道演化。可以说,在先秦"说"体的基础上形成的先秦两汉的小说观念和小说文体体裁,不仅规定了中国小说的发展方向,也确立了中国小说审美的核心价值取向。

注释:

[1](汉)郑玄注,(唐)贾公彦疏:《周礼·春官宗伯·大祝》,《周礼注疏》卷二十五,《十三经注疏》本,北京:中华书局,1980年,第808页。

[2](汉)郑玄注,(唐)贾公彦疏:《周礼·春官宗伯·诅祝》,《周礼注疏》卷二十六,《十三经注疏》本,北京:中华书局,1980年,第816页。

[3](汉)郑玄注,(唐)贾公彦疏:《周礼·春官宗伯·大祝》,《周礼注疏》卷二十五,《十三经注疏》本,北京:中华书局,1980年,第809页。

[4](汉)郑玄注,(唐)贾公彦疏:《周礼·秋官司寇·庶氏》,《周礼注疏》卷三十七,《十三经注疏》本,北京:中华书局,1980年,第888页。

[5](汉)郑玄注,(唐)孔颖达疏:《礼记·礼运》,《礼记正义》卷二十一,《十三经注疏》本,北京:中华书局,1980年,第1418页。

[6](汉)高诱注:《吕氏春秋·劝学》,《吕氏春秋》卷四,上海:上海书店,1992年,第36页。

[7](春秋)左丘明传,(晋)杜预集解:《昭公三》,《春秋左传集解》第二十二,上海:上海人民出版社,1977年,第1324~1326页。

[8](汉)刘向:《战国策·齐策四》,《战国策》卷十一,上海:上海古籍出版社,1985年,第408页。

[9](清)孙诒让:《墨子·经上》,《墨子间诂》卷十,北京:中华书局,2001年,第315页。

[10]周振甫:《文心雕龙·论说》,《文心雕龙今译》,北京:中华书局,1995年,第171页。

[11](清)戴望:《管子·宙合》,《管子校正》卷四,北京:中华书局,1954年,第63页。

[12](清)王先慎:《韩非子·说难》,《韩非子集解》卷四,北京:中华书局,1954年,第62页。

[13](清)王先慎:《韩非子·说难》,《韩非子集解》卷四,北京:中华书局,1954年,第64页。

[14](清)孙诒让:《墨子·经说上》,《墨子间诂》卷十,北京:中华书局,2001年,第334页。

[15] 梁启超:《梁启超论诸子百家》,北京:商务印书馆,2012年,第182页。
[16] (清)王先谦:《庄子·外物》,《庄子集解》卷七,北京:中华书局,1999年,第238～239页。
[17] (清)王先谦:《荀子·正名》,《荀子集解》卷十六,北京:中华书局,1988年,第429页。
[18] (清)王先谦:《荀子·正论》,《荀子集解》卷十二,北京:中华书局,1988年,第336页。
[19] (汉)高诱注:《吕氏春秋·疑似》,《吕氏春秋》卷二十二,上海:上海书店,1992年,第289页。
[20] (汉)班固撰,(唐)颜师古注:《汉书·艺文志》,《汉书》卷二十九,北京:中华书局,1962年,第1745页。
[21] (晋)陈寿撰,(宋)裴松之注:《魏书·王粲传》,裴注引《魏略》,《三国志》卷二十一,北京:中华书局,1999年,第449页。
[22] (清)王先谦:《荀子·正论》,《荀子集解》卷十二,北京:中华书局,1988年,第340、344页。
[23] (宋)王应麟:《务成子十一篇》,《汉艺文志考证》卷七,文渊阁《四库全书》本,第675册,台北:台湾商务印书馆,第78页。
[24] 杨伯峻:《列子·黄帝篇》,《列子集释》卷二,北京:中华书局,1985年,第82～83页。
[25] (清)郭庆藩:《杂篇·说剑》,《庄子集释》卷十上,北京:中华书局,1985年,第1016～1019页。
[26] 梁启雄:《内储说下六微》,《韩子浅解》第三十一篇,北京:中华书局,1960年,第247页。
[27] 梁启雄:《说林上》,《韩子浅解》第二十二篇,北京:中华书局,1960年,第188页。
[28] (梁)萧统编,(唐)李善注:《诗庚·杂拟下》,《文选》卷三十一,上海:上海古籍出版社,1986年,第1453页。
[29] (唐)李延寿:《北史·序传》,《北史》卷一百,北京:中华书局,1974年,第3345页。
[30] (唐)刘知己撰,(清)浦起龙释:《内篇·补注》,《史通》卷五,上海:上海古籍出版社,2008年,第96页。
[31] (唐)刘知己撰,(清)浦起龙释:《内篇·叙事》,《史通》卷六,上海:上海古籍出版社,2008年,第130页。
[32] 黄晖:《论衡·书虚篇》,《论衡校释》卷四,北京:中华书局,1990年,第167页。
[33] (汉)班固撰,(唐)颜师古注:《汉书·艺文志》,《汉书》卷二十九,北京:中华书局,1962年,第1744页。
[34] (汉)戴德:《大戴礼记·保傅》,《大戴礼记》卷三,文渊阁《四库全书》本,第128册,台湾商务印书馆,第426～427页。
[35] (清)王先谦:《荀子·正论》,《荀子集解》卷十二,北京:中华书局,1988年,第336页。
[36] (宋)李昉:《笑林·鲁人执竿》,《太平广记》卷二六二,文渊阁《四库全书》本,第1044册,台北:台湾商务印书馆,第684页。
[37] 参见赵辉:《从汉代"传书"看正史向历史演义的衍化》,《文学遗产》2016年第5期,第112～122页。
[38] (宋)晁公武:《类记六十卷》,《郡斋读书志》卷三下,文渊阁《四库全书》本,第674册,台北:台湾商务印书馆,第228页。

论司马氏父子对孝思想的接受

宗靖华

（华南师范大学文学院，广东广州，510006）

内容摘要： 孝是《史记》思想理论基础之一。司马谈在孝思想的鼓舞之下，发誓要重建天官家世，并上继孔子《春秋》作《史记》。在临终之际，司马谈将孝的薪火传递给司马迁。孝思想虽然给司马迁带来受刑之后的精神苦痛，但也给予他发愤著书的强大思想动力。孝思想也广泛渗透到《史记》之中，司马迁常引《孝经》来评论历史人物，《史记》五种体例都贯彻了孝思想。孝对司马氏父子的人生、为官、著书都有深刻影响，是构成司马氏父子生命哲学的基本思想之一。

关键词： 司马氏父子；孝思想；《孝经》；《史记》；史官人格

孝作为一种社会意志，随人类社会产生而形成，在中国古代出现很早，殷商与周朝青铜器上的铭文、《诗经》《尚书》等都有关于孝的论述。周朝至春秋时，孝主要指尊祖敬祖，宗教祭祀是呈现孝的主要形式。《礼记》多次提到祭祀祖先。先秦儒家很重视孝，但孝的内涵已有所转化，由尊祖敬祖转化为善事父母，成为一种家庭伦理，《论语》《礼记》《孝经》等对此都有记述。作为汉家太史，司马氏父子一生的立身行事都带有浓厚的孝的色彩。孝既是司马氏父子人生的期望与抱负、幸福与痛苦的理论来源，也是司马迁评价历史人物的重要道德理论标准。因此，完全可以说孝思想是《史记》的重要基础理论之一。

目前，学界关于孝思想与司马氏父子及《史记》学理关系的研究，主要集中在两个方面。一是探析司马氏父子与《史记》孝思想的历史关联。如分析司马迁"孝"思想的根源，认为先秦孝道思想、汉代"以孝治天下"的治国理念、显赫扬名的家世等对司马迁思想的形成都有深刻影响[1]；并从《史记》对周代历史事件、历史人物和有关礼制的记载中，爬梳周代孝文化的内涵与社会功能[2]。二是探讨司马氏父子与《史记》孝思想的当代价值。认为《史记》所体现的孝文化对于培养健全人格、建设和谐社会能起到积极作用[3]，孝思想对于家庭和睦、社会安定、民族团结具有重大的现实意义[4]。司马迁承志著书是孝子孝行的典范，但其父司马谈亦是大孝之人。司马谈立志振兴天官家世，又援引《孝经》做遗嘱勉励司马迁，学界对此少有注意。鉴于《孝经》对司马迁孝思想与《史记》孝文化的重要影响，本文拟进一步研析司马氏父子孝思想的源头，探讨孝思想对史官人格与著述的潜在影响，进而揭示孝思想在司马氏父子人生观与史学观形成过程中的重要作用。

一

司马氏父子一生坎坷，为著史呕心沥血，显现了史官的坚韧心志。司马谈立志著史，希冀从天地范畴出发，写古今政治兴衰，以此校正帝王言行。可汉武帝摒弃天官，司马谈发愤而卒，临终含泪述遗嘱，对司马迁提到孝。司马谈援引《孝经》说："且夫孝始于事亲，中于事君，终于立身。扬名于后世，以显父母，此孝之大者。"[5]司马谈以孝鼓舞司马迁，促成司马迁忠孝人格的形成。司马迁移孝为忠，将孝与忠结合，践行"事父以孝、事君以忠"的行为准则，孝与忠构成司马迁思想不可忽视的两个层面。司马氏父子在孝思想的影响下，延续了史官文化传统，著述了无比瑰丽的《史记》，成为"史家之绝唱"。

孝是司马谈立身行事的基点之一。《史记·太史公自序》说："司马氏世典周史。惠襄之间，司马氏去周适晋。"[6]这一次迁徙使司马氏史官家世中断。周惠王、周襄王的在位时间是公元前676—620年，从惠、襄之间司马氏失去史官官守到司马谈于建元、元封之间出任太史，其间大约有五百年。是司马谈使中断了五百年的司马氏天官家世再次接续上来。司马谈的祖父司马无泽为负责市场管理的市长，他的父亲司马喜为汉家五大夫，司马谈本来也可以选择做朝官或地方官的人生道路，以司马谈过人的才情与毅力，他走祖父、父亲的路完全可以比当太史有更为远大的前程。汉家太史年俸六百石，为太常的属官，属于并不太显赫的"陪外廷末议"的下大夫阶级。但是，司马谈却偏偏选择了太史这个对文化学术有着高度要求的职业。司马谈弃易从难，自有他深思熟虑的意图。从《史记·太史公自序》详载司马氏家世来看，司马氏家族当时应该保留了司马氏的远祖谱牒，司马谈是从远祖谱牒中了解到，自己的远祖还有一段漫长的天官辉煌历史，由此而激发了他远绍天官家世的神圣使命感，激起他重振天官雄风的强烈愿望。单纯看司马谈所担任的天官一职，太史令确实不是显官，但若将司马谈的太史与上古时代的重、黎连成一线，情形就非同小可：在当时有哪一个姓氏，能有如此源远流长的家族文化传统？哪一个家族，能有如此辉煌的家世？上继远祖重、黎——仅此一点，就足以使司马谈激情澎湃、为之奋斗终生。重、黎的后人何止千百万，作为周史的司马氏也分布在全国各地，而只有司马谈一人发愤要振兴天官家世，这就是司马谈的过人之处。太史是学通天人的博学人物，为此司马谈"学天官于唐都，受《易》于杨何，习道论于黄子"[7]，为出任太史作了长期的、艰辛的学术准备工作。唐都是当时精通天文历法的著名方士，太初元年（公元前104年）还与司马迁一起制历——此时司马谈已经去世六年了，这说明唐都很可能是司马谈的同龄人，拜同龄人为师，这在当时需要很大的勇气。杨何是《易》学大师，黄子是治黄老的学者。司马谈学天官是因为太史的主要职责是司天文星历，而学《易》则是为了通术数，这是太史之职所必备的知识。学习黄老学说，是因为黄老刑名之学是当时的统治思想。从《史记·儒林列传》可以知道，司马谈生活的文景之际，社会上读书气氛还不是很浓厚,读书条件也非常有限,有志于读书的人在当时堪称凤毛麟角,司马谈能够读如此多的古籍,是需要很大的雄心和坚韧的毅力去支撑的。大约在建元元年(公元前140年),司马谈终于成为汉家太史,实现了他多年来的夙愿。《太史公自序》载司马谈临终遗嘱说:"余先周室之太史也。自上世尝显功名于虞夏,典天官事。后世中衰,绝于予乎?汝复为太史,则续吾祖矣。"[8]司马谈所继承的不是父亲的事业,也不是祖父的事业,而是司马氏远祖的事业。司马谈试图恢复古典意义的太史文化,这是一种深沉的孝祖之心,一种根深蒂固的尊祖观念。

孝是司马氏著述《史记》的动力。司马谈之孝不仅表现在他具有振兴天官家世的宏伟抱负,更重要的是他下决心著述史书上接孔子《春秋》,从而在"扬名于后世,以显父母"[9]这一最高的层次上履行了孝。司马谈所担任的天官主要职责是司天文、历法、灾异、祥瑞、记录当代政治大事等事务,著述史书并不是他的分内之事,他矢志著述完全是出于个人的自觉。他生逢汉家盛世,又深信天命五百大运之说,决心通过史书著述来实现辉煌人生理想。具体地说,司马谈的雄心是发誓要著一本《史记》——当时叫《太史公书》,以此来上继孔子《春秋》。《春秋》这部书,今天把它当作史书看,但是在汉代——特别是在汉武帝时期,它绝对不是一部寻常的书,当时公羊家解说的孔子《春秋》已经被尊为汉家政治的指导思想,代表汉家最高的意识形态,相当于汉家的一部宪法。司马谈试图自己作史上继孔子的《春秋》,此举意味着司马谈要做当代的孔子,这在当时确实是一个让普通人连想都不敢想的、不可企及的崇高目标。但是,别人不敢想的事司马谈敢想,别人不敢做的事司马谈敢做,这就是司马谈!本来司马谈所担任的职务是天官,用英国人李约瑟的话说,就是"皇家的天文学家",著述史书并不是他的职责所在,他的著述事业是利用业余时间去做的,显现出他的自律与自觉。司马谈是那种不做则已、做就要做得最好的人,是那种有雄心摘取皇冠上明珠的志士,是那种喜欢把事情做得不留一点遗憾的人。著述史书上继孔子《春秋》,为他讴歌盛世、实现人生理想开辟了一条广阔的人生道路。司马谈在公务之余,积极地积累资料,为著述《太史公书》作准备,《史记》中的一些篇章可能出于司马谈之手,只是司马谈、司马迁都称"太史公",他们的书都叫《太史公书》,他们自己没有标明各自的作品,现在要后人来辨别何为司马谈之作、哪篇出于司马迁之手,已经不太可能了。

可惜的是,上天没有让司马谈实现著书上继孔子《春秋》的宏愿。元封元年(公元前110年),司马谈在扈从汉武帝封禅路途中因病滞留周南,壮志未酬而发愤且卒。在弥留之际,司马谈将著述史书上继孔子《春秋》的任务嘱托给司马迁。《史记·太史公自序》记载了司马谈给司马迁的临终遗嘱,遗嘱的主要内容之一就是一个"孝"字。司马谈说:"且夫孝始于事亲,中于事君,终于立身。扬名于后世,以显父母,此孝之大者。"[10]这是引用《孝经》开宗明义第一章和广扬名第十四章:"夫孝始于事亲,中于事君,终于立身。"[11]"立身行道,扬名于后世,以显父母,孝之终也。"[12]"君子事亲孝,故忠可移于君;事兄悌,故顺可移于长;居家理,故治可移于官。是以行成于内,而名立于后世矣。"[13]司马谈又说:"夫天下称诵周公,言其能论歌文武之德,宣周邵之风,达太王王季之思虑,爰及公刘,以尊后稷也。"[14]这是采用《孝经》圣治第九章:"天地之性人为贵。人之行莫大于孝,孝莫大于严父,严父莫大于配天,则周公其人也。昔者周公郊祀后稷以配天,宗祀文王于明堂,以配上帝。是以四海之内,各以其职来祭。夫圣人之德,又何以加于孝乎?"[15]《太史公自序》还记载司马谈以孟子五百大运说激励司马迁,希望司马迁成为继周公、孔子之后的第三位文化巨人,这个期望说到底还是立功扬名荣光耀祖,还是大孝的思路。就这样,司马谈用孝思想作为自己的遗嘱,将孝的薪火传给司马迁。

《史记·太史公自序》载司马迁告慰父亲说:"小子不敏,请悉论先人所次旧闻,弗敢阙。"[16]对于父亲希望他成为继周公、孔子之后的第三位文化巨人,司马迁表示:"意在斯乎!意在斯乎!小子何敢让焉!"[17]司马迁是以当仁不让的心理来回应父亲的期待。这不单纯是安慰弥留之际的父亲的话,而是一种庄严的宣誓,此后司马迁从父亲手中接过薪火,用毕生去完成父亲的嘱托。此时司马迁的孝,是对父亲的回应,更多的是孝父,简单而赤诚。

二

就在司马迁一心一意完成父亲遗愿、从事《史记》著述的时候,却发生了让他痛不欲生的宫刑事件。在这人生的关键时刻,孝思想既给司马迁无限的精神痛苦,同时又给了他忍辱负重、发愤著书的精神动力。而这时司马迁的孝,不只是孝父,不只是完成父亲的遗愿,更是一种自我救赎与自我成就,是一种大孝。

孝思想使司马迁在受刑之后产生了异常沉重的负罪心理。惨遭酷刑给司马迁心灵造成了难以愈合的创伤,他的心理深处有一种对父母和司马氏祖宗的深重负罪感。司马迁在《报任安书》说:"污辱先人,亦何面目复上父母之丘墓乎!"[18]《史记·太史公自序》发出沉重的悲叹:"是余之罪也夫!是余之罪也夫!身毁不用矣!"[19]这个"罪",首先是对父母的不孝之罪。因为按照孝道要求,子女对父母尽孝要先从爱护父母赐予的身体发肤开始。《孝经》第一章说:"身体发肤,受之父母,不敢毁伤,孝之始也。"[20]《大戴礼记·曾子大孝》记述了一个故事:"乐正子春下堂而伤其足,伤瘳,数月不出,犹有忧色。门弟子问曰:'夫子伤足瘳矣,数月不出,犹有忧色,何也?'乐正子春曰:'善如尔之问也。吾闻之曾子,曾子闻诸夫子曰:天之所生,地之所养,人为大矣。父母全而生之,子全而归之,可谓孝矣;不亏其体,可谓全矣。故君子顷步之不敢忘也。今予忘夫孝之道矣,予是以有忧色。'"[21]作者紧接着对此评论说:"故君子一举足不敢忘父母,一出言不敢忘父母。一举足不敢忘父母,故道而不径,舟而不游,不敢以先父母之遗体行殆也。一出言不敢忘父母,是故恶言不出于口,忿言不及于己。然后不辱其身,不忧其亲,则可谓孝矣。"[22]父母赐给子女一个完整的身体,子女在走完人生的历程之后,还要归还父母一个完好无损的身体。所以,为人子者一举手一投足都要保护自己的身体发肤。《礼记·祭义》载曾子曰:"身也者,父母之遗体也。行父母之遗体,敢不敬乎?居处不庄,非孝也。事君不忠,非孝也。莅官不敬,非孝也。朋友不信,非孝也。战阵无勇,非孝也。五者不遂,灾及于亲，敢不敬乎？"[23]曾子在孔门弟子中以孝著称，他一生中对身体倍加珍视，到临死前才有如释重负之感。《论语·泰伯》中有一条关于曾子临终的记载："曾子有疾，召门弟子曰：'启予足！启予手！《诗》云：战战兢兢，如临深渊，如履薄冰。而今而后，吾知免夫，小子！'"朱熹《论语集注》解释说："曾子平日以为身体受于父母，不敢毁伤，故于此使弟子开其衾而视之。"又注尹氏注云："父母全而生之，子全而归之。曾子临终而启手足，为是故也。"[24]司马迁因受刑而使身体受损，他只能带着一个不全的身体"而归"，这显然违背了"父母全而生之，子全而归之"的礼义。《礼记·祭义》说："孝有三：大孝尊亲，其次弗辱，其下能养。"[25]"尊亲"不是说孝子尊敬双亲，"尊"在这里是使动词，意为使父亲尊，就是说孝子通过建立功名大业来使父母受到社会的尊重。《礼记·内则》说："父母虽没，将为善，思贻父母令名，必果。将为不善，思贻父母羞辱，必不果。"[26]这还是孝子立功为父母扬名的意思。《大戴礼记·曾子大孝》说："父母既殁，慎行其身，不遗父母恶名，可谓能终也。"[27]司马谈本来殷切地希望司马迁立功扬名以显父母，司马迁本人也完全接受这一价值观，他所心慕神追的就是建立辉煌功业，让司马氏门户生辉。可是现在司马迁不但没有给父母带来任何荣耀，反而玷污了司马氏祖宗的名声，这怎能不使司马迁痛感自己罪孽深重？

司马迁在《报任安书》中以饱含血泪的笔墨，抒写了那种天地间无法容纳的耻辱感："故祸莫憯于欲利，悲莫痛于伤心，行莫丑于辱先，而诟莫大于宫刑。刑余之人，无所比数，非一世也，所从来远矣。昔卫灵公与雍渠载，孔子适陈；商鞅因景监见，赵良寒心；同子参乘，袁丝变色：自古而耻之。夫中材之人，事关于宦竖，莫不伤气，况慷慨之士乎！"[28]"太上不辱先，其次不辱身，其次不辱理色，其次不辱辞令，其次诎体受辱，其次易服受辱，其次关木索被箠楚受辱，其次剔毛发婴金铁受辱，其次毁肌肤断肢体受辱，最下腐刑，极矣！传曰'刑不上大夫'，此言士节不可不厉也。"[29]"是以肠一日而九回，居则忽忽若有所亡，出则不知所如往。每念斯耻，汗未尝不发背沾衣也。身直为闺阁之臣，宁得自引深藏于岩穴邪！"[30]司马迁的这种耻辱感来自鄙视刑余之人的礼义。《礼记·曲礼上》说："礼不下庶人，刑不上大夫。刑人不在君侧。"[31]《礼记·王制》说："刑人于市，与众弃之。是故公家不畜刑人，大夫弗养，士遇之途，弗与言也。屏之四方，唯其所之，不及以政，亦弗故生也。"[32]这些礼义思想给司马迁以致命的摧残，他那颗破碎的心灵上承载着千万斤的伦理压力。他本以慷慨之士自我期许，可是一夜之间，他沦落到不齿于人类、与禽兽为伍的地步。司马迁所接受的伦理与他的现实遭遇之间，存在着巨大的反差，所以他感到自己失去了自立于士林行列的资格，简直无法生活在人世间，恨不得找一个地缝钻进去。

孝是司马迁发愤著书的力量源泉。司马迁虽受辱但不求死，是为了完成史书的著述，他的致思点还是一个"孝"字：即以功名来洗刷耻辱，来扬名后世，以显父母。先秦儒家早已有如何对待耻辱的理论，这就是"士可杀而不可辱"和杀身成仁、舍生取义。汉代公羊春秋大师董仲舒在《春秋繁露·竹林》中说："故君子生以辱，不如死以荣。""天施之在人者，使人有廉耻，有廉耻者，不生于大辱。"又引曾子的话说："辱若可避，避之而已，及其不可避，君子视死如归。"[33] 汉朝士大夫多服膺儒家的生死荣辱学说，他们逃避耻辱的办法就是在狱吏捉拿或施刑之前就引决自裁，赵绾、王臧、李广、李蔡、张汤、王卿、暴胜之、商丘成等人都是自杀而死。司马迁在被判为宫刑之后，第一个反应自然也是以死避辱，他在《报任安书》中说："夫人情莫不贪生恶死，念父母，顾妻子，至激于义理者不然，乃有所不得已也。"[34] 又说："且夫臧获婢妾犹能引决，况若仆之不得已乎！"[35] 生命、父母、妻子等固然值得留恋，但还有比这些更为珍贵的东西，这就是君子不生于大辱的大义。按照这一思路，司马迁只能义无反顾地选择自裁。可贵的是，在这生死抉择关头，司马迁以清醒的理性思考了死亡的价值问题，他认为如果就这样一死了之，"若九牛亡一毛，与蝼蚁何异？"[36] 与其死得如此没有价值与意义，还不如忍辱含垢著述完成《史记》，让功名大业来为自己洗刷耻辱、实现补偿。在《报任安书》中，司马迁说："仆诚已著此书，藏之名山，传之其人通邑大都，则仆偿前辱之责，虽万被戮，岂有悔哉！"[37]《史记·太史公自序》说："以拾遗补艺，成一家之言，厥协六经异传，整齐百家杂语，藏在名山，副在京师，俟后世圣人君子。"这个"俟后世圣人君子"，显然是仿照《春秋公羊传》"制《春秋》之义，以俟后圣"的语气，从中可以看出司马迁对自己的著作抱有何等热烈的希望，他就是带着这种深情期待而离开人世的。其实，这还是一种功名人生观，还是"扬名于后世，以显父母"的孝义价值观。司马迁的身体是残缺了，在保护父母赐予的身体方面司马迁确实违反了孝道，但他还可以在建立功名这一最高层次上履行孝道。现实社会中的人对司马迁这样的刑余之人确实会投来鄙视的目光，但司马迁还可以"思来者"，借助于文字符号，在后世找到自己的知音。生前也许没有任何希望，但身后的名声依然可以给司马氏祖宗带来荣誉、带来显耀。可见，功名思想不仅是司马迁在顺利人生环境中的著述动力，而且也在生死攸关的时刻把司马迁从死亡的悬崖边拉回，最终促使司马迁完成了《史记》这部文化巨著。不得不说，这是中国文化史上的一大幸事。否则，就不会有《史记》，而没有《史记》对中华民族来说将是一大缺憾。

司马迁所列举的文王、孔子、屈原、左丘明、孙子、吕不韦、韩非以及《诗三百》的作者，大都是通过文化学术专著而名垂青史。在《报任安书》中，司马迁说："所以隐忍苟活，函粪土之中而不辞者，恨私心有所不尽，鄙陋没世而文采不表于后也。"[38] 这句话点化了孔子的"君子疾没世而名不称焉"，实质上还是"扬名于后世，以显父母"。在司马迁的意识之中，既然自己受刑给父母带来了耻辱，既然不能以正常形式立功扬名，那么就应该在受辱之后发愤思耻、补偿耻辱，庶几可以在后世替父母扬名。

三

孝思想不仅对司马氏父子心理产生重大影响，而且渗透在《史记》的字里行间。按照传统说法，天子以德教加于百姓刑于四海为孝，诸侯以长守富贵保其社稷为孝，卿大夫以守其宗庙为孝，士以保其禄位守其祭祀为孝，庶人则以赡养父母为孝。如《孝经》所言："爱亲者，不敢恶于人；敬亲者，不敢慢于人；爱敬尽于事亲，而德教加于百姓，刑于四海，盖天子之孝也。……在上不骄，高而不危；制节谨度，满而不溢。高而不危，所以长守贵也；满而不溢，所以长守富也。富贵不离其身，然后能保其社稷，而和其民人，盖诸侯之孝也。……非先王之法度不敢服，非先王之法言不敢道，非先王之德行不敢行。是故非法不言，非道不行；口无择言，身无择行；言满天下无口过，行满天下无怨恶。三者备矣，然后能守其宗庙，盖卿大夫之孝也。……资于事父以事母，而爱同；资于事父以事君，而敬同。故母取其爱，而君取其敬，兼之者父也。故以孝事君则忠，以敬事长则顺。忠顺不失，以事其上，然后能保其禄位，而守其祭祀，盖士之孝也。……用天之道，分地之利，谨身节用，以养父母，此庶人之孝也。"[39]这实际上是给司马迁评价天子、诸侯、卿大夫、士、庶人各个阶层的历史人物提供了一个伦理标准。符合这个标准的为孝，而那些残民以逞导致江山易主的昏君、那些亡国破家或奔走不得保其社稷的诸侯、那些不能守其宗庙、保其禄位的卿士大夫以及不能奉养父母的庶人，都是从根本上违反了孝道。以这个标准来读《史记》人物传记，则上下三千年各个阶层的历史人物的美与恶、贤与不肖均毫发毕现。

司马迁在《史记》人物传记之中征引《孝经》作为评价历史人物的依据。《管晏列传》评价管仲说："语曰'将顺其美，匡救其恶，故上下能相亲也'，岂管仲之谓乎？"[40]又评价晏子说："至其谏说，犯君之颜，此所谓'进思尽忠，退思补过'者哉！"[41]这都出于《孝经》事君第十七章："君子之事上也，进思尽忠，退思补过，将顺其美，匡救其恶，故上下能相亲也。"[42]按此标准，管仲晏婴都是顺美救恶、尽忠补过的贤大夫；《伍子胥列传》热烈礼赞伍子胥隐忍复仇，这其实也是孝的一种体现。

《史记》以孝为主题的传记是《万石君张叔列传》。《太史公自序》说："敦厚慈孝，讷于言，敏于行，务在鞠躬，君子长者，作《万石君张叔列传》第四十三。"[43]今人对这篇传记存在一些误解，以为太史公于此篇运用的是"文与而实不与"的《春秋》笔法，以该篇章作为太史公"不待论断而于序事之中即见其旨"（顾炎武语）的例证。万石君石奋确实没有攻城野战、斩将搴旗之大功，也没有运筹帷幄、经纬军国大事的才能，更没有典章制度、诗词歌赋、思想理论的建树，但他自有一套以孝建立功名大业的途径。他在十五岁的时候就投奔到刘邦的帐下，以恭敬而得到刘邦的喜爱，继而又以恭谨无与比而积功劳至大中大夫、太子太傅、诸侯相。他将孝化为自己的言行，铸成石氏一门的家风。他的四个儿子石建、石甲、石乙、石庆皆以驯行孝谨，官皆至二千石。父子五人禄至万石，因此石庆被汉景帝称之为万石君。传记对万石君的孝谨行为作了生动的记载："过宫门阙，万石君必下车趋，见路马必式焉。子孙为小吏，来归谒，万石君必朝服见之，不名。子孙有过失，不谯让，为便坐，对案不食。然后诸子相责，因长老肉袒固谢罪，改之，乃许。子孙胜冠者在侧，虽燕居必冠，申申如也。僮仆䜣䜣如也，唯谨。上时赐食于家，必稽首俯伏而食之，如在上前。其执丧，哀戚甚悼。子孙遵教，亦如之。万石君家以孝谨闻乎郡国，虽齐鲁诸儒质行，皆自以为不及也。"[44]传记中不止一次地点出万石君"不言而躬行"，石庆为齐相，"举齐国皆慕其家行，不言而齐国大治，为立石相祠"[45]。当然，司马迁也实事求是地记载了万石君父子无能的一面：如记载石奋"无文学"，石庆为汉相，"在位九岁，无能有所匡言"，"然无他大略为百姓言"。司马迁在论赞中说："仲尼有言曰'君子欲讷于言而敏于行'，其万石、建陵、张叔之谓邪？是以其教不肃而成，不严而治。塞侯微巧，而周文处讇，君子讥之，为其近于佞也。然斯可谓笃行君子矣。"[46]司马迁所批评的是塞侯直不疑和郎中令周文，前者学老子欲擒故纵之术，因此史公有"微巧"之讥；后者为汉景帝的佞幸之臣，严格地说应该入《佞幸列传》。司马迁指出，万石君这个历史人物的价值就在于他是一个纯孝的道德楷模，对于移风易俗能够起到一种"不肃而成，不严而治"的教化作用，万石君一门的作为完全符合儒家所设计的修、齐、治、平的人生路线。从司马迁作七十列传的大旨，到《太史公自序》关于为万石君作传的理由陈述，到万石君本传的具体内容，到篇末太史公的论赞，都无法从中得出司马迁讥刺万石君的结论。后来，班固在《汉书》中也为万石君立传，而其论赞则大体上保持了司马迁的观点，只是对万石君长子石建偷偷地洗涤父亲内裤予以讥刺，以为此举有矫情伪饰之嫌。《汉书》的论载亦从一个侧面证明了《史记》并非讥刺万石君。

司马谈与司马迁想要延续的是王朝大一统之后中断了的秉笔直书的史官传统，那么，是什么促使司马氏父子为此万死不辞、砥砺前行呢？是春秋战国时期形成的士精神，是孔子之后人们追寻"圣人"的执念，当然也是"三年无改父之道"的"孝"。司马谈临终前担忧的是"史记放绝"，心心念念的是"绍明世、继春秋"，司马迁庄重应承父亲的嘱托，即使身受宫刑也不放弃《史记》的写作，就这样，司马氏父子通过《史记》，为我们真切勾勒了大孝之境。

注释：

[1] 参见王麦巧：《司马迁孝道思想探源》，《渭南师范学院学报》2019年第10期，第43~48页。

[2] 参见师帅：《从〈史记〉看周代的孝文化》，《渭南师范学院学报》2012年第9期，第20~23页；李杰：《"孝道"思想对司马迁著史的影响》，《甘肃高师学报》2007年第12期；杨宁宁：《〈史记〉人物的性格与命运》，北京：群言出版社，2005年。

[3] 参见张静莉：《司马迁的孝文化对践行社会主义核心价值观的启示》，《渭南师范学院学报》2017年第21期，第49~53页。

[4] 参见王麦：《论司马迁的孝道思想及其现代意义》，《渭南师范学院学报》2017年第17期，第45~49页；叶光辉、杨国枢：《中国人的孝道：心理学的分析》，重庆：重庆大学出版社，2009年；谢幼伟：《孝治与民主》，《理性与生命——当代新儒学文萃1》，上海：上海书店，1994年。

[5] （西汉）司马迁撰，（南朝宋）裴骃集解，（唐）司马贞索隐，（唐）张守节正义：《史记》卷一百三十，北京：中华书局，1959年，第3295页。

[6] （西汉）司马迁撰，（南朝宋）裴骃集解，（唐）司马贞索隐，（唐）张守节正义：《史记》卷一百三十，北京：中华书局，1959年，第3285页。

[7]（西汉）司马迁撰,（南朝宋）裴骃集解,（唐）司马贞索隐,（唐）张守节正义:《史记》卷一百三十,北京:中华书局,1959年,第3288页。

[8]（西汉）司马迁撰,（南朝宋）裴骃集解,（唐）司马贞索隐,（唐）张守节正义:《史记》卷一百三十,北京:中华书局,1959年,第3295页。

[9]（唐）李隆基注,（宋）邢昺疏:《孝经注疏》卷第一,北京:北京大学出版社,1999年,第4页。

[10]（西汉）司马迁撰,（南朝宋）裴骃集解,（唐）司马贞索隐,（唐）张守节正义:《史记》卷一百三十,北京:中华书局,1959年,第3295页。

[11]（唐）李隆基注,（宋）邢昺疏:《孝经注疏》卷第一,北京:北京大学出版社,1999年,第4页。

[12]（唐）李隆基注,（宋）邢昺疏:《孝经注疏》卷第一,北京:北京大学出版社,1999年,第4页。

[13]（唐）李隆基注,（宋）邢昺疏:《孝经注疏》卷第七,北京:北京大学出版社,1999年,第46页。

[14]（西汉）司马迁撰,（南朝宋）裴骃集解,（唐）司马贞索隐,（唐）张守节正义:《史记》卷一百三十,北京:中华书局,1959年,第3295页。

[15]（唐）李隆基注,（宋）邢昺疏:《孝经注疏》卷第五,北京:北京大学出版社,1999年,第28~29页。

[16]（西汉）司马迁撰,（南朝宋）裴骃集解,（唐）司马贞索隐,（唐）张守节正义:《史记》卷一百三十,北京:中华书局,1959年,第3295页。

[17]（西汉）司马迁撰,（南朝宋）裴骃集解,（唐）司马贞索隐,（唐）张守节正义:《史记》卷一百三十,北京:中华书局,1959年,第3296页。

[18]（东汉）班固撰,（唐）颜师古注:《汉书》卷六十二,北京:中华书局,1962年,第2736页。

[19]（西汉）司马迁撰,（南朝宋）裴骃集解,（唐）司马贞索隐,（唐）张守节正义:《史记》卷一百三十,北京:中华书局,1959年,第3300页。

[20]（唐）李隆基注,（宋）邢昺疏:《孝经注疏》卷第一,北京:北京大学出版社,1999年,第3页。

[21]（清）王聘珍撰,王文锦点校:《大戴礼记解诂》卷四,北京:中华书局,1983年,第85页。

[22]（清）王聘珍撰,王文锦点校:《大戴礼记解诂》卷四,北京:中华书局,1983年,第85页。

[23]（东汉）郑玄注,（唐）孔颖达疏:《礼记正义》卷第四十八,北京:北京大学出版社,1999年,第1332~1333页。

[24]（宋）朱熹:《四书章句集注》卷第四,北京:中华书局,1983年,第103页。

[25]（东汉）郑玄注,（唐）孔颖达疏:《礼记正义》卷第四十八,北京:北京大学出版社,1999年,第1332页。

[26]（东汉）郑玄注,（唐）孔颖达疏:《礼记正义》卷第二十八,北京:北京大学出版社,1999年,第839页。

[27]（清）王聘珍撰,王文锦点校:《大戴礼记解诂》卷四,北京:中华书局,1983年,第83页。

[28]（东汉）班固撰,（唐）颜师古注:《汉书》卷六十二,北京:中华书局,1962年,第2727页。

[29]（东汉）班固撰,（唐）颜师古注:《汉书》卷六十二,北京:中华书局,1962年,第2732页。

[30]（东汉）班固撰,（唐）颜师古注:《汉书》卷六十二,北京:中华书局,1962年,第2736页。

[31]（东汉）郑玄注,（唐）孔颖达疏:《礼记正义》卷第二,北京:北京大学出版社,1999年,第78页。

[32]（东汉）郑玄注,（唐）孔颖达疏:《礼记正义》卷第十三,北京:北京大学出版社,1999年,第359页。

[33]（西汉）董仲舒:《春秋繁露》卷二,上海:上海古籍出版社,1989年,第18页。

[34]（东汉）班固撰,（唐）颜师古注:《汉书》卷六十二,北京:中华书局,1962年,第2733页。

[35] (东汉)班固撰,(唐)颜师古注:《汉书》卷六十二,北京:中华书局,1962年,第2733页。
[36] (东汉)班固撰,(唐)颜师古注:《汉书》卷六十二,北京:中华书局,1962年,第2732页。
[37] (东汉)班固撰,(唐)颜师古注:《汉书》卷六十二,北京:中华书局,1962年,第2735页。
[38] (东汉)班固撰,(唐)颜师古注:《汉书》卷六十二,北京:中华书局,1962年,第2733页。
[39] (唐)李隆基注,(宋)邢昺疏:《孝经注疏》卷一、卷二、卷三,北京:北京大学出版社,1999年,第5~18页。
[40] (西汉)司马迁撰,(南朝宋)裴骃集解,(唐)司马贞索隐,(唐)张守节正义:《史记》卷六十二,北京:中华书局,1959年,第2136页。
[41] (西汉)司马迁撰,(南朝宋)裴骃集解,(唐)司马贞索隐,(唐)张守节正义:《史记》卷六十二,北京:中华书局,1959年,第2136~2137页。
[42] (唐)李隆基注,(宋)邢昺疏:《孝经注疏》卷第八,北京:北京大学出版社,1999年,第54页。
[43] (西汉)司马迁撰,(南朝宋)裴骃集解,(唐)司马贞索隐,(唐)张守节正义:《史记》卷一百三十,北京:中华书局,1959年,第3316页。
[44] (西汉)司马迁撰,(南朝宋)裴骃集解,(唐)司马贞索隐,(唐)张守节正义:《史记》卷一百三,北京:中华书局,1959年,第2764页。
[45] (西汉)司马迁撰,(南朝宋)裴骃集解,(唐)司马贞索隐,(唐)张守节正义:《史记》卷一百三,北京:中华书局,1959年,第2767页。
[46] (西汉)司马迁撰,(南朝宋)裴骃集解,(唐)司马贞索隐,(唐)张守节正义:《史记》卷一百三,北京:中华书局,1959年,第2773~2774页。

宋代奏议文集的编纂与文体观念新变

张 敏

(西南大学文学院,重庆北碚,400715)

内容摘要: 宋代是奏议文集编纂活动的繁荣时期,文集编纂背景复杂多样,编纂体例影响深远,是宋人立言立功主体意识高涨的反映。文集编纂承载着论文知人的垂范价值,并重在彰显上奏者的功业在历史进程中的不朽意义。文集编纂源于宋代奏议文体观念的新发展,宋人视奏议文为用文章处理政事的一套立体化的言语行为,强调"扶皇纲而立人道"的经世价值,意识到君德对奏议实施的影响力,重视奏议实效。"知体得宜"是宋代奏议文体批评的首要原则,"理胜""辞达""气盈"是具体的衡文标准,"骄夸大言""狠愎之言"和"文人谀语"被界定为"失体"之奏议文。

关键词: 奏议;文集编纂;立言立功;扶皇纲立人道;知体得宜

宋代是奏议文集编纂活动的繁荣期,奏议文集的大量编刻也是宋代别集整理与刊印的特色之一。文集的编纂既以宋代奏议文创作的繁盛为基础,也与宋人对奏议文体及其价值的全新认识密切相关。但是学界目前对此关注甚少[1],因此,本文试作论析。

一、立功与立言:奏议文集的编纂

宋代之前的奏议文集编纂发展缓慢。《汉书·艺文志》著录秦时大臣《奏事》二十篇,但该奏议集是否为秦时所纂已不可考。刘勰称:"章表奏议,经国之枢机;然阙而不纂者,乃各有故事,而布在职司也。前汉表谢,遗篇寡存。"[2]指出汉代奏议留存较少的历史事实及其原因。《隋书·经籍志》著录汉代及魏晋的《汉朝议驳》《魏名臣奏事》《晋驳事》等奏议总集九部,凡一五九卷,以及《孔群奏》等奏议别集八部,但惜乎隋时已佚。唐人凡曾在朝为官者,其奏议文通常杂入其文集中。中唐以后文人的奏议文专集有所发展,但是,总体数量并不多,《新唐书·艺文志》著录唐人奏议别集仅有八部,《通志》载唐人奏议总集也仅六部。不仅如此,唐代奏议文集的散佚情况也非常严重,北宋初年的《崇文总目》共载录唐人奏议别集十部,其中六部已标明亡佚。

宋代奏议文集的编纂活动方始繁荣活跃。这首先表现为奏议文专集的快速激增。仅考宋代书目文献记载,可得宋人奏议别集一百一十七部,总集三部[3]。奏议专集的单刻分两种：一是虽有他文而奏议集单刻，如刘安世在文集《元城集》之外，复有谏草专集《尽言集》；二是没有他文独有奏议集梓行，如包拯的《包孝肃公奏议》。此外，宋人对编刻本朝奏议总集也热情高涨。高宗朝有佚名编《中兴六臣进策》十二卷，孝宗朝有吕祖谦的《国朝名臣奏议》十卷、赵汝愚的《国朝诸臣奏议》一百五十卷、李壁的《中兴诸臣奏议》四百五十卷等。理宗朝，吴泳将北宋仁宗、南宋高宗朝关乎宗嗣的奏议合成《嘉绍本议》三卷，开启了汇编当代专题奏议集为当下政治提供借鉴的先例。

其次，奏议文集的编纂背景复杂多样。仅从撰者与编刻者之间的关系考查，就主要有以下三种情形：

一是少数奏议集由撰者生前手自编定。王禹偁晚年亲自编缀《奏议集》三卷，余靖生前即有《奏议》五卷单行本，叶梦得的《石林奏议》乃公在之日已有手定本，韩琦曾自辑任右司谏时所上奏疏为《谏垣存稿》三卷。这表明在宋代开明的政治文化环境下，宋人对奏章自我珍视意识的觉醒，奏议文开始获得与诗、赋相等同的文体价值。

二是撰者去世后由其家人、门生或朋友代为编刻。家人有预闻先祖榻前之语的便利，亦肩负彰显祖辈功业的责任。范仲淹的《政府奏议》由其子范纯仁辑札而成，陈次升的《说论集》由其侄陈安国刊刻，李纲去世四十年后，其子李秀之才裒集其表章奏札成集。此外，包拯去世后，门人张田尽得其平生谏草，取其大者而成《包孝肃公奏议集》十卷。江公望的《江谏议奏稿》是由郡学教授邵颖锓版传后。太学生陈东因直言被杀，布衣之交李猷敛尸还葬且藏其遗帖传后。这类弟子故友代为结集者通常具有普遍的心路历程，即结集者与奏议作者虽曾有耳目之接，但向以不得其文为恨。为了搜访遗稿，"遂不远数百里，手抄以归"[4]。若有幸获睹章疏，便"盥手谛观，为之敛衽。遐想气象，如在左右"[5]，甚至"伏而读之，不知涕泗之横集"[6]，在景仰赞叹之余，又会"私念此文岂终幽晦而不彰，泯没而无传……则某不可阁之箧笥也"[7]，于是命工镂版，使先贤之志远播。

三是奉政府之命编刻奏议集。元祐八年，内府刊《陆宣公奏议集》，这是宋代官方刊刻的唯一一部唐人奏议别集。李纲的《建炎制诏奏议表札集》四卷，即是绍兴六年承史馆牒，为修纂建炎日历而编类的成果，这是个人奉诏自作奏议专集的案例。哲宗亲政后，下令将元祐臣僚章疏编排成集，或随事编类，或人为一本。至哲宗去世时，编类章疏局已编写投进一千九百册，其规模之大，牵涉人数之广，前所未有。编类本是文书整理与保存的常见方式，但"祖宗以来，臣僚所上章疏，未尝置局编写"[8]，因此，"编类章疏"是绍圣新创举，也是宋代奏议文集编纂活动中最为独特的现象。

最后，奏议集的编选方式多样化且影响深远。奏议别集开始出现校注本。南宋崔端诗摭华芟冗，因门分类，成《唐陆贽奏议总要》一书，使名言确论一阅而尽得之，成为孝宗的乙览善本。绍熙二年，郎晔上献光宗《注陆宣公赞奏议》十五卷本作为帝学内容。南宋汪应辰因不满张田所编十卷本《包孝肃公奏议集》，重新考校岁月，系于每章之下,且在章后记录其履历,这是讲究知人论世追源溯流的文学批评方式在奏议别集编纂中的呈现。总集的编选体例对后世也产生了深远影响。吕祖谦的《宋文鉴》选录北宋臣僚奏议三百一十九篇,以时间为序,以人系文,欲约一代之治体。赵汝愚的《国朝诸臣奏议》则因事为目,以类分次,凡十二门,一百一十四子目。每篇末尾各附注其人所系之官、进奏之年月等。四库馆臣评价这两种方法:"以人而分,可以综括生平,尽其人之是非得失,为论世者计也。以事而分,可以参考古今,尽其事之沿革利弊,为经世者计也。"[9]可谓的论。明清两代的奏议总集编纂方式都未超出这两种方法。

其实,奏议文是否留存,宋人的态度有一个不断转变的过程。北宋初期,奏章密不示人的传统仍被严格恪守,即使是深得太宗、真宗器重礼遇的田锡也自道:"'立朝以来,章疏五十有二,皆谏臣任职之常言。苟获从,幸也,岂可藏副示后,谤时卖直耶?'悉命焚之。"[10]北宋中期,韩琦在《谏垣存稿》自序中称,本"欲敛而焚之,以効古人谨密之义。然念《诗》、《书》所载,从谏而圣,君之德也;衮阙而补,臣之忠也。前代谏诤之臣,嘉言谠议,布在方册,使览之者知人主从善之美,致治之原。若皆削而燔之,则后世何法焉?于是存而录之"[11]。可见,《谏垣存稿》的结集问世,韩琦曾经历过一番思想斗争。北宋后期,哲宗直接宣称:"若乃进则诡词,退则焚草,衰世之事,朕无取焉。"[12]鼓励臣子进而献言、退而存集的意味相当明显。

促使宋人态度转变的根本原因当与立言不朽主体意识的高昂有关。始于《左传》的"三不朽"说中,"立言"居末位。但至宋代,立言不朽的地位发生了改变,开始前置。譬如,苏颂明确反对言不若功、功不若德的排序,认为"见于行事之谓德,推以及物之谓功,二者立矣。非言无以述之,无述则后世不可见,而君子之道几乎熄矣"[13]。主张立言是立德、立功见于后世的前提和载体,应强化立言不朽。李觏批评时人志在行事而轻视作文的世俗偏见,认为是"不才子无功于文,而雷同此说以自慰耳"[14]。祖无择强调只有文章可以最终实现不朽,因为"君子不以其命之穷而辍于为道,道之不行而不废于学文,故虽身厄于当时,而名显于后世者由此也"[15]。

而与诗、词等文体相比,奏议文显然更易于承载立功立言的主体精神。奏议文的创作既包含上奏者的政治才能、学识才情和文字修养,也是上奏者立朝行政、以言立功最为直接的载体。因此,在成熟的印刷技术支持下,奏议文集的编纂成为宋人高扬主体不朽精神的最好选择。司马光主动为吕诲的奏议集作序,称:"古之人称死而不朽者,如臧文仲既没,其言立是也。然文仲之言传于今者无几,盖时人不能存录,遂使遗逸,岂不惜哉!光于献可,忝备僚友,献可平生造膝之言,固不可得而闻。今既没,其子由庚等搜求章奏遗稿,得二百余篇。光请集而序之,俾后之人察其言,足以知献可之心。然则献可身虽没,其心长存也。"[16]深刻阐释了文集编纂与文章流传、作者不朽之间的重要关系。宋人奏议文集的编纂所彰显的立功立言不朽精神,可从以下两方面理解。

其一,揭示奏议文集所承载的论文知人之垂范价值。从文体角度看,曹彦约认为袁桂的奏对"文字合体要,议论中准的,行之今日可以著效,传之后世可以垂法"[17]。刘安世有"殿上虎"之称,其"所上章疏,讽谕论列,动系国体,谘访审订,咸有根据。严而恕,简而不苛,气平守固,辞直事核,皇皇乎仁义之说也"[18]。这些奏章是言官之楷模,辅弼之龟鉴,卿大夫之药石,其义理与辞采的文体价值可垂范后世。从知人角度看,家族后人视先祖的奏章为宝贵的精神遗产,文集可使其人其文"勒石传远以昭前人之遗烈,此孝子职也"[19],后生晚学也会因"惧其书之弗传,将敬慕有时而息"[20],从而整理和编刻先贤遗烈的奏议集,使其久传于世。吕海为台谏官数年,知无不言言无不尽,以弹奏执政而数次遇黜,司马光认为后世"当官事君,苟能效其一二,斯为伟人矣"[21]。奏议文集揭示着上奏者立朝事君之本末,在流传后世的过程中具有知人论世和垂范后人的不朽价值。

其二,彰显上奏者的功业在历史进程中的不朽意义。富弼历仕三朝,拨乱以创业,扶危以中兴,"公于仁宗时,言犹雨露也,陨而为天下泽。其在英宗时,言犹海潮也,震天地,转山石,孰不骨骇胆逝,而敢抗之欤?其在神宗时,言犹鸣凤也,律吕于九霄之上,而余音千里之远"[22]。他的谋谟勋业对当时政治产生的巨大影响,借由奏议文集可被铭记行远。胡铨当绍兴和议如火如荼之际,上高宗封事请求立斩秦桧等人,令奸谀胆落金人失色,使民心振奋士气高涨,杨万里称赞其"民到于今受其赐"[23]。即使对那些尚未被采纳的建言,宋人也珍视其对历史发展可能具有的价值。范仲淹捍寇西陲,贰机政,陪宰席,韩琦坚信"公之所陈,用于时者,大则恢永图,小则革众弊,为不少矣。其未用者,今副稿所存,烂然可究,一旦朝廷举而行之,兴起太平,如指掌之易耳"[24]。朱熹认为李纲的政治生涯是一场个人悲剧,但"使公之言用于宣和之初,则都城必无围迫之忧;用于靖康,则宗国必无颠覆之祸;用于建炎,则中原必不至于沦陷;用于绍兴,则旋轸旧京,汛扫陵庙,以复祖宗之宇,而卒报不共戴天之仇,其已久矣"[25],指出其政治才华对历史所可能产生的影响力应不容忽视。

二、扶皇纲与立人道:奏议文体的经世价值

宋代奏议文集的大量编纂促使奏议文在古代书目中开始设门立类,奏议文在文学总集中的地位也得以提升。《汉书·艺文志》附录奏议文集于"六艺",《隋书·经籍志》将奏议文集散列于史、子、集部。但宋代《遂初堂书目》《直斋书录解题》均在集部单设章奏类,与别集、总集、文史等并列。《文献通考》则在别集中专门单列章奏。这些都标明奏议文集在宋代摆脱经、史而获得独立的文体地位。此外,受《文选》影响,文学总集多以诗赋为先来编排文体。但至南宋陈仁子辑《文选补遗》时,将诏令、奏议等朝廷实用文体置之书首,且选录的奏疏、封事、上书等总量占全书近三分之一的比重。

奏议文集的编纂和文体地位的提升,源于宋代新型的奏议文体价值观。那么,在宋人的文体观念中,奏议文的本质是什么?奏议文包含哪些要素?其价值如何实现?元祐八年,苏轼上奏哲宗的《乞校正陆贽奏议上进札子》可集中回答这些问题:

（陆贽）才本王佐，学为帝师。论深切于事情，言不离于道德。智如子房，而文则过；辩如贾谊，而术不疏。上以格君心之非，下以通天下之志。三代以还，一人而已。但其不幸，仕不遇时。德宗以苛刻为能，而贽谏之以忠厚。德宗以猜疑为术，而贽劝之以推诚。德宗好用兵，而贽以消兵为先。德宗好聚财，而贽以散财为急。至于用人听言之法，治边驭将之方，罪己以收人心，改过以应天道，去小人以除民患，惜名器以待有功，如此之流，未易悉数。可谓进苦口之药石，针害身之膏肓。使德宗尽用其言，则贞观可得而复。[26]

苏轼从三个层面解读陆贽的奏议文：从作家素养看，陆贽的才华、学养、智慧、以直道自持的谏诤精神使其奏议文成为经典。从文体功能看，陆贽奏议文具有内正君德、外谋国事的历史价值。从价值实现途径看，格君心之非，通天下之志，以及"使德宗尽用其言"的历史假设，都折射出君主是奏议价值能否实现的关键。

由此可见，在宋人的文体观念中，奏议文不再是仅由语言组成的一个纯文本系统，而是用文章来处理政事的一套立体化的言语行为。它始于臣子的政治才能与道德追求，经由君主的采纳实施而实现惠利国计民生和推动社会发展的价值；在作家—作品—读者的关联互动中，臣子和君主是上奏行为的两大主体，缺一不可；君主作为奏议文的唯一目标读者，直接决定奏议能否被采纳；奏议文的实施效果如何，是衡量其实用价值的重要标准。与刘勰的奏议文论相比，宋人强调对读者要素的引入，重视对奏议文实效的评价，这显然更有利于凸显奏议文的实用特质。

奏议文经世济用的文体价值，宋人归纳为"扶皇纲而立人道"[27]，即臣子通过立朝干政实现个体使命，并最终维持和推动朝廷纲纪。而奏章要实现裨益社会的价值，君王纳谏是关键。所谓"必有能听言之主，导其臣使言，而后能言之士至"[28]。通观宋代奏议文集序跋，宋人最为推尊的是仁宗和孝宗。"仁宗常虚心采纳，为之变命令，更废举，近或立从，远或越月逾时，或至于其后，卒皆听用。"[29]正是仁宗勇于纳谏，用正人，纳谠议，君臣契合上下和同，从而实现了国治民安。孝宗也是宋人褒赞的典范。真德秀称赞刘夙在轮对时斥近幸盗权，言辞激切，"使遭前代讳言之时，其召谴贾祸当如何耶？而我阜陵优容奖纳，曾无纤介忤意，主圣臣直，讵弗信夫！"[30]宋人对仁宗、孝宗之纳谏君德，以及君臣契合的不胜倾倒，表明开始重视君德对奏章实施的绝对影响力。因为臣子的所有论谏必须经由君主付诸实施并看到成效，上奏行为才算成功。否则，说了也白说，奏议沦为一纸空文，了无作用。

对谏而不用、甚至因谏而黜现象的大胆批判，则从另一个角度彰显了宋人对奏议实效的重视。即使深得太宗和真宗器重的田锡，苏轼也认为"公之言，十未用五、六也，安知来世不有若偓者举而行之欤？"[31]对建议未被采纳的历史事实深表遗憾。绍兴八年，胡铨《上高宗封事》力谏和议之非，却被谪二十余年，朱熹痛感此举使"君臣父子之大伦，天之经，地之义，所谓民彝者不复闻于缙绅之间矣"[32]。这些书写通过揭示忠贞端良之上奏者的坎坷遭遇，表达对其或同情、或不平的情感态度，但本质是表达对君德缺失的愤慨，以及对建议不能付诸实施的无奈。刘光祖指出："本朝多议论而少成功，虽盛时犹然也。"[33]元朝史官们在《进宋史表》中也称宋人"论建多而成效少"[34]，都是从实施效果的角度评估奏议文体的社会价值。

"立人道"之于奏议文，即以臣道为根柢，彰显和弘扬为人之臣的道义。宋代新型的君臣关系是："君以敬待其臣，是之谓礼。臣以诚事其君，是之忠。二者皆职分所当然，非相为伪也。"[35]即君臣摆脱了施报对应的合法性，回归到君臣各自的自然身份，并重视各尽职守。臣道是人臣尽责的自觉德性实践，是人臣与自身之间的本然对话，具有内向化的时代特质。受此臣道理念之影响，宋代士大夫对奏议文所彰显的两种价值观念尤为推崇：

一是恪尽职守，临大任而能担当。刘勰认为奏议文作者应具备强志成务博见穷理的基本才识："郊祀必洞于礼，戎事必练于兵，佃谷先晓于农，断讼务精于律。"[36]即深谙政务练达治术是写作奏议文的前提，理想的奏议文作者应是通才。宋代在此基础上则重点强调臣子居官尽责的自觉意识。如周必大赞扬刘度的奏议心平气和理正辞直，所涉不论是薄物细故，还是大小之臣，"必随事以言，知设官之本意"[37]。魏了翁称赞杨伯昌出入中外三十多年，"居一官则尽心于一官，任一道则尽心于一道"[38]，对臣子恪尽职守的意识和道德的强调，与宋代大量冗官在其位不谋其政的怠政现象有关。当然，"平时诵孔孟之言，孰不以直道自期，一旦立人之朝，宠禄饵于前而刑祸伏于后，鲜有不委己徇人而畔其素学者"[39]。平居无事时，士大夫都能陈大经、明大义、别大分、语大计，昌言放论，因此不能在平常时节考查臣子，而要在处变失常的情况下，判断其能否任劳当危。

二是事君不欺，直言极谏，终生以直道自持。周必大称赞黄中访天下利害和朝政阙失，"有犯无隐，毕陈所蕴"[40]是忠于职守、以诚待君的楷模。陈师锡在徽宗朝恪守言职，排击权奸，虽遭流离窜斥，但李光认为"于今望之，凛凛尚有生气，而彼纷纷者果安在哉！览是书者亦可为持禄养交、择利畏祸者之戒云"[41]。认为其以风节自见的臣道精神能正向引导士风转变。曾文清晚年被谪，但以直道自持并终身不悔，陆游观瞻其奏议遗稿，称："先生时年过七十，聚族百口，未尝以为忧，忧国而已。"[42]可谓爱君一念，至死不渝。士人个体的臣道坚守既会受到士风的影响，又会翻转过来改变和重塑士风。因此在道丧俗弊、士气日卑的宋代，对士人个体道德价值的嘉许和弘扬，其目的是激励士风，从而服务于社会理想秩序的建构。

三、知体而得宜：奏议文体的批评

宋代奏议文创作的繁盛是奏议文集大量编纂的基础，而宋人对奏议文创作的批评则是在以辨体为先的传统和首要原则下展开的。倪思倡导"文章以体制为先，精工次之，失其体制，虽浮声切响，抽黄对白，极其精工，不可谓之文矣。"先体制而后文之工拙的思想，宋人不仅持之以论诗辨体，而且"凡文皆然，而王言尤不可以不知体制"[43]。作为王言的代表，不仅具体的奏议文类贯穿着强烈的知体意识，比如"表章工夫最宜用力，先要识体制，贺谢进物，体各不同"[44]，宋人甚至认为"知体得宜为难"[45]。那么，何谓"知体得宜"？宋人的回答是："其学正，其识精，其气和，其辞达，故其所论深切著明。"[46]也就是聚焦在理、技、气三个层面：

一是"理胜"。作为告君之辞，奏议文的本质是说理之文，即通过修辞说服君主。说服常有二途：或为讽谕，广引譬喻优柔微婉，但常被君主忽视不听；或为明谏，暴扬激评恐以危亡，但易导致君主怒而不信。宋人认为此二者均不可取，主张告君之体，必词顺而理直，"主于理胜而已矣"[47]。所谓以理取胜，首先是明析事理。论政之得失必expand陈反复周尽事理，论民之利病则援据该详皆有所据，"仁而不肆，切而不迫，当于事情，达于国体，而不离于道德"[48]。如此才能使君主乐于听纳。其次是明审时势。即度事势，审时机，合理分析和精准把握事势以促使事态良性发展。程颐《答人示奏草书》云："观公之意，专以畏乱为主。颐欲公以爱民为先，力言百姓饥且死，丐朝廷哀怜，因惧将为寇乱可也。不惟告君之体当如是，事势亦宜尔。"[49]友人的上奏重点是强调人民遭遇饥荒，将引发动乱。程颐认为这样分析事态，只会使君主忧惧忿疾，进而吝财以防民变乱。因此建议突出民饥将死，使人主产生哀矜恻怛，反而会轻财以救民之死。最后是明察时机，也就是要准确地理性判断上奏的时机，"若知时之不可行而徒为高论，以卖直取名，汝罪不容诛矣"[50]。

二是"辞达"。以"辞达"评文，宋人聚焦于叙事、抒情兼善的语言运用技艺。以表文为例[51]，"大抵表文以简洁精致为先，用事不要深僻，造语不可尖新，铺叙不要繁冗，此表之大纲也"[52]。宋代表文在务求辞简意明的基础上，益以文华，又欲新奇。就叙事而言，宋代崇尚简约。据传王安石在金陵，有中使传宣抚问，并赐银合药茶。王安石作谢表，其词云："'信使恩言，有华原隰，宝奁珍剂，增贲丘园。'盖五事见四句中，言约意尽，众以为不及也。"[53]欧阳修的表文也"善叙事，不用故事陈言，而文益高"[54]。就抒情而言，宋人追求情真意切使文章超迈凡俗。宋代的文话著作认为诸葛亮的《出师表》和李密的《乞养亲表》，感情沛然如肺肝中流出而丝毫不见斧凿痕迹，从而一致推尊其为"文章以气为主，气以诚为主"[55]的抒情艺术典范。

三是"气盈"。"文气"是古代文论中一个意蕴丰富的经典概念。对奏议文体而言，宋人关注士气与文气之间的关系。士气既是士阶层在政治地位、社会地位，尤其是君臣关系综合作用下的产物，也与士之个体的气节、气概相关联。士以才用于世，以气用于才；气有余则偏激，气不足则羸弱。因此，士气之盈弱直接决定奏议文气之短长。北宋的士气"盖最盛于庆历、元祐之际，而莫弊于熙宁、绍圣之时。方其盛也，朝廷庶事微有过差，则上自公卿大夫，下及郡县小吏，皆得尽言极谏，无所讳忌。其论议不已，则至于举国之士咸出死力而争之。当是时也，岂无不利于言者，谓其强聒取名，植党干利，期以摇动上心。然而圣君贤相，卒善遇而优容之，故其治效卓然，士以增气。及其弊也，朝廷有大黜陟、大政令，至无一人敢议论者，纵或有之，其言委曲畏避，终无以感悟人主之意；而献谀者遂以为内外安静，若无一事可言者矣"[56]。士气过于激厉，则异论相搅意气相争；士气过于颓靡，则要么钳口结舌为当然，要么撷拾细故以塞责，要么谀语谄言以悦上。士气的盛衰作用于奏议之文气，则表现为"淳厚见于立国之初，中正作于庆历之际，矫激起于熙宁之后"[57]。就一代之奏议文气而言，宋人推崇的是不偏不倚的淳厚与中正之气。就士人个体而言，则反对以仕途荣辱而影响士气的盈弱,因为"每以所遇之忧乐为气之盈虚,则其文安能及古,盖可悲也!"[58]奏议文要想兼具劲正之气和悃款之诚,则"对人主语言及章疏,文字温柔敦厚尤不可无……何以事君?君子之所养,要令暴慢邪僻之气不设于身体"[59]。也就是辞直气和,不夸不缓,雍容温润,谅直忠爱,如此才称得上得告君之体。

按上述三则知体得宜的标准衡鉴奏议文,宋人将"骄夸大言""狠愎之言"和"文人谀语"界定为"失体"之奏议文。叶适指出王安石的《谢宰相表》最工,为近世第一,但是吕祖谦在编选《宋文鉴》时却不录,"盖大言之尤者不可为后生法故也"[60]。黄震也认为王安石的《贺复熙河》是"率其徒以欺上"之文,《进洪范表》是"误上之言"。这些"骄夸大言"常由气盛理偏所致。而"狠愎之言"则多源于心不平,气不定,沽激以邀名,矫亢以惊俗。比如王安石的《除平章》等谢表,斥人以奸邪,以谗诬,是"狠愎之言"的代表,《乞退表》也是"执迷终身之言也"[61]。"文人谀语"则是气索理短的世俗称颂之语。宋人认为韩愈的《贺庆云》等皆"文人谀语,牵于时俗,无足论者"[62]。甚至柳宗元所有"达于上听者,皆谀辞"[63]。文人谀语大多颠倒是非变乱黑白,随时俯仰以为进身之资,对社会危害极大。

* 本文系重庆市社会科学规划项目"宋代奏议文的文学价值与文化意蕴研究"【2019YBWX121】的阶段性成果。

注释:

[1] 目前论及这一问题的仅有以下两篇论文:梅华《宋代奏议集序跋之书写特色及心理期待》,《江苏第二师范学院学报》2014年第6期;武建雄《论宋代奏议文论观的重道德人格倾向》,《华侨大学学报》2017年第5期。

[2] (南朝)刘勰撰,詹锳义证:《文心雕龙义证》,上海:上海古籍出版社,1989年,第830~831页。

[3]《郡斋读书志》著录章奏别集12部,总集1部;《遂初堂书目》著录别集89部,总集1部;《直斋书录解题》著录别集40部,总集3部;《文献通考》著录别集45部。剔除重复,共得别集117部,总集3部。

[4] (宋)吴祗若:《绍兴庐州刊本跋》,(宋)包拯撰,杨国宜整理:《包拯集编年校补》,合肥:黄山书社,1989年,第309页。

[5] (宋)楼钥:《代仲舅汪尚书跋了斋表稿》,《攻媿集》卷七八,《景印文渊阁四库全书》,台北:台湾商务印书馆,1986年,第1153册,第258页。

[6] (宋)张栻:《江谏议奏稿序》,《张栻集》下《南轩先生文集》卷一四,长沙:岳麓书社,2010年,第621页。

[7] (宋)王炎:《林待制奏议序》,《双溪类稿》卷二四,《景印文渊阁四库全书》,台北:台湾商务印书馆,1986年,第1155册,第709页。

[8] (宋)曾肇:《上徽宗乞罢编类元祐臣僚章疏》,(宋)赵汝愚:《宋朝诸臣奏议》卷一九,上海:上海古籍出版社,1999年,第184页。

[9] (清)纪昀:《四库全书总目提要》史部卷五五《诸臣奏议》提要,石家庄:河北人民出版社,2000年,第2册,第1523页。

[10] (元)脱脱,等撰:《宋史》卷二九三,北京:中华书局,1977年,第28册,第9792页。

[11] (宋)韩琦撰,李之亮,等笺注:《安阳集编年笺注》,成都:巴蜀书社,2000年,第721页。

[12] (宋)苏轼撰,张志烈,等:《苏轼全集校注》文集五,石家庄:河北人民出版社,2010年,第3970页。

[13] (宋)苏颂撰,王同策,等点校:《小畜外集序》,《苏魏公文集》卷六六,北京:中华书局,2004年,第1008页。

[14] (宋)李觏:《延平集序》,《直讲李先生文集》卷二五,《四部丛刊》初编,上海:商务印书馆,1926年,第118页。

[15] (宋)祖无择:《河南穆公集序》,《龙学文集》卷八,《景印文渊阁四库全书》,台北:台湾商务印书馆,1986年,第1098册,第828页。

[16] (宋)司马光撰,李之亮笺注:《吕献可章奏集序》,《司马温公集编年笺注》卷六五,成都:巴蜀书社,2009年,第148页。

[17] (宋)曹彦约:《跋陵阳袁使君桂廷对策》,《昌谷集》卷一七,《景印文渊阁四库全书》,台北:台湾商务印书馆,1986年,第1167册,第204页。

[18] (宋)梁安世:《尽言集跋》,(宋)刘安世:《尽言集》附录,《景印文渊阁四库全书》,台北:台湾商务印书馆,1986年,第427册,第317页。

[19] (宋)楼钥:《跋韩庄敏公遗稿》,《攻媿集》卷七五,《景印文渊阁四库全书》,台北:台湾商务印书馆,1986年,第1153册,第222页。

[20] (宋)赵磻老:《淳熙庐州刊本跋》,(宋)包拯撰、杨国宜整理:《包拯集编年校补》附录,合肥:黄山书社,1989年,第309页。

[21] (宋)司马光撰,李之亮笺注:《吕献可章奏集序》,《司马温公集编年笺注》卷六五,成都:巴蜀书社,2009年,第148页。

[22] (宋)晁说之:《韩文忠富公奏议集序》,《景迂生集》卷一七,《摛藻堂四库全书荟要》集部第387册,台北:世界书局,1985年,第335页。

[23] (宋)杨万里撰,辛更儒笺注:《跋忠简胡公先生谏草》,《杨万里集笺注》卷一〇〇,北京:中华书局,2007年,第7册,第3819页。

[24] (宋)韩琦撰,李之亮,等笺注:《范文正公奏议序》,《安阳集编年笺注》卷二二,成都:巴蜀书社,2000年,第724~725页。

[25] (宋)朱熹:《丞相李公奏议后序》,《朱子全书》卷七六,上海:上海古籍出版社,2002年,第24册,第3658页。

[26] (宋)苏轼撰,张志烈,等:《苏轼全集校注》文集五,石家庄:河北人民出版社,2010年,第3566页。

[27] (宋)程珌:《书和靖尹先生焞奏疏后》,曾枣庄:《宋代序跋全编》,济南:齐鲁书社,2015年,第4802页。

[28] (宋)晁补之:《何龙图奏议序》,《鸡肋集》卷三四,《景印文渊阁四库全书》,台北:台湾商务印书馆,1986年,第1118册,第659页。

[29] (宋)曾巩撰,陈杏珍,等点校:《范贯之奏议集序》,《曾巩集》卷一二,北京:中华书局,1984年,第200页。

[30] (宋)真德秀:《著作刘公奏稿》,《西山文集》卷三五,《景印文渊阁四库全书》,台北:台湾商务印书馆,1986年,第1174册,第551页。

[31] (宋)苏轼撰,张志烈,等:《田表圣奏议叙》,《苏轼全集校注》文集二,石家庄:河北人民出版

社,2010年,第985页。

[32] (宋)朱熹:《戊午谠议序》,《朱子全书》卷七五,上海:上海古籍出版社,2002年,第24册,第3619页。

[33] (宋)刘光祖:《雍国虞忠肃公奏议序》,曾枣庄、刘琳,等:《全宋文》,上海:上海辞书出版社,2006年,第279册,第70页。

[34] (元)脱脱,等撰:《宋史》附录《进宋史表》,北京:中华书局,1977年,第40册,第14255页。

[35] (宋)真德秀:《大学衍义》卷九,《景印文渊阁四库全书》,台北:台湾商务印书馆,1986年,第704册,第582页。

[36] (南朝)刘勰撰,詹锳义证:《文心雕龙义证》,上海:上海古籍出版社,1989年,中册,第899页。

[37] (宋)周必大:《刘谏议谏稿序》,《庐陵周益国文忠公集》卷五五,《宋集珍本丛刊》景傅增湘校清欧阳棨刻本,北京:线装书局,2004年,第51册,第554页。

[38] (宋)魏了翁撰,张京华校点:《杨恭惠公奏议序》,《渠阳集》卷九,长沙:岳麓书社,2012年,第128页。

[39] (宋)真德秀:《跋傅侍郎奏议后》,《西山文集》卷三四,《景印文渊阁四库全书》,台北:台湾商务印书馆,1986年,第1174册,第534页。

[40] (宋)周必大:《黄简肃公中奏议序》,《庐陵周益国文忠公集》卷五五,《宋集珍本丛刊》景傅增湘校清欧阳棨刻本,北京:线装书局,2004年,第51册,第554页。

[41] (宋)李光:《闲乐先生奏议序》,《庄简集》卷一六,《景印文渊阁四库全书》,台北:台湾商务印书馆,1986年,第1128册,第606页。

[42] (宋)陆游撰,钱忠联,等校注:《渭南文集校注》卷三〇《跋曾文清公奏议稿》,《陆游全集校注》第10册,杭州:浙江教育出版社,2011年,第261页。

[43] (宋)王应麟:《玉海》卷二〇二,扬州:广陵书社,2016年,第6册,第3724页。

[44] (宋)王应麟:《玉海》卷二〇三,扬州:广陵书社,2016年,第6册,第3737页。

[45] (宋)韩琦撰,李之亮,等笺注:《安阳集编年笺注》,成都:巴蜀书社,2000年,第720页。

[46] (宋)吴澄:《陆宣公奏议增注序》,《吴文正集》卷一九,《景印文渊阁四库全书》,台北:台湾商务印书馆,1986年,第1197册,第213页。

[47] (宋)韩琦撰,李之亮,等笺注:《安阳集编年笺注》,成都:巴蜀书社,2000年,第720页。

[48] (宋)蔡戡:《跋张大资政奏议》,《定斋集》卷一三,《景印文渊阁四库全书》,台北:台湾商务印书馆,1986年,第1157册,第702页。

[49] (宋)程颢、程颐:《二程集》,北京:中华书局,2004年,第600页。

[50] (宋)韩琦撰,李之亮,等笺注:《安阳集编年笺注》卷二二,成都:巴蜀书社,2000年,第720页。

[51] 明代胡松在《唐宋元名表》序文中称:"是学也,昉于汉魏六朝,盛于隋唐,而极于宋。"故以表文为例。见《景印文渊阁四库全书》,台北:台湾商务印书馆,1986年,第1382册,第292页。

[52] (宋)王应麟:《玉海》卷二〇三,扬州:广陵书社,2016年,第6册,第3737页。

[53] (宋)谢伋:《四六谈麈》,王水照编《历代文话》,上海:复旦大学出版社,2007年,第1册,第34页。

[54] (宋)陈师道:《后山集》卷二三,《景印文渊阁四库全书》,台北:台湾商务印书馆,1986年,第1114册,第727页。

[55] (宋)释惠洪:《冷斋夜话》卷三,南京:凤凰出版社,2009年,第52页。

[56](宋)赵汝愚:《进皇朝名臣奏议序》,《宋朝诸臣奏议》附录,上海:上海古籍出版社,1999年,下册,第1725页。

[57](宋)史季温:《诸臣奏议跋》,(宋)赵汝愚:《宋朝诸臣奏议》附录,上海:上海古籍出版社,1999年,下册,第1726页。

[58](宋)叶适:《习学记言序目》第2册,北京:中华书局,1977年,第729页。

[59](宋)杨时:《龟山先生语录》卷一,《四部丛刊续编》,上海:上海书店出版社,1934年,第7页。

[60](宋)叶适:《习学记言序目》第2册,北京:中华书局,1977年,第729页。

[61](宋)黄震:《黄氏日抄》卷六四,《景印文渊阁四库全书》,台北:台湾商务印书馆,1986年,第708册,第573页。

[62](宋)黄震:《黄氏日抄》卷五九,《景印文渊阁四库全书》,台北:台湾商务印书馆,1986年,第708册,第483页。

[63](宋)黄震:《黄氏日抄》卷六〇,《景印文渊阁四库全书》,台北:台湾商务印书馆,1986年,第708册,第505页。

【元明清文学研究】

诗之真与情之真
——兼论"真诗乃在民间"的文学思想史价值

王 炜

(华中师范大学文学院/湖北文学理论与批评研究中心,湖北武汉,430079)

内容摘要:真诗一词作为抽象的词语,它落定在具体的诗学问题、文学事件之中,不断被重复、被改变、补填充,逐渐演化成为特定的术语。明代中后期,人们围绕真诗一词建构了诸多诗学命题。其中,李梦阳的真诗观产生了极大的影响。他在《诗集自序》中厘定了"民诗""士诗"之时与史,建构起完备的理论框架,以论证诗之真与情之真的对等关系。李梦阳提出的"真诗乃在民间"这一论题在诗坛激起了热烈的反响。李濂等人在复述这一命题时,他们直接将诗与真、情与真的关系作为无须论证的前提和要件,作为具有先验性的理论基点,强化了真诗一词在明代诗学体系中的地位和作用。从中国诗学体系的构架来看,真诗成为特定的概念,这是中国传统诗学合逻辑的延续和建构。这种建构过程经历了多个维度、多重向度上的转折与转换:诗的本质规定性最初落定于志、于性情,进而为真性情,然后转而为真情。这种演变并非仅仅是字词的简单替换,也不是语句的零星修补,而是文学体系中核心概念的置换和更替、基本理念的更新和重构,也是中国诗学思想在理论架构上的多维拓展。

关键词:真诗;真诗乃在民间;性情之真;情之真

真、真实性是近现代文学批评体系中的重要概念。这个概念的认定,既是中西学界在二十世纪初这个特定时间点展开对话时达成的共识,又是中国学术体系、诗学概念自身合逻辑的衍化与发展。

在中国文学批评史上,真、真实性等概念发展、演化的关键性节点在明代,"明代人论诗文,时有一'真'字之憧憬往来于胸中"[1],特别是到了明代中后期,真、真诗等词成为诗学批评的核心词语,真逐渐发展成为诗的本质规律性和规定性。在围绕真诗一词展开的诗论中,最具代表性、典范性的就是李梦阳的《诗集自序》。要厘定"真"这个词发展成为文学批评术语的轨迹及逻辑,把握它在中国文学批评体系构架中的定位，我们有必要深入到中国传统的诗学统序内部，回观李梦阳围绕真诗提出的系列命题；在相关诗学概念、文学观念，如，真诗、真情、性情之真等转化、变迁的进程中，剖析李梦阳的真诗观在中国诗学批评体系、诗学思想中的历史意义。

一

"真"这个字并非在初始之际就作为文学批评术语而存在，它由普通词语转化成为概念术语经历了逐渐建构的过程。在围绕真诗一词而展开的论述中，李梦阳的真诗观产生了极大的影响。他的《诗集自序》将前代诸多诗学命题、诗学观念整合在真诗这个词的范畴之内，明确地标识出诗之真、情之真的同构关系。深入剖析并从深层机制上建构"诗—情—真"之间的关联，这是李梦阳等明代诗论家在特定时代里形成的全新的诗学思想，是他们在传统诗学理论的基础上完成的创造与创新。

李梦阳的《诗集自序》围绕什么是诗、什么是真诗提出系列命题，进行了系统的理论阐释，建构起完备的理论框架。他采用主客问答的形式，统合了相关论点，将之组构成完整的、自洽的逻辑链。这些命题依次是：

> 夫诗者，天地自然之音也。
> 真者，音之发而情之原也，非雅俗之辩也。
> 文人学子……出于情寡而工于词多也。夫途巷……其讴也、哭也、呻也、吟也……无不有比焉兴焉，无非其情焉。
> 予之诗非真也。王子所谓文人学子韵言耳，出之情寡而工于词多者也。[2]

这一系列命题围绕"诗—音与情—真"展开系统的逻辑论证，形成了自足的逻辑结构，或者说逻辑闭环。李梦阳要论证的核心问题是，诗是什么。他给定的答案是："诗者，天地自然之音也"，这种"自然之音"的本质规定性就是——"真"。李梦阳围绕诗与真的对应关系，提炼出两组对称的、相互触发、相互渗透的要素——"音之发""情之原"。音和情在诗中形成了同构共生关系，这个同构体与"真"互为逻辑起点和逻辑终点。真是"音之发而情之原"先决条件，基于"音之发而情之原"而产生的诗就是真诗。诗与真的同构关系正是经由"音之发"与"情之原"的同构实现的。在李梦阳设定的这个理论构架下，情与音，尤其是情，被认定为诗与真建立关联的耦合点，成为诗之真的外在表征。

要深入地理解李梦阳倡扬诗之真、情之真的历史意义与价值，我们有必要回归于中国本土诗学体系之内，将真诗这个概念置于历时性的流程之中进行考察。李梦阳所说的真诗，就是因于真情，出之真韵。进入到传统的诗学构架之中，我们可以看到，诗与情、与真情之间的关联并非原生性的，而是在对诗歌展开批评的流程中不断建构，逐步生成的。这种建构经历了多个维度、多重向度上的转折与转换：诗的本质规定性最初落定于志，进而为性情、真性情，到了明代中后期，才落定于真情这一要素之上；在这个过程中，志与情等要素所指向的对象也不断扩充，由最初指向《诗》，进而转为广泛意义上的诗。

先秦两汉之时,"志"是诗学体系中的关键词。人们认定,"《诗》者,志之所之也,在心为志,发言为诗"[3]。也就是说,诗与志的关系是原生的;它与情、与真情的关联,则是在它与志的关系构架下不断延伸、改造最终生成的。魏晋南北朝时期,人们建构了情、志、诗之间的关联逻辑。据《文心雕龙》,"人禀七情,应物斯感。感物吟志,莫非自然","在心为志,发言为诗"[4]。情与志具有相关性,但是,二者并不等同。从诗的生发来看,诗与情之间的关联关系是间接的。人的内心有各种情感、情绪、情思,这些情与物相感之后,"在心为志,发言为诗"。情、志、诗都是作家主体产出的,但是,从情到志、到诗需要中介、媒介的激发,那就是"物"。诗与志是共生的关系,情与诗则是各自独立的存在(见图一)。在情、志、诗的关系构架中,人们还拎出性情、情性等词。如,《诗大序》说,《诗》的功能是"吟咏情性,以风其上"[5]。之后,《文心雕龙》《诗品》接续这一说法,并进一步把情性、性情等词语套嵌在志与诗的结构之内。刘勰等谈到,"风雅之兴,志思蓄愤,而吟咏情性,以讽其上"[6];"气之动物,物之感人,故摇荡性情,形诸舞咏"[7]。魏晋、隋唐时期,情、性情等词语在文学批评体系中,并不仅仅指向诗,而是指向一切以文字的形式留存的知识,或者说指向着广义上的、所有的诗与文。如,王勃谈到《尚书》、谈到史籍的功能说,"燮理情性,平章邦国,敷彝伦而叙要道,察时变而经王猷"[8]。到了宋代,中国诗学批评的话语体系经历了重要的转型。人们虽然并不否定诗与志的关系,但是,"志"这个词在诗学体系中逐渐隐没。性情等代替了志,成为诗学体系中的核心词语。如,朱熹说,"《诗》本性情,有邪有正"[9]。性情、情之于诗的功用也完成了根本性的转变:这些词在诗学体系中由功能性要素转变为诗的规律性要素、本质性要素。人们使用性情一词时,围绕着这个词的谓语发生了变化,从刘勰等人所用的"吟咏""摇荡",转而为朱熹所用的"本"。也就是说,在这些语句中,主语是稳定的,均为《诗》或诗;但是,行为主体,或者意义生成的主体却发生了变化。宋代以后,性情、情性不再仅仅是诗歌表达、呈现或者是陶铸、规范的对象,而是《诗》与诗之所"本",是诗之所以产出的本原性要素。在这个全新的关系框架中,人们还对性情进行界定,反复强调诗之性情之正、性情之真。"真"这个词正式进入诗学体系之内,并与诗的本质规定性建立了直接的关联:

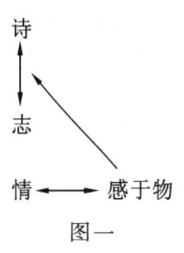

图一

  诗咏雅正和平,足以写性情之真。[10]
  古之《诗》出于性情之真。先王盛时,风教兴行,人人得其性情之正。[11]
  予好读诗者,于《三百五篇》尤所深好。盖以其得性之正、情之真也。[12]

到了明代,李梦阳在《诗集自序》中着意拎出"真诗"这一概念,正是在中国传统《诗》学与诗学的关系架构下,对于前代累积的诗学观念的承续与改造。他多次谈到诗中之真情的问题说,"情者,性之发也。然训为实。何也?天下未有不实之情也,故虚假为不情"[13],"歌以咏言,言以阐义,因义抒情"[14]。他在评价时人的作品时,也常常将"情真"作为核心指标。他说,"其为音也则发之情而生之心者也。……感于肠而起音,罔变是恤,固情之真也"[15];"察其气健,研其思冲,探其调平,谛其情真"[16]。

在中国诗学体系中,从先秦两汉时期的"《诗》言志"到宋代的"《诗》本性情",再到明代中后期的"诗为真情"[17],真、真情正式演化成为诗歌批评的核心术语。这种演变并非仅仅是字词的简单替换,也不是语句的零星修补,而是中国诗学思想在理论架构上的多维拓展。中国诗学观念的内在逻辑理路在赓续、延伸的同时,也完成了核心概念的置换和更替、基本理念的更新和重构。

回归于志、情、性等的原初义涵中进行考察,我们可以看到志、性情、情在中国诗学体系中转换的内在逻辑。从情与志之间的关系来看,它们在某些层面上有相通之处。情、志都与"喜怒哀惧"等有着对应、对等的关系。所谓志,据《康熙字典》,"好恶喜怒哀乐六志"[18];所谓情,据《说文解字注》,"何谓人情?喜怒哀惧爱恶欲,七者不学而能"[19]。但是,志与情并非是完全等同的。据《康熙字典》等,"志,私意也"[20];"志,古文识。盖古文有志无识","今人分志向一字,识记一字,知识一字,古只有一字一音"[21]。志,是人的"好恶喜怒哀乐"与外在之物、之事、之时、之势相摩荡后产生的"私意"和志识。相较之下,情则可能与事与物、与时与势毫不相干,它可以无端而生,完全发之于本能。因此,《诗大序》强调"《诗》言志",而不是言情,正是着眼于诗与人在世界、世事、世情之中蓄积的"好恶喜怒哀乐"之间的关联,强调的是诗源于现实人生,源于具体的事件激发而产生情感、认知、思想。从情和性情之间的关系来看,情与性形成了异质同构的关系。无论情,还是性,都不依于外物,是人类生而即有的本原之在。但是,它们二者之间也存在着根本的区别。据《说文解字》,"性生于阳以理执,情生于阴以系念"[22]。也就是说,性系"人之阳气性善者也";情系"人之阴气有欲者""情者,人之欲也。人欲之谓情,情非制度不节"[23]。在宋代,人们强调诗出于性情之正,这并非仅仅是宋代理学兴盛的结果,同时也是中国传统诗学体系中"《诗》言志"这一核心观念的延续。《诗》及诗不排斥情,即人的纯粹的、原始的欲望本身;但是,主要呈现"阳气性善者",即人性中原生的、超越了欲望的向善向美的本能。因此,宋元之时,人们多强调诗言"性情之正"。到了李梦阳,他有意识地抛开性情之正,专门拎出情之真、诗之真,这意味着中国诗学体系的分化和细化:诗的本质规律性、规定性被提纯为诗与情、诗之情的问题;诗与物、与事,与时、与势的关系演化成为独立的层级,转化诗与外部世界的关联,或者诗与作家的关联等诗学理论问题。从这个角度来看,李梦阳在《诗集自序》中围绕真、真诗的问题展开的阐述,标志着中国诗学体系在明代经历着根本性的转型和重构。

谈到这次转型,我们还要注意的是,李梦阳拎出"真诗"一词,实质上是将"诗—情—真"这个三元结构化约为"诗—真"这个二元结构。宋元时期,人们谈到的是,诗之"性情之真""情之真"。这里，情是真与诗建构关联的耦合点。诗的共生体、本质规定性是真情，其核心是情。真用来修饰情，而不是诗，它与诗的关联是经由情而实现的。到了明代，李梦阳以诗与真情的对应关系为逻辑起点，高扬"真诗"这个概念，反复论证诗之真，将"性情之真""情之真"等表述化约为"真诗"。这种化约实际上是对"诗—情—真"这个原始的关系序列进行了重构。在真诗这个概念之中，情、性情消隐，诗与真构成了一一对应的关系，或者说形成了映射关系。"诗—情—真"这个结构中的核心要素——情的隐去，具有双重意义。一是，情的隐去并不意味着这个要素被切割、被完全消解，它只是转化成为隐性之在。从某种意义上看，情的隐避恰恰强化了情与诗的关联。情转化成为诗的本质规定性，成为诗不需要言说、不需要澄清、不需要特别加以赋予的基本规律性。情对于诗来说，是不言自明、不言而喻的存在。情即使从显性层面上隐去，也不影响它作为诗的本质规定性的这一特质。二是，我们必须要承认的事实是，在"诗—真"这个关系框架中，从字面上来看，"真"的确是不在场的。真的不在场对于真诗这个概念深层结构的扩充、改造起到了重要的推促作用。真的消隐意味着，诗与真的关联不再仅仅停留在情、真情、真性情这个层面，它们之间建构的关系框架具备了开放性，有可能将更多要素纳入真诗这个概念的范畴之内。如，李梦阳的《诗集自序》就将雅与俗、作家主体与诗的关系等诗学理论问题纳入到真诗的构架中，提出"真诗乃在民间"这一影响深远的命题。之后，在明末清初的诗学体系中，真诗作为一个未完成、等待被不断填充的词语，它把各种要素、各种内涵、各种观念，如，真我、真精神等等容纳进入自身的框架之内，与全新的文学现象、文学经验、文学认知重新组合、整合起来，确立了自身在诗学统序中的位置。真与诗之间也建构了全新的关系序列，真与诗在保持着修饰和被修饰关系的同时，它们之间也构成了同位的关系。从某种意义来看，真就是诗，诗就是真。

二

李梦阳在《诗集自序》中着意拎出了诗之真与情之真的对应关系，高扬了真诗这个词语在诗学体系中的意义与价值。诗是实体性的存在，谈到真、真诗，它们绝不是仅仅停留在抽象的词语、概念等层面上；什么是真诗，也并非经由纯粹的逻辑推理就能够确证的。李梦阳在《诗集自序》中不仅改造中国传统的诗学构架、更新传统的诗学概念，设定系列命题，以申明诗之真与情之真的关系，而且力图通过厘定诗之时与史，从事与实的层面呈现诗之真。他梳理了民间的与文人的、当下的与历史的、个人的与公共的诗歌创作实践，描述诗之实体性存在以呈现真、真诗的面貌，强调和强化真诗、真情的意义与价值。

《诗集自序》从"民诗"之时、之史入手[24]，从三个关系框架出发，剖明"民诗"在不同维度上葆有的恒定不变的本质特征——真。

第一个关系框架是，今之"巷讴"与古之《三百篇》中风诗的赓续、承继。李梦阳讨论"今"之"巷讴"所具有的"真"的特点，继而梳理"民诗"之史，论及孔子言礼、孟子言诗的情况，在礼、乐、诗三位一体的构架中，从诗歌的源头——《诗三百》出发确认诗之真的历史性和历时性。李梦阳借王叔武之口说：

> 今途咢而巷讴、劳呻而康吟、一唱而群和者，其真也。斯之谓风也。孔子曰：礼失而求之野。今真诗乃在民间，而文人学子顾往往为韵言谓之诗。夫孟子谓《诗》亡然后《春秋》作者，雅也，而风者亦遂弃而不采，不列之乐官。[25]

民间的"途咢而巷讴、劳呻而康吟、一唱而群和者"是《三百篇》中的风诗延续到"今"之时的实体形态、实存状态。在中国诗歌史上，从诗歌的源头《三百篇》再到今之"巷讴"，这一脉的延续始终未曾断裂、衰歇，真这种特质也随着风诗一直延续下来。李梦阳将民间谣诗与《诗经》中的风诗接续起来，拎出"真诗乃在民间"这一命题，以确证"诗—情—真"的同构关联，他的这种观念并非一空依傍的向壁虚构，而是在"描述一个公认的事实"[26]，是整合了中国诗学史发展流程中的某些共识逐渐建构的。在李梦阳之前，也有论者专门拎出《诗经》中的风诗，并强化风诗作者的身份，论及诗之"情性之真"。如，元代的吴澄说："《诗》以道情性之真。十五国风有田夫闺妇之辞，而后世文士不能及者，何也？发乎自然而非造作也。"[27]袁桷也说，《三百篇》"鄙浅直致，几如俗语之有韵者"，"是性情之真"[28]。还有人甚至溯源至《击壤》《康衢》，认定民间谣诗之中的"人情之真"[29]。吴澄等人抽离了史与时等要素，以线性的方式进行因果推理；相较之下，李梦阳则将这些多重的线性论述维度整合起来。他拎出古与今这个维度，考察从古之风诗到今之风谣的延续。《诗集自序》开篇先言"今"之"途咢而巷讴，劳呻而康吟"，再言孔、孟。这种时间维度上由今到古的排序隐含着内在的价值与秩序——他的关注点显然是今，而不是古。当然，李梦阳的目的并非是评判今与古孰优孰劣，他最终的落定点是，无论今古，诗都应该具有的基本质态——真。李梦阳看似谈古，实则论今，他的目的是为诗之真与情之真的对应关系寻找历史的、传统的支持和资源。在吴澄等人那里，古与今、风与雅原本是两套各自独立的，甚至是孤立的、互不相干的批评维度，李梦阳则用真诗这个词语把它们整合于一体，建构了系统性、整体性。

第二个关系框架是，"民间"之"途咢而巷讴"与"文人学子"之"韵言"的对立、互反。李梦阳以诗与真、音与情的同构关系为逻辑起点，进而掺入作家的主体身份，建构了互逆、互反的两个单元。一是途巷之"卒然而谣、勃然而讹"者，一是"文人学子"之"出于情寡而工于词多"者[30]。途巷之风谣"莫知所从来，而长短疾徐无弗谐焉"，是源自"天地自然"的"真诗"[31]。李梦阳以宋元诗学体系中的"性情之真""情之真"为中心，接续元人对于《诗经》中之风诗的定位，在《诗经》中的风与民间谣歌的关系构架中拎出真诗、真情、真韵。他说：

> 《诗》有六义，比兴要焉。……夫途巷蠢蠢之失固无文也，乃其讴也、咢也、呻也、吟也。行咕而坐歌，食咄而寤嗟。此唱而彼和，无不有比焉、兴焉，无非

其情焉。[32]

在李梦阳看来，情、真情是《诗》与民间谣诗完成对接的节点，也是他力图申明的诗之规律性及规定性。民间的谣诗就是真诗的典范。相较之下，"文人学子"之韵言偏离了真诗。从显性层面来看，这种对立是作家身份的差异；从隐性的层面来看，李梦阳试图将创作主体的特定身份与诗之真、诗之非真相对应，以强调、突显诗之真的重要性。这种对立隐含着一个假定——"文人学子"可能会丧失在诗坛的主体地位和主流身份。"文人学子"原本是诗坛的主流群体，他们的创作如果没有真情、真韵，就会被那些源自真情、发为真韵的民间歌诗所替代。"真诗乃在民间"，"文人学子"无真诗与其说是已然如此的现实性，不如说是令人忧虑万分的可能性。这个假定的最终目的是推导出恒定的结论——评定诗歌优劣的基本标尺，不是创作者的身份，而是诗作自身的特质，诗作是否出于真情、真韵。李梦阳在建构了关于诗与真、音与情的理论构架，确认了诗之真与情之真的对等关系之后，《诗集自序》最终的落点是李氏自己的诗集，他认定，"予之诗非真也"。（见图二）

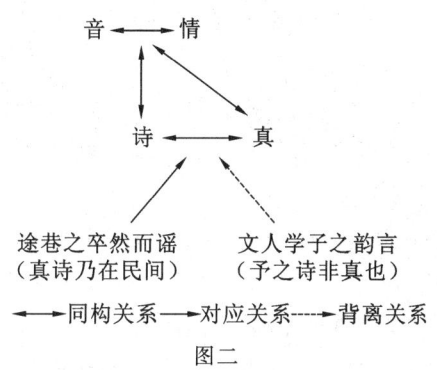

图二

第三个关系框架是，风与雅之间的对应、参照。在《诗三百》中，雅与风是共生同构的。之后，雅诗消亡。李梦阳提出，"《诗》亡"这一说法并不确切。与其说是"《诗》亡"，不如说是《诗》中之雅诗的衰竭、消亡。风诗这一脉从未断绝，从《三百篇》一直延续到"今"之"途谣而巷讴"。风、雅的参互和对照并不是李梦阳关注的核心问题，它只是作为辅助的要素出现的。这个层级的作用是为了证明，与雅诗相比，风诗具有极其强劲生命力。风诗的生命力，同时也是今之"途咢而巷讴"的生命力，它也就是"真诗"的生命力。

李梦阳在这三个关系框之中，借助于诗之史例——风诗、风之实存——今之"途咢而巷讴"呈现了"真诗"的实体性存在。之后，对于当下的"民间音"能否归于"真诗"，他进行追问说，这些民间谣歌"其曲胡，其思淫，其声哀，其调靡靡，是金元之乐也。奚其真？"[33]他继续借王叔武之口反驳道：

今之俗既历胡，乃其曲乌得不胡也？[34]

诗既不能抽于史之外，也不能抽离于时之外。"今"之"民间音"的"真"既具有历史性、历时性，是从《三百篇》之风诗传统中延续而来的；同时，也具有现实性，是"既历胡"之势与时赋予的，或者说，这种"乌得不胡"以及声哀、调靡的特点恰恰是今之"途咢而巷讴"之真的体现。这样，李梦阳论及"真诗"的问题时，他既"从强大的历史传统中获得支持"[35]，也从生机勃发的当下诗坛获取实证，"使命题具有历史合法性"和当下的合理性[36]。诗之真、诗之真情既是在历史的维度中不断被验证的,也是在当下以特定的形态存在和呈现的。

李梦阳从诗歌的实存入手申明真诗的特质,他不仅关注具有历史延续性的民间风谣,而且更进一步将"予之诗"也就是"士诗"之史与时作为考察的重点。

李梦阳在古与今、法与我的关系框架之中,将"予之诗"置于"士诗"的传统之中。他以真诗为理论内核,立足于"予之诗",将魏晋隋唐以来的诗歌创作史转化为"予之诗"的典范史。李梦阳谈到,在写作中,自己力图通过师法前代的范本,以期达到真诗的境界。他说:

> 废唐近体诸篇而为李杜歌行。王子曰:斯驰骋之技也。李子于是为六朝诗。王子曰:斯绮丽之余也。于是,诗为晋魏。曰:比辞而属义,斯谓有意。于是为赋骚。曰:异其意而袭其言,斯谓有蹊。于是为琴操、古歌诗。曰:似矣,然糟粕也。于是为四言,入风出雅。曰:近之矣,然无所用之矣。子其休矣。[37]

李梦阳还进而谈到自己求真而不得的困窘说,"李子闻之,暗然无以难也。自录其诗,藏箧笥中。今二十年矣,乃有刻而布者。李子闻之,惧且惭曰:予之诗非真也"[38]。当然,李梦阳陈述自己的写作困境,并不是为了否定、抛弃自己的诗作,他恰恰是要把自己的作品纳入"真诗"的范畴之内。他紧接着借用王叔武替"今"之风谣辩护的逻辑为自己开解。他谈到,正如民间谣诗"既历胡,乃其曲乌得不胡也"一样,自己的诗作也具有在特定时代的意义与价值:

> 弘治、正德间诗耳,故自题曰弘德集。每自欲改之,以求其真。然今老矣。曾子曰:时有所弗及。学之谓哉?[39]

自己的诗作虽然未能追步前代的近体、歌行、赋骚等,但却是"弘治、正德间诗",展现了这个特定时代特有的风貌。"予之诗"虽然未必已臻于真境,但却与风诗以来的民间谣诗具有同质性,那就是,自己的这些作品是求真、向真、趋真的。

李梦阳在《诗集自序》中拎出"诗—情—真"等同构的概念,建构了途巷之谣、文人之韵这两个互异的单元,梳理了"民诗""士诗"的时与史。从终极愿景来看,他力图确认关于诗歌创作的最高标准——真诗。所谓真诗,就是真情与真音的统一体。从个人目的来看,他的初衷是,以"真诗"为标尺,对自己的诗作进行审视、省思、质疑;当然,极有可能的是,这种自我否弃是一种姿态,李梦阳是在用自谦的方式表达内心的自傲——自己的诗作是真诗或者无限地趋近于真诗。

三

任何文本、任何言论"都具有未定性,都不是决定性的或自足性的存在,而是一个多层面的未完成的图式结构"[40],它在传播过程中往往蕴藏着各种未知的可能性,甚至会产生偏转、迁转，甚至是翻转。《诗集自序》中建构的这个逻辑构架也是如此。

李梦阳《诗集自序》的本意是论证诗之真与情之真的对等的关系，引领诗坛追步真诗、真情、真韵，但是，人们却对"真诗乃在民间"这一命题产生了极大的兴趣。

李梦阳在真、真诗的框架下提出"真诗乃在民间"这一命题。这个命题看似有两个并列的内核——真诗、民间，但事实上，"民间"是论证展开的事实依据和关键论据，这个命题的核心和根本仍然落定在"真诗"这一核心词语上。李梦阳推扬"真诗乃在民间"，批评"文人学子"之诗"出之情寡而工于词多"，他的衷心底蕴并非是高扬"民诗"以否弃"士诗"，而是为了确证诗之真，以及"予之诗"的求真向真。令李梦阳始料未及的是，时人既对他的诗作击赏不已，也对他拎出的"民间"之诗给予了热情的关注。"真诗乃在民间"这一论题在诗坛激起了同样强烈，甚至是更为热烈的反响。李梦阳在《论学》中试图扭转人们对这一论题的认知，以减弱诗坛对"真诗乃在民间"的关注度。他怀着深深的无奈说：

> 或问：《诗集自序》谓真诗在民间者，风耳。雅颂固文学笔也。空同子曰：吁！《黍离》之后，吁！雅颂微矣。作者变正靡达，音律罔谐，即有其篇，无所用之矣。予以是专风乎言矣。吁！予得已哉？[41]

李梦阳委婉地表示，自己实在是出于不"得已"，才"专风乎言矣"，他的目的并不是要张扬民间歌诗的作用和意义。在相关诗论中，他还进一步申明，士诗与民诗具有同质性。他说：

> 民诗采以察俗，士诗采以察政，二者途殊而归同矣。[42]

所谓"同"，就是普遍的相似性，或者说是普遍的规律性。民诗、士诗是异体同构的关系，它们相通的节点，即普遍的相似性是真。所谓真，就是特定的诗作与特定的时、史、事、势相应。民诗的真呈现为"俗"，士诗的真展现为"政"。真，是士诗与民诗之间根本的关联性和相似性，它也是诗的规律性和规定性。当然，李梦阳在不同场合反复的申明、辩白显然没有达到预期的效果。之后，李濂、李开先、袁宏道、袁中道、张师绎、李培、董说、欧大任，再到清代的张稚恭、李骥等多次重复"真诗乃在民间"这一命题。他们说，"诗亡而真诗乃在民间，岂惟诗唱而不胜其叹也，喁也不禁其于也"[43]，"当代无文字，闾巷有真诗"[44]。更有人从李梦阳的"真诗乃在民间"这一论题出发，去推想、填充某些可能与事实多有出入的细节。如，钱谦益说，"途歌巷春、春愁秋怨，无往而非诗也。……有学诗于李空同者，空同教以唱《琐南枝》"[45]。

李梦阳《诗集自序》的主旨在于推扬诗之真、情之真这种诗学观念，在传播和接受的过程中，"真诗乃在民间"这一论据却产生引发热烈的反响。要把握这种误读、偏移的功用和效果，我们有必要借助于文学思想史的研究方法，既要尊重显性的事实,坦然地接纳和面对历史进程中的这些偏转,又要深入地分析这些看似偏转的复述中某些隐含的、暗中滋长的力量。以李梦阳推扬的诗之真、情之真的同构关系为切入点,考察"真诗乃在民间"这一命题在诗坛的传播和接受,我们可以看到,这种偏转的行为在推动真诗一词术语化的过程中,起到了重要的作用。真诗之能成为诗学体系中的核心概念,正是在"真诗乃在民间"这一命题的反复陈述中,在这个词不断被重复使用的过程中逐步实现的。传播过程中产生的误读和偏移是推助真诗一词发展成为文学术语的重要动力。

深入李濂、李开先等人立论的逻辑链环之中可以看到,李濂等截取了"真诗乃在民间"这一论断,关注是李梦阳对民间歌诗的倡扬。但是,这并不意味着,他们彻底抛开李梦阳设定的理论构架。事实上,李濂等人的立论正是以"诗—情—真"这一同构体为根基而展开的。无论是李濂、李开先为《沔风》《市井艳词》写序,还是袁宏道"携君听竹枝"[46],抑或是袁中道在山间侧聆农人的"忧旱之声"[47],他们对民间谣歌的推扬都是以诗之情、诗之真情为逻辑起点或者说逻辑基点。李濂编选地方民歌成《沔风》,他高扬这些作品的意义与价值说,"途歌而巷谣不绝于野夫田妇之口,往往有天下之真诗"[48]。这里,"真诗"一词显然是根本的、核心的评价指标。他还引用李梦阳的论述,谈到什么是"真"、什么是真诗说:

> 曩数会空同子于夷门,尝谓余曰:诗者,天地自然之音也。文人学子之诗,比兴寡而直率多,文过其情,不得谓之诗。途巷蠢蠢之人,乃其歌也,讴也,比兴兼焉,无非真情焉。故曰其真也。[49]

李开先在为《市井艳词》写序时也明确指出,"直出肺肝"的真情正是"真诗只在民间"这种现象的前因、前提。他说:

> 忧而词哀,乐而词亵,此今古同情也。正德初,尚《山坡羊》,嘉靖初,尚《锁南枝》……语意则直出肺肝,不加雕刻,俱男女相与之情。……故风出谣口,真诗只在民间。[50]

袁中道论及"真诗其果在民间",他的立论根基也是情——喜、哀、忧、苦,以及情的表现——愉、凄等。他谈到,民间谣歌之真,正是由于"人心有感于中而发于外,喜则其声愉,哀则其声凄"[51]。

在李梦阳建构的逻辑闭环中,真是评价诗歌的最高标准,"诗—情—真"的同构体是这个逻辑闭环的内核,"真诗乃在民间"是这个逻辑闭环中无可置换的、核心的论据。相较之下,到了李濂、李开先等人的论述中,"真诗乃在民间"转而成为立论的中心,诗与真、与真情的关系则转换成为论题的依据。但是,很显然,诗之真这个依据并非纯粹的论据,更不是普通的、可以被替代的例证,而是不证自明的前提和基础,是具有先验性的理论基点。也就是说,在李梦阳的《诗集自序》中,诗与真的关系需要经由系列的推断、多重的证明，最终才能予以确认；在李濂等人复述"真诗乃在民间"这一命题时，他们则直接将诗与真、情与真的关系作为无须论证的前提和要件。从这个角度来看，《沔风》《市井艳词》，高扬"真诗只在民间"的终极目的并非是将民歌提升到主流的地位，更不是试图将之凌驾于文人学子之韵言之上。李濂、李开先、袁宏道等人的衷心底蕴与李梦阳是一致的。对于他们来说，"民歌只是一个理论工具，而不是师法典范"[52]，他们试图"借用民歌来反对文人的丧失真情，失却自然感兴"[53]。确认诗与真、与情的对应关系，高扬诗之真与情之真才是他们暗中着力的核心与根本。这样，李濂等接续李梦阳的论述，以真诗为最高标准、终极尺度评价民歌风谣，他们不仅没有越出李梦阳确认的逻辑框架，而且进一步强化了"诗—情—真"的同构关联。

谈到李濂等人对于"真诗乃在民间"的复述，我们还要关注的是这种看似偏转的行为实际产生的效用和效果。真诗之能成为诗学体系中的核心概念，正是在这个词不断被重复使用，在命题的反复陈述中逐步实现的。李濂等人持续地重复"真诗乃在民间"这一命题的行为，也在实质上是强化，而不是弱化了李梦阳使用的真诗一词的功能、价值与意义。明清之际，人们对于"真诗乃在民间"这个论题的关注并非一时兴起的心血来潮，而是中国诗学观念合历史、合逻辑的延续和发展。在明代中期以前的诗学体系中，真情、真诗只是偶然出现的词语。它们并不是常用词，更没有成为具有热点效应的核心词语，也没有用来建构重要的命题。到了明代，当李梦阳拎出真诗这个词并建构系列命题时，真诗只是具备了成为概念的可能性，尚未正式转换成为术语或概念。李梦阳之后，人们对于"真诗乃在民间"的复述可以看作是一系列的具有连续性、连贯性的事件，这些事件跨越时间的维度形成了对话关系。这种对话关系正是推促真诗由词语转化为术语的核心动力。人们在对话之中，对于"真诗乃在民间"这个命题给予的反应和回应是多元化的，有附合、认同，有质疑、反思，有延续的基础上的更新，也有批评基础上的否定。如，到了清代，张稚恭评孙枝蔚《雨中鸠》一诗时调和风雅说，"无古无今，亦风亦雅，空同所谓真诗者"[54]。又如，李骥试图重构情与词之间的关系说，"王叔武谓近代无真诗，出于情寡而工于词多也。夫词工而情寡，固不能感人。然情深而词不工，亦不能感人"[55]。真诗存在于民间之谣歌，还是文人之韵言之中，人们显然无法就这个问题给出终极的、唯一正确的标准答案。但是，无论答案如何取舍，这些论题都明确地围绕"真诗乃在民间"而展开。在这个命题中，显性要素是民间歌诗，隐性要素则是诗与真、情与真的关系的先验性。每一个对话者在复述"真诗乃在民间"时，都重现和再现真诗、真情等隐性的要素，这种重复直接参与、促成了术语的建构。命题的提出者、回应者身处事件之中，他们可能无法体察、认知到那些隐微、隐幽的效用，更无法把握那些作用于后世的效果。历经五个世纪之后，我们回望历史之时可以看到，这些不断累积的复述作为经验性的事件，既是表达了对民间风谣的重视，更是对真情的强调，强化了真诗之在、真诗必在的观念，固化了诗之真与情之真的对等关系。正是经由这系列事件，李梦阳提出的具体命题一方面经历着偏离和位移，另一方面，也经历着偏离之后的回归、位移之后的回位。从显性的层面上,"真诗乃在民间"这一论题肯定、张扬了民间风谣的价值;从隐性的层面,或者从更深远的影响来看,"真诗乃在民间"这一论题的重复将真、真诗这个词语固定在诗学统序之中,真诗发展成为诗学批评体系的重要术语。李梦阳《诗集自序》在传播中的误读、偏移是它原初的意义、价值、功能实现的不可或缺的重要环节。

  这样看来,真诗一词并不是简单地、突兀地从普通词语演化成为概念,它也不是作为概念早已存在于某处,静静地等待着被发现、被启用。抽象的词语只有落定在具体的诗学问题、文学事件之中,经过多重的事件的累积、介入,不断被重复,不断被改变、补填充,这个词成为某一论题不证自明的理论基点后,它的意义,或者说它作为概念的功能和价值才能逐步呈现出来,它才有可能演化成为常用的词语,发展成为特定的术语。

结语

  文学思想史的研究既包括对文学理论、诗学命题的研究,也包括对文学活动、文学现象、文学事件的研究,同时,也涵盖了对于诗学观念和概念的生成、演化研究。从文学思想史的角度考察真诗一词的转型,剖析"真诗乃在民间"这一命题被不断复述的历史意义与价值,我们可以看到,李梦阳《诗集自序》关注的核心问题是诗之真与情之真的对等、同构关系,他力图借助于民间风谣之"真"唤醒文人学子之韵言之真。李梦阳呈现了诗的本质规律性和规定性——真情,将古与今、法与我、传统与当下等各种因素捏合于一体,置于真诗这个词语之中。借助于"真诗乃在民间"这一命题的传播过程中产生的力量,真诗、真成正式进入中国诗学体系之中,成为文学批评体系中的核心术语。深入到具体的历史情境之中,在更广阔的场域、更长时段的视阈内,回观"真诗"一词在明代中后期的使用规律,有助于我们深入把握中国本土诗学观念、诗学概念的生成逻辑及深层的意义结构。

  ＊本文系教育部人文社会科学研究项目"明清之际诗学概念的孳衍与文学思想的转型研究"【20YJA751019】的阶段性成果。

注释:

[1] 朱东润:《述钱谦益之文学批评》,《中国文学论集》,北京:中华书局,1983年,第88页。
[2] (明)李梦阳:《诗集自序》,郭绍虞:《中国历代文论选》,上海:上海古籍出版社,2001年,第55页。
[3] (清)段玉裁:《毛诗故训传定本》卷一,嘉庆年间刻本。
[4] (梁)刘勰著,周振甫译:《文心雕龙今译》,北京:中华书局,2013年,第46页。
[5] (清)段玉裁:《毛诗故训传定本》卷一,嘉庆年间刻本。
[6] (梁)刘勰著,周振甫译:《文心雕龙今译》,北京:中华书局,2013年,第46页。
[7] (梁)钟嵘著,陈廷仪注:《诗品注》,北京:人民文学出版社,1980年,第1页。
[8] (唐)王勃:《续书序》,(唐)王勃著,(清)蒋清翊注:《王子安集注》,上海:上海古籍出版社,

1995年,第311页。

[9] (宋)朱熹:《四书章句集注》,北京:中华书局,2011年,第321页。

[10] (宋)郑性之:《龙图陈公文集序》,陈宓:《龙图陈公文集》卷首,清抄本。

[11] (宋)真德秀:《问兴立成》,《西山文集》,《景印文渊阁四库全书》第1174册,台北:台湾商务印书馆,1984年,第504页。

[12] (宋)吴泳:《东皋唱和集序·又后序》,《鹤林集》,《景印文渊阁四库全书》第1176册,台北:台湾商务印书馆,1984年,第321页。

[13] (明)李梦阳:《论学·上篇》,《空同集》,《景印文渊阁四库全书》第1262册,台北:台湾商务印书馆,1984年,第603页。

[14] (明)李梦阳:《送杨希颜诗序》,《空同集》,《景印文渊阁四库全书》第1262册,台北:台湾商务印书馆,1984年,第485页。

[15] (明)李梦阳:《结肠操谱序》,《空同集》,《景印文渊阁四库全书》第1262册,台北:台湾商务印书馆,1984年,第468页。

[16] (明)李梦阳:《林公诗序》,《空同集》,《景印文渊阁四库全书》第1262册,台北:台湾商务印书馆,1984年,第463页。

[17] (明)李开先:《平阳哀》,李开先著,路工辑校:《李开先集》,北京:中华书局,1959年,第235页。

[18] 《康熙字典》,上海:汉语大辞典出版社,2005年,第318页。

[19] (清)段玉裁:《说文解字注》,上海:上海古籍出版社,1981年,第384页。

[20] 《康熙字典》,上海:汉语大辞典出版社,2005年,第318页。

[21] (清)段玉裁:《说文解字注》,上海:上海古籍出版社,1981年,第256页。

[22] (清)段玉裁:《说文解字注》,上海:上海古籍出版社,1981年,第384页。

[23] (清)段玉裁:《说文解字注》,上海:上海古籍出版社,1981年,第384页。

[24] (明)李梦阳:《观风河洛序》,《空同集》,《景印文渊阁四库全书》第1262册,台北:台湾商务印书馆,1984年,第490页。

[25] (明)李梦阳:《诗集自序》,郭绍虞:《中国历代文论选》,上海:上海古籍出版社,2001年,第55页。

[26] [美]帕特里克·赫尔利:《简明逻辑学导论》,陈波,等译,北京:世界图书出版公司,2010年,第20页。

[27] (元)吴澄:《谭晋明诗序》,《吴文正集》,《景印文渊阁四库全书》第1197册,台北:台湾商务印书馆,1984年,第235页。

[28] (元)袁桷:《书纥石烈通甫诗后》,《清榕居士集》,《景印文渊阁四库全书》第1203册,台北:台湾商务印书馆,1984年,第332页。

[29] (元)王沂:《隐轩诗序》,《伊滨集》,《景印文渊阁四库全书》第1208册,台北:台湾商务印书馆,1984年,第432页。

[30] (明)李梦阳:《诗集自序》,郭绍虞:《中国历代文论选》,上海:上海古籍出版社,2001年,第55页。

[31] (明)李梦阳:《诗集自序》,郭绍虞:《中国历代文论选》,上海:上海古籍出版社,2001年,第55页。

[32] (明)李梦阳:《诗集自序》,郭绍虞:《中国历代文论选》,上海:上海古籍出版社,2001年,第55页。

[33](明)李梦阳:《诗集自序》,郭绍虞:《中国历代文论选》,上海:上海古籍出版社,2001年,第55页。

[34](明)李梦阳:《诗集自序》,郭绍虞:《中国历代文论选》,上海:上海古籍出版社,2001年,第55页。

[35]张德建:《"真诗乃在民间"论的再认识》,《文学遗产》2017年第1期,第146页。

[36]张德建:《"真诗乃在民间"论的再认识》,《文学遗产》2017年第1期,第146页。

[37](明)李梦阳:《诗集自序》,郭绍虞:《中国历代文论选》,上海:上海古籍出版社,2001年,第55页。

[38](明)李梦阳:《诗集自序》,郭绍虞:《中国历代文论选》,上海:上海古籍出版社,2001年,第55页。

[39](明)李梦阳:《诗集自序》,郭绍虞:《中国历代文论选》,上海:上海古籍出版社,2001年,第55页。

[40]《接受美学与接受理论·出版者前言》,周宁、金元浦:《接受美学与接受理论》,沈阳:辽宁人民出版社,1987年,第4页。

[41](明)李梦阳:《论学》,《空同集》,《景印文渊阁四库全书》第1262册,台北:台湾商务印书馆,1984年,第603页。

[42](明)李梦阳:《观风河洛序》,《空同集》,《景印文渊阁四库全书》第1262册,台北:台湾商务印书馆,1984年,第490页。

[43](明)张师绎:《松庐篇序》,《月鹿堂文集》卷一,道光六年(1826)蝶花楼刻本。

[44](明)袁宏道:《答李子髯》,(明)袁宏道著,钱伯城笺校:《袁宏道集笺校》,上海:上海古籍出版社,1981年,第81页。

[45](清)钱谦益:《王元昭集序》,《牧斋初学集》卷三二,民国涵芬楼影印明崇祯瞿式耜刻本。

[46](明)袁宏道:《答李子髯》,(明)袁宏道著,钱伯城笺校:《袁宏道集笺校》,上海:上海古籍出版社1981年版,第81页。

[47](明)袁中道:《游荷叶山记》,(明)袁中道著,钱伯城点校:《珂雪斋集》,上海:上海古籍出版,1989年,第465页。

[48](明)李濂:《题沔风后》,《嵩渚文集》,《四库全书存目丛书》集部第71册,济南:齐鲁书社,1997年,第217页。

[49](明)李濂:《题沔风后》,《嵩渚文集》,《四库全书存目丛书》本集部第71册,济南:齐鲁书社,1997年,第217页。

[50](明)李开先:《市井艳词序》,李开先著,路工辑校:《李开先集》,北京:中华书局,1959年,第320页。

[51](明)袁中道:《游荷叶山记》,(明)袁中道著,钱伯城点校:《珂雪斋集》,上海:上海古籍出版社,1989年,第465页。

[52]张德建:《"真诗乃在民间"论的再认识》,《文学遗产》2017年第1期,第148页。

[53]张德建:《"真诗乃在民间"论的再认识》,《文学遗产》2017年第1期,第148页。

[54](清)张稚恭:《雨中鸠·评》,孙枝蔚:《溉堂集·续集》卷一,清刻本。

[55](清)李骥:《萧征乂哭弟诗跋》,《虬峰文集》卷一九,清刻本。

钱谦益诗作中的自我指称与身份建构

骆耀军

(南昌大学人文学院,江西南昌,330031)

内容摘要: 钱谦益素将诗文创作视为名山事业,在诗论中也透露出以诗歌来呈现或形塑自我身份的意志,自我指称词的使用则正是他通过独特的诗歌话语进行自我建构的重要方式之一;在"诗其人"的观念下,直接自我指称词使他本人从诗歌书写的后台转至前台,以"我"的口吻直接彰显自我个性与力量;间接自我指称词则是基于他者视野下的自我检视与社会认同,既有面向公众展演式的角色塑造,也有理想自我的建构,更有在"苦畏"语境下的自我隐匿。钱谦益的自我指称词的使用,除了语词本身作为诗歌叙述话语所具有的能指与所指意义外,还在于置自我指称于事件话语之中,"诗史"观和性情相融合,有"学问""世运"的理性反思,更有"陈述"的外衣之下戏剧表演式的角色模仿,从而实现自我与社会的身份建构。

关键词: 钱谦益;自我指称;身份建构;名山事业

钱谦益身份的复杂性一直是学界关注的重点。他在诗歌中也常常通过隐语、自注、他注等方式,对自我进行深层的主体建构。他曾面对画像中的自己感慨道,"苍颜白发是何人?试问陶家形影神。揽镜端详聊自喜,莫应此老会分身"[1]。对素来视诗文创作为名山事业的钱谦益,他的诸多诗作中都透露出以诗歌呈现或形塑身份的强烈意志。这显然与他以诗文救世放心的文学观念密切相关。他在诗坛上,"别于近代之俗学者",致力于"王、李之云雾尽扫,后生之心眼一开"[2],以盟主的身份引领风会。钱谦益认为诗文之道"茁长于学问"[3],作诗则是"新吾故吾,剥换于行间"[4],诗人之主体"学殖之所酝酿"[5],"学富则使物皆灵"[6]。钱谦益在诗作中呈现学、识及自我身份的最直接的方式,就是运用不同的自我指称词。他诗歌中大量运用第一人称,即直接的自我指称词,直接表明他作为讽咏主体从诗歌话语的背后站出来与阅读者对话,表达自我的欲望较为强烈。还有一些是间接的自我指称,另有一些则将自我作为他者进行客观审视。

一、"诗其人":显扬自我的力量

钱谦益认为,诗与人是一体的。他说,"其人之性情诗也,形状诗也,衣冠笑语,无一而非诗也"[7]。在他的诗作中,多有"我""余""自""吾"等直接自我指称词。

"我""余"的指称多出现在与亲朋友人的酬唱应和中，或者作为自我排遣时的陈述主体，情感表达上多是为了彰显钱氏的真性情及异于流俗的个性，抒发仕途不顺及中原陆沉时的忧生嗟世之感。"自"则以自遣为主，在"自笑""自命"中进行自我调侃或自我怀疑。"吾"的使用较为广泛，其与前两类自我指称词混用的情形较多，钱氏的自尊以及对他人、他事的庄重之情多以"吾"来修饰，这就意味着在拜谒、推尊、敬陈等庄重场合中，"吾"就成了首选的自我指称词，并负担起历史的道义与声名。

（一）"诗可以怨"："我""余"的疏狂与率真

钱谦益在晚明跻身仕途而屡遭屏废，入清后因身份的尴尬而为清议所摈。他在表达自己穷于时，迫于境的诗作中，多以"我"自称。"我"多不受社会属性的束缚，表现出异于众人，独立自主的特点。如，天启五年（1625），钱谦益因"党人"之目被"除名为民"，归乡作饮酒诗，他说，"我性与之违，何能强周比"[8]，"不招恶客来，一任穷宾走"[9]。在这种情势在，"我"因坦无畏之气，不招"恶客"；因胸襟磊落之怀，不怨怒当年趋之若鹜、眼下四散纷逃的"穷宾"。他还以"甜酒"为反照，表达个人性情的直率激烈，流露出"我"的独异性。他的《饮酒七首》也将"我"放到台前，称"别后长相忆，此酒似我友。去年遗我书，劝我务淹留"[10]，"我性好别酒，齿舌判渭泾。对此宁不饮，枯肠任雷鸣"[11]，直言"我亦爱酒人，致酒每盈几。今年命大缪，官罢酒亦耻"[12]。他毫不掩饰"我"爱酒、爱官的本性，以及罢官后的怨恨之情，毫不掩饰，同时也强调不与"小人"沆瀣一气的独特个性。正是诗歌中"我"的介入，使钱谦益得以借"我"之口直接发声，"记取荔枝香酒熟，盈尊寄我莫辞贫"[13]，"我"的疏狂与率真一览无余，塑造出个性鲜明、待友真诚的自我形象。钱谦益在诗中使用"我"字，大多如此，是为了表达偃蹇困顿之中的忧生嗟世之感。"我"字一般与"愁""怜""忧""思"连用，如"可怜春未老，送我向江东"[14]"天涯我亦怜同病，落日苍凉有所思"[15]"上陵何美得幽期，梦里西山慰我思"[16]，呈现了一个所处不定、所行不安，困顿苦闷的诗人主体形象。

钱谦益诗作中的"余"字，更多地出现在友朋之间的酬唱序赠之中。有时候可以与"我"互换，重在吐露心扉，倾倒内心之块垒及交游之畅快。如，《赠潞安孙道人诗并序》中的序用到"余"。他说，"今年闻余有逮系之祸，重茧千里，问余于请室，道故悲今，相向叹息"[17]。他在诗中则用到"我"，"我得幽囚岂非幸……羊羔酒熟岁云暮，我心不留君且驻"[18]。他一方面在困境之中感慨人世的艰辛，另一方面，在朋友面前毫不顾忌，试图展现出豁达、放任的姿态。他还说，"余语去尘，新安城市，浩如尘海，得二邵君，差足妆点物色"[19]。这呈现出钱谦益在日常生活中，面对知心友朋，率真不掩饰的形象。降清之后，特别是随着故交挚友的谢世，钱谦益使用"余"的频率大大降低；更重要的是，他在诗作中呈现诗人主体自我形象时，建构了一个稳定的参照者——"他"。在这些诗作中，"我"与"他"对举，以表达"我"面对命运的抗争。如，钱谦益在诗中说，"神争六博其如我？天醉投壶且任他"[20]，"问天辞毕谁酬我？骂鬼书成孰致他"[21]，"帝欲屠龙愁及我，人思画虎笑由他"[23]。此时钱氏决心抛却"故我"，立志和明遗民患难与共，"我"作为一卑微之草间书生与扭转乾坤之陶轮世界，即"他"相对抗，可见其志之坚决，不可改易。

(二)"自笑":困顿中的自我调适

钱谦益诗中以"自笑"并称的地方最多,有三十余处,远高于近十余处的"自言",其背后是对自我身份焦虑的纾解。这种自我贬低的形式多为"否定之肯定",即"高自称许"。如"人呼为丧狗,自笑似蒙俱"[23],是其拜谒孔庙之时,由思悼前贤反观个人境遇。他嘲笑自己像形貌丑陋、凶恶的"蒙俱"。钱谦益用孔子"桑落""临河"的典故暗喻自己命运不济,实质也是以自己的才略、品德比附前贤,以"丧狗""蒙俱"这种贬低自我的形式表现自己的独立与自傲。"自笑"还具有苦中作乐之意,如"自笑羁囚牢户熟,人怜留滞贾胡如"[24],此前钱谦益已因"不根之谤"多次入狱,自述"已丑春王近寒食,阳和黯黮春无力"[25],这时的"自笑"以一种故作轻松的语气自我调侃,坦然之中暗藏些许无奈。

钱诗中的"自笑"往往还兼具多重意味。"忧天良自哂,失日复何悠"[26]两句,钱谦益在字面上是嘲笑自己杞人忧天,"失日"的本意也是指忘却时日,《韩非子·说林上》提到"纣为长夜之饮,欢以失日"[27]。比照钱氏《效欧阳詹玩月诗》的"阿瞒玉环欢失日,渔阳兵起曲未终"[28]之语,"失日"或与明之覆亡或复明无望有关。"自哂"一词,实则是"自笑"之意,进退失据,五味杂陈,于志忐不安中意图复明但"心期皓首悬",对前路的未知深表的自责与茫然。钱谦益得知郑成功败退后作诗说,"买菜良自哂,终任鱼蠹穿"[29]"东方君子国,宛在天一涯"[30]。诗中"买菜"一典借严光之事,以"菜"喻诗是对自己诗文并无补天之功的自嘲、自责、自叹;"终任鱼蠹穿"的"自哂"是他对诗文能否为自己确立身后声名的质疑。他还说,"酒酣伸纸继公后,诗成自笑笔力软"[31],钱谦益当是以"自笑"来调适自我的。

(三)"诗可以群":"吾"的任道与声名

相对于"我""自"这种披露自我的自称来说,"吾"在钱谦益诗歌中的使用彰显出社会性的群体意识,侧重表达儒家之"兼济天下"的气度,国家、宗族之荣辱,而非"独怜我生"的苦闷与悲哀。

钱谦益用"吾"字强调了自己与国家、君王有着密切关系的"臣子"的身份。如,应田国戚索诗作"岱岳山呼那得并,海潮音里祝吾皇"[32],"信宿休皇处,吾君候凯歌"[33],是以儒家之"至于道"的忠臣身份祈愿君王贤明与国家昌盛。"蓬山芸阁吾能说,只是闲窗读道书"[34],是对自己充经筵日讲官之事的记录,"吾能说"是对自己才识渊博,堪当此任的肯定,更是其身为臣子而得以施展自己才学的自得之语。"吾道非与何至此?臣今老矣不如人"[35],作于为周延儒、温体仁构陷,而入阁不成之后。钱曾注"吾道非与"讲述了孔子往楚、蔡遭拒而绝粮七日,很显然,钱谦益强调的"吾道"讲为官当求仁、求智,是士大夫之使命感的体现。

钱谦益以"吾"字彰显其宗族荣誉感,更是其对自我身份的确认以及精神上的自我振奋。"故国屡经沧海变,吾家犹说射潮强"[36]中,"钱王射潮"指吴越钱镠张弓射潮,潮水因此而退的故事。诗作于顺治十三年,当时南明政权亦风雨飘摇,钱谦益以先祖"射潮"事自我激励。"吾家"之称表示钱谦益期望延续先祖光辉业绩,复现先祖之勇武。再如"吾祖风流良可继,子孙不耕且读何其愚"[37],"吾家先世事耕读,风光尽入此图里"[38]等,钱诗所言"吾祖风流"即诗中所谓"清平之世忠孝家"。"吾祖""吾家"以恭敬的措辞强调对祖先之"忠孝"与"耕读"传统的继承。

"吾"字的使用亦是钱谦益基于千载以后的读者群体,对立德、立言以及不朽声名的追寻。如,"屈指中兴功第一,《雅》诗吾欲嗣《车攻》"[39]句,所指史事为天启元年钱谦益与同僚共策辽军。《车攻》歌颂周宣王内修政事,外攘狄夷。"吾"字将自己归为"兼济天下"之文人士大夫中的一员,鼓舞董汉儒辈共策辽军。钱谦益表达济世思想的同时,亦希望以诗文赢得身后名。如,"寄语吾徒须努力,张罗休效一囊渔"[40],从"寄语吾徒"一句可以看出,钱氏有意建立自己的诗学群体,以此来反对"复古"诗坛,彰显出他以诗道、文道自任,力挽大雅的气势。"蝇头细字注几行,吾诗附玺垂久长"[41],则借歌咏玉玺而缅怀承平之世先帝的威仪。"吾诗"之"吾"已非个人之意,而是将"吾诗"纳入整个诗史体系,故后一句称"命曰印史非夸张,《春秋》之义微而彰",期望借此名垂青史。

二、他者视野下的自我检视与社会认同

钱谦益曾言"读予诗者,当悯予孤生皓首"[42],这是他站在读者的角度审视自己的创作,亦常使用间接自我指称词对自我进行客观审视。这里包含着多重社会身份,有面向公众展演式的角色塑造,有理想自我的建构,亦有在"苦畏"语境下的自我隐匿。具体呈现为三大类:一是借用"腐儒""野老""罢民""孤臣""遗民""无才老子"等传统的自我指称词,用于亲密友人之间的对答、自遣等,在情感上多是抒发悲愤之情,对官宦浮沉、仕途坎坷多有微词,同时也会带着戏谑的口吻呈现洒脱放荡之态。二是以"哑羊僧""劫后人""刺船翁""开元鹤发翁""钓鱼翁""倚栏翁"等自创的自我指称词为代表,使用的场合与前一类相似。不同的是这一类多是明亡后所用,与钱谦益的反清复明期冀关系密切,这其中有对复国的自信,也有对明朝灭亡及晚节不保的悔愧之情。三是"老夫""老民""老农""山翁""醉人""吴侬"等一类,它们多是钱谦益自遣时使用,意在表达洒脱、自然的心境。

(一) 自我戏谑的展演艺术

宇文所安说,"诗学自传源起于害怕被轻视的恐惧。人不再是天性与行动的单纯统一体,他是双重的,一种外在的表象掩饰、模糊、歪曲着真正隐匿的天性"[43]。钱谦益诗歌中的一系列间接自我指称具有宣传性,是面向公众的一种展演艺术,模糊着真正的天性。他以"腐儒"自称,说"共笑腐儒钻故纸,《兔园册》底颂生申"[44],"腐儒箧有英雄传,细雨孤舟永夜看"[45]。"腐儒"与"英雄传"并列表现身为无用儒生与渴望建功立业的冲突。另外,"竟日尚余忧国泪,百年同饱腐儒餐"[46],是中原板荡后自我忧思及苦闷的表达。实质上,"腐"与"懒拙""疏顽"的个性相通,所谓"性迂才拙,心壮头童"[47]。这种拙正与"巧"相对,正是借"巧言令色,鲜矣仁"之语[48],看似贬低自己,实则凸显自己的"直"与"真",展现自己"况复彼都人士,痛绝黍禾;今此下民,甘忘桑榟"[49],这种不同世俗的一面。

钱谦益还常用到"野老""罢民""无才老子"一词。他说,"野老心终恨庞骄"[50],实则自嘲已沦为"远市朝"之"野老",这实际上是针对现实身份与理想抱

负之间的落差进行的自我戏谑与嘲讽。他以"罢民"自称，谈到"谓恶人不从化、为百姓所患苦而未入五刑者也"[51]。罢民则指自己因数次入狱，这实质上是以自我贬低和嘲讽的方式表示抗争和不屈服。他还说，"白发盈头不耐删，无才老子剩痴顽"。这里，则借用冯道"德光诮之曰：尔是何等老子？对曰'无才无德，痴顽老子'"之典[52]，表达对自我的期许。

随着复明运动的展开，钱谦益洗刷污名，逐渐融入"遗民"群体，他开始以"南国遗民"[53]自称。他说，"恸哭遗民总白头，南渡衣冠非故国"[54]"他日西湖志风土，故应独少宋遗民"[55]"白社遗民剩阿谁"[56]"遗民杖屦道人装"[57]"东篱花是老遗民"[58]等。这里，钱谦益看到"青衣""红粉"渐为清人同化[59]，以"遗民"身份进行批判，将己身纳入明遗民的诗歌话语体系之中，从而发出今之遗民所剩几何的感叹。他内心秉持的则是，"天荒地老梦鸱夷，故国精灵信在兹"[60]。

(二) "苦畏"语境下的身份隐匿

投入复明运动以后，钱谦益遭遇言语表达上的艰难。他谈到，自己"始犹托寄微词"[61]，"隐"成为他后期诗歌创作的主要特征之一。

顾公燮《消夏闲记》载，"宗伯暮年不得意，恨曰：要死，要死"[62]。钱谦益因降清为士人不耻，他开始用"哑羊僧""劫后人"等自称表达后死之痛。他说，"老夫原是哑羊僧"[63]，"余愿为哑羊僧"[64]。这一称谓体现了钱谦益进退失据，无处安置的颓唐与悲凉心境。他还说，"故旧铜驼劫后人"[65]"都是昆明劫后人"[66]。钱谦益以佛教术语"劫"字入诗且自成一套体系，暗喻明清鼎革的事实，也吸纳了佛教中成劫时世界生成之意，成为明末遗民的一种精神寄托。

钱谦益在复明运动中创造了一系列"名号"，集中体现在《投笔集》之中。他说，"莫笑长江空半壁，苇间还有刺船翁"[67]，这里"刺船翁"，暗示自己联络东南之行和复明的决心。"醉倒开元鹤发翁"[68]中暗喻自己身历鼎革依然缅怀太平盛世的明"遗民"身份。他还说，"少阳即是钓鱼翁"[69]，这表明他希望以姜太公之才辅佐王师，建功立业，成为谋臣宰辅。"天津桥畔倚栏翁"[70]，"倚栏翁"一词源于康骈《剧谈录》，记载天津桥之倚栏老人预言以裴度为将可平定蔡州之事。钱谦益以"倚栏翁"自称，是以预言家和谋臣的身份暗示郑成功、张煌言北伐将取得胜利。

(三) 打破社会身份的"真我"

钱谦益生活于家族姻戚、乡里师弟及科举之座主、门生、同年等复杂的社会网络中，脱离这些关系后的他，在诗中展示一个逃遁现实社会的"真我"，专注于本性与本心，剥除声名之累。比如"老夫"一词多表现其纵浪大化，与自然归一的意趣。钱谦益游黄山组诗中有"老夫沽酒仍激昂"[71]，"老夫入山雨洗尘"[72]，此时钱谦益结识柳如是，又得老友程孟阳盛情邀请，心情大好。诗中的钱谦益荡涤"腐儒"之气，与自然融为一体，回归本真的"我"。再如，他说，"十亩之间一老民"[73]，"山翁迎春开春醅"[74]，"日暮柴荆外，樵歌伴老农"[75]，以"老民""老农""山翁"自称，与鱼鸟为伍，以樵歌为伴，颇有"久在樊笼里，复得返自然"[76]的自然潇洒。

钱谦益还以大量笔墨刻画了一个醉酒而忘却世事的"醉人"形象。如，"商量同占醉乡民"[77]"料理家酿迟醉翁"[78]"莫笑老夫风景裂,看他未醉已醺醺"[79],钱谦益常破酒戒,借"醉人"的身份,展示出一个疏狂、自由,却也是最真实的自我,"无多酌我终须醉,时一中之颇近真"[80],并期望借此忘却世俗,不再牵绊,"中山醉死真堪羡,千百无劳问醒期"[81]。

钱谦益长于吴中地域,吴中自然山水培植了他的精神气质与文化底蕴,他在诗中常以"吴侬"自称,"白首仍是旧阿侬"[82]"白身仍作旧吴侬"[83]"天遣吏教侬"[84],"我""侬""旧吴侬"等自我指称词的变化,都是意在表达自我的多重身份,也对自己仕途坎坷、漂泊未定的命运故作洒脱。

间接自我指称方式使用了称谓词的"距离调试"和"语用身份建构"的功能。一方面,钱谦益以第三人称的方式进行自我刻画,可以根据词汇的选择调试诗人与抒情主人公之间的亲疏关系。比如"腐儒""野老""哑羊僧"等都是夸张变形了的"我",与现实中诗人的真实样态有一定的距离。诗人仿佛置身事外观看自己,同时也是钱谦益以读者、评论者的眼光看待自己,可以视为钱谦益诗歌之自我诠释的策略之一。另一方面,"遗民""楚囚"之类的自称实质上是将个体自称上升为一种集体自称,即历经鼎革之遗民故老所共同拥有的身份。因此,这种称谓方式更易使钱谦益在当时的遗民群体中赢得身份认同。

三、作为事件话语的自我指称词

钱谦益诗歌中"我",都指向了上下文语境中关联的事件,如前面提及的罢官后的意兴阑珊、与友朋酬唱的欢乐以及反清复明行动中的种种波折。这种指称"绝不孤立地寻问一个词的意义,而只在一个命题的上下文中询问词的意义","意义提供了关于某种识别指称的标准"[85]。钱谦益用这些指称,实质上也是在命题、在事件中进行着追问。这些指称正与"孤生半世饱艰辛"的生活状态紧密关联[86]。

钱谦益一生遭际坎坷,他认为,"根柢则在乎天地运世,阴阳剥复之几微"[87],"我生有命可自断"[88]。为此,他渴望超脱世俗,做一个酩酊大醉的老者。他的诗作中,自我指称词"我""旧阿侬"和"醉翁"等显示着诗歌叙述身份的转换,表达了怨愤、自哀、洒脱等多重情感,同时又共同指向现实世界里诗人遭际的丢官的历史事件。的确,"陈述的主体不存在于语言的语义段之中"[89],陈述主体可以创造自然话语和虚构话语。在钱谦益的自我指称中,直接或间接的"我"被有意凸显,但这可能并不是现实中自然、真实的诗人本身,而是借助"陈述"功能构筑出来的"第二自我",诗中"我"的意绪、领悟和思考,是作为表演式存在的。阅读者面对的是诗人构筑的艺术化了的诗歌世界,进行对话的也是诗歌世界中的主角,这一个"自我"不能等同于现实世界的诗人,但诗中呈现的嗜酒、爱官的率真疏狂,薄宦多梗的失意困窘,亡国的凄楚悲恸与现实中的钱谦益本人有重叠。钱谦益诗中理想的"我",还是别人眼中的"我",甚至是扭曲变形的"我",都是作者变换指称词后的自我书写和身份建构的具体表现。

钱谦益诗歌中直接或间接的自我指称词,往往与整篇诗歌的其他话语构成一组陈述的组合,要真正理解背后所表达的历史事件和隐秘情感,需要借助于自注与他注。

钱氏说自己的诗,"非诗非偈,不伦不次"[90]。的确,钱谦益的诗文中多有塑造"我"与"君"对话的场景,或是关联起师友、门生的言语事迹来反观自身,这一系列的陈述都可以视为是事件话语,与他本人的生活经历紧密关联。他说:"客路孤花如我在,天涯芳草为君深。"[91]诗中"我"为贬谪路上的孤花,暗指了路侍御帮扶之事。他还说,"君因忤物坐迍邅,我缘钩党遭涂炭"[92],这也是借"我"与朋友相同的仕途遭际来表达同病相怜之感。另外,"怪我头颅频离颈,怜君目睫不谋身"[93],则是抒发了世变冲突中士人群体共有的人生困境。这些诗歌都有着具体指向的事件。钱谦益通过众多的事件话语,将具体而微的历史事件和自我心曲藏匿其中。这正是他所说"有其言""有其事""有其理"[94]。

钱谦益的诗不仅有身世之感,更有对家国命运的追问。他说:"万历己未岁,余肃谒于庙,以东事告哀。踰年,梦示靖康之兆,相抱痛哭。有祭庙文,在《初学集》。"[95]他还有组诗《西湖杂感》,作于顺治七年夏季。这一年,钱谦益游说清军总兵叛清复明未果,途经杭州西湖。钱氏以二十首组诗的庞大格局,将个人之思、故国命运及历史事件熔于一炉,通过众多关联历史事件的意象、典故,着重表达了自己对明王朝的哀思、眷恋。在自注中,钱谦益用"余"指称自我,将诗歌背后的历史事件和盘托出。他说,"旧梦依然,新吾安往"[96],从"余"到"吾",再到"新吾",自我指称词的变化已经暗含了钱氏的身份至少更迭了两次。故国已亡,身仕新朝。钱氏之"新吾",应该指涉的是此时参与反清复明运动的"新钱氏"。这里,"'侮食相矜,左言若性'之句,……以骂当日降清之老汉奸辈"[97],指称词中隐秘的历史和情感,诗史参照,这正是钱谦益称"新吾"的心曲所在。

钱诗中第一人称、第三人称自称词以及多重称谓词的交替使用,在诗歌的意义陈述上,都延伸到了对应的事件上。他借助对事件的情感与认知,或隐或显地建构"我"的身份认同。钱谦益诗文里也有不少第二人称,如,"汝曹何苦作蚍蜉"[98]"六时问汝何功课?一卷《离骚》酒百杯"[99]。这里,直接用"汝"字进行对话或训话的形式来表明身份和发表议论,甚至可以将"汝"视为"我"的自况。他的诗中,还多有"客"这一形象,如,"轻寒小病一孤舟,送客江干问昔游"[100]"与君频作别,此别最酸辛"[101]。这实质上是通过诗歌语言创造了自我的替身,以客游代我之无依,家国之痛隐藏在作品的字词里,既无所不在,又扑朔迷离。钱谦益还将"我"附着在自然风物之中,寄托在庾信、杜甫、苏轼等历史人物身上,又或者借助自己交游群体中的文人士子、遗民故老、名姝佳人的言行为自己代言。这些"他者",与那些明确的自我指称词融会于一体,将陈述主体、被描述对象与诗作的写作者等整合在诗作之中,构成了钱氏身份建构的具体行为。

* 本文系江西省教育厅高校人文社会科学研究项目"大运河与明清时期江西才女之日常生活网络研究"【ZGW20207】的阶段性成果。

注释:

[1](清)钱谦益:《顾与治书房留余小像自题四绝句》,《牧斋有学集》,上海:上海古籍出版社,

1996年,第381页。

[2](清)钱谦益:《列朝诗集小传》,上海:上海古籍出版社,2008年,第577页。

[3](清)钱谦益:《题杜苍略自评诗文》,《牧斋有学集》,上海:上海古籍出版社,1996年,第1594页。

[4](清)钱谦益:《题杜苍略自评诗文》,《牧斋有学集》,上海:上海古籍出版社,1996年,第1595页。

[5](清)钱谦益:《汤义仍先生文集序》,《牧斋初学集》,上海:上海古籍出版社,1985年,第906页。

[6](清)钱谦益:《龚孝升过岭集序》,《牧斋初学集》,上海:上海古籍出版社,1996年,第776页。

[7](清)钱谦益:《邵幼青诗草序》,《牧斋初学集》,上海:上海古籍出版社,1985年,第935页。

[8](清)钱谦益:《谢于润甫送酒》,《牧斋初学集》,上海:上海古籍出版社,1985年,第138页。

[9](清)钱谦益:《后饮酒》,《牧斋初学集》,上海:上海古籍出版社,1985年,第257页。

[10](清)钱谦益:《饮酒》,《牧斋初学集》,上海:上海古籍出版社,1985年,第205页。

[11](清)钱谦益:《饮酒》,《牧斋初学集》,上海:上海古籍出版社,1985年,第205页。

[12](清)钱谦益:《饮酒》,《牧斋初学集》,上海:上海古籍出版社,1985年,第207页。

[13](清)钱谦益:《送黄生达可归岭南》,《牧斋有学集》,上海:上海古籍出版社,1996年,第445页。

[14](清)钱谦益:《春风》,《牧斋初学集》,上海:上海古籍出版社,1985年,第211页。

[15](清)钱谦益:《甲子秋北上渡淮寄里中游好》,《牧斋初学集》,上海:上海古籍出版社,1985年,第72页。

[16](清)钱谦益:《西山道中二首》,《牧斋初学集》,上海:上海古籍出版社,1985年,第64页。

[17](清)钱谦益:《赠潞安孙道人诗并序》,《牧斋初学集》,上海:上海古籍出版社,1985年,第411页。

[18]《牧斋初学集》,《赠潞安孙道人诗并序》,上海:上海古籍出版社,1985年,第411~412页。

[19](清)钱谦益:《邵幼青诗草序》,《牧斋初学集》,上海:上海古籍出版社,1985年,第934~935页。

[20](清)钱谦益:《次韵茂之戊子秋重晤有感之作》,《牧斋有学集》,上海:上海古籍出版社,1996年,第21页。

[21](清)钱谦益:《再次茂之他字韵》,《牧斋有学集》,上海:上海古籍出版社,1996年,第21~25页。

[22](清)钱谦益:《见盛集陶次他字韵诗重和五首》,《牧斋有学集》,上海:上海古籍出版社,1996年,第26页。

[23](清)钱谦益:《崇祯十一年九月十五日谒孔林越翼日谒先圣庙恭述一百韵》,《牧斋初学集》,上海:上海古籍出版社,1985年,第514页。

[24](清)钱谦益:《己丑元日试笔》,《牧斋有学集》,上海:上海古籍出版社,1996年,第47页。

[25](清)钱谦益:《戏为天公恼林古度歌》,《牧斋有学集》,上海:上海古籍出版社,1996年,第54页。

[26](清)钱谦益:《茸城惜别思昔悼今呈云间诸游好兼订霞老看梅之约共一千字》,《牧斋有学集》,上海:上海古籍出版社,1996年,第349页。

[27](先秦)韩非子:《说林·上》,(先秦)韩非子著,邵增桦注译:《韩非子今注今译》,台北:台湾商务印书馆,1982年,第763页。

[28](清)钱谦益:《效欧阳詹玩月诗》,《牧斋初学集》,上海:上海古籍出版社,1985年,第695页。

[29] (清)钱谦益:《秋日杂诗二十首》,《牧斋有学集》,上海:上海古籍出版社,1996年,第594页。
[30] (清)钱谦益:《秋日杂诗二十首》,《牧斋有学集》,上海:上海古籍出版社,1996年,第593页。
[31] (清)钱谦益:《七月廿三日过仲家浅闸戏作长句书李文正公诗卷后》,《牧斋初学集》,上海:上海古籍出版社,1985年,第294页。
[32] (清)钱谦益:《田国戚奉诏进香岱岳渡南海谒普陀还朝索诗为赠》,《牧斋初学集》,上海:上海古籍出版社,1985年,第666页。
[33] (清)钱谦益:《王诗二首》,《牧斋初学集》,上海:上海古籍出版社,1985年,第508页。
[34] (清)钱谦益:《经筵记事十首》,《牧斋初学集》,上海:上海古籍出版社,1985年,第69页。
[35] (清)钱谦益:《十一月初六日召对感恩述事凡二十首》,《牧斋初学集》,上海:上海古籍出版社,1985年,第187页。
[36] (清)钱谦益:《丙申重九海上作四首》,《牧斋有学集》,上海:上海古籍出版社,1996年,第329页。
[37] (清)钱谦益:《石田翁画奚川八景图歌》,《牧斋初学集》,上海:上海古籍出版社,1985年,第313页。
[38] (清)钱谦益:《再题奚川八景画卷》,《牧斋初学集》,上海:上海古籍出版社,1985年,第314页。
[39] (清)钱谦益:《送兵部董侍郎总督宣大》,《牧斋初学集》,上海:上海古籍出版社,1985年,第49页。
[40] (清)钱谦益:《除夕再叠前韵和季穆寄黄二子羽之作兼示子羽》,《牧斋初学集》,上海:上海古籍出版社,1985年,第45页。
[41] (清)钱谦益:《松谈阁印史歌为胤伯作》,《牧斋初学集》,上海:上海古籍出版社,1985年,第460页。
[42] (清)钱谦益:《赠云间顾观生秀才有序》,《牧斋有学集》,上海:上海古籍出版社,1996年,第346页。
[43] [美]宇文所安:《自我的完整映像——自传诗》,乐黛云、陈珏编选:《北美中国古典文学研究名家十年文选》,南京:江苏人民出版社,1996年,第114页。
[44] (清)钱谦益:《四次韵赠茂之》,《牧斋有学集》,上海:上海古籍出版社,1996年,第42页。
[45] (清)钱谦益:《东归漫兴六首》,《牧斋有学集》,上海:上海古籍出版社,1996年,第107页。
[46] (清)钱谦益:《大雨后顾九畴侍郎过访山中》,《牧斋初学集》,上海:上海古籍出版社,1985年,第544页。
[47] (清)归庄:《归庄集》,北京:中华书局,1962年,第471页。
[48] 杨树达:《论语疏证》,上海:上海古籍出版社,1986年,第4页。
[49] (清)钱谦益:《西湖杂感有序》,《牧斋有学集》,上海:上海古籍出版社,1996年,第89页。
[50] (清)钱谦益:《野老》,《牧斋初学集》,上海:上海古籍出版社,1985年,第272页。
[51] (汉)郑玄注,(唐)贾公彦疏:《周礼注疏》,李学勤主编:《十三经注疏》,北京:北京大学出版社,1999年,第1122~1123页。
[52] (清)钱谦益:《再次敬仲韵》,《牧斋初学集》,上海:上海古籍出版社,1985年,第418~419页。
[53] (清)钱谦益:《林那子七十初度》,《牧斋有学集》,上海:上海古籍出版社,1996年,第49页。
[54] (清)钱谦益:《西湖杂感有序》,《牧斋有学集》,上海:上海古籍出版社,1996年,第104页。
[55] (清)钱谦益:《西湖杂感有序》,《牧斋有学集》,上海:上海古籍出版社,1996年,第105页。
[56] (清)钱谦益:《石涛上人自庐山致萧伯玉书,于其归也,漫书十四绝句送之,兼简伯玉》,《牧

斋有学集》,上海:上海古籍出版社,1996年,第131页。

[57](清)钱谦益:《李太公寿诗》,《牧斋有学集》,上海:上海古籍出版社,1996年,第201页。

[58](清)钱谦益:《题吕天遗菊龄图》,《牧斋有学集》,上海:上海古籍出版社,1996年,第438页。

[59](清)钱谦益:《西湖杂感有序》,《牧斋有学集》,上海:上海古籍出版社,1996年,第105页。

[60](清)钱谦益:《甲午十二月夜宿假我堂梦谒吴相伍君延坐前席享以鱼羹感而有述》,《牧斋有学集》,上海:上海古籍出版社,1996年,第210~211页。

[61](清)钱谦益:《复王烟客书》,《牧斋有学集》,上海:上海古籍出版社,1996年,第1365页。

[62](清)柳如是著,谷辉之辑:《柳如是诗文集》,北京:中华全国图书馆文献缩微复制中心,1996年版,第253页。

[63](清)钱谦益:《嘉禾访梅溪大山禅人四绝句》,《牧斋有学集》,上海:上海古籍出版社,1996年,第169页。

[64](清)钱谦益:《双河众香庵记》,《牧斋有学集》,上海:上海古籍出版社,1996年,第1018页。

[65](清)钱谦益:《送黄生达可归岭南》,《牧斋有学集》,上海:上海古籍出版社,1996年,第445页。

[66](清)钱谦益:《霞老累夕置酒彩生先别口占十绝句记事兼订西山看梅之约》,《牧斋有学集》,上海:上海古籍出版社,1996年,第342~343页。

[67](清)钱谦益著,(清)钱曾笺注:《钱牧斋投笔集笺注》,上海:上海古籍出版社,2010年,第647页。

[68](清)钱谦益著,(清)钱曾笺注:《钱牧斋投笔集笺注》,上海:上海古籍出版社,2010年,第634页。

[69](清)钱谦益著,(清)钱曾笺注:《钱牧斋投笔集笺注》,上海:上海古籍出版社,2010年,第636页。

[70](清)钱谦益著,(清)钱曾笺注:《钱牧斋投笔集笺注》,上海:上海古籍出版社,2010年,第637页。

[71](清)钱谦益:《九日宴集含晖阁醉歌一首用乐天九日二十四韵》,《牧斋初学集》,上海:上海古籍出版社,1985年,第610~611页。

[72](清)钱谦益:《十二日发桃源庵出汤口径芳村抵灞口》,《牧斋初学集》,上海:上海古籍出版社,1985年,第652页。

[73](清)钱谦益:《岁暮杂怀八首》,(清)钱谦益著,(清)钱曾笺注,钱仲联标校:《牧斋初学集》,上海:上海古籍出版社,1985年,第556页。

[74](清)钱谦益:《迎春曲》,《牧斋初学集》,上海:上海古籍出版社,1985年,第568页。

[75](清)钱谦益:《次韵答茅孝若见访五首》,《牧斋初学集》,上海:上海古籍出版社,1985年,第582页。

[76](晋)陶渊明著,龚斌校笺:《陶渊明集校笺》,上海:上海古籍出版社,2011年,第77页。

[77](清)钱谦益:《与顾秀才饮酒作》,《牧斋初学集》,上海:上海古籍出版社,1985年,第141页。

[78](清)钱谦益:《送于锵秀才南归》,《牧斋初学集》,上海:上海古籍出版社,1985年,第215页。

[79](清)钱谦益:《陆子玄置酒墓田丙舍,妓彩生持扇索诗,醉后戏题》,《牧斋有学集》,上海:上海古籍出版社,1996年,第331页。

[80](清)钱谦益:《顾炳秀才遣书索饮有醉吐丞相车茵之语,作七字句报之》,《牧斋初学集》,上海:上海古籍出版社,1985年,第140页。

[81](清)钱谦益:《以顶骨饮器劝酒次秀才韵》,《牧斋初学集》,上海:上海古籍出版社,1985年,第141页。

[82]（清）钱谦益：《送于锵秀才南归》，《牧斋初学集》，上海：上海古籍出版社，1985年，第215页。
[83]（清）钱谦益：《十一月初六日召对文华殿旋奉严旨革职待罪感恩述事》，《牧斋初学集》，上海：上海古籍出版社，1985年，第186页。
[84]（清）钱谦益：《闸吏·效仿韩文公〈泷吏〉而作》，《牧斋初学集》，上海：上海古籍出版社，1985年，第250页。
[85]陈嘉映：《语言哲学》，北京：北京大学出版社，2003年，第86页。
[86]（清）钱谦益：《十一月初六日召对文华殿旋奉严旨革职待罪感恩述事》，《牧斋初学集》，上海：上海古籍出版社，1985年，第187～189页。
[87]（清）钱谦益：《胡致果诗序》，《牧斋有学集》，上海：上海古籍出版社，1996年，第801页。
[88]（清）钱谦益：《送于锵秀才南归》，《牧斋初学集》，上海：上海古籍出版社，1985年，第214～215页。
[89][法]米歇尔·福柯：《知识考古学》，谢强、马月译，北京：生活·读书·新知三联书店，1998年，第115页。
[90]（清）钱谦益：《石涛上人自庐山致萧伯玉书，于其归也，漫书十四绝句送之，兼简伯玉》，《牧斋有学集》，上海：上海古籍出版社，1996年，第135页。
[91]（清）钱谦益：《送曲周路侍御之官中州路，曾抗疏为余伸雪牵连谪官》，《牧斋初学集》，上海：上海古籍出版社，1985年，第478页。
[92]（清）钱谦益：《长干行》，《牧斋初学集》，上海：上海古籍出版社，1985年，第672页。
[93]（清）钱谦益：《四次韵赠茂之》，《牧斋有学集》，上海：上海古籍出版社，1996年，第42页。
[94]（清）钱谦益：《复王烟客书》，《牧斋有学集》，上海：上海古籍出版社，1996年，第1365页。
[95]（清）钱谦益：《西湖杂感有序》，《牧斋有学集》，上海：上海古籍出版社，1996年，第95页。
[96]（清）钱谦益：《西湖杂感有序》，《牧斋有学集》，上海：上海古籍出版社，1996年，第89页。
[97]陈寅恪：《柳如是别传》，上海：上海古籍出版社，1982年，第1023页。
[98]（清）钱谦益：《金陵杂题绝句二十五首继乙未春留题之作》，《牧斋有学集》，上海：上海古籍出版社，1996年，第419页。
[99]（清）钱谦益：《题归玄恭僧衣画像四首》，《牧斋有学集》，上海：上海古籍出版社，1996年，第439页。
[100]（清）钱谦益：《燕子矶舟中作》，《牧斋有学集》，上海：上海古籍出版社，1996年，第377页。
[101]（清）钱谦益：《送汪云卿归楚口占二首》，《牧斋有学集》，上海：上海古籍出版社，1996年，第136页。

【当代文学研究】

莫言小说近作的乡村日常叙事

杨 波

(贵州师范学院文学与传媒学院，贵州贵阳，550018)

内容摘要：莫言的小说近作以乡村日常为书写对象，通过"小人物""小故事"的叙事设置着意于生活细流的回归与乡村底部的纹理勘察，以回应乡土时空新的变式，形塑了乡村日常的真实质地，悬置了非此即彼、城乡拉锯、新旧差序等惯有的书写逻辑，实现了乡村世界人地、人事关系等的过滤与清洗，从而荡涤出正义与狡黠、顽劣与温情并置融汇的伦理镜像。同时，在"看"与"被看"的叙事推演与品质内省中，将老一代乡人身上昭示着的落后与勤劳、恣睢与固执、狐疑与决绝等文化因子与新的文化主体相互映照，形构出乡村世界常与变相互吸纳的文化视像与精神品质，从而重构了乡村世界文化意义，亦为乡村日常的文学书写开辟了新的路途。

关键词：莫言；小说近作；乡村世界；日常叙事

20世纪90年代以降，随着城市化进程的飞速推进，中国文学迁延百年之久的乡土叙事因城乡关系的嬗变逐渐向城镇化、新市民等诸多向度进发，贾平凹就曾言："上几辈人写过的乡土，我几十年写过的乡土，发生了巨大改变，习惯了精神栖息的田园已面目全非。"[1]作家们不得不重新审视这一片曾经熟悉的土地，开启书写立场和视角的重构。另一方面是日常生活的意义渐渐得到重视，其底层、琐屑、细节交织的审美特质为当代作家提供了巨大的阐释空间，用陈晓明的说法，就是"日常生活在文学书写中的合法化，并非是文学落入世俗和庸俗的佐证，在当代中国，它可能更具有价值重构的意义"[2]。乡土世界与日常生活的质料叠加与意义融汇已成为当下小说创作的重要艺术表征，历史镜像与日常纹理一旦被作家所把握，日常生活就会成为烛照乡土世界文化新质、洞察历史整体性变迁的重要窗口。

作为一名对乡土有着深挚情感的著名作家，莫言自然也成了乡土日常叙事的重要推进者。2017年，莫言携带《锦衣》《七星曜我》及小说文本《故乡人事》(含《地主的眼神》《斗士》《左镰》三个短篇)、《天下太平》重返文坛，成为是年中国文学的重要事象。莫言的回归有延续也有惊喜，延续的是其最为上手的文学样式小说，剧本和诗歌则属于"跨界写作",但却激活了读者全新的阅读期待。随后,《等待摩西》《表弟宁赛叶》《诗人金希普》亮相于《十月》《花城》,2020年,莫言将前述诸作与《晚熟的人》《贼指花》《火把与口哨》等作品结集为短篇小说集《晚熟的人》公开出版,"莫言热"又一次掀起,李敬泽说:"当一部书卖到近60万册的时候,绝不是靠营销做得好,而是一定有一些内在的东西打动了许许多多的人。这是一部反映现实的书,是一名作家站在我们这个时代,来写这个时代的生活、这个时代的感受的书。究竟是什么打动了那么多读者,我觉得是非常值得探讨的。"[3]

一、工笔之书写:回归乡土生活的细流

凝望乡土、审视乡土是莫言一直以来最为主要的书写路途,他自己就曾说:"我的肉体生活在北京,我的灵魂生活在对于故乡的记忆里。"[4]初涉文坛,莫言在《春夜雨霏霏》《售棉大路》《放鸭》《白鸥前导在春船》等篇什中呈现出温婉细腻、清新自然的艺术格调。自1985年起,莫言的艺术风格开始转变并一路沿袭出魔幻、狂欢、怪诞等书写路向,在"高密东北乡"的文学地理空间敷衍出战争、苦难、生命等文学主题。但是,莫言新近的短篇小说没有一如既往地运用跌宕酣畅、恣意洒脱的笔墨对故土乡野进行文学涂抹,曾经号为"怪才""鬼才""奇才"的文学标识被悬置不表,而是以日常生活之上的细笔书写确立了新的言说姿态。《地主的眼神》写劳动技术一流的地主孙敬贤受尽欺负,但自己又并非一个完全意义上的好人,其孙辈却在同一片土地上大显身手并获得丰饶馈赠,最后一场"豪华"的葬礼让孙敬贤离开了这片土地。《斗士》刻画了一个类似于"阿Q"式的人物武功,穷困潦倒、气短猜忌又做事毒恶,成为"村子里一个谁也惹不起的人物""一个睚眦必报的凶残的弱者"。《左镰》塑造了因为一场针对傻子喜子的嬉戏、嘲弄而被父亲砍去右手的乡间人物田奎,"我"和哥哥难以确认的举证和田奎父亲的决绝,让田奎的生命如同左镰的锻打,在雷霆万钧、激昂高亢与婉转低回中获得成长成熟的密码,开启一种冷峻的人生。《天下太平》讲述一件乡间琐事,主人公小奥帮打鱼父子看鳖不想被咬住手指,引发了村支书、医生、养猪大户、警察等参与的社会事件,故事最终以小奥得救大鳖放生的"天下太平"式结局收束。《表弟宁赛叶》和《诗人金希普》两个短篇通过宁赛叶和金希普二人在乡间的滑稽故事,呈现出乡村人物狡黠、简单的生活世界,满含"笑中带泪"的阅读效果,其他如《等待摩西》《红唇绿嘴》《火把与口哨》也都着力于"乡间人""乡间事"。

乡土书写在中国现当代文学史上已然是一条绵延不绝的叙事征途,从鲁迅、沈从文、茅盾、赵树理乃至新时期以来的作家们,对于土地的精神守望总是呈现出各各不同的姿态。对莫言而言,总在不断地变换对乡土的观照角度。在莫言的小说近作中,一种逼近生活真实面相的日常光景被描述出来,对当下一些概念式、公式化的乡土写作形成反拨,诚如学人丁帆所言:"设若拒绝了必要的乡土物象与景观,只作抽象的形而上思考,那种原汁原味的感性乡土肯定要被榨成咸菜干。"[5]莫言就是将真实朴素的乡村日常作为观照对象,把乡村物象、乡土景观纳入"密实的流年式的叙写"[6]中,让意义得到充分释放。无论是地主孙敬贤的"土地的故事",还是斗士武功偏执而复杂的命运纠葛,还是宁赛叶、金希普的"混世""戾气",还是蒋二的"精明"、柳摩

西老婆马秀美的"等待"、覃桂英的"高参"、顾双红的"执着"……均回落到了细密而真实的叙述中，隐现着日常生活的通透与洁净。

摆脱了宏大美学的写作规约，莫言将孙敬贤、武功、田奎、小奥、柳摩西、宁赛叶、金希普、柳摩西、覃桂英、顾双红等人的故事编织镶嵌于缓缓的生活细流中，并着力在细节描写上深度开掘，以俯身乡下贴近泥土的姿态工笔呈现出了割麦、摘棉花、打铁、群殴等等乡村日常风物，如《地主的眼神》中的乡村割麦场景再现，抽烟的男人、麦田的轮廓、偶尔的鸟叫……图绘出了乡村世界割麦时节的真实风景，在描绘割麦动作时，更是神韵与风致并显：

> 我特别迷恋挥舞着新磨出的镰刀刚刚割麦的感觉：左手翻腕搅过麦秸，右手将镰挥出去，用力往回一拉，感觉如同割着空气，毫无窒碍。[7]

文学创作回归生活细流，是一种写作的姿态更是一种叙事策略。清早的麦田、娴熟的割麦技术让小说书写逼近了乡村生活的真实形貌，文本中翻腕搅麦、挥镰出手的工笔式描绘不仅恢复了乡村世界的日常光景与虎虎生气，而且凸显出了农耕社会人们独特的生命存在形式，以及人与土地之间无法疏离的依附关系。又如《左镰》中对于走村串户的铁匠的工作场景重现：

> 他们开炉干的第一件活，其实不是器物，而是一块生铁。他们将这块生铁烧红，锻打，再烧红，再锻打，翻来覆去的，折叠起来打扁打长，然后再折叠起来，再打扁打长。[8]

"烧红，锻打，再烧红，再锻打"的场景复现让作家在沾满泥土芳香的语言中图绘出乡村世界的寻常光景，充溢着浓厚的烟火味道与乡土情怀。在小说集《晚熟的人》中此般场景比比皆是，如《火把与口哨》中三叔娴熟的口哨技术，《晚熟的人》中蒋启善的滚地龙拳，等等。

"任何一部杰出、伟大的作品，无不是无数精彩细部浑然天成的组合。在这里，细部所产生和具有的力量，一定会远远覆盖人物、情节、故事本身。"[9]莫言对于乡村日常的细节抒写以及娓娓道来、质朴与细腻并重的叙述风度照见了底部的真实，显示了作家对普通人的平视与尊重，以及与乡村生活之间"不隔"的生命体验。小说离不开细节，细节的锻造是对生活真实的艺术再造，但是生活真实并不等于生活细节，生活从来不缺乏细流，小说的书写需要在把握细节中实现对乡村时势的洞察，对于乡村人事的体味。同时，回归生活的细流并不等于琐碎与零落，关于生活细部的文学刻画如若是沦为表面化滑行，那根本无法探入生活的底部对其进行细部勘察，也就无从探知日常世界的内部纹理，何况素朴的乡村日常本身就具有某种程度的遮蔽性。如何将乡村世界的"小人物""小故事"写深写透，将他们的包孕性、复杂性充分呈现，将细部修辞的力量鼎力发挥，从而实现对乡村日常的去蔽及其内在肌质的真正把握，莫言的小说近作确是具有典范作用。

二、温情之批判：重勘乡村日常伦理

"对于中国的乡村社会来说，乡村伦理具有根本性的精神意义。"同时"乡村伦理对乡土小说的影响很深。"[10]莫言在新近的小说中一方面恢复了乡村日常的既有形貌，另一方面也实现了乡村世界家庭、人伦、孝道、婚姻等的过滤与清洗，从而荡涤出乡村世界新的伦理面相。只要检视自现代以来的乡土书写，就会发现作家们总是在城乡二律背反中展开文学构筑，并逐渐分化为批判与讴歌的审美两极。历史地看，中国文学的乡村想象一度被置换为革命、建设等时代语境和宏大讲述，日常生活经验一定程度被遮蔽和规训。1990年代，乡土叙事渐渐被赋予为文化寻根、城乡对峙、人性探析、国民性反思等命题，日常生活的意义开始受到正视。但是，将乡村世界作为某种固有意识或者既定品貌，以及公式化、浅表化书写依然顽固，非此即彼非城即乡等简单理路常常浮现，乡村世界的内在肌理不时遭到蒙蔽，乡村人物丰富的精神世界亦少有洞察。在莫言的小说近作中，我们看到了一种新的书写方式，作家既坚持了民间资源和乡村边缘人物的书写指向，又开启了关于土地、人事、社会形态的新的伦理追索。

中国社会的乡土性决定了乡人对土地深挚而复杂的情感维系。小说集《晚熟的人》的所有文本几乎与土地较着劲，《地主的眼神》中孙敬贤因为多置了半顷地被划为地主，自己参加劳动改造之外一家均受牵连，而小说又重笔叙写现在的"我"回乡与其孙子孙来雨的关于土地的交流，作为爷爷孙敬贤的"地主"身份被孙子置换为"农场主"，土地成为小说意义最基本的生长点。《天下太平》中的村官张二昆因为揭发前任挪用铁路占地的赔偿款而得到拥护，但后来又逼迫村民袁武拿出养猪场用地修建养老别墅，人地关系在新的历史语境中遭受了权力、资本的异化。《晚熟的人》中的蒋二虽然连土地流转的钱都已不当回事，但是其"打造"的滚地龙展览馆因为"非法用地"被拆除。再有，《左镰》中镰刀与麦子的故事，田奎父亲关于刘老三家的地主身份表述，《斗士》中武功手持镰刀砍掉了黄耗子长势喜人的玉米，《红唇绿嘴》中人们在常年被淹的土地上试种水稻，谷文雨覃桂英夫妇带着孩子到县里上访分到了口粮地。如此种种，土地无不成为小说文本隐在的叙事支持。

乡民社会的土地之上，人是意义的建构主体，并延展出乡村人事的伦理规约。莫言就是依此将人物的复杂内涵衍化到了整个乡村社会，因此小说集《晚熟的人》所涉人物是复杂的，复杂中透着狡黠、自私，也饱含着无奈、焦虑。例如宁赛叶，虽然为"我"一再反驳一再鄙视，但是他被金希普骗了后依然选择自欺欺人，阿Q似的精神胜利法依然根深蒂固。地主孙敬贤对土地有着根柢性的珍惜与依恋，其在割麦的过程中的种种表现又显现出狡黠品性，而对儿媳妇的恶劣态度则表现出刻薄的性格特质。武功属于乡间无赖，但又融正义于猜忌、恶毒之中，敢于用农药浸泡过的馒头毒死方明德大儿子的大肥猪，砍断黄耗子家的玉米，烧掉王登科家的玉米秸秆……也敢于大胆举报方明德儿子们将父亲去世的消息秘而不宣以领取荣军补助的行径，乡村道德的无力让武功滑入伦理的空白区域。莫言在这些近作中塑造的人物具有多元而复杂的精神面相，杂糅了勤劳与狡猾、正义与邪义、公利与私利等多样品质，他们的品性深深地扎根于乡村的每一个缝隙，并通过利我的价值与现实勾连，其间弥漫着一种难以纾解与矫正的文化惯性。这样的乡村形貌昭示出乡村伦理的转捩仍然困境重重，甚至需要在暴力与无赖双重胁迫下唤起另一层意义上的伦理颠覆与重构，如"左镰"少年田奎，莫言对这位乡间人物的成长可谓别具匠心：

> 那把已经初见模样的左镰在炉膛里即将被烧白了。不，已经被烧白了。那块即将加到镰刀上的钢也烧白了。老三奋力地拉着风箱，他的身体随着风箱拉杆的出出进进而前仰后合。老韩用双手攥着长钳先把左镰夹出来，放到铁砧上。然后他又将那块钢加到镰刀上。他拿起那柄不大的像指挥棒一样的锤子，对着流光溢彩的活儿打了第一下。小韩抢起十八磅的大锤，砸在老韩打过的地方，发出沉闷得有点发腻的声响。钢条和镰刀已经融合在一起。老三扔下风箱，抢过二锤，挟带着呼呼的风声，沉重地砸在那柔柔的钢铁上。……三个人站成三角形，三柄锤互相追逐着，中间似乎密不透风，有排山倒海之势，有雷霆万钧之力，最柔软的和最坚硬的，最冷的和最热的，最残酷和最温柔的，混合在一起，像一首激昂高亢有婉转低徊的音乐。这就是劳动，这就是创造，这就是生活。少年就这样成长，梦就这样成为现实，爱恨情仇都在这样一场轰轰烈烈的锻打中得到了呈现与消解。[11]

田奎因为捉弄傻子喜子被父亲砍断右手，暴力与正义合二为一的乡村伦理反而促使田奎的精神世界得以塑形。在上述一段堪称经典的场景描绘中，莫言传神地刻画出铁匠师徒锻打左镰的过程，并把左镰的打造与少年的成长相互映照，以至于钢铁与镰刀的结合、铁匠师徒的精湛手艺、三人对于左镰的锻打都被演绎成为少年田奎精神生命生长的隐喻，此般的生命境遇几乎直逼雅斯贝尔斯所说的"极限情境"，痛苦而决绝的生命困厄反倒成为少年成长的精神力和生命力。田奎后来勇敢地接受了一再改嫁的欢子，这种别样的成长方式也再一次表征出乡村日常中顽劣与温情并置的价值趋向。

有意思的是，以《故乡人事》为题发表的短篇《地主的眼神》《斗士》《左镰》均设置了"父亲"这一角色，虽不占据主要叙事位置，但是三个"父亲"形象具有同构性质。《地主的眼神》中父亲评价地主孙敬贤是否装病的问题："他是五分病，五分装吧。"《斗士》中父亲以调停人的身份屡次出场，化解武功与方明德、与王魁之间的宿怨和争斗，凛然具有道德高标的意义。《左镰》中父亲在惩戒我和哥哥时用板凳怒砸，并向刘老三道歉："我教子无方，向您赔罪。"三个文本中的父亲均作为叙事推进的功能性构件而出现，并未作为主要参与者进入叙事过程，但是这恰恰可以窥探出作者隐在的伦理申说，即乡村社会的道德支配仍然牢固地留存于种种日常行为中，但又未必能真正起到惩恶扬善的作用，人的内在世界的驳杂性质难以通过外在的道德规约得到约束与匡正。

小说集《晚熟的人》所有篇目均涉及了乡村治理与道德正义问题，这亦成为莫言向乡村伦理深层次挺进的艺术性表征。《天下太平》中打鱼父子的行为是暗中进行并用鳖引诱小奥，小奥被夹打鱼父子则一再准备逃离了事。村官张二昆曾将原来的村官拖到大西湾里百般刁难，但是自己成为乡村权力的掌握者时无疑又重蹈覆辙。养猪大户袁武曾经作为先进人物，因为污染环境则被勒令关门，但是张二昆此举却另有企图。而《红唇绿嘴》中的村支书夏顺生用不文明的方式制服了覃桂英,但表哥儿子说:"老老实实一本正经是当不了村官的,这话拿不到桌面上去,但却是到了家的实话。"[12] 不独如此,《晚熟的人》中的蒋二、《诗人金希普》中的金希普、《表弟宁赛叶》中的宁赛叶、《斗士》中的武功、《红唇绿嘴》中的覃桂英等人虽分布在不同篇目中,但都成为粗暴无赖、胆大自私、利益之上、狡诈多变的代名词,乡村日常的运行规约被牢牢锁定在了纯粹的利益层面,这些人的完全按照现实行事,其行事理由和伦理源点无异于阿Q精神的再现,在他们本人看来又是多么的正常,甚至自我认为在乡间具有极强的"超越性"。另外,像张二昆、夏顺生等人作为乡村社会的治理者,本身也好恶参半,治理手段无不用其极。因此,乡村道德伦理总是显得驳杂而游离,正与反的模糊区域与乡村日常相互捆绑,加剧了乡村伦理的异化倾向。可以肯定的是,这确是乡村世界的"本来面目",但在当下的文学书写中,一些浮光掠影、停留表面的文学表述减损了对于乡村世界的深度呈现,在现代性深度嵌入的乡村世界,人地关系、人事关系已经需要重新拷问。莫言对此般镜像的书写是精准的、犀利的,也充满了同情与怜悯,这是一种"意义的回望",就如同著名学者王德威谈到的:"选择一个冷静的立场,退到一个绝对的位置,从这里再一次地出发,去拥抱一个比现实世界更广大的宇宙星空天地。"[13]

三、精微之审思:重构乡村世界的文化意义

南帆曾指出:"乡村不仅是一个地理空间,生态空间;至少在文学史上,乡村是一个独特的文化空间。对一个作家来说,地理学、生态学或者社会学意义上的乡村必须转换为某种文化结构,某种社会关系,继而转换为一套生活经验,这时,文学的乡村才可能诞生。"[14] 著名评论家陈晓明曾用"在地性"[15]来指称莫言写作的乡土性,"中国作家都有乡村经验,但是不是真正有在地的经验,这就很有些不同"[16]。莫言的"在地"是扎根在结实丰厚的乡村甚至泥土之上但又没有被束缚住,其以高密东北乡为叙事源点向整个世界推进,以获取对于文化、历史的深度认知。

莫言在小说近作中,总在日常叙事的表层讲述下攒足功力向社会生活的深度进发,将乡土文学领域一度盛行的城乡拉锯、都市异乡、留守与离开等书写主题弃置不用,无论是老一辈的孙敬贤、方明德、武功,还是同辈的金希普、宁赛叶、覃桂英,还是作为年轻一代的孙来雨、田奎、张二昆等等,均没有在进城与返乡的窠臼中肆意奔走,城市文明或者工业文明就连作为叙事的潜在抵抗因素也未及出现,因为惯常的书写逻辑将乡村颓败或城市扩张一再复写,消减了文化主体复杂的生命境遇与世道人心。另外,莫言也限制了传统与现代间二元对立的叙述可能性,新老两代乡民之间并没有出现大的裂痕,在众多文学文本中被反复伸扬的新旧差序亦未全然呈现,"乡间斗士"武功、特殊少年田奎所征显出来的是另一种意义上的乡村文化,他们虽然不是乡村文化的主体,但是已然凸显着极强的峻峭感和坚硬属性。莫言在这些作品中似在刻意申说一种来自乡村内部的深层文化结构,这种结构经由孙敬贤、武功、田奎、柳向阳等人得到渲染和涵指,他们将落后与勤劳、恣睢与固执、狐疑与决绝等文化因子牢固地挺立在乡村大地,无论时代如何迁移,其内在的生命力依然顽强,彰显着向乡

村传统声援与致意的生命轨迹,成为乡村文化形态中最为坚硬的部分。而对孙来雨、张二昆、蒋二等人而言,土地、权力所表征的财富、利益等因素让他们底气十足、朗然自信,自然少了昔日乡人的谦卑、委屈、畏缩与自失,这是新时代之下莫言文学中少有的乡村世界新的文化承担者,其文化身份的确立有着极大的艺术张力。所以我们可以看出,莫言关于乡村日常的书写,在看似平淡、琐碎的生活细流之外凸显着深刻的召唤本质,因为一部叙事作品的话语飞跃总是与文本内部的隐在规则、构成质块有关,这种规则和质块形构了乡村世界复杂的文化视像与精神实质,亦成为乡村人物生命活动的内在驱动力,但是孙敬贤等老一代和孙来雨、张二昆、蒋二等新一代农人,以及金希普、宁赛叶、覃桂英等等,在文化上具有同源性质,他们不同的行径只不过是时代的变迁而已,某种固有的品质似乎深植于心,成为难以撼动的乡村文化内核,常与变均处在一种守恒的价值维系之中。值得注意的是,莫言在这几个文本中的乡村世界文化意义建构是"呈现",而不是"比较",这种文化意义的自我肩负为乡土写作提供了一种的新的观照方式,这些小说文本对日常生活的着力都凸显着乡村世界的丰富多样以及文化的自足色彩。

另外,在这些文本中,莫言均塑造了一个"我"作为内聚焦的讲述者,这与学者指出的莫言小说中浓郁的"我向思维"不谋而合,"我向思维"即"明显偏爱并大量使用第一人称叙述视角。'我'在莫言小说中同时扮演着故事人物和叙述者的双重角色。这种'我向思维'叙事策略造就了莫言小说'煞有介事'的叙事腔调、'滚珠落玉'的叙事风格和'泥沙俱下'的语言浊流"[17]。同样,《晚熟的人》小说集中的"我"承担了故事讲述者与参与者的双重角色,也再次诠释了莫言"作为老百姓的写作"文学立场,"那种悲凉是发自灵魂深处的,是触及了他心中最痛疼的地方的",也是一种"写自我的自我写作"立场[18]。但是与"煞有介事"的叙事腔调,"滚珠落玉"的叙事风格和"泥沙俱下"的语言浊流所不同的是,《地主的眼神》《斗士》《左镰》《红唇绿嘴》《等待摩西》《火把与口哨》中的"我"都暗合着"少年的我"与"现在的我"的叙事交汇,"现在的我"更是携带了隐含作者的观照视角,助推"我"在对孙敬贤、武功、田奎、柳摩西、覃桂英、顾双红等人的回忆中浸透着襟怀坦白的内省品质。《表弟宁赛叶》中的"我"不断被表弟宁赛叶质问,在"我"的辩解、指瑕中又对表弟无可奈何。《左镰》中田奎因为少年的"我"和哥哥的难以厘清的怪罪失去了右手,而"很多年后,村子里的媒婆袁春花,要把寡居在家的欢子介绍给田奎。"《诗人金希普》中历数种种社会怪状,"我"总是处于被动叙述位置。《红唇绿嘴》中的"我"不但听闻覃桂英的种种"高参"行径,"我"本人也被其低劣演技困扰。凡此种种,内聚焦的"我"处于"看"和"被看"的双重视界中,故事中的"我"与隐含作者的"我"相互映照,加深了叙事品质的铸造,无论是关于乡村之善还是乡村之恶的故事讲述,均显出作者对乡村人事的尊重,使小说流溢着温婉情愫,凸显出对于乡村世界的深挚感情,也增加了叙事的厚重感。就如同莫言自己所言:"尽管我骂这个地方,恨这个地方,但我没办法割断与这个地方的联系。生在那里,长在那里,我的根在那里。尽管我非常恨它,但在潜意识里恐怕对它还是有一种眷恋。这种恨恐怕是这样的,我一直湮没在这种生活里,深切地感到这地方的丑恶,受到这土地沉重的压力。"[19]

总之,莫言紧紧抓住东北乡这片土地又在其上实现了精神时空的升腾,凸显出常与变的历史因循。文学书写中小心翼翼地避开惯常的历史与道德的阐释理路,将时事沧桑、人性浮沉沉潜于叙事之中,这就为乡村日常的文学叙事开辟了新的路途,实现了乡村世界精神时空的意义重构。也许,这就是莫言:"已不再是一个仅用某些文化或者美学的新词概念就能概括和描述的作家了,一个异常多面和丰富的、包含了复杂的人文、历史、道德和艺术的广大领域中几乎所有命题的作家。"[20]

注释:

[1] 贾平凹:《极花》,北京:人民文学出版社,2016年,第208页。

[2] 陈晓明:《众妙之门——重建文本细读的批评方法》,北京:北京大学出版社,2016年,第13页。

[3] 张瀚允:《〈晚熟的人〉:"陌生与惊喜的阅读体验"——"本土、现实、小说的回归——莫言近作研讨会"侧记》,《中国艺术报》2020年11月11日,第3版。

[4] 莫言:《我的故乡与我的小说》,《当代作家评论》1993年第2期,第38页。

[5] 丁帆:《中国乡土小说史》,北京:北京大学出版社,2007年,第367页。

[6] 贾平凹:《秦腔》,北京:人民文学出版社,2008年,第566页。

[7] 莫言:《故乡人事》,《收获》2017年第5期,第8～9页。

[8] 莫言:《故乡人事》,《收获》2017年第5期,第20页。

[9] 张学昕:《细部修辞的力量——当代小说叙事研究之一》,《中国现代文学研究丛刊》2013年第7期,第110页。

[10] 贺仲明:《乡村伦理与乡土小说:影响与互动》,《华夏文化论坛(第十三辑)》2015年第1期,第96～98页。

[11] 莫言:《故乡人事》,《收获》2017年第5期,第23页。

[12] 莫言:《晚熟的人》,北京:人民文学出版社,2020年,第280页。

[13] 王德威:《现当代文学新论:义理·伦理·地理》,北京:生活·读书·新知三联书店,2014年,第207页。

[14] 南帆:《启蒙与大地崇拜:文学的乡村》,《文学评论》2005年第1期,第95页。

[15] 陈晓明:《"在地性"与越界——莫言小说创作的特质和意义》,《当代作家评论》2013年第1期,第35页。

[16] 陈晓明:《众妙之门——重建文本细读的批评方法》,北京:北京大学出版社,2016年,第421页。

[17] 王西强:《论1985年以后莫言中短篇小说的"我向思维"叙事和家族传奇》,《当代文坛》2011年第5期,第77页。

[18] 莫言:《文学创作的民间资源》,《当代作家评论》2002年第1期,第7～8页。

[19] 陈晓明:《"在地性"与越界——莫言小说创作的特质和意义》,《当代作家评论》2013年第1期,第37页。

[20] 张清华:《叙述的极限——论莫言》,《当代作家评论》2003年第2期,第59页。

传播·接受·权力话语
——穆旦诗歌经典化建构的三重力量耦合

李蒙蒙

（太原师范学院文学院，山西晋中，030619）

内容摘要：穆旦诗歌经典化建构是一个繁复交错的命题，它不仅关乎作品本身的审美内涵、艺术价值和经典性品格，还与传播机制、接受机制和权力体制等的综合运作紧密相关。1930年代中后期以来，穆旦诗歌正是在传播主体、传播媒介、传播范围的不断扩大之下，在共时接受与历时接受、专业接受与非专业接受的共同配合之下，在政治权力、学术权力与经济权力等的协同运作之下，逐步实现经典化建构的。因此，穆旦诗歌经典化并非是一个单纯的审美艺术问题，而是一个与历史进程紧密相关的多重复杂的社会文化现象。

关键词：穆旦诗歌；经典化；传播；接受；权力话语

在建构主义经典观视阈内，文学经典的生成并非是作家作品在时代发展进程中自然演变的结果。事实上，文学经典的形成是政治、经济、文化等多重因素综合作用的结果，它既是传播和接受的某种"终端效应"，也是多种权力话语参与运作的产物。如斯蒂文·托托西所言："实际上经典化产生在一个累积形成的模式里，包括了文本、它的阅读、读者、文学史、批评、出版手段（例如，书籍销量，图书馆使用等等）、政治等等"[1]。穆旦是中国新诗现代化进程中具有标志性意义的经典诗人，其传播接受与经典化建构已走过了七十多年的历程。这一历程既是一个涉及时代语境变迁与文学审美观念转换的历史化过程，更是一个与文学传播、接受以及权力话语等因素紧密相关的社会化过程。

一、传播扩张与穆旦诗歌经典化建构

文学传播场域与经典化建构之间具有重要的直接性关联，"经典化面临的就是一个文本不断被传播的问题，这样才是抗拒时间的呈现方式"[2]。首先，传播是经典化建构的前提条件。作为历史流传物的文学作品，只有经过传播这一中介活动，才能摆脱封闭无声的状态，进入公众视野中，获得基本的生命和存在的意义，因而传播在文学接受和经典化活动中具有某种先决作用。其次，传播活动也是推动作家作品跻身经

典序列的重要手段。唯有在反复传播的过程中，作品的价值意义才能不断被敞开，并为读者所熟知和认可，作品的影响力和声誉才能不断提升，并最终向经典迈进。最后，在某种程度上，广阔的传播空间与绵延的传播时间也是作品晋升为经典的显在标志。同样，在穆旦诗歌经典化过程中，传播作为一个重要的维度也在其中发挥了巨大的促进作用。可以说，1930年代中后期以来，穆旦诗歌正是在传播主体、传播媒介、传播空间的不断扩张之下逐步实现经典化建构的。

就传播主体而言，穆旦诗歌经典化是由各种类型的传播者共同参与完成的。1930—1940年代，穆旦诗歌的传播主体主要为报刊编辑、评论家、诗人等个体传播者，他们利用其所占有的文化资源，通过作品刊载、诗歌评论、选本编纂等形式，对穆旦诗歌进行积极的传播推介，使其在当时的文坛中产生了一定影响力。其中，富有文学声望的沈从文、闻一多、朱光潜等人充当了穆旦诗歌的"发现人"的角色。但是整体而言，这一时期传播主体的力量相对微弱，传播效能也较为受限。"十七年"和"文革"时期，穆旦诗歌的传播主体遭受极大缩减，除了极为有限的内地报刊编辑和评论者之外，少数香港文学史家（林曼叔、司马长风等）和诗歌选家（张曼仪、尹肇池等）也在这一时期承担了穆旦诗歌的传播者的角色，他们的编选与阐释较为客观地还原了穆旦诗歌的价值。新时期以来，随着时代语境的转换和读者对穆旦诗歌认识的深化，穆旦诗歌传播主体的数量得到迅速增长，并呈现出开放性与多元化特征，如其中既有诗歌评论家、文学史家、诗人等群体，也有出版商、书商、编辑等专职传播者，同时也包括一些政府机构、民间团体、教育机构等，他们以各自的传播优势为穆旦诗歌影响力的扩张做出积极贡献。其中，由穆旦诗友、"九叶派"同人、穆旦亲人等构成的"亲友团"是较为特殊的传播主体，他们从1940年代延续而来，在穆旦诗歌经典化过程中发挥了持久而重要的影响作用。如王佐良、周珏良、唐湜、袁可嘉、杜运燮、陈敬容、李瑛等人都曾对穆旦诗歌进行不遗余力的发掘、阐释和推介，他们作为穆旦诗歌最初的传播力量，奠定了穆旦研究的思路与范式，并对穆旦诗歌当代影响力的强化及文学史定位具有不可替代的作用。穆旦的亲人则通过回忆性叙述的方式参与塑造了诗人的受难者形象和高贵的主体精神，他们积极主动的言说行为也具有强烈的建构意识。可以说，"穆旦的'亲友团'是构成穆旦研究最初的基础性力量，而且在很长时间里，左右着穆旦研究的基本格局"[3]。总之，在上述传播主体的共同努力之下，穆旦诗歌的声名得到扩张，穆旦在诗歌史上的经典地位得到确证。

就传播媒介而言，穆旦诗歌经典化是由多重传播载体共同作用的结果。1930—1940年代穆旦诗歌主要是通过各级报纸、杂志、诗歌选本、个人诗集等方式传播，这些传播媒介为穆旦的出场提供了一定平台，为其作品的保存、流传与阅读提供了便利，也使其社会影响力得到扩张，但是总体而言，由于政治局势、文化格局等因素的影响，这些传播并未引起充分反响。"十七年"和"文革"时期，在某种激进的文艺思潮和"因人废文"的逻辑之下，穆旦诗歌在大陆文学场域中的传播几近中断。新时期以来，在文艺氛围渐趋活跃开放的背景下，穆旦诗歌的传播媒介得到极大扩张，报刊、诗集、选本、教材、广播、电视、互联网等媒介更迭交错，共同构成了穆旦诗歌多元的传播体系。由于各类传播媒介在穆旦诗歌经典化过程中所发挥的作用不尽相同，以下择取三类主要媒介予以说明。其一，选本作为文学传播活动的载体，是读者获取文学经典的重要渠道之一，也是穆旦诗歌经典化建构的必要路径。诗歌选本是选家在某种诗歌观念的指导下对文本进行筛选与排序的结果，其编选目的多在于勾画新诗发展轮廓、呈现新诗经典。选本除了在加快作品传播速度、扩大诗人诗作的影响力方面具有独特贡献外，其重要功能还在于"暗中完成着价值的估定和经典的塑造"[4]的使命。新时期以来，穆旦诗歌被各种类型的权威诗歌选集，如"中国现当代文学作品选""中国新文学大系""中国新诗总系""百年中国文学经典"等重点推介，获得了较高的文学史定位。同时也通过以通俗性、消遣性为表征的民间大众选本的推广，逐渐为普通读者熟知，积累了文学声望。其二，在穆旦诗歌经典化过程中，语文教育及教材的传播作用也是不可忽视的，有学者认为目前"最有效的传播还是通过教材的方式，我们所有关于新诗的记忆和认知，就是根据当年中小学或大学接受而建立起来的"[5]。教材是文学经典的重要传播渠道，对于普及文学常识、提高学生的鉴赏能力、培养民族审美趣味具有一定功效。新世纪以来，穆旦诗歌名篇《赞美》《春》《在寒冷的腊月的夜里》《停电之后》多次被选入权威中小学语文教科书中，《诗八首》《智慧之歌》《森林之魅》等也多被通识性的大学语文教材选录，收获了大多数适龄的青少年读者群体。这种普及性的传播方式使穆旦诗歌的影响力得到大面积扩张，使其价值意义得到系统化延续。正如陈思和所言，"从长远来说，真正进入文学史、成为经典的文学作品，主要是依靠教育途径，代代教习诵读，传承文学血脉"[6]。其三，在大众文化和消费文化语境中，新媒体以广阔的覆盖面和高效的传播速率，在穆旦诗歌经典化过程中发挥了显而易见的作用。广播、电视、互联网等媒介的发展，为读者接近穆旦诗歌提供了便捷的途径，同时文字、声音、图像三种媒介符号的交织互动，也从根本上改变了以往单一化的传播模式。如90年代中后期以来，中央电视台的"读书时间"栏目、"新年新诗会"节目、中央人民广播电台的"子夜星河"栏目、"大师""腾飞中国"等专题纪录片以及"为你读诗"等微信公众号平台都曾以丰富的形式对穆旦作品进行过专门推介，为其传播推广带来助推效应。并且，网络上以穆旦诗歌为主题的"豆瓣小组""知乎""天涯论坛""百度贴吧"等的出现，也有效改善了传统媒介中大众读者声音受到压抑的问题，丰富了穆旦诗歌的传播接受效果。总之，在多种媒介的联合运作下，穆旦诗歌逐渐进入公共阅读空间中，向更多受众敞开，其诗歌形象与历史地位得到显著提升。

就传播范围而言，穆旦诗歌经历了从中国国内到国外、从汉语文化圈向非汉语文化圈蔓延的传播过程，有效提升了其经典化水平。新时期之前，穆旦诗歌就曾出现过少量的"走出去"的状况。新时期以来，随着文化交流的加强，穆旦诗歌在中国大陆、中国港台和国外的传播状况均得到明显改善，拥有了更多异域读者，这也佐证了秋吉久纪夫所言的"穆旦的诗，在拥有悠久传统的中国诗中，是以世界的视野大放异彩的作品"[7]。其一，穆旦诗歌在中国港台范围内具有一定的传播基础，拥有一批潜在的阅读者。1940—1960年代穆旦的部分诗作曾在中国香港的《大公报·文艺》《文汇报·文艺》等报刊上发表，其部分译著如《拜伦诗选》《雪莱诗选》等也曾获中国香港的上海书局出版[8]。1970 年代，由于历史和文化语境的区隔，在中国内地文学场域遭受冷遇的穆旦现代诗歌曾一度在中国香港以作品刊载、选本辑录、诗集影印出版和文学史记述等形式获得一定的传播机遇。新时期以来，随着文化环境的逐渐开放和两岸沟通的加强，穆旦诗歌在中国港台地区的影响力得到进一步提升，一些权威选本对其给予了较多关注，如中国香港出版的《八叶集》《新诗选》（罗洛编），以及中国台湾地区出版的《现代中国诗选（下）》（杨牧、郑树森编）、《新诗三百首（1917—1995）》（张默、萧萧编）等。其二，在日韩范围内穆旦诗歌的传播效果也不容忽视。在日本，秋吉久纪夫作为穆旦的专业研究者，曾在 1994 年将穆旦诗集译成日文版《现代中国诗人穆旦诗集》，使穆旦诗歌具备了与日语世界的读者进行沟通对话的可能性，同时秋吉久纪夫对穆旦作为"智慧的祈求者"的形象定位也具有一定影响力。在韩国学界，关于穆旦诗歌的专门性研究论文已超过十二篇，其中李先玉、吴允淑、金素贤、朴正元等研究者曾分别针对穆旦诗歌的主题、宗教因素、后期诗歌创作、国际性特征等作出重点阐释，而且 2003 年李先玉曾翻译穆旦的部分诗作，并出版韩文版《穆旦诗选》。这些成果既强化了穆旦诗歌的传播效果，也拓宽了其研究视阈，据研究者表示，"韩国的穆旦诗研究起点是比较高的……十几位韩国学者的穆旦诗研究，数量上并不算多，但却构成了对中国学界穆旦诗研究的有益补充"[9]。其三，穆旦诗歌在英语世界中的译介更为丰富，经历了从萌芽到拓展和深化的历程，在持续的跨文化空间的传播中，穆旦诗歌逐渐进入世界文学场域。1950 年代，《饥饿的中国》《诗八首》曾首次被国外出版的具有"世界名著"性质的权威选本《世界名诗库》（*A Little Treasury of World Poetry：Translations from the Great Poets of Other Languages，2600 B. C. to 1950 A. D.*）选录，其影响力不容小觑。1992 年穆旦七首诗被叶威廉编选的《防空洞里的抒情诗：现代中国诗歌 1930—1950》（*Lyrics from Shelters：Modern Chinese poetry，1930-1950*）重点选录，"这部集子在美国影响颇大……'九叶派'代表诗人悉数被选入……其中穆旦和唐祈所占的篇幅最大"[10]。1995 年穆旦诗歌也曾被刘绍铭、葛浩文主编的《哥伦比亚现代中国文学选集》（*The Columbia Anthology of Modern Chinese Literature*）选入，作为被众多国外高校采用的权威文选，其传播效力尤为强大。据王天红《穆旦诗歌英译述评 1946—2016》表示，1946 年以来穆旦诗歌已被美国、英国、爱尔兰、加拿大等十几个国家的学者所编选的英文类诗歌选本收录。除此之外，在中国学者编译的具有较强推介意识的英译选本中，穆旦诗歌也多被选入，如方宇晨的英译《中国现代诗选》、王耀东的中英对照本《中国新诗选》、张智的汉英读本《中国新诗 300 首（1917—2012）》等。新世纪以来甚至出现了专门的穆旦诗歌英译著作，如王宏印著译的《穆旦诗英译与解析》、北塔选编的中英对照本《穆旦短诗选》等，有力推动了穆旦诗歌在非汉语文化圈中的传播。总之，在中国和海外学者的共同建构下，穆旦诗歌不断向异质文化空间中涌入，逐渐在世界文学版图中确立了自己的印记，也使得更多中国大陆以外的读者认识到这位现代中国诗歌大师的风采。

二、阅读接受与穆旦诗歌经典化建构

文学接受场域与经典化建构之间具有更为密切的关联，文本的阅读接受活动是文学经典化的重要推动力量，作家作品的经典地位是在漫长的接受历程中逐渐确立和巩固起来的。作品进入读者的接受视域之后，"读者阅读、批评就像火柴一样点燃了文本，使文本进入社会关系网络，成为一种有生命的作品"[11]。同时接受效应也是文学经典化的检验机制，普遍、持久而深入的阅读接受效果是作家作品经典性生成的明证。在读者与文本的交流、对话活动的充分展开中，穆旦诗歌的意蕴和内涵得到发掘并为读者所把握，穆旦诗歌的影响力与传播效应得以扩张。从宽泛的意义上而言，穆旦诗歌经典化建构是由一系列阅读批评行为构成的，读者的阅读接受对于穆旦诗歌经典地位的确立具有不容忽视的影响作用。

从接受史的角度来看，文学经典化是由历代接受者在不断的阐释批评活动中集体命名完成的。各个时代的读者作为穆旦诗歌的合法建构者，都从自身的审美趣味和阅读视点出发，对穆旦诗歌作出了不尽相同的阐释和价值定位，实现了对穆旦诗歌的阅读累积与认知深化，穆旦诗歌的经典地位正是在这一不断更迭的动态进程中得以生成的。首先，同时代读者的共时接受是穆旦诗歌经典化建构的起点。穆旦诗歌在问世之初即得到王佐良、唐湜、袁可嘉等同代读者的阅读、研究和评论，并引发过一定范围内的争议现象，这表明穆旦诗歌在其所产生时代的精神生活领域中曾显现过一定的价值和影响，而非处于完全不为人知的静默状态，这是其经典化建构的起点。同时，同代读者王佐良、唐湜等在对穆旦诗歌的解读过程中所开掘出的诸如"用身体思想""受难品质""搏求者的精神"等诗学命题，对后代读者和批评家的接受活动产生重要的启示效应，在穆旦诗歌经典化过程中发挥奠基作用。其次，穆旦诗歌的接受效果并非停留于共时性的水平，而是在时代的变迁更迭中仍历久弥新，并释放出大量的审美信息，吸引着越来越多的后世读者参与到对其诗歌的隔代阅读中，形成持续不断的历时接受现象，这也是穆旦诗歌之所以成为经典的重要原因之所在。如80年代中后期以来，新一代研究者从新的视角和思路出发，围绕穆旦诗歌的"非中国性"问题、穆旦与中国古典诗歌传统的关系、穆旦诗歌的宗教因素、穆旦诗歌精神等问题进行深入探讨，深化了前代读者的认知与阐释成果，构建起一脉相承的诗学谱系。穆旦诗歌的意义整体就是在各代读者的沟通对话中得到不断生成和形塑的。并且，随着时代文化语境的转换，一些前代读者未能发现的文本意蕴和诗学问题在新的历史条件下得以被当代接受者所发掘和彰显出来，从而为穆旦诗歌开拓出新的内涵与价值意义。如90年代以来，在后世读者富有开创性的研究活动中，"穆旦接近鲁迅"的命题、穆旦诗歌的修改与版本考辨、"穆旦现象"、穆旦诗歌的经典化等新的论题得以提出，符号学、语言学、新批评等研究方法不断被引入，使得穆旦研究的深广度得到有效拓展。正如海涅所言，"每一个时代，在其获得新的思想时，也获得了新的眼光。这时他就在旧的文学艺术中看到了许多新精神"[12]。总之，经典化是一个流动性的过程和持续性认同的结果，作品的经典意义是不可能被某一时代的读者所穷尽的，而是需要在不断延续的接受历程中逐步为数代读者所渐进发掘和体悟。正是在时代的淘洗中，在共时读者与历时读者的共同接受中，穆旦诗歌的价值意义得到不断增殖，穆旦诗歌的经典化进程得以不断推进。

从阅读接受主体的角度而言，文学经典是由各种不同类型的读者，如文学史家、批评家、诗人、大众读者等共同指认和命名的。作家作品只有经过专业读者的阐释批评和普通读者的阅读欣赏才能产生出真正的学术价值和流传价值，从而向文学经典迈进，就某种程度而言，经典是"由专业阅读与消费阅读共同指认和评定的文本"[13]。其中专业批评家、作家读者、学生读者和普通大众读者是穆旦诗歌经典化过程中重要的接受主体。其一，在穆旦诗歌经典地位的生成过程中，王佐良、唐湜、袁可嘉、梁秉钧、蓝棣之、李怡、易彬等专业批评家的阐释发挥了首要作用。与其他读者相比，批评家往往具有较高的理论素养与诗学造诣，他们对穆旦诗歌文本的专业批评和鉴赏，可以开掘出文本隐含的诗学与美学价值，使其得以走出被遮蔽的境地。如1980年代中后期以来，精英批评家在新诗现代化研究视阈内不断标举穆旦诗歌的现代性、异质性与反叛性特质，完成对穆旦的经典形塑，形成了新诗史上具有标志性意义的"穆旦研究热"现象。并且，由于批评家掌握着相当程度的话语权，其阐释批评往往具有权威性，对大众的阅读选择与价值判断发挥引导作用。因而，批评家的阐释是穆旦诗歌经典化过程中的关键环节，"现在那些公认的'经典'相当程度上是不同话语借助于批评者而遴选、阐释出来的"[14]。其二，作家型读者是穆旦诗歌的特殊读者，他们拥有敏锐的审美感知能力、丰富的创作经验和直接性体验，他们的认可与推举有效提升了穆旦诗歌的地位和影响力。新时期以来许多当代作家和诗人，如王小波、余世存、臧棣、王家新、邹汉明等都曾对穆旦诗作或译诗投以颇多赞赏之词，共同将其树立为诗歌典范。并且，穆旦诗歌文本成为诸多作家读者自觉追随与摹仿的对象，如邵燕祥、林夕等曾明确表示在创作中直接受到穆旦诗歌的实质性影响，金宇澄也曾在小说《繁花》的跋、封四和内文中三次引用穆旦《诗八首》中的名句表达自己的写作感受及对诗性的守护。作家读者的高度认可与积极效仿，使穆旦诗歌的经典地位得到突出标举。其三，中小学生与大学生读者群体是穆旦诗歌受众谱系中一个庞大的族群，也是穆旦诗歌价值意义的重要普及对象。他们往往在一定的教学目标的引导下，以教材为起点接触穆旦诗歌，其接受目的在于领悟诗作所传达的思想情感与艺术魅力、积累相关的诗学知识、提高鉴赏能力和审美趣味，具有较强的目的性。在一系列教学环节的导引之下，穆旦作为现代经典诗人的形象日渐深入人心，穆旦诗歌的思想内涵与审美特质也被学生读者初步认识并固化为一种文学常识，穆旦诗歌由此获得了较大程度的普及与推广。其四，普通大众读者也是穆旦诗歌经典化建构的重要力量。文学经典需要在传播过程中经受普通读者的广泛选择、认可和接纳的考验。90年代以来在学术界的持续推介，尤其是在1994年"大师事件"的影响之下，穆旦诗歌逐渐从"小众圈子"步入公共空间，收获了越来越多普通读者的阅读欣赏，其诗歌的价值意义也得到更加稳固的延传。并且，在对穆旦诗歌的接受过程中，普通读者由于思想观念、认知视点等的不同，可能会形成某些自发的阐释或独到的理解，如在网络论坛上有诗歌爱好者敏锐地发掘出穆旦诗歌与昌耀诗歌间的异曲同工之妙。正是在众多读者的共同阅读和言说中，穆旦诗歌的意义空间愈益拓宽，穆旦诗歌的整体形象逐渐丰富。或可言，经典化是一个由小范围认可向群体认同蔓延，并最终实现普遍性认同的过程。文学经典只有经受那些知识结构、审美趣味、欣赏水平等层面各不相同的广大读者的共同接受才能"验明正身"。

总之，穆旦诗歌经典化建构与读者的阅读接受行为密切相关。穆旦诗歌经典化既是一个历史流变的过程，也是一个横向拓展的过程；既是数代读者的阅读理解沉淀的结果，也是各类型读者的接受活动叠加的结果。真正的文学经典化只有在阅读接受达到一定高潮状态时才会出现。

三、权力运作与穆旦诗歌经典化建构

在文化研究视野中，文学经典是一定社会语境中的权力主体出于自身的利益而"册封"的某种制度化的文本，经典的建构和颠覆从根本上而言是权力关系运作的结果，所谓"经典与权力是同谋"[15]。在文学场域中，各种权力意志相互较量，其中获得最多文学资本的权力类型"就可以占有文学场的支配性位置，就可以获得定义经典的符号权力，也就是可以以普遍性的名义将它册封为经典"[16]，因而在不同的社会体制中，伴随主导力量权威的此消彼长的更迭，文学经典的命运也不断沉浮。穆旦诗歌经典地位的形成也是各种权力意志操纵下的产物，其中政治权力、文化或文学权力、经济权力是最为基本的要素，它们在穆旦诗歌经典化过程中发挥了合力作用。

政治权力和意识形态因素往往在经典建构过程中发挥直接有力的作用，政治形势的变动会对文学经典名单的构成产生冲击，甚至可以说，在特殊时期内政治权力左右着文学经典的建构。一般而言，政治权力主要是通过显性或隐性的方式参与经典建构过程，如利用政治制度、文学政策、出版与发行机制、学校教育、奖励资助制度、政治权威人物的意见表达来"禁毁经典、重新阐释经典甚至篡改经典，制造并神圣化经典"[17]，或者在无形中向社会成员传播特定的思想理念和文化观念，使得某一时期关于经典的认识被意识形态化，使得经典的遴选符合权力话语的要求，从而实现对思想舆论的控制和对主流意识形态权威性的强化，这也就造成了经典与政治之间纠缠不清的复杂关联。在某种程度上，"文学经典就成为一种特殊的话语，其中包含着复杂的意识形态幻象"[18]。同样，在穆旦诗歌经典化过程中，也渗透着政治权力、体制、意识形态等因素的运作，并且其影响力和作用方式随着社会语境的变迁而各有不同。在1950—1970年代的特殊语境中，由于与主流意识形态的规定性之间存在罅隙，穆旦诗歌的传播接受过程无可避免地受到政治权力的直接或间接的影响。如在权力话语的作用下，穆旦1940年代的现代主义诗作成为不予出版和评述的特殊对象，其当代诗歌创作也遭到意识形态话语的直接批判。正如童庆炳所言："有时候意识形态对于文学经典建构的影响是一种可怕的偏见……'偏见'堵塞了我们通往作家作品的路。"[19]新时期以来，伴随社会体制的变迁，政治权力在经典建构过程中的绝对权力作用也在发生调整。如随着1979年穆旦被平反、1981年穆旦历史问题的彻底解决，穆旦诗歌获得了正常的出版发行和被阐释批评的权利。并且在精英话语的强烈建构之下，政治权力话语对穆旦诗歌也做出了更大程度的接纳与推广，如新世纪以来，穆旦《赞美》《在寒冷的腊月的夜里》《停电之后》等文本的意蕴经过阐释与开掘，契合国家权力和主流意识形态的要求，被广泛纳入文学史、教科书、作品选中，获得了正统性和权威性地位，穆旦也被推举为爱国诗人，这对其经典化建构起到强有力的促进作用。需要注意的是，虽然政治权力因素对作家作品经典化过程具有重要影响，但其并非唯一决定性因素,通常而言,任何仅仅倚赖政治权力单方面确证的经典都是不牢靠的。

新时期以来,在开放自由的社会文化语境中,政治意识形态因素对文学经典的控制力逐步减弱,在经典建构力量方面允许了更多的自由性,在这一前提下,知识力量和学术权力逐渐剥离政治话语的宰制作用,日渐恢复其自主性特征,并在经典建构过程中占据突出地位。在佛克马看来,"在大多数国家已不存在批准和强行颁定一部文学经典的政——教权力机构了。现如今,进行选择的职责落到了教师们的肩上"[20]。新时期中后期以来在穆旦诗歌经典化过程中,学术权力逐渐蜕变为重要的依托力量,以权威批评家、文学史家、高校教师等为代表的文学研究机构和学院派力量出于重述文学史和新诗史、重建新诗的立场和标准、重整诗歌资源和传统等目的,通过文学阐释批评的聚焦、选集和选本的收录、文学史和教材的评述、文学教育的推广普及等手段,参与到穆旦诗歌经典化建构的活动中来。正是在学术权力的不断运作之下,穆旦诗歌的学术价值得以持续生产,穆旦的诗坛地位得到不断提升,甚至被打造为"新诗第一人"。当然,穆旦诗歌经典地位的获得也与学术界内部的资本和权力争夺有关。一般而言,在学术文化场域中分布着不同立场的批评集团,他们掌握着不同比例的文化资本,占据着不同等级的场域位置,为了提升各自所处的地位、获取更多的话语权力,颠覆与重建的工作总是在进行中,"经典之争可以说非常集中、非常戏剧性地折射出文化场域中的权力之争"[21]。同样,穆旦诗歌经典"占位"的完成既是占据权威地位的研究者采用颠覆与瓦解的策略,对之前的某些"经典"诗人诗作进行"去经典化"的结果,也是权威研究者以一系列建构方式,对穆旦诗歌价值意义的捍卫、张扬与命名的结果。因而,穆旦诗歌经典化离不开学术权力的系列运作,如何在经典化建构过程中端正研究风气、保持学术理性就显得尤为必要。

文学经典的建构方式也受到时代经济体制变革的影响。90年代以来随着市场化进程的加快和社会主义市场经济的全面启动,经典化建构的权力机制与力量格局发生了较为明显的变化,先前那种仅仅依靠政治权力或学术权威来打造经典的稳固范式被逐渐打破,经济权力和消费力量"后来居上",成为制约经典选择、传播和建构的不可或缺的因素。"传统的主导是教化、审美或者政治的力量,而消费社会的主导是经济力量……经济力量的主导实际上转化为大众消费意志的主导"[22]。在这样的语境下,穆旦诗歌经典化过程不可避免地要与消费文化之间建立关联,其经典化进程也势必牵涉到经济利益的驱动与商业因素的鼓噪。90年代以来在穆旦诗歌经典化过程中出现了一系列行之有效的建构方式,如1994年《20世纪中国文学大师文库》出版引发的"大师排座次"事件和90年代末以来的"百年百种优秀中国文学图书"评选活动、"20世纪文学60家"评选活动等。这些活动多为文学出版机构和媒体机构在联合追逐利益的目的之下,以商业营销策划和市场化运作为手段而开展的带有炒作造势和广告宣传性质的传媒活动。就其效应而言,它们在一定程度上激发了大众的购买欲望,提高了相关作品的销售额度,为出版集团带来直接的经济利益。同时穆旦诗作的频频入选与榜上有名,也有效提升了其社会传播度和影响力,为其经典化建构发挥了有力的加速作用,在这一过程中商业利益的策动作用是不可否认的。或许如童庆炳所说:"在市场经济和商业潮流兴起的时期,对于文学经典的出人意料的种种操作,千奇百怪的出新,经典秩序的变动,极度的好评和恶评,吹捧这个而打压那个,这里并无许多道理可讲,其中物质和经济利益的驱动,更常常成为直接的或间接的原因。"[23]不得不注意的是,大众文化和消费社会在利用市场化手段对穆旦诗歌的传播接受带来一定促进作用的同时,也对其诗歌的深度意义造成了某种消解和改写的倾向。

综上所述,穆旦诗歌经典化背后潜藏着一个整体性的过程,它关涉着社会文化心理、文学研究观念、接受理念等的综合嬗变,掺杂着众多诗性因素和非诗性力量的复杂互动,交织着文化生产场、传播场与接受场的联合运作,也体现着一般读者与精英批评家的阅读分歧与合力作用,隐含着政治权力、文化权力与经济权力之间的博弈与共谋关系。总之,穆旦诗歌经典化建构是各种力量聚集的特殊场域,也是多重因素参与运作的动态过程。穆旦诗歌经典化建构历程也因为各种话语声音、权力关系、文化力量的纠缠牵绊,而呈现出独有的复杂性与典型性特征。

* 本文系国家社科基金项目"穆旦诗歌经典化研究"【19BZW106】、山西省高等学校哲学社会科学项目"赵树理文学经典化研究"【2020W140】的阶段性成果。

注释:

[1][加]斯蒂文·托托西:《文学研究的合法化》,马瑞琦译,北京:北京大学出版社,1997年,第44页。

[2]张德明,等:《关于"新诗经典化"问题的讨论》,《扬子江诗刊》2017年第5期,第90~96页。

[3]吴投文:《在生命的限制中对自由的张望——穆旦诗歌〈春〉导读及相关问题》,《北方论丛》2016年第6期,第36~41页。

[4]姜涛:《"选本"之中的读者眼光——以〈新诗年选〉(1919年)为考察对象》,《江汉大学学报》(人文科学版)2005年第24卷第3期,第8~11页。

[5]张德明,等:《关于"新诗经典化"问题的讨论》,《扬子江诗刊》2017年第5期,第90~96页。

[6]陈思和:《学院批评在当下批评领域的意义和作用》,《昙花现集》,上海:上海人民出版社,2015年,第95页。

[7]转引自王晓平:《秋吉久纪夫与中国现代诗歌》,《中国文化研究》1996年第1期,第133~139页。

[8]参见栾慧:《穆旦诗歌在港台地区的传播与影响研究》,《现代中国文化与文学》2019年第2期,第90~102页。

[9]郭艳宁:《穆旦诗在韩国》,《新文学史料》2018年第4期,第87~93页。

[10]北塔:《述论穆旦诗的英文翻译》,《诗探索》2010年第2辑,第194~207页。

[11]方长安:《阅读接受与新诗经典化》,《云南师范大学学报》(哲学社会科学版)2012年第3期,第141~146页。

[12]转引自[英]伯拉威尔:《马克思和世界文学》,梅绍武,等译,北京:生活·读书·新知三联书店,1980年,第310页。

[13]张清华:《经典与我们时代的文学》,《天堂的哀歌》,济南:山东文艺出版社,2005年,第175页。

［14］方长安:《中国现代诗歌传播接受与经典化的三重向度》,《天津社会科学》2017 年第 3 期,第 116～129 页。

［15］［英］弗兰克·克莫德:《经典与时代》,阎嘉:《文学理论精粹读本》,北京:中国人民大学出版社,2006 年,第 57 页。

［16］朱国华:《文学"经典化"的可能性》,《文艺理论研究》2006 年第 2 期,第 44～51 页。

［17］詹福瑞:《论经典》,北京:人民文学出版社,2015 年,第 168 页。

［18］樊宝英,等:《文学经典理论研究》,济南:山东画报出版社,2007 年,第 76 页。

［19］童庆炳:《文学经典建构诸因素及其关系》,《北京大学学报》(哲学社会科学版)2005 年第 5 期,第 71～78 页。

［20］［荷］佛克马、蚁布思:《文学研究与文化参与》,俞国强译,北京:北京大学出版社,1996 年,第 61 页。

［21］陶东风:《文学经典与文化权力(上)——文化研究视野中的文学经典问题》,《中国比较文学》2004 年第 3 期,第 58～74 页。

［22］吴兴明:《从消费关系座架看文学经典的商业扩张》,《中国比较文学》2006 年第 1 期,第 20～34 页。

［23］童庆炳:《文学经典建构诸因素及其关系》,《北京大学学报》(哲学社会科学版)2005 年第 5 期,第 71～78 页。

创伤记忆与文学治疗
——海峡两岸少数民族作家的灾害书写

杨 森

(广东财经大学湾区影视产业学院,广东广州,520000)

内容摘要:两岸少数民族作家阿来(藏族)、羌人六(羌族)、奥威尼·卡勒盛(高山族鲁凯人)、瓦历斯·诺干(高山族泰雅人)、阿苏越尔(彝族)等,透过文学书写的方式展现了汶川地震、九二一大地震等灾害,对族人带来的伤痛与创伤。作家借由灾害文学书写,抚慰存活下来的人们,帮助流离失所的族人重建精神家园,从而更好地连接民族传统与现代文明的共存与发展。

关键词:两岸;少数民族;灾害;文学

  少数民族通常聚居于较为边缘的地带,中国大陆地区约有一半以上的少数民族居住在边疆省区[1],中国台湾地区目前十四个少数民族同样生活在高山或离岛地区。自古以来,海峡两岸少数民族地区经历了水灾、风灾、地震等灾害,也涌现出不在少数的文学书写,其中不乏优秀之作。灾害之于人类生活及文学创作具有多方面的意味,值得持续、深入地探究。关于灾害的定义,学界有较多的讨论,形成了某些共识:"灾害是由某种不可控制或未予控制的破坏性因素引起的、突然或在短时内发生的、超越本地区防救力量所能解决的大量人群伤亡和物质财富毁损的现象。"[2]目前各界对于"灾害"与"灾难"存在混用的情况,笔者统一使用为"灾害",主要源于中文语境下灾害一般指向天灾,例如人们习惯所说的"自然灾害",比较少使用"自然灾难"。灾难则更多指向人祸,例如"战争灾难""殖民灾难"等。本文聚焦自然界给人类生产生活带来的损失,侧重讨论自然灾害给两岸少数民族造成的苦难。二十世纪以来,中国台湾经历了九二一大地震,中国大陆则遭遇了汶川地震,少数民族群众与汉族群众一样承受了巨大的苦痛与创伤。不过,由于位居主流空间的边缘,少数民族群众受到的社会关注较为欠缺,与之相应的文学呈现也相对稀少。因此,像阿来(藏族)、羌人六(羌族)、奥威尼·卡勒盛(高山族鲁凯人)、瓦历斯·诺干(高山族泰雅人)、阿苏越尔(彝族)等两岸少数民族作家,透过灾害书写侧重叙述少数民族群体的灾害体验,召唤人文关怀,就显得难能可贵。

一、灾害爆发与精神创伤

地震灾害给两岸的人们留下了难以磨灭的记忆，发生在1999年9月21日的九二一大地震，造成了中国台湾地区两千多人死亡，这场地震对整个社会造成了巨大的震动。另一方面，2008年5月12日发生的中国大陆汶川地震，造成了六万多人遇难，也对大陆产生了深远的影响。两岸文坛关于这两场地震的书写也较多，中国台湾方面有简媜的散文，向阳、杨牧、林云阁的诗歌，杨树清、吴子钰的纪实报告文学等。大陆方面的作品则有歌兑《坼裂》、骆平《与世隔绝》、虞慧瞳《全中国都下雨》、梁佐政《映秀湾》等，两岸的作家都采用了文学的方式进行记录。乃至地震十周年、二十周年纪念日，许多作家仍然透过文学写作重新回望地震灾害。这也形成了一种"震灾文学"："重大灾害地震，使人类生命与财产、生理与心理、社会与自然环境都遭到同程度的影响。对于整体社会而言，一瞬间突然出现了上千名死者上万灾民，动摇了社会的所有领域。面对这突发的灾害，兴起一股以叙述震灾中人们体验、抒情、报告或反省为主的文学。"[3]此外，除了上述的汉族作家之外，两岸少数民族作家也在书写地震灾害。相比于中国台湾地区汉族作家主要将视角放在台北、高雄等大都市，瓦历斯·诺干等民族作家则将书写重心放在了少数民族聚集区。包括中国大陆的阿来、羌人六也是如此，他们将视角聚焦于少数民族群众，展现了灾害对族人产生的巨大创伤。透过讨论少数民族作家的灾害书写，也是对灾害文学的重要补充，弥补了过往灾害文学较为单一的汉人视角。

瓦历斯·诺干以报道文学的方式，详细地记录了地震发生的整个过程。地震对村子的破坏十分巨大，"部落已经有了明显的残缺，沿着西面大安溪谷的地方少则二公尺多则五公尺，就像地魔手拿一把利剑南北纵向的被割除掉了"[4]。作者在此处采用了比喻的手法，将地震比为"地魔"，代表了一种邪恶的力量。阿来《云中记》中的族人运用了神话的方式诠释地震："地震使人脆弱到极点，地震使得云中村这些常常故作坚强的人也会在人前轻易流泪了。有人哭出声来：山神把我们抛弃了！阿吾塔毗不要我们了！"[5]人们将地震解释为山神对族人的惩罚，羌人六《伊拉克的石头》也以"魔鬼"指代地震："大地深处的滚滚雷声却并未消失，仿佛那里有一个魔鬼正在从地底下趴上来。"[6]三位作者都不约而同地采用了神话/宗教意涵书写地震的突然而至，代表了当时少数民族群体的普遍想法，巨大的灾害突然来临时，处在恐惧、焦虑当中的人们，为了排解心中的恐慌，必须找出办法解释这场突如其来的灾害。因此借助神话/宗教的方式进行诠释，从而寻得心灵的自我安慰。正如萧兵指出："对于天灾的解释，科学思维的理性社会把灾害归因于自然，原始社会则把灾害推源于超自然。"[7]神话/宗教在少数民族聚集区依然起着重要的作用，巨大的灾害发生时，人们下意识地回到古老的文化记忆中寻求答案。"文化记忆是一个集体概念，它指所有通过一个社会的互动框架指导行为和经验的知识，都是在反复进行的社会实践中一代代获得的知识。"[8]几千年以前初民就是透过神话/宗教的方式诠释灾害，这种文化记忆印刻在人们的潜意识中，时至今日神话思维对于少数民族地区仍然有着深远的影响。

少数民族地区遭受灾害时，时常会陷入被上天惩罚或被祖先抛弃的观念之中，作家也书写了族人面对灾害时的心理负担。台湾民族作家卡勒盛、诺干的作品都展现了族人遭受风灾、地震,不得不迁徙的惨痛遭遇,使得人们陷入了自我怀疑,认为灾害的发生源于所犯的错误导致上天的惩罚,整个族群都弥漫着消极的情绪。"是的,一个不完美的上帝的存在是可能的。或者这个上帝只会睡觉、做噩梦、发疯、带来瘟疫和灾害。"[9]许多族人备受打击,开始自暴自弃。阿来《云中记》也呈现了这种困境,人们将云中村的消失归咎于神话信仰,"有人暗地里散播云中村的消失是与信仰有关的说法"[10]。这种流言蜚语也让云中村的族人更加抬不起头变得心灰意冷,"地震后,云中村人就没来祭祀过山神。祭台上的箭杆已经腐朽。箭杆上的旗幡也褪尽了颜色。云中村的山神是多么可怜!"[11]相比于灾害带来的物理伤害,族人将灾害的发生归咎于上天的惩罚,从而带来了更大的心灵创伤。两岸民族作家展现了灾害爆发后,神话/宗教思维对族人带来的负面影响。这也是少数民族作家与汉族作家书写灾害时的区别,包括杨牧《地震后八十一日在东势》、向阳《春回凤凰山》等,作家也在写作中融入了神话/宗教意涵。向阳诗歌中的凤凰意象,指向的是凤凰涅槃浴火重生故事。杨牧诗歌中的白鹭鸶,在古代神话中象征了长寿、幸福的寓意。汉族作家中的神话书写作为积极向上的力量,与少数民族作家较为负面的神话书写形成了鲜明的对比。

与此同时,瓦历斯·诺干以新闻报道的方式,标题采用了精确的时间记录,诸如"九月二十一日1:47——与厄运一同等待黎明""九月二十一日6:00至18:00——残缺的部落"等。阿来《云中记》也精准记录了汶川地震发生的时刻:"地震爆发的时间是下午2点28分04秒,熟悉的世界和生活就在那一瞬间彻底崩溃。"[12]羌人六《伊拉克的石头》同样如此:"2008年5月12号14时28分,对断裂带上所有人来说,是黑色的、沉重的。"[13]三位作者对于地震爆发的时刻,都采用了极为精确的时间概念,也突显了科技的无力,看似发达的科技尽管事后可以如此精准地播报地震信息,却依然无法在事前做出预判。本雅明指出震惊防卫(shock defense)的精神机制运行方式,就是在意识中将突发事件标示出明确时间。同时对于族人来说,这个时刻是永远无法忘怀的,此刻所有人的生命状态都被彻底改变。哪怕是已经存在了上千年的村子,也在这一刻被摧毁,"不论这个村子在这个世界上存在了一千年还是两千年,反正在四年前,这个村子都被八级地震瞬间毁灭了。地震台网的仪器记录在案,一分二十八秒"[14]。透过这个短暂而精确的时间,让读者更加深刻体会到地震灾害的威力。突如其来的地震给人们造成了震惊创伤体验,人们除了对创伤的发生时间记忆犹新,还体现在血淋淋的身体意象之上,此时作家的写作充满了死亡与悲痛:"好多人死了,还留在山上。还有一些受重伤的人,断了腿的人,折了胳膊的人,胸腔里某个脏器被压成了一团血泥的人。比如那个爱跳舞,却偏偏失去了一条腿的央金姑娘。"[15]残缺的身体意象成了作家书写的核心,从而展现了群体创伤。"当个人和群体觉得他们经历了可怕的事件,在群体意识上留下难以磨灭的痕迹,成为永久的记忆,根本且无可逆转地改变了他们的未来,文化创伤就发生了。"[16]当一个社会经历了巨大的灾害以后,将会给所有人带来持久的群体性精神创伤。

羌人六将地震的发生地称为"断裂带",巨大灾害的发生让人们形成了破碎感,大地震之后这种断裂无处不在,不只是地貌的断裂,还是文明的断裂,也是信仰、道德的断裂,更有可能是人心的断裂,这也成了灾害发生后人类心灵图景的写照。羌人六展现了这种断裂给族人产生的负面影响:"地震后,断裂带的乡亲父老们麻将都快打疯了。无情的灾害让断裂带这些习惯了苦日子穷日子的老百姓人生观、价值观、世界观有了翻天覆地的变化。老百姓看开了,想开了,反正钱留在手上又不会生娃娃。"[17]灾害事件将人们习以为常的生活节奏打乱,既定的人生轨迹被切断以后让人们无所适从,只能沉迷于赌博进行宣泄。这也是时间的断裂,时间突然在某一刻中断停止了,人们进入了时间裂缝(time-gap)之中,"时间裂缝在我们对于时间流逝的意识中产生了谜一样的空白。这种时间错觉同样应被视为一种可扰因素,它使得我们难以把握当下"[18],对于早已被"线性时间观"所内化的现代人而言,带来了很大的冲击和考验。正如论者所说:"羌族作家羌人六在小说中,以'文学地理学'式的叙述,对自己故乡'断裂带'上的人与事进行了多向度的扫描。现实的地震早已过去,人心里的地震却一直都在隐隐作痛。小说基本都以经历了'地震'的人们为主角,写出的是不同个体在心灵阵痛之下的各种挣扎与奋斗。"[19]

瓦历斯·诺干、奥威尼·卡勒盛也书写了族群遭受灾害后的创伤,展现了少数民族在台湾的边缘化。九二一大地震发生以后,迟迟等不到救援:"学校的饮用水已经不够支持一天,能吃的食物也将告罄,通讯的中断更无法让外界知悉山区部落的消息。"[20]面对官方的救灾乏力,中青年族人不得不冒着危险亲自出去求救。不管是九二一重建还是莫拉克风灾,都牵扯出官方与利益组织的贪污腐败,透过重建政策驱赶族人下山后,官方在原先族人的居住地展开的并非生活重建,而是各式观光发展设施。如阿里山缆车、温泉工程等,都是以牺牲少数民族群体利益为代价。天灾之外还有人祸的因素,由于人工过度开采导致山林自然被破坏,暴雨来临时导致泥石流将族人的故乡冲毁,迫使他们不得不搬迁。瓦历斯、奥威尼等作家作品,详细地记录了泰雅人、鲁凯人遭遇的九二一地震、莫拉克风灾、海棠台风、八八水灾等灾害时,官方的漠视与救援迟缓。陈芷凡指出:"台湾少数民族的生存与生活很难,他们的命运只是在灾害中重演。这些作品试图表现少数民族持续不断的灾害性命运,并以此作为文化批评策略。"[21]这也是台湾少数民族的无奈之处,作家正是透过灾害书写,以此反思族群的困境。

瓦历斯、奥威尼都对台湾的新闻媒体,现代社会中人心的冷漠进行了反思。族群遭遇了严重的泥石流,人们无家可归的时候,打开电视新闻却没有一则报道。"通电之后,电视荧幕被政治爆料、官商勾结、族群斗争的新闻淹没了水患的灾情报道。"[22]台湾新闻媒体片面追求收视率,导致对于少数民族处境漠不关心。岛上泛滥的新闻媒体已经让人们形成了情感审美疲乏,灾害、战争影像每日每夜暴露并侵入我们的生活时,人的感受将被腐蚀,道德判断也会流失,到最后可能无动于衷。苏珊·桑塔格在《论摄影》中说道:"遥远地,通过摄影这媒体,现代生活提供了无数机会让人去旁观及利用——他人的痛苦。"[23]作为边缘的台湾少数民族群体,不得不面对被主流社会忽视的困境。

二、文学治疗与重建家园

少数民族作家透过灾害书写，疗愈族人受创的心灵。面对巨大的灾害创伤，很难完全依靠个体独自的力量克服，需要情感上的集体合作。如齐伟先所说："灾害的风险无法因单一行动者的选择而消除，在理性思维以及情绪上就有集体合作、互相依赖的需求，灾害书写将是现代社会中创造集体感知的重要机制之一。"[24]灾害发生后借由集体的文学书写，可以形成一种"灾害共同体"。汶川地震爆发后人们纷纷透过写作来对抗灾害，《民族文学》杂志在2008年第6期临时增加了民族作家的抗震作品。例如阿苏越尔（彝族）《我们都是汶川人》、那白伦（白族）《手挽手 肩并肩》、巴格拉希（维吾尔族）《维吾尔的心》等。作家试图透过写作，从而塑造共同体概念，有利于抵抗突然而至的灾害。安德森提出的"印刷资本主义"，印刷术和资本主义的结合产生了印刷语言和文学，极大地扩宽了人们时间与空间的幅度，在此幅度内尽管人们都素未谋面，但是透过阅读相同的语言文学，从而形塑出"共同体"。因此灾害爆发以后，人们透过共同阅读灾害文学，创造出一个"想象的共同体"[25]。危急时刻共同体概念有利于人们相互依赖，从而寻求到心灵的慰藉。相比之下，台湾少数民族群体则主要依靠的是自救，缺乏社会对他们的关注。上文提及台湾媒体的泛滥，导致现代人充满了冷漠，台湾少数民族作家希望透过灾害书写，让人们重新正视他们的苦痛与无奈。如同瓦历斯冒着落石危险寻求救援时发出的呐喊："每一阵落石，都正确无误地撞毁我的心坎，我对着自己说，这是我的部落，是我祖父的部落，我要让它的呼痛声传出去。"[26]对于台湾少数民族作家而言，灾害写作是最有效的发声渠道，借此能让主流社会重新关注他们。

学者赫曼将创伤治疗分为三个阶段："第一阶段，建立安全感，暴露创伤；第二阶段，对创伤进行追忆与哀悼，在此过程中重构创伤事件、整合创伤记忆；第三阶段，重建自我，开始新的生活。"[27]两岸少数民族作家的书写同样具备了这几个阶段，包含了展露创伤、回忆悼念、恢复重建三个阶段。前文论及作家透过血淋淋的身体意象，回到灾害现场重现了当中的暴虐，重述伤痕也是进行复原疗伤的第一步。阿来的《云中记》起笔于汶川地震十周年之际："时隔十年才敢提笔写这一段伤痕，一方面是作对于文字和时间的敬畏；另一方面，真淬的情感和适宜的素材也往往需要时间的筛捡才会慢慢浮出水面。"[28]瓦历斯在时隔多年后重写九二一大地震与八八水灾，透过写作对逝去亡灵的悼念。作为一种见证文学，透过文化记忆的方式，让人们可以抵抗遗忘，重新记起被埋没的历史。作家通过文学书写少数民族地区的灾害创伤，从而进行疗愈的过程。陶东风指出："见证文学不仅在于记录历史，把创伤记忆转化为文化记忆，更在于修复被人道灾害破坏的公共世界和精神世界。"[29]两岸少数民族文学中的灾害书写，重新挖掘灾害背后人们的心灵写照，展现了群体的迷茫与创伤，也是对时代苦难的记录，纪念人们在面对困苦时展现出来的巨大勇气。对应了瓦历斯提出的"部落灾害学"，主张用阅读与书写抵抗遗忘。

经过展露与哀悼创伤，进入到最重要的重建与修复阶段。阿来希望通过写作抚慰人们的灵魂："对这个灾害性事件，考虑的不只是物质上的修复，而是灵魂的归宿与精神的抚慰。"[30]灾害发生以后，少数民族地区面临最大的困难是村落的搬迁，对于这些已经在这片土地上生活了千百年的人们来说，离开故土流落他乡是最难以接受的，族人不禁发出感叹："如果部落没了，以后我们到哪里找故乡？"[31]作为流离失所的难民，人们心里非常难受，饱受着屈辱与无奈："因为我们不敌天灾地变，不得不以这种方式移民，而接着被挂上'永久住在隔离地的灾民'之称时，我们的内心已经不是滋味。"[32]阿来笔下的云中村人同样如此，原居住地已经不再适合生活，不得不迁徙到新的地方居住。然而族人无法融入移民村，味道的消失隐喻了族人与故乡越来越远："村长看着自己一身蓝色工装，抬起手闻闻自己的腋下，对阿巴说：我身上没有一点云中村的味道了。"[33]这也是少数民族灾民必须面对的困境，村落迁徙导致逐渐与过往的传统割裂，却也无法融入新的生活之中，形成了"乡关何处"的困顿，使得人们失去了生活的方向："享乐和离婚的人越来越多，轮回对不再关心庄稼和天气的爷爷来说，远的像天方夜谭。他只顾及实实在在的东西，比如金钱与一个让他乐此不疲的生活伴侣。"[34]当族人与传统和自我的断裂，人们无法连接过去、衔接现在，并接引至未来的时候，就容易陷入麻木的享乐主义之中，非常不利于族群的持久发展。

《云中记》中的祭师阿巴发现身上逐渐失去云中村的味道，选择重新回到已经废弃的云中村，去祭礼神灵和安抚逝去的鬼魂，这也是阿巴作为非物质文化遗产传承人的重要使命。阿巴这个人物作为一种象征意涵，象征族人展开了艰难的精神返乡之旅。阿巴表面是安抚亡魂，实际是在平复灾民的创伤，最终目的仍然是为了活着的人。透过阿巴对逝去的鬼魂和云中村进行告别，仁钦与女朋友的结婚，代表了人们将重振意志，告别过往好好地活下去。奥威尼书名中的"消失"指向了村落的死亡，然而唯有彻底决绝的死亡，才能让人们在新的家园顽强地活下去。奥威尼将书写的重心放在了后辈子孙身上，族人为了让后代子孙有安全的住所，不得不离开祖先怀抱，与这份"死亡"相伴的是迁村而来的"重生"。对于新的家园奥威尼展望道："看着新的住处在高台的地方，还可以居高临下看着西方一望无际的平原——文明。尤其当夕阳西下之后，我们犹如是在古人神话中所说：'一天才刚夕阳西下，另一道朝阳又出现了。'自然的阳光和人类发明的电光，两种光能轮换不息的情景。"[35]阳光与人类发明的电光，在新的村落中轮换，象征了传统与现代文明更为密切的结合。村落通过重新举办"猎人祭"，发起寻根之旅带领年轻族人重走故乡之路等方式，人们得以重新接续了传统与当下。对于族人的神话传统与现代科技，作者没有简单地进行评判。《云中记》中阿巴和地质博士之间的对话，表现了两人相互理解并各司其职，如阿巴所说："你是照顾活人的人，我是照顾死人的人。"[36]少数民族社会结构中重要的神话传统，对于如今的族人依然起着重要的作用。面对突如其来且十分迅猛，超出日常生活体验的灾害，神话/宗教作为一种抚慰人心的力量，可以让人们回到由神话所构建的精神家园之中，找到确定的存在意义。这与人类对家园的追寻有着密切的关联，人们只有找到一种"在家"感，才能安置漂泊无根的生命。海德格尔所说："家园意指这样一个空间，它赋予人一个处所，人唯在其中才能有'在家'之感，因而才能在其命运的本己要素中存在。它是切近于源头和本源的原位，返乡就是返回到本源近旁。"[37]作家以此重新唤起少数民族族群的自信与价值，让族人在当下得以安身立命，这也是人们在面对未来挑战时的力量所在。

羌人六依然对人性充满了信心，作品展现了一位妻子的丈夫作为教师，当地震灾害发生之际，他没有选择为自己而活，为了保护学生最终罹难于地震之中。"那个傻得不要命的傻瓜，选择留在已经被吓得六神无主的学生中间，指挥祖国的花朵逃离灾害的魔爪。"[38]这也是人性中最光辉的一面，激励人们在苦难中顽强地生活下去。透过文学对人心的治疗，重新唤起人们生活的希望。对此，阿来也讨论了灾害中的人性书写："我更愿意写出经历过这一切后，人性的温暖和闪光。即使看起来，这个世界还在向着贪婪与罪过滑行，但我还是愿意对人性保持温暖的向往。"[39]灾害文学除了起着针砭时事的反思功用，同时也起着激励人心的重要作用。相比之下，台湾少数民族作家的灾害书写则比较灰暗，缺乏对人性闪光点的刻画，源于台湾少数民族长期被主流社会所忽视。岛内泛滥的媒体，以及无休止的争论与社会撕裂，使得作家的笔调较为悲观。

中国台湾地区少数民族面对灾害时，祖国大陆依然没有忘记他们，在关键时刻伸出了援手。奥威尼记录了"壹基金"透过资金援助，帮助族人重新修筑了通往旧村落的道路，以及家园的重建，这对于处在困境中的族人来说无异于雪中送炭。"壹基金之所以捐助台湾，起因于台湾对汶川大地震的灾害重建协助。"[40]这也是海峡两岸之间的良性互助，两岸少数民族尽管分布于不同的地区，可是同为中华民族共同体，彼此之间依然血肉相连。台湾的民间力量也在努力帮助族人，民族作家舞鹤持续推动《巴卡山传说与故事》《怀乡》等一系列作品的出版。瓦历斯的《七日读》则由印刻文学出版，透过民间出版社的支持，得以让少数民族发声，对族群现况和未来进行描述与想象，并对台湾社会和媒体的漠视进行反省与批判。这样的写作也具备了哈贝马斯提出的"公共领域"（public sphere）[41]特质，借由灾害书写重新思考族群的过去、现在与未来，让社会大众看到了族人的生活现状，引起主流社会的关注与讨论。

三、结语

本文主要探讨了两岸少数民族作家的灾害书写，少数民族聚集区普遍位居偏乡，当发生灾害以后，少数民族群众要承受较大的损失与伤害。由于神话深刻影响着族人的思维，面对突如其来的巨大破坏时，人们下意识地借由神话进行诠释。这也容易让流离失所的人们，陷入一种被上天惩罚或被祖先抛弃的观念之中，存活下来的族人背负着沉重的心理负担。阿来与奥威尼则透过写作，让族人意识到灾害的发生源于自然规律。并透过复魅书写抚慰逝去的亡魂，这是对活着的人最好的告慰，重新唤起族人的希望与自信。少数民族群体面临最大的考验还在于迁徙的迷茫，作家也在试图扭转众人对迁村的各种疑虑，鼓励人们将目光放在未来，当下的迁徙是为了日后更好的生活，村落的"死亡"是为了"重生"。借由灾害文学让族人形成共同体，这也有利于抵御灾害。作家也透过展露创伤、回忆悼念、恢复重建三个阶段，以文学治疗的方式治疗人们的精神创伤。

＊本文系广州市社科基金项目"穗港澳文学的灾害书写研究"【2021GZGJ242】、广东省教育厅高校科研项目青年创新人才类项目"自然灾害与台港澳文学书写研究"【2021WQNCX021】、中国青少年研究会立项课题"视觉修辞理论视域下加强台湾青年祖国认同"【2021B28】的阶段性成果。

注释：

[1] 张植荣：《中国边疆与民族问题——中国当代的挑战及其历史的由来》，北京：北京大学出版社，2005年，第10页。

[2] 孟昭华、彭传荣：《中国灾荒史》，北京：社会科学文献出版社，1989年，第54页。

[3] 郑世楠、叶永田：《灾害与重建——九二一震灾与社会文化重建论文集》，台北："中研院"台湾史研究所筹备处，2004年，第143页。

[4] 瓦历斯·诺干：《七日读》，台北：印刻文学出版社，2016年，第130页。

[5] 阿来：《云中记》，北京：北京十月文艺出版社，2019年，第45页。

[6] 羌人六：《伊拉克的石头》，成都：四川文艺出版社，2016年，第36页。

[7] 萧兵：《美学的神话起源论》，刘魁立：《神话新论》，上海：上海文艺出版社，1987年，第127页。

[8] [美]奥斯曼：《集体记忆与文化身份》，陶东风：《文化研究》第11辑，北京：社会科学文献出版社，2011年，第6页。

[9] 瓦历斯·诺干：《七日读》，台北：印刻文学出版社，2016年，第130页。

[10] 阿来：《云中记》，北京：北京十月文艺出版社，2019年，第45页。

[11] 阿来：《云中记》，北京：北京十月文艺出版社，2019年，第132页。

[12] 阿来：《云中记》，北京：北京十月文艺出版社，2019年，第4页。

[13] 羌人六：《伊拉克的石头》，成都：四川文艺出版社，2016年，第56页。

[14] 阿来：《云中记》，北京：北京十月文艺出版社，2019年，第29页。

[15] 阿来：《云中记》，北京：北京十月文艺出版社，2019年，第4页。

[16] [美]亚历山大：《迈向文化创伤理论》，陶东风：《文化研究》第11辑，北京：社会科学文献出版社，2011年。

[17] 羌人六：《伊拉克的石头》，成都：四川文艺出版社，2016年，第26页。

[18] 李道新：《"后九七"香港电影的时间体验与历史观念》，《当代电影》2007年第3期，第76页。

[19] 羌人六：《伊拉克的石头》，成都：四川文艺出版社，2016年，第2页。

[20] 瓦历斯·诺干：《七日读》，台北：印刻文学出版社，2016年，第29页。

[21] 陈芷凡：《家园的永恒回归》，《中外文学》2019年第3期，第54页。

[22] 瓦历斯·诺干：《七日读》，台北：印刻文学出版社，2016年，第76页。

[23] [美]苏珊·桑塔格：《论摄影》，黄灿然译，上海：上海译文出版社，2010年，第67页。

[24] 齐伟先：《媒体灾害叙事的社会意义建构：日本福岛核灾的戏剧分析》，《思与言》2013年第1期，第85页。

[25] [美]安德森：《想象的共同体》，吴叡人译，台北：时报出版社，1999年，第36页。

[26] 瓦历斯·诺干：《七日读》，台北：印刻文学出版社，2016年，第76页。

[27] [美]朱迪思·赫尔曼：《创伤与复原》，施宏达译，北京：机械工业出版社，2015年，第27页。

[28] 师文静：《作家阿来十年后写大地震：面对死亡应有另一种声音》，《齐鲁晚报》2019年3月9日，第5版。

[29] 陶东风：《文化创伤与见证文学》，《当代文坛》2011年第5期，第10页。

[30] 师文静:《作家阿来十年后写大地震:面对死亡应有另一种声音》,《齐鲁晚报》2019年3月9日,第5版。

[31] 奥威尼·卡勒盛:《消失的国度》,台北:麦田出版社,2015年,第98页。

[32] 阿来:《云中记》,北京:北京十月文艺出版社,2019年,第34页。

[33] 阿来:《云中记》,北京:北京十月文艺出版社,2019年,第129页。

[34] 羌人六:《伊拉克的石头》,成都:四川文艺出版社,2016年,第54页。

[35] 奥威尼·卡勒盛:《消失的国度》,台北:麦田出版社,2015年,第65页。

[36] 阿来:《云中记》,北京:北京十月文艺出版社,2019年,第27页。

[37] [德]海德格尔:《荷尔德林诗的阐释》,孙周兴译,北京:商务印书馆,2002年,第15页。

[38] 羌人六:《伊拉克的石头》,成都:四川文艺出版社,2016年,第30页。

[39] 师文静:《作家阿来十年后写大地震:面对死亡应有另一种声音》,《齐鲁晚报》2019年3月9日,第5版。

[40] 奥威尼·卡勒盛:《消失的国度》,台北:麦田出版社,2015年,第185页。

[41] [德]哈贝马斯:《公共领域的结构转型》,曹卫东译,北京:学林出版社,1999年,第286页。

【汉语方言研究】

湖北口头文化的采录与整理

汪国胜

(华中师范大学语言与语言教育研究中心,湖北武汉,430079)

内容摘要:湖北作为古代楚国的中心,孕育了丰富的口头文化。全面科学地采录整理湖北的口头文化,对于方言文化的保护传承和学术研究的推进,对于社会文明的建设和文化自信的增强,有着重要的意义。本文论述了湖北口头文化采录整理工作的背景与意义、内容与目标、思路与方法、重点与特色。

关键词:湖北口头文化 ;采录整理;数据库建设

2015年,教育部和国家语委启动了"中国语言资源保护工程"。这项工程是迄今为止世界上规模最大的一项语言保护工程。作为工程的专项任务,我们于2020年实施了"湖北口头文化的采录整理及数据库建设"项目。

一、背景与意义

1.1 研究背景

本项目以湖北口头文化的采录整理作为研究内容,是基于以下几方面的认识。

1.1.1 口头文化是民族文化的瑰宝和语言资源的金库

语言是文化的符号,语言记录文化。语言与文化与生俱来密不可分。

口头文化活跃于民间,表现形式多种多样。既有源于远古、流传至今的神话传说;也有反映劳作技艺、婚姻爱情、道德智慧、交友结盟的生活故事,体现人生感悟、表达生活哲理的寓言和嘲讽时弊、诙谐幽默的笑话;还有反映世风民情的民歌民谣、叙事抒情的长篇史诗,浓缩生活生产经验的谚语、生动含蓄富有幽默情趣的歇后语;至于评书大鼓、道情善书、快板弹词、地方小戏之类的曲艺,更是形式活泼,内容丰富。这些口头文化,既真实记录了民间生活,也生动展现出民间智慧,为百姓所喜闻乐见,是民族文化的瑰宝;同时又是语言的艺术,是方言研究的"活化石",是取之不尽用之不竭的语言资源的金库。

1.1.2 湖北具有深厚的文化底蕴和丰富的口头文化

湖北地处我国中部，是古代楚国的中心，在漫长的历史进程中，形成了三大文化层（楚文化层、汉文化层、鄂文化层）和六大文化圈（以荆州为中心的荆楚文化圈、以郧阳为中心的秦楚文化圈、以襄阳和黄冈为中心的晋楚文化圈、以宜昌为中心的巴楚文化圈、以咸宁为中心的吴楚文化圈、以恩施为中心的土苗文化圈）[1]。湖北的楚汉文化源远流长，底蕴深厚，鲜活地表现于形态各异、内涵丰富的口传作品。比如，屈原的传说、王昭君的传说、董永的传说、木兰的传说、伍子胥的传说、苏东坡的传说、三国人物的传说、三峡的传说、黄鹤楼的传说、古琴台的传说、贱三爷的故事、徐苟三的故事、巧女的故事、傻婿的故事、学艺的故事、孝敬的故事等等，流传至今，经久不衰。武当山脚下的伍家沟村是闻名全国的故事村，人人都会讲故事；素称"三峡门户"的宜昌更是故事风行，农民故事家刘德方一人能讲400多个。《诗经》的编者据说是尹吉甫，尹吉甫就出生在湖北的房县，这里民歌兴盛；流传于鄂西北、长达3000多行的长篇叙事山歌《黑暗传》，堪称创世神话史诗，当年它的发现震撼了神话学界，为世界所惊叹；以《龙船调》《六口茶》为代表的利川民歌更是名扬天下。"清江民歌多又多，千千万万用船拖。前船已到武汉市，后船还在利川河，肚子里歌儿还没说。"这首"五句子"土家族民歌虽说有些夸张，但也反映出当地民歌的繁荣。至于民间曲艺，诸如湖北评书、湖北大鼓、湖北道情、沔阳渔鼓、兴山围鼓、长阳南曲、利川小曲、汉川善书、恩施傩戏、巴东堂戏、襄阳花鼓戏、建始喜花戏、英山采茶戏等等，名目繁多，各显神韵，成为地方文化的重要载体。湖北丰富的口头文化，极大地活跃了湖北的地方文化生活，也显示出湖北人民语言和艺术的才能。

1.1.3 湖北口头文化亟待有效的采录整理和开发利用

随着现代化、城镇化进程的加快，电影、电视剧等现代艺术形式的盛行，传统的民间口头文化受到不同程度的冲击，有的处于濒危状态，如同濒危语言和濒危方言一样，如不及时进行抢救性的采录和保护，就有消亡的危险。特别是随着口头文化传承人的自然减少（如位于"中国十大民间故事家"榜首、能讲500多个笑话、会唱1000余首民歌的五峰山民刘德培，荣获"中国民间文化杰出传承人"称号、能讲250多个故事的长阳"故事王"孙家香已相继去世），口头文化的危机日趋严重。因此，口头文化的采录和保护成为当务之急，时不我待。在采录保护的同时，还需进行有效的开发利用，使其恢复生机，世代传承。

1.1.4 湖北口头文化缺乏原生态的记录和现代化的保护

口头文化涉及语言、文学和文化，因此，对于口头文化的采录有着不同的角度和需要。

湖北的口头文化，从方言的角度进行采录，有两次大的有组织的行动。第一次是20世纪30年代，赵元任、丁声树等先生根据当时中研院史语所的规划，对湖北71个市县中64个市县的方言进行了大规模调查，并于1948年出版了《湖北方言调查报告》。第二次是21世纪20年代"中国语言保护工程"的湖北汉语方言调查，共调查了 80 个市县的方言,实现了湖北方言调查的全覆盖。这两次调查虽然主要着眼于方言,但也涉及口头文化,"语保工程"就明确规定了口头文化的调查内容,只是分量较少。

从文学和文化的角度对湖北的口头文化进行采录,始于 20 世纪初,当时北京大学的《歌谣周刊》就发表过武汉蔡甸的歌谣。20 世纪 50 年代,湖北的文艺工作者深入民间,采录了大量的民间故事和歌谣,出版了民间故事集《种桃老人》《土家族歌谣选》等民间文学作品。真正对湖北的口头文化进行大规模、有组织的调查是 20 世纪 80 年代。80 年代中期,湖北民间文化工作者根据文化部、国家民委的要求,对湖北的民间故事、歌谣、谚语进行了广泛的采录。据粗略统计,当时共采录故事 2.4 万多篇,歌谣 15 万多首,谚语 60 多万条,除编辑出版了《中国民间故事集成·湖北卷》《中国歌谣集成·湖北卷》《中国谚语集成·湖北卷》之外,还编印了故事资料 43 种,歌谣资料 34 种,谚语资料 38 种,其中正式出版的有 25 种[2]。这次的采录,可谓计划宏大,成果丰厚,对于湖北口头文化的抢救、保护和传承,发挥了积极的作用。但也应该看到,参加这次采录的都是民间文化工作者,没有语言学者的参与,采录的着眼点是文学和文化,而非语言。从语言的角度来看,这次大规模的采录有两个明显的缺憾:其一,采录的民间故事大都经过文学加工,削弱甚至消除了方言成分;其二,受当时条件的限制,只有书面文本,没有完整的与之对应的音像文本,未能忠实记录口头文化的原生状态,客观保存地域方言的真实面貌。为了有效地推进湖北口头文化的保护和传承,有必要着眼于方言,利用现代化的音像技术手段,再对湖北口头文化进行采取和整理,并建立口头文化资源库,以便更好地开发和利用。

1.2 研究价值

本项目的实施具有多方面的价值和意义。

1.2.1 学术价值

第一,可以为汉语方言的研究提供语料,促进方言学科的发展。

与 20 世纪 80 年代民间故事、歌谣、谚语的调查不同,本项目重视方言因素,采录的材料尽可能保留方言的原始风貌,可以作为方言研究真实可信的鲜活文本。事实上,很多方言词语和方言说法会反映在民间故事、歌谣当中。比如荆州地区民谣《颠倒歌》:"倒唱歌,顺唱歌,河里石头滚上坡。先生我,后生哥。爷喜时,我抬笋。嫁娘时,我抬盒。我打家婆门前过,家婆睡摇窝,舅爷摇家婆。"这首民谣还有异文:"月亮哥,半边梭,打铜锣,倒唱歌。爹爹完婚我打锣,姆妈出阁我抬盒。一人抬轿八人坐,抬到家家门口过。家婆还在摇窝坐,拱呵拱呵要妈索。"其中"爷、娘、家婆、舅爷、爹爹、家家、姆妈"都是方言称谓,"抬盒、打(从)、笋、摇窝、出阁、妈(奶)、索(吸)"等也都是方言词语。又比如麻城民歌《与北风斗狠》结尾的两句:"管你北风停不停,战得我赢算你能。"[3]"战得我赢"就是方言说法。这些方言成分,对方言研究来说,都是难得的语料。

第二,可以为民间文学的研究提供素材,促进民间文学的繁荣。

湖北的西南和西北地区，民间文艺活跃，可以说，它时时处处伴随着人们的日常生活。"故事村"伍家沟村人人都会讲故事，"故事王"孙家香一人能讲250多个故事；鄂西北的山民干活，往往以民歌相伴，打猎有"猎人歌"，薅草有"锣鼓歌"，上山有"砍柴歌"，放牛有"牛郎歌"；绣花有"绣花曲"，抽烟有"烟袋歌"，祝寿有"祝酒歌"，婚礼有"闹房歌"，丧礼有"打待尸"，年节有"彩船歌"[4]。这些都只是湖北民间文艺的缩影。民间故事也好，歌谣曲艺也好，文学色彩都很浓厚，科学采录，有效传承，这些民间作品不仅可以成为民间文学研究的源头活水，也会焕发民间文学的勃勃生机。

第三，可以为其他学科的研究提供资源，促进学科交叉的深化。

还是拿歌谣来说。湖北的歌谣形式多样，有仪式歌、劳动歌、时政歌、生活歌、逗趣歌、风物歌、节令歌、情歌、儿歌等等。仪式歌又分很多种类，祭祀、婚嫁、生育、丧葬、祝寿、建房、迁居等，都有成套的仪式歌。比如鄂西北作为丧葬仪式歌的"打待尸"，就有一套固定的程式，分引唱（起头歌）、正曲、尾声（还阳歌）三部分，正曲又包括开歌路、转鼓、孝歌、盘歌、四游八转、翻田埂等[5]。鄂西南过去流行"哭嫁歌"。《利川市志》记载："本地姑娘出嫁兴'哭嫁'，不哭、哭不好则被认为不吉利、不能干，因此，凡姑娘从小就要学'哭嫁'。'哭嫁'时间一般3—7天，多则长达1月之久，每天傍晚开始，半夜方休。哭时一般都有9个未婚少女陪伴，俗称陪十姊妹。越近嫁期，陪哭者越多，哭声越大，哭爹妈的恩情，哭姊妹的离别，哭兄弟的情义，哭出嫁后做媳妇的苦楚，其情切切，哭而不哀。"[6]下面是一首节令歌："二十三，打扬尘；二十四，过小年；二十五，炸豆腐；二十六，办鱼肉；二十七，年办毕；二十八，插香蜡；二十九，百事有；三十夜，昙花谢；初一早，年拜了；拜年拜年，踝膝向前，恭喜三婆，又是一年。"[7]这些仪式歌和节令歌，反映了当地的风俗民情，是民俗学和文化学研究的重要资料。

1.2.2 应用价值

第一，有利于推动民间文化的多元发展，丰富湖北的文化生活。

随着现代文化形式的流行，湖北传统的民间文化受到冲击，有的濒临消亡。比如，恩施过去盛行的"哭嫁歌"，据调查，现在会唱的人已经很少，哭嫁的习俗会慢慢成为人们的历史记忆。又比如，秭归的建东花鼓戏，随着老艺人的离世，也面临着传承的困境。及时采录抢救这些民间文化，并加以传承，可以使民间文化得到弘扬，多元发展，民间的文化生活更加丰富。

第二，有利于提升文化旅游资源的开发，活跃湖北的文化旅游。

湖北拥有丰富的旅游资源，三峡奇观、三国战场、屈原故里、东坡赤壁、荆州古城、襄阳隆中、黄鹤楼、古琴台、武当山、木兰山、关帝庙、闯王陵、恩施土司城、十堰神农架，这些名胜古迹都有美丽的故事传说。采录传播这些口传作品，有助于湖北文化旅游的发展。

1.2.3 社会意义

第一，有利于弘扬中华优秀传统文化，增强民族文化的自信。

口头文化是先辈留给后人的宝贵财富,是民族文化的重要部分,是不可复制的非物质文化遗产,是民族延绵的精神血脉。采录口头文化,保护文化遗产,挖掘文化内涵,对于弘扬中华优秀传统文化,增强民族文化自信,作用重大,意义深远,功在当代,利在千秋。

第二,有利于加强文化的多样性建设,促进社会的和谐发展。

如同自然界生物的多样性一样,语言也需要多样性,文化也需要多样性。抢救性地采录和保护作为非物质文化遗产的口头文化,既是对语言、方言多样性的保护,也是对民族文化多样性的保护,对于语言和谐和文化和谐、民族和谐和社会和谐,都会产生积极的影响。

二、内容与目标

2.1 研究内容

2.1.1 研究对象

本项目以湖北的口头文化为研究对象,重在抢救性地采录故事、歌谣、曲艺等形式的湖北民间口传作品,特别是濒危的口传作品,并通过音像载体永久保存,使之成为可开发利用的语言文化资源。

2.1.2 总体框架

本项目的总体构思是,忠实采录并整理湖北不同形式的民间口传作品,并从方言文化角度进行初步研究;同时,以音像形式建成可永久保存和有效开发利用的湖北口头文化数据库。

本项目拟采录整理的湖北民间口头文化大体可以分三大类。

第一类:湖北故事类口头文化的采录整理

（1）湖北民间神话的采录整理

（2）湖北民间传说的采录整理

（3）湖北民间故事的采录整理

（4）湖北民间笑话的采录整理

（5）湖北民间童话的采录整理

第二类:湖北歌谣类口头文化的采录整理

（1）湖北民间民歌的采录整理

（2）湖北民间民谣的采录整理

（3）湖北民间童谣的采录整理

（4）湖北民间长诗的采录整理

（5）湖北民间谚语的采录整理

（6）湖北民间歇后语的采录整理

第三类:湖北曲艺类口头文化的采录整理

（1）湖北大鼓的采录整理

（2）湖北道情的采录整理

(3) 湖北评书的采录整理

(4) 湖北小戏的采录整理

上述分类是概括性的，不是很严格的，也不是很全面的。比如，谚语和歇后语，严格来说属于俗语，因为比较短小，姑且归入歌谣类。又比如，湖北的曲艺类口头文化非常丰富，形式多种多样，为百姓所喜闻乐见，如湖北郧阳，就有郧阳花鼓、郧阳曲子等形式，这里我们只是列举了几种湖北比较常见的曲艺形式。

2.1.3 分支课题

根据总体构思，本项目设立了5个子课题：

子课题1：湖北故事类口头文化的采录整理

子课题2：湖北歌谣类口头文化的采录整理

子课题3：湖北曲艺类口头文化的采录整理

子课题4：湖北口头文化的多维研究

子课题5：湖北口头文化数据库建设

这是根据不同的内容设立的子课题。本项目还根据不同的区域设立了9个子课题。比如"宜昌口头文化的采录与整理"，其中"宜昌"是指宜昌地区，涵盖了夷陵、兴山、远安、秭归、长阳、五峰、宜都、枝江、当阳等9个区市县。

2.2 预期目标

2.2.1 保存原生态的湖北口头文化

本项目对口头文化的采录不同于民间文学的调查，不对文本进行文学加工，只做忠实于原貌的整理；不改变文本的原始样式，力求保存其真实的原生状态。

2.2.2 保存全息化的湖北方言语料

本项目对民间故事等口头文化的采录，既有声像文本，也有文字文本，完整保存方言信息，为方言研究提供真实可信、信息完备的语料。

2.2.3 提供多学科的学术研究样本

本项目采录的故事类、歌谣类、曲艺类口头文化文本，既可以作为方言研究的语料，可以作为民间文学、文化学、民俗学、艺术学及其他相关学科的研究样本。

2.2.4 提供社会性的咨询开发服务

本项目采录的所有数据，均将作为社会的共享资源，面向学界和大众开放，既提供社会咨询服务，为地区文化发展的规划与决策提供参考，也可以供学界和相关政府部门开发利用。

三、思路与方法

3.1 总体思路

本项目覆盖范围广，涉及内容多，采录任务重，如何科学规划，合理安排，稳步实施，以保证预期目标的圆满实现，这是需要妥善解决的问题。我们的总体思路是：

3.1.1 突出重点，兼顾全面

就内容而言，三类口头文化中，重点采录民间故事。民间故事口语性更强，更能

反映方言特色。其次是民歌民谣,这类作品更能反映民俗民情。就区域而言,重点采录湖北西部和中部的恩施、宜昌、襄阳、十堰、荆州等地的口头文化。相对来说,这些地区(比如闻名全国的故事村——十堰丹江口市六里坪镇的伍家沟村)的口头文化更为丰富,也更有特色。就对象而言,重点调查国家级和省级的非物质文化遗产项目传承人,比如宜昌市夷陵区的故事大王刘德方、十堰丹江口市民歌手姚启华、武汉市湖北大鼓表演艺术家张明智。

3.1.2 严格选材,体现三性

采录内容的选取力求体现"三性"。第一,科学性,能客观反映湖北口头文化的原生状态。第二,典型性,能真实体现湖北口头文化的地域特色。第三,全面性,能清晰透视湖北口头文化的基本面貌。

3.1.3 音像摄录,文字转写

对确定的采录内容,先按统一的技术规范进行音像摄录,再将摄录的材料转写为书面文本,再对书面文本进行整理。

3.1.4 先行试点,后续铺开

以现代技术为手段的全省范围的口头文化的采录尚属首次,缺乏可以借鉴的成熟经验。为了确保采录质量,拟先选择一个地区或一个市县作为试点,在此基础上总结经验,完善方案,再在其他各区全面展开。

3.2 基本方法

3.2.1 文献梳理

通过文献,了解湖北民间口头文化的收集及研究现状;以此为基础或线索,开展本项目口头文化作品的采录和文本研究。

3.2.2 田野调查

通过实地调查,以音像手段采录口头文化作品。为了保证调查质量,项目组将制定严格细致的调查规范,对于调查内容的确定、调查对象的选择、调查程序的安排、调查方法的运用、调查材料的核对等,都将做出具体明确的规定。

3.2.3 研究手段

本项目拟采用的主要研究手段:一是田野调查,通过调查,获取口头文化的真实文本;二是音像摄录,通过音像,保存口头文化的原生状态。

3.2.4 工作路径

本项目的实施,将采取"三段六步"(三个阶段、六个步骤)的工作路径。①准备阶段。步骤1:摸清基本情况。一方面,通过多方访询,掌握湖北民间口头文化的表现形式及其分布状况;另一方面,通过文献查阅,了解湖北民间口头文化的收集及研究现状。步骤2:确定调查内容。步骤3:制定调查方案。②采录阶段。步骤4:组织田野调查。③总结阶段。步骤5:材料整理转写。步骤6:形成预期成果。编辑《湖北口头文化》;发表湖北口头文化研究系列论文;建成湖北口头文化数据库。

四、重点与特色

4.1 采录重点

本项目的重点是，忠实而全面地采录湖北的口头文化。一方面力求忠实，客观记录湖北口头文化的自然形态（原生态）；另一方面力求全面，尽可能多地收集本项目所确定的三类湖北口头文化作品，能够反映湖北口头文化和湖北各区方言的基本面貌。

4.2 研究特色

4.2.1 采录手段的科学

以往对民间故事类、歌谣类口头文化的调查，一般采用纸笔记录的方式，不能反映口头文化讲述和表演的真实过程；本项目将运用音像摄录的现代化手段进行采录，可以反映民间口头文化的原生状态，可为方言学、文化学等方面的研究提供更为真实准确全面的文本信息。

4.2.2 调查程序的规范

本项目的调查，将制定科学规范的操作程序，从调查内容的确定、调查对象的遴选、调查过程及方式的掌控、摄录设备及技术的把握、材料的整理及核对，都提出明确具体的要求，确保调查的质量。

4.2.3 学术观点的创新

本项目提出忠实记录和客观反映口头文化及汉语方言的原生状态；倡导充分挖掘民间口头文化资源，深化语言（方言）与文化的关系的研究；强调语言多样性和文化多样性的科学保护，进一步彰显语言和谐和文化和谐，进一步弘扬中华优秀传统文化。

4.2.4 应用价值的显示

本项目的实施，对于活跃湖北的方言研究，丰富湖北的文化生活，推进湖北的文化旅游，规划湖北的文化前景，都可发挥积极的作用，显示出广泛的应用价值。

五、结语

湖北的口头文化源远流长，丰富多彩。侧重语言的角度对湖北的口头文化进行大范围的科学采录，历史上尚属首次。随着现代化和城镇化进程的加快，新型文化样式的兴起，传统的口头文化受到不同程度的冲击和磨损；特别是随着普通话的推广和普及，区域方言的快速变化，以方言为载体的口头文化呈现出逐渐削弱的趋势，有的处于濒危状态。全面采录口头文化，科学保护珍贵遗产，传承优秀文化根脉，已经成为当务之急。因此，开展湖北口头文化的采录整理，无论是对汉语方言的保护，地域文化的传承，学术研究的推进，还是对社会文明的建设，文化自信的增强，都有着重要的意义。

* 本文是教育部、国家语委"中国语言保护工程"专项任务"湖北口头文化的采录整理及数据库建设"【YB2003C004A】的阶段性成果。

注释：

[1] 陈建宪:《荆楚民间文学》,武汉:武汉出版社,2014年,第3～7页。
[2] 陈建宪:《荆楚民间文学》,武汉:武汉出版社,2014年,第15页。
[3] 郭沫若、周扬编:《红旗歌谣》,北京:人民文学出版社,1979年,第162～163页。
[4] 陈建宪:《荆楚民间文学》,武汉:武汉出版社,2014年,第109页。
[5] 陈建宪:《荆楚民间文学》,武汉:武汉出版社,2014年,第115页。
[6] 湖北省利川市地方志编纂委员会:《利川市志》,武汉:湖北科技出版社,1993年,第487页。
[7] 陈建宪:《荆楚民间文学》,武汉:武汉出版社,2014年,第50页。

皖北方言的"子/儿"缀量词

郭 辉

(亳州学院中文与传媒系,安徽亳州,236800)

内容摘要:本文对皖北方言的"子、儿"缀量词进行了描写分析,指出部分"子、儿"缀量词与"一"组合且已经词汇化,部分"子、儿"缀量词带有明显的主观性。还与其他方言进行比较,指出了它们的异同。

关键词:皖北方言;"子、儿"缀量词;词汇化;主观性

引言

本文所说的"皖北"主要指安徽省淮河以北的县市及跨淮的县,包括安徽省宿州、淮北、亳州、阜阳、蚌埠五市的全部行政区域,其中凤阳县、寿县是跨淮的县。按《中国语言地图集》[1]的分区,上述五市均属中原官话,内部有较强的一致性(赵日新 2008)[2]。

皖北方言中含"子""儿"缀的量词很有特色,普通话里不用。这些量词多数一直活跃在皖北人的口语中,有的老派使用频率较高,也有的新老派均在使用。本文主要描写分析这些较有特色量词的使用情况,并分析一些特殊量词的主观性。

本文描写的"子""儿"缀量词大体是皖北方言通用的量词,非通用量词则随文标出使用地。本文语料多是笔者内省式调查和田野调查所得,少数参考了郭辉(2015)[3]、胡利华(2011)[4]、王琴(2016)[5]、徐红梅(2003)[6]的成果。

一、皖北方言"子/儿"缀量词例析

(一)物量词

1. 个体量词

个体量词是修饰"离散性"事物的量词。李宇明(2000)[7]认为:"能用表示个体单位的量词计量的事物,是离散性的。"例释如下:

【剂子】$tɕi^{53} tsɿ^0$ 用于手擀面条或面叶儿_面片_,将和好的大块的面揪成的小块叫面剂子:"擀一~面条子丨扇擀一~面叶儿_面片儿_"。

【批=儿】$pʰir^{24}$ 本来用于麻、苘等未捻成线绳时的细缕或棉线,后来也可用于能分成细条的条状物:一~麻丨一~苘丨一~棉线。

【劈儿】pʰir²⁴ 多用于大白菜、小青菜、芹菜等蔬菜，连着蔬菜叶子的部分叫"劈儿"，一棵蔬菜要有很多"劈儿"组成：一～白菜帮｜一～高帮白｜一～芫荽｜一～芹菜｜一～包菜。

【刀⁼子】tɔ²¹ tsʅ⁰ 多用于菜、面条等，吃饭时用筷子夹一下叫一刀子：一～韭菜｜一～猪大肠｜一～面条儿。

【伐⁼子】fa⁴⁴ tsʅ⁰ 次，多用于不惬意的事情：他来俺家闹了两～｜俺叫_被他骂了好几～。

【页子】iɛ²¹ tsʅ⁰ 用于书或本子，一页纸称一～纸：撕掉一～书纸｜这个大字本儿有 15～。也可引申为一件事或一档子事情：这～事儿咱就掀过去吧，以后谁都不能再提吭！

【滚子】kue~²⁴ tsʅ⁰ 次，主要用于需要煮的东西，往需要煮的东西里加一次水就叫"一滚子"：下饺子得打加入生水两三～水｜干面条子禁_耐煮，多打加入生水几～水。

【趟子】tʰaŋ⁵³ tsʅ⁰ 物量词，主要用于种了庄稼的土地，一块地从一头到另一头之间的距离叫一趟子：他一口气割了一～小麦｜这～小秫秫_{高粱}恁你们几个砍吧｜一～豆子。

【荡子】taŋ⁵³ tsʅ⁰ 畦，主要用于种菜：种一～苋菜｜种一～水萝卜。

【溜子】liəu²¹ tsʅ⁰ 块，主要用于切成三角状的瓜果类食品，有时也用于窄而长的小块土地：一～西瓜｜一～冬瓜｜一～菜地。

【捏子】ȵiɛ²¹ tsʅ⁰ 拇指和食指第一指肚相对捏起的粉状或细碎的颗粒状物叫一～：捏一～面放碗里头｜捏一～胡椒面搁_放锅来里。

【裤筒子】kʰu⁵³ tʰuŋ²⁴ tsʅ⁰ 裤腿，多用于小孩拉屎：这孩子受凉了老拉稀_{拉肚子}，屙得两～都是稀屎。

【帽壳子】mɔ⁵³ kʰə²¹ tsʅ⁰ 用于枣、花生等个头较小的食物：给恁_{你们}两～红枣｜一～花生。

【瓢茬子】pʰiɔ⁴⁴ tʂʰa²⁴ tsʅ⁰ 瓢，多用于粮食、面等：一～麦｜两～柚秫秫_{玉米面}。

【团子】tʰuæ~⁴⁴ tsʅ⁰ 团，用于成团的东西：我缠了两～线｜一～香荠菜_{荠菜}。

【轴子】tʂu⁴⁴ tsʅ⁰ 轴，用于缠在轴上的线：我这有两～线，都桄_{缠绕}好了。

【桄子】kuɛ²⁴ tsʅ⁰ 用于线：他一晚黑来_{晚上}桄了两～线。

【桄子】kuaŋ⁵³ tsʅ⁰ 桄，用于线、麻绳等：一～丝线｜两～麻绳。

【蛋子】tʰæ~⁵³ tsʅ⁰ 团，用于成团的东西：一～棉线｜两～猪油｜一～肉馅儿。

【肋子】lɛ²¹ tsʅ⁰ 根，多用于猪、牛的排骨，一根排骨叫一肋子：一～猪排骨｜两～牛排。

【锅子】kuɤ²¹ tsʅ⁰ 锅，多指蒸馍、烧菜、做饭、炸米花等的次数：蒸两～好面_{小麦面}馒头｜烩一～南瓜菜｜下一～面条儿｜炸一～柚秫秫花_{玉米花}。

【棋儿】tɕʰer⁴⁴ 层，用于蒸溜馒头、包子等的笼，蒸笼的每一层叫棋儿：蒸两～馒头，五～杂面团子｜溜一～虎皮肉_{用猪肉做成的一种菜肴}。

【炮儿】pʰɔr⁵³ ①份，多用于集市上交易时卖的小件货物：俺刚才卖了两～，你咋样？②摊，多用于集市上摆地摊卖东西：那边有一～卖花生的。

【窝子】uə²¹tsʅ⁰①在臼里擂捣麦子、芝麻等物品的次数：一～麦仁｜擂两～芝麻仁儿。②胎：多指猪、兔子、老鼠等，指人时表贬义：他家的老母猪一～将_生了十几个小猪子_{小猪崽}｜兔子一～都能下_生十来个｜这个女的真厉害，一～扇生了好几个。

【破儿】pʰər⁵³用石磨磨面时，粮食每磨完一遍叫一～：小麦面还是头～二～最筋拽［tɕie~²¹tʂue⁰］筋道｜柚秫秫_{玉米}头～出面少，二～三～出面多。

【配儿】pʰer⁵³专指绿豆、豆角、黄瓜等成熟的次数，每成熟一次叫一～。还是头～绿豆成_{子实饱满}得很｜今年的豆角子都摘了四五～了｜二～黄瓜真水灵。

【生儿】ʂeer²¹³①胎，这孩子是头～。②岁，多指小孩。俺孩子都两～了。

【季子】tɕi⁵³tsʅ⁰季，庄稼成熟一次叫一～。今年这～小麦长得不赖，看样子会有好收成。

【方儿】fār²¹³方，立方米的简称，多用于粪、土、木头、石头等：三～粪｜十～土｜两～木料｜一～石头。

【方子】faŋ²¹tsʅ⁰块，多用于肉：给俺割_买一～肉。后来泛指方形的东西：这事办成了，给他两～_{这里指钱，一方子是1万块钱}作为酬谢。

【张子】tʂaŋ²¹tsʅ⁰老式铁锅的尺寸，它是按锅口直径的长度来算的，长度越大，锅也就越大。过去，铁锅的尺寸以偶数计算，有六～、八～、十二～、十八～等不同尺寸的。如：俺买个六～的铁锅。

【幅儿】fur²¹³幅，用于缝制被里时的幅数：这床被有点宽，得两～半被里。

【扇子】ʂæ̃⁵³tsʅ⁰扇，用于排骨、门窗等：一～排骨｜两～窗梃子_{窗户}｜两～门。

【梦子】məŋ⁵³tsʅ⁰①场，用于阵雨：一晌午_{中午}下了四五～雨。②用于睡觉，从睡着到睡醒称作一梦子：俺一～睡到天明。也称"梦儿"。

【瓜子】kua²¹tsʅ⁰片，块，用于红薯等熬制的糖。将熬好的糖稀浇在炒面上，冷却凝固后所成的片状物叫糖瓜子_{多为圆形或椭圆形}，借用为量词后相当于普通话的"片""块"：俺买两～红芋_{红薯}糖。

【骨截儿】ku²¹tɕier⁴⁴段，多用于条状的东西：一～木头｜两～柳条子。

2. 非个体量词

不能用表示个体单位的量词进行计量的事物，是"非离散性的"事物，它是不可数名词，所以要用表示"集体、度量、临时"的量词来计量，称作非个体量词。

（1）集体量词

1）不定量集体量词

简称"不定量词"，它表示人或事物的数量是不定的，可以是几个/斤、几十个/斤、甚至上百个/斤或更多。例如：

【子子】tsʅ²⁴tsʅ⁰极细小的捆儿，比"子儿巴"还细小，多用于线等：一～毛线｜一～头毛_{头发}。

【下子】ɕia⁵³tsʅ⁰物量词，表示数量多，满满一容器：你给他搲［ua²⁴］_{盛取}一～芝麻｜今天那个杯子不小吭，我剋_喝了两～白酒，三～红酒。

【把子】pa²⁴tsʅ⁰把，（小）捆，用于成捆的条状物品：两～蒜薹｜三～韭菜｜一～柳条。

【捆子】kʰuɛ²⁴tsʅ⁰ 捆，多用于成捆的东西，但数量一般比"【把子】"多：一～木锨把｜一～ 秫秸高粱秆｜一～稻草。

【沓子】ta⁴⁴tsʅ⁰ 用于重叠起来的纸张或其它薄的东西：三～白纸，两～红纸｜一～烙馍烙饼。

【柳子】liəu²⁴tsʅ⁰ 条，多指用鞭子等抽打而成的血痕：你看他脊背股后背上一～一道子的。一般情况下，"柳子"和"道子"配合使用。

【扑儿】pʰur²¹³ ①用于打麻将，数字相连的三张牌放在一起称一扑儿。如"俺这～牌真好"。②组，伙：咱一共分三～｜又来一～ 人。

【板儿】pɛr²⁴ 过去多用于豆腐、袼褙等：推磨了两～豆腐｜糊了一～袼褙靠子袼褙。据梁晓玲（2010）[8]报道，这种说法在黑龙江方言也存在，她举例是：卖了两板儿豆腐｜打了三板儿袼褙。

【箅子】pi⁵³tsʅ⁰ 笼，用于蒸馏的食品。如"一～窝头儿｜一～馒头｜一～花卷儿"。黑维强（2006）[9]报道了陕西绥德有"一箅子［iəʔ³ pʰiər²¹ tsəʔ²¹］（馍馍）"的说法，这与皖北方言的用法是一致的。

【掐儿】tɕʰiar²¹³ 两手指合拢在一起叫一掐儿，一般单手的两个手指合拢在一起的量叫小掐儿，双手合拢在一起的量叫大掐儿：一大～豆草｜一大～ 胡萝卜｜一小～萝卜英子萝卜叶子。在黑龙江方言中，两手合拢拿起来的量为一掐儿：掐两掐儿柴火。梁晓玲（2010）[10]意义范围比皖北方言小。

【支儿】tʂer²¹³ 也说成"支子［tʂʅ²¹tsʅ⁰］"，指同一家族的分支：俺这个家族一共分四～。

【嘟噜子】tu²¹luº tsʅ⁰ ①串，用于计量葡萄等物，有时也说成"嘟噜"：一～葡萄｜一～桑葚子｜一～肠子。乔全生（2000）[11]报道了山西山阴、和顺用于计量葡萄等物时不用量词"串"，而用"嘟噜"。不过陕西神木（见邢向东 2002）[12]用"圪抓"，皖北方言中也多有用"疙瘩"的，这也是音义皆近的用法。②用于计量人，多含贬义：这个女的后边跟着一～孩子，真能生｜这个小痞子腚屁股后头跟了一～女的。

【箱子】ɕiaŋ²¹tsʅ⁰ 箱，多用于酒、香烟、衣裳、线等箱装的东西，根据箱子的大小，所装东西的数量也不同：两～口子酒｜三～洋烟香烟｜一～衣裳｜一～轴子线成轴的线。

【泡儿】pʰɔr²¹³ 泡，用于人或动物撒的尿：一～尿｜攒多尿大～。

【揪子】tɕiəu²¹tsʅ⁰ 块，多用于馍、和好的面等食品：一～馒头｜一～面剂儿｜一～油条。

【绺子】liəu²¹tsʅ⁰ 绺，用于头发、胡须，许多根头发或胡须顺着聚在一起叫一绺：一～头发｜一～白胡子。

2）定量集体量词

简称"定量词"，它表示的人或事物的数量总是固定不变的。例如：

【端子】tuæ²¹tsʅ⁰ 是用来舀酒或油等的器具（如"酒端子、油端子"），有长把，多为铁制或竹制，往往按所舀液体的斤两制成大小不等的一套，有1两、2两等大小不一的容量，相当于普通话的"提"。借用作量词，主要计量酒或油等的数量多少：

给俺打两～酱油儿，二两的｜瓶还没满，再添一小～酒。

【条儿】tʰiɔr⁴⁴ 条，专用于香烟，一条儿香烟是10包：他买了10～洋烟香烟。也说成"条子［tʰiɔr⁴⁴ tsʅ⁰］"。

【荮子】tʂəu⁵³ tsʅ⁰ 捆（荮，《广韵》有韵除柳切，"裹也"。），多用于成捆的碗、啤酒：一～碗｜一～啤酒。在皖北，一～碗是20只，一～啤酒是10瓶。

【封子】fəŋ²¹ tsʅ⁰ 封，用于封起来的东西，一封火柴等于10盒，一封蜡烛等于10支：一～洋火火柴｜一～洋蜡蜡烛。

【把儿】par²⁴ 把，用于筷子，一把儿筷子是10双：俺买两～红筷子。

(2) 度量词

【指子】tsʅ²⁴ tsʅ⁰ 一根手指的厚度或宽度，用来量制宽度或厚度较小的物品：这沓子纸有一～厚｜这个尺子有三～宽。

【虎儿】xur²⁴ 长度单位，专指拇指和食指张开的距离，多用于随手丈量宽度较窄或长度较短的东西，有时在"虎儿"之前还可用小来限制，以示宽度或长度很短，带有较强的主观性：小孩的脚丫儿有一～长了｜这个手捏子手帕儿才一小～宽。东北黑龙江和陕西绥德都有"虎口"的用法，都是指"大拇指和食指张开后两个指头之间的长度"（梁晓玲2010[13]，黑维强2016[14]）。这与皖北的"虎儿"的意义大体是一致的。

【庹儿】tʰuər²¹³ 两臂平伸时两手之间的长度，多用于丈量横的距离或绳索的长度，一般用于随手丈量，也是在对丈量结果的准确性要求不高时才使用：你量一下这捆子电线有几～长｜你把那扇子墙量量，看看有几～宽。据苏晓青、吕永卫（1996）[15]、黑维强（2016[16]）报道，中原官话区江苏徐州和晋语区的陕西绥德都有"庹"这个量词，且意思也是一致的，只是表述有差异（苏晓青等：两臂左右平伸时两手之间的距离；黑维强：两臂平伸两手伸直的长度）。

【线板子】ɕiæ⁵³ pæ²⁴ tsʅ⁰ 物量词，板，用于线：俺娘缠了一～线。

【锞儿】tɕyər⁵³ 套，专指耕地时牵引犁、耙的成套的牲口，一般每三头牲口叫一锞儿，如果牲口力量较强，两头牲口也称为一锞儿：这一～牲口搭配得真好，犁地一点都不跑偏。

3. 已词汇化的物量词

邵敬敏（2007）[17]认为，凡是"一把"中的"一"不能被其他数词替换的组合，就说明词汇化了。皖北方言中，也有用"一"开始的数量短语，它也不能被其他数词替换组合，说明已经词汇化了。如：

【一排溜儿】i²¹ pʰɛ⁴⁴ liəur⁵³ 队，行，也说成"一排溜子［i²¹ pʰɛ⁴⁴ liəu⁵³ tsʅ⁰］"，多用于成排或成行的人，有时也用于成排的平房：后边站了～小孩｜～站6个，别多了｜这～瓦房真气派。

【一脑壳子】i²¹ nɔ²⁴ kʰə²¹ tsʅ⁰ 脑子，多用于所想的事情：我这～都给糊涂糨子糨糊呢，咋考试哎。

【一胡撩子】i²¹ xu⁴⁴ liɔ⁴⁴ tsʅ⁰ 点儿，表示数量极少，多用于细碎的东西：这～肉还不够塞牙缝子的来呢｜就撒这～材料面儿佐料，给像点眼药的呢。

【一河筒子】i²¹ xə⁴⁴ tʰuŋ²⁴ tsʅ⁰ 物量词，用于挖河的人等：过去挖河都用人、牲口，老远就能看到～都是人。

【一眼角子】i²¹iæ̃²⁴tɕyə²¹tsʅ⁰ 物量词,用于眼屎:你看他害眼害的,～都是猫屎糊_{眼屎}。

【一牙缝子】i²¹ia⁴⁴fəŋ⁵³tsʅ⁰ 物量词,用于牙缝里塞的东西:我就吃了两块瘦肉,～都塞满了,真难受。

【一窝犲子】i²⁴uə²¹³tʂha²¹tsʅ⁰ 物量词,过去专指家中的孩子多,含贬义:他有～小孩都吃不饱穿不暖的｜这～(孩子)咋着养哎。

【一鼻梁子】i²¹pi⁴⁴liaŋ⁴⁴tsʅ⁰ 物量词,用于鼻梁:他碰了～灰｜这个人～都是血。

(二) 动量词

1. 一般动量词

【揆儿】khuer⁵³ ①用绳索等绾成结的数量:把绳_{绳子}绾两个～｜鞋带子_{鞋带儿}系个活～,好绥_解开。②用绳索等捆东西时缠绕的数量,也称"道子":把这捆豆草多缠几～。

【下子】xia⁵³tsʅ⁰ 动量词,相当于北京话的"下、次":他就打我一～｜我拧了三～才拧开。

【趟子】tʰaŋ⁵³tsʅ⁰ 动量词,相当于普通话的"趟":跑了好几～来_{也没跑成}｜去了好几_{趟也没办成事}｜这一～又白跑了。在皖北,"趟子"有时也说成"趟",但感情色彩不同,"趟子"多表示不如意的感情色彩,带贬义(如上两例);"趟"的感情色彩较宽泛,根据语言环境的变化,其感情色彩褒义、贬义、中性均可:你只去了一趟就把老师请来了,真有面子(褒义)｜俺去了十几趟也没把老师请来,真没面子(贬义)｜咱俩明个早起来_{清晨}去一趟地里看看吧(中性)。

【出子】tʂhu²¹tsʅ⁰ ①出,多用于戏剧:唱了两～戏｜这～戏玩_演的时间真长。②次,回,多用于不惬意的事情,表示受话者的极端不满的态度,带有很强的主观性:恁俩唱的是哪一～哎,叫人听的心烦｜两口子时刻_{经常}地剋架,今个儿又剋了好几～。

【耳巴子】ər²⁴pa²¹tsʅ⁰ 巴掌,也说成"耳刮子[ər²⁴kua²¹tsʅ⁰]"用巴掌打人一下叫一～:这孩子老骂人,叫人溂_{对着脸摁}扇了好几～｜一～下去剋_打了好几个手指头印子。

【气子】tɕhi⁵³tsʅ⁰ ①气儿,多用于喝酒水及、干活等,喝酒水时从开始喝到换口气时、干活时从开始干到休息这段时间为一气子:他一～喝了一瓶啤酒｜一小盆茶他两～就喝完了。②阵,用于阵雨(皖北很多地方叫喘气子雨):一会下一～,一会下一～,一傍晚下了好几～。③次,用于拎东西时中途休息等:这个西瓜真重家伙,我歇了两三～才拎到家。

【猛儿】meâr²⁴ 猛子,专指头朝下钻入水中游泳:他的水性真好家伙,一～剋了_游了五、六米远。

【盘儿】phɛr⁴⁴ 次,顿,回等:昨个我叫俺娘骂了两～｜将才他又笑话我一～｜昨个俺俩来了三～棋,我赢两～,输一～｜北京俺一～都没去过。

据邓帮云(2006)[18]报道,四川方言有一个动量词"盘",最初与普通话一致,只适用于"计量下棋或某些球类比赛的次数";后来计量的动作呈开放式发展,可以适用于下棋或某些球类比赛以外的其他动作。举例如"小伙子，来陪老汉杀一盘｜不信夜里去跟我看一盘｜来，坐盘鸡公车"。例中的"盘"相当于"次、回、下"。这与皖北方言中量词"盘儿"的用法是基本一致的。另外，四川方言的"盘"有较强的口语色彩和愉悦、欢快的情感色彩。举例如"练灭火，女教师当盘119｜烧了毒鼠强，百人洗盘澡｜来！烫盘鲜花串串香｜过盘画家瘾，巴适嘹！"而皖北方言中量词"盘儿"也表示口语色彩，但在情感色彩方面多表示拂意，有时也表中性和欢快。

梁晓玲（2010）[19]发现，黑龙江方言中有一个搭配范围较广泛的动量词"一盘儿"，意义相当于"一顿、一把、一次、一回、一阵"等。从语用环境上看其搭配的动词多为贬义，有时也表示中性和褒义。"一盘儿"已经完成了词汇化。皖北方言中的"盘儿"在搭配范围和语用环境上与黑龙江方言的"一盘儿"十分相似，其不同之处是皖北方言中"一"和"盘儿"还在词汇化的进程当中。

2. 已词汇化的动量词

【一拖子】i²¹tʰuə²¹tsʅ⁰ 下，指连续不断地做某事：俺～把他揍得哭爹叫娘 他～剅喝了一瓶白酒 俺达爸爸～割了半亩小麦。需要说明的是，"一拖子"用在动词前作状语时已经完成了词汇化，但在作补语时还没有彻底完成，"一拖子"有时还是"一＋拖子"，如"这个人一天叫人剅打一拖子，一天叫人剅打一拖子，这几天叫人打了好几拖子了"。句中的"一拖子"等于"一＋拖子"，就是说数词"一"还可以被其他数词替换。邵敬敏（2007）[20]就指出：特别是出现在状语位置上的"一把"的"一"绝对不能被其他数词替换。但是补语位置的"一把"词汇化时间可能稍晚一些，或者说正在进行之中。皖北方言中处于补语位置"一拖子"中的"一"正处在词汇化之中。

【一腿子】i²¹tʰe²⁴tsʅ⁰ 用于泥、牛屎等：他～都是稀泥糊子烂泥巴｜牛屎沾了他～。另外，～还可引申为"不光彩的事情，多指男女之间的不正当关系"，如：他俩有～。这更说明～已经彻底词汇化了。

【一家伙儿】i²⁴tɕia²¹xuər⁰ 相当于北京话的"下、次"，从语义上看，多用于不惬意的动词：俺叫马蜂蜇了～，肿个大疙瘩肿成一个包｜驴踢了他～｜他～剅吃了三个馒头，真能剅吃黄子家伙｜俺脊背股上后背上痒痒，给俺扽[kʰuɛ²⁴]挠～。

【一把儿】i²¹par²⁴ 用于用手来施行或用其他器具、物件协助手来完成的动作：～拽住｜拽他～｜提搂[ti⁴⁴ləu⁰]提搂这孩子～｜掇～麻袋｜帮他～。

从上例可以看出，皖北方言中的"一把儿"是一个搭配范围比较宽泛的动量词，相当于"一把、一次、一下"。

动量结构"一把儿"在皖北方言中已经完成了词汇化，其中"一"不能被其他数词替换，"一"和"把儿"之间不能插入其他词语，"把儿"也不能单独做句子成分。

吕叔湘（1999）[21]认为，"一把"中量词"把"语义相当于"次"，"用于与手有关的动作"；"一把＋v"的用法表示"动作快而短暂"，而且数词限于"一"，可见数词"一"已经完成了词汇化；"v＋一把"结构中v后如果有宾语，指人时，一定在v之后"把"之前；指物时，定在"把"之后。

皖北方言中"一把儿"在动词后做补语时，如果动词后有宾语，指人时，大多在

v之后"把"之前，有时也可在"把"之后；指物时，一定在"把"之后。例如：

a. 赶紧地拽他～，别滑坑来里去了。
b. 提搂 [ti⁴⁴ləu⁰] 提携这孩子～吧！
c. 他大爷，恁替俺提搂 提携～这孩子吧！
d. 俺娘，给俺扤搔、抓～脊背股 后背可管行？

在老派皖北方言中，"一把儿"适用的最典型的动词是"必须用手来施行的动作，或者说是跟手掌连带手指这一部位活动直接有关的动作"（邵敬敏 2007）[22]，例如：抓、扭、拽、胡搂 [xu⁴⁴ləu⁰]（双手）聚拢、模·搂 [mu⁴⁴ləu⁰] 轻抚、捏、掰、揎 [uŋ²⁴] 推、拧、拉、掇 [tuə²¹³]、摸等。后来发展到"有些动作可以用手来进行，也可以不用手来进行，有时还可能需要其他器具、物件来协助手才能完成"的动词，例如：帮、赚、提搂 提携、捞、赌、拼、算等。再后来发展到与手关系不明确但与人有关的泛义及物动词，如：剋、来。

在新派皖北方言中，由于年轻人受普通话及网络语言的影响，"一把儿"不仅"用于与手有关的动作"，还可用于与手无关的其他动作，这类动词既可以是跟人有关的及物动作（邵敬敏 2007）[23]，如：恁俩猜～看，这次踢足球哪个队能赢｜今个咱去歌厅飙～｜咱俩来也嗨～｜只要咱几个再努力～，就有希望｜碍于面子，俺哥也高消费了～｜我叫他俩忽悠了～；也可以是不及物动词甚至是性质形容词，如：我真想哭～｜今个喝酒，都得痛痛快快醉～｜恁儿舒服～就死也值过 值得｜凭恁的实力，上台保险一定能火～｜学会做微商，咱也能富～。

【一摸子】i²¹mə²¹tsɿ⁰ 次，表动量，可用于各类动作，有时也用于已动词化的性质形容词：俺几个～来也没去过｜我～来也没剋吃过｜他就来过～｜老鳖肉俺就剋过～｜这孩子，怎么多年我就揍他～｜这个人"文化大革命"时曾红过～。

【一赶翁儿】i²¹kæ̃²⁴uer²¹³ 一下子，可用于各类连续的动作：我～刨了两块地｜他～剋了三四个馒头。

【一崩儿】i²¹pẽr²¹³ 一程，主要用于步行：这～走了七八里｜咱跑～吧！

【一坨儿】i²¹tʰuər⁴⁴ 一起，一块儿，多用于几个人一起做的动作，尤其适用于小孩在一块玩耍：恁仁～玩去吧｜咱几个～干。

二、皖北方言"子/儿"缀量词的主观性

沈家煊（2001）[24]认为，说话人在说出一段话的同时表明自己对这段话的立场、态度和感情，从而在话语中留下自我的印记，这就是语言的主观性（subjectivity）。因为主观量与主观性联系密切，因此，陈小荷（1994）[25]认为，"主观量"是含有主观评价意义的量，与"客观量"相对立；它表达的是说话人对量的大小的主观评价。皖北方言中也有一些带"子、儿"尾的量词含有明显的主观评价义，既有主观大量，也有主观小量。

李宇明（2000）[26]认为主观量分为"语表手段和语境手段两大分野"。本文指语表手段即结构中带有主观量的标记，皖北方言的主观量标记主要是"子、儿"缀和"大、小"。"子、儿"缀附在量词后与数词（多为"一"）结合后，有时可直接表示

主观大量或小量；有时要在数量结构之间加"大、小"表示主观大量和小量。分述如下：

（一）"子/儿"缀量词加数词直接表主观量

这里是指"子、儿"缀量词加数词"一"组成"一＋量"结构后直接表示主观大量或小量，无须借助形式标记"大、小"。一般情况下，"儿"缀量词表小量，"子"缀量词大小量均可。先看表小量的"儿"缀量词，如：

会儿——走了一～｜歇了一～。
捏儿——捏了一～盐｜捏了一～面。
撮儿——拽了一～头毛｜割了一～韭菜。
口儿——溺嘴唇沾杯边轻轻吮吸了一～酒｜喝了一～汤药。
气儿——喝了一～汽水｜剋喝了一～酒。
掐儿——薅了一～葱｜拽了一～豆草。
点儿——添一～面｜褂子小了一～。

这种情况也可以在动词前用副词"才、就"等修饰或量词重叠以强化量小，重叠后的量词声调也随之变化。如：

a. 会儿 [xuer^{44}]——才走了一～。
　　会儿会儿 [xuer^{44}xuer^{213}]——才走了一～～。
　　会儿会儿会儿 [xuer^{44}xuer^{44}xuer^{213}]——才走了一～～～。
b. 捏儿 [ȵier^{213}]——捏了一～盐。
　　捏儿捏儿 [ȵier^{21}ȵier^{44}]——就捏了一～～盐。
c. 点儿 [tʰier^{24}] 添一～。
　　点儿点儿 [tʰier^{24}tʰier^{44}] 添一～～。
　　点儿点儿点儿 [tʰier^{24}tʰier^{44}tʰier^{24}] 添一～～～。

再看大小量均表示的"子"缀量词：

大量的如：

会子——走了一～了｜来了一～麻将了。
下子——一～剋喝了半瓶酒｜一～来了几口子人。
拖子——俺一～把他揍趴窝了。
桌子——做了一～菜｜一～菜能剋吃八个人。
河筒子——一～都是人｜一～水。
脑壳子——我这一～都给糊涂糯子呢｜他一～都是钱。
拉溜子——一～人｜一～电线杆子｜一～汽车。

小量的如：

溜子——切了一～西瓜｜割了一～麦。
子子——捻了一～线｜买了一～韭菜黄。
胡撩子——着 [tʂaŋ^{44}] 撒了一～胡椒面｜买了一～大米。
揪子——揪一～面剂子｜一～烙馍烙饼。
宁子——一～面条｜一～韭菜。

丝子——一~狗肉｜一~辣萝卜萝卜条。

(二) 数量结构之间能加"大/小"的主观量

皖北方言中的主观量词在使用时多数与"大/小"同现，数词多数限于"一"。只有少数本身表主观大量的量词不与"大"同现，少数本身表主观小量的量词一般不与"小"同现，但可与副词"就、才"同现。

不管是能表小量的"儿"缀量词，还是可表大、小量的"子"缀量词，大多在数量结构之间可以加"大"或"小"表示主观大量或小量。例如：

扑棱子——一大~腊菜雪里蕻｜一大~白菜。
桌子——俺过年做了一大~菜，鸡鸭鱼肉都有。
会子——他走了一大~了｜饭做好一大~了。
嘟噜子——我今个买了一大~葡萄｜一大~猪肠子。
把子——薅了一大~稻秧子｜提[ti⁴⁴]了一大~蒜薹。
会儿——他来了一小~｜睡了一小~觉。
梦儿——雨下了一小~｜睡了一小~觉。
沓儿——取了一小~钱｜裁了一小~纸。

另外，皖北方言中还有几种含"子、儿"缀数量结构表主观小量的构式，分述如下：

"一点儿个 [i²¹ tiɛr²⁴ kə⁴⁴] /一丁点儿 [i²¹ tiŋ²¹ tiɛr²⁴]"，"一点儿个/一丁点儿+N"主要表示极少量，带有不满意的语用色彩，可以修饰事物量、空间量。例如：

a. 早起来就吃了~饭，干活咋能有劲。
b. 缸来里只有~面面粉，不够三人吃的。

此二例中的"一点儿个"都是修饰事物量，即修饰表示事物的名词（陈淑梅2012）[27]。两例中的"一点儿个/一丁点儿"分别修饰的是"饭"和"面"。

c. 桥才有~宽，车过不去。
d. 这孩子才~高，衣裳穿上不会短。
e. 番茄才有~红，不能摘。
f. 篮子才~重，俺能拎动。

此四例中的"一点儿个/一丁点儿"都是修饰空间量，空间量标记的词语主要是无标记的形容词[黄国营、石毓智（1993）[28]认为，"大、小"类形容词，积极成分是无标记的，消极成分是有标记的]。

据陈淑梅（2012）[29]研究，鄂东方言中有"一卵点儿+N"构式表主观小量，当"一卵点儿"修饰空间量时，其空间量标记词语主要是有标记的形容词"短""窄""矮""近""浅""消""细"等，这与皖北方言是不同的。

"一A+（都）不（没）+A"，这是一种量词拷贝型的构式，其中后一个量词与前一个量词是同形的，整个构式表示"'应该做的事情一点也没做'，主观上认为所为甚少"（梁晓玲2010）[30]，具有很不满意的色彩，例如：

a. 恁家的麦都割完两趟子了，俺还一趟子不趟子来呢。
b. 俺家的韭菜都割了两配儿了，怎呢？

——别提了，俺还一配儿不配儿呢。

c. 上海你去过几摸子。

——一摸儿都不摸儿。

d. 我刚才眯瞪_{小睡}了一小会儿。

——你还不错来，我连一会儿都不会儿。

e. 你将才剋了两溜子西瓜，我连一溜子都没溜子。

这种构式主要用于后续句中，从意义上看是对起始句的补充，从语法上看多做谓语，少数可独立成句，从语用上看多表示不称心如意，甚至有自责的意味。

"一眨眼儿+就V了"，"'一眨眼儿'表示时间极短，主要修饰表示时间的名词"（陈淑梅2012）[31]，如：

a. 这孩子一眨眼儿就跑没 [mu⁴⁴] 见了，急死俺了！

b. 你等等，我一眨眼儿就弄好了。

c. 十月天真短，一眨眼儿就黑了。

d. 他来了一眨眼儿就得回去。

"一眨眼儿"是"一眨眼的时间"之意，夸说时间极短，具有极强的主观色彩，是一个典型的主观小量。多表示埋怨、急躁、无可奈何等感情色彩，较少表示称心如意。

* 本文系安徽省省级质量工程项目"省级教学团队-语言学教学团队"【2019jxtd132】、安徽省高校人文社会科学研究重大项目"亳州方言文化典藏"【SK2018ZD059】、安徽省哲学社会科学规划项目"非遗语境下亳州地区民间歌谣的语言学视角分析及其传承创新研究"【AHSKY2018D101】的阶段性成果。

注释：

[1] 中国社会科学院语言研究所、中国社会科学院民族学与人类学研究所、香港城市大学语言资讯科学研究中心：《中国语言地图集》，北京：商务印书馆，2012年，第B2—5图、9图。

[2] 赵日新：《安徽省的汉语方言》，《方言》2008年第4期，第362页。

[3] 郭辉：《濉溪方言研究》，合肥：安徽教育出版社，2015年，第230～232页。

[4] 胡利华：《蒙城方言研究》，合肥：合肥工业大学出版社，2011年，第171～174页。

[5] 王琴：《皖北中原官话历史演变及现状研究》，合肥：黄山书社，2016年，第229～233页。

[6] 徐红梅：《皖北方言词汇比较研究》，广州：暨南大学语言研究所，2003年，第104页。

[7] 李宇明：《汉语量范畴研究》，武汉：华中师范大学出版社，2000年，第38页。

[8] 梁晓玲：《黑龙江方言的量词》，《方言》2010年第3期，第274页。

[9] 黑维强：《绥德方言调查研究》，北京：北京师范大学出版社，2016年，第310页。

[10] 梁晓玲：《黑龙江方言的量词》，《方言》2010年第3期，第275页。

[11] 乔全生：《晋方言语法研究》，北京：商务印书馆，2000年，第137页。

[12] 邢向东：《神木方言研究》，北京：中华书局，2002年，第426页。

[13] 梁晓玲：《黑龙江方言的量词》，《方言》2010年第3期，第274页。

[14] 黑维强:《绥德方言调查研究》,北京:北京师范大学出版社,2016年,第309页。
[15] 苏晓青、吕永卫:《徐州方言词典》,南京:江苏教育出版社,1996年,第51页。
[16] 苏晓青、吕永卫:《徐州方言词典》,南京:江苏教育出版社,1996年,第51页。
[17] 邵敬敏:《说"V一把"中V的泛化与"一把"的词汇化》,《中国语文》2007第1期,第17页。
[18] 邓帮云:《量词"盘"在四川方言中的一个较特殊用法》,《西华大学学报》(哲学社会科学版)2006年第4期,第51页。
[19] 梁晓玲:《黑龙江方言的量词》,《方言》2010年第3期,第276页。
[20] 梁晓玲:《黑龙江方言的量词》,《方言》2010年第3期,第276页。
[21] 吕叔湘:《现代汉语八百词》(增订本),北京:商务印书馆,1999年,第53页。
[22] 邵敬敏:《说"V一把"中V的泛化与"一把"的词汇化》,《中国语文》2007年第1期,第15页。
[23] 邵敬敏:《说"V一把"中V的泛化与"一把"的词汇化》,《中国语文》2007年第1期,第15页。
[24] 沈家煊:《语言的"主观性"和"主观化"》,《外语教学》2001年第4期,第268页。
[25] 陈小荷:《主观量问题初探——兼谈副词"就"、"才"、"都"》,《世界汉语教学》1994年第4期,第18~19页。
[26] 李宇明:《汉语量范畴研究》,武汉:华中师范大学出版社,2000年,第118页。
[27] 陈淑梅:《鄂东方言量范畴研究》,北京:中国社会科学出版社,2012年,第211页。
[28] 黄国营、石毓智:《汉语形容词的有标记和无标记现象》,《中国语文》1993年第6期,第401页。
[29] 陈淑梅:《鄂东方言量范畴研究》,北京:中国社会科学出版社,2012年,第211页。
[30] 梁晓玲:《黑龙江方言的量词》,《方言》2010年第3期,第278页。
[31] 陈淑梅:《鄂东方言量范畴研究》,北京:中国社会科学出版社,2012年,第213页。

河南偃师方言处置兼被动标记"叫"
——兼论"叫"在汉语方言中的地理分布

郭 笑

（湖南师范大学国际汉语文化学院/汉语国际推广研究院，湖南长沙，410081）

内容摘要： 偃师方言"叫"既可用作处置标记，也可用作被动标记。文章分别从"叫"字构成处置式和被动式的结构类型、与"叫"字共现成分的句法语义特征、"叫"字的语义套合等方面对其进行了描写，并运用地理语言学的方法考察了"叫"在汉语方言中的地理分布特征及其成因。

关键词： 偃师方言；处置标记；被动标记；叫；地理分布

引言

偃师隶属河南省洛阳市，位于河南省西部，总面积948.43平方千米。下辖4个街道、9个镇，总人口63.2万。《中国语言地图集（第二版）》[1]把洛阳市、嵩县、巩义市、登封市、偃师市、孟州市、孟津县、伊川县、新安县、宜阳县、渑池县、洛宁县、义马市、栾川县、卢氏县等15个县市划为洛嵩片。

"叫"是偃师方言中的一个常用词。《现代汉语词典》（第七版）将"叫"的词性界定为动词和介词两种。偃师方言动词"叫"的用法与普通话"叫"的用法相同，但是偃师方言介词"叫"除可用作被动标记外，还可以兼用作处置标记，且其具体用法与普通话有相似之处，也存在区别。邢向东[2]、张雪平[3]、苏俊波[4]等曾对陕西神木方言、河南叶县话、湖北丹江方言中"叫"字的用法进行了探讨，但尚未见对偃师方言"叫"字进行系统研究的。本文将对偃师方言处置兼被动标记"叫"的句法语义特征及其来源进行系统描写，并对"叫"在河南方言中的地理分布进行考察。

本文作者的母语是偃师方言，文中所有偃师方言例句由自省或调查获得，自省例句都进行过一一核查。例句中本字不明的，用同音字替代并加下划线标注。

一、偃师方言处置标记"叫"的使用特征

"叫"在河南、安徽、山东、山西、湖北等地方言均可用作处置标记。但各点方言中处置标记"叫"的使用特点却各不相同。下面我们分别从"叫"字构成处置式的语义类型、与"叫"字共现成分的句法语义特征等方面展开讨论。

(一)"叫"字处置式的语义类型

吴福祥[5]根据处置式的语义类型将其分为三类：广义处置式、狭义处置式和致使义处置式。偃师方言处置标记"叫"也可以构成上述三种类型处置式。

1. 广义处置式

"广义处置式"的题元结构是一个双及物式，述语动词所表示的动作涉及两个题元成分。偃师方言处置标记"叫"可以用于广义处置式。该式中述语"V"有三类：一是"给/送/送给"类；二是"当成/看作/比作"类；三是"放到/放在/放/搁到"类。此式中"叫"的处置义较弱。例如：

(1) 他叫不要哩衣裳都送给我了。他把不用的衣服都送给我了。
(2) 我叫这闺女当成恁哩啦。我把这个女孩当成你的女儿啦。
(3) 你要忘了叫东西儿搁到恁姨家。你别忘了把定西放到你姨家。

2. 狭义处置式

"狭义处置式"的题元结构是一个及物式，述语动词所表示的动作只涉及一个题元成分。该题元成分一般就是处置标记"叫"字后面的受事成分，或者是位于句首的有定受事成分。此式中"叫"的处置义较强。例如：

(4) 你叫饭吃完。你把饭吃完。
(5) 恁哥叫对子买过了。你哥把春联买过了。
(6) 她不吭气就叫碗刷了。她没吭声就把碗刷了。

从上例可以看出，虽然狭义处置式动词只涉及一个题元角色，但是该动词必须与其他成分搭配，构成复杂动词形式，不能是光杆动词。例如(4)动词"吃"后带上结果补语"完"，构成动补结构才能成立。例(5)(6)中动词"买"和"刷"后带上了动态助词"了"才成立。

3. 致使义处置式

吴福祥[6]指出，致使义处置式中介词"把/将"的宾语语义上不是动词的受事，而是它的当事或施事；整个格式具有一种致使义；致使句处置式的主语可以是生命度高的人称代词或指人名词，也可以是生命度低的事物，同时也可以是一个小句。偃师方言处置标记"叫"也可构成致使义处置式，但是比较受限，"叫"的宾语需为动词的施事成分。例如：

(7) 他哩话叫我哩心都伤透了。他的话把我的心都伤透了。
(8) 你一叽喳叫孩子吓醒了。你一吆喝把孩子吓醒了。

例(7)中处置标记"叫"后的宾语是动词"伤"的施事成分，句子的语义表达的是处置标记"叫"的宾语"我"因为主语"他类话"施加的某种行为而发生的变化。例（8）仿此。

（二）"叫"字共现成分的句法语义特征

偃师方言处置标记"叫"构成的处置句的基本形式与普通话相类似，可以抽象为：$NP_1＋叫＋NP_2＋VP$。但是偃师方言与处置标记"叫"共现的"NP_1""NP_2"和"VP"等成分与其在普通话"把"字句的用法有相似之处，也有差异。

1. "叫"的共现成分"NP_1"的句法语义特征

偃师方言"NP_1"作为句子的主语，多是由名词、代词、数量短语、复指短语等体词性成分充当。例如：

（9）雨叫他淋湿了。他被雨淋湿了。
（10）他叫衣裳扔扳了。他把衣服扔了。
（11）三天两天就叫他使死了。三天两天就把他累死了。
（12）她们三姊妹叫老宅子扒了。她们三姐们把老房子折了。

普通话"把"字句的主语，除可以由体词性成分充当外，还可以由动词、形容词、动词性短语、形容词短语、主谓短语等谓词性成分，但是偃师方言"NP_1"较少由谓词性成分充当，只有少数动词性短语和主谓短语可以充当。例如：

（13）成天看手机叫我眼都看疼了。整天看手机把我眼睛都看疼了。
（14）他出门都忘东西叫我烦死了。他出门都忘东西把我烦死了。

从偃师方言"NP_1"与动词的语义角色来看，"NP_1"既可是主体论元施事，如例（1）—（6），也可以是客体论元受事、与事，还可以外围论元时间、工具、处所等。例如：

（15）这点活儿就叫你使着了。这点活儿就把你累着了。
（16）他跟你喷话儿叫点儿都忘了。他跟你说话把时间都忘了。
（17）一屁会儿就叫他走累了。走了一会儿就把他走累了。
（18）一锄头叫这疙瘩擂莫影儿。一锄头把这个疙瘩敲碎。
（19）关林叫肚子叫豆子。关林的人把肚子叫豆子。

偃师方言"叫"字处置句表示祈使语气时，"NP_1"根据上下文语境可以省略，例如：

（20）叫那枯出哩地方好好弄展呱。把那个褶皱的地方好好弄平。
（21）叫窗户关上，外先这会儿老冷。把窗户关上，外面现在比较冷。

2. "叫"的共现成分"NP₂"的句法语义特征

偃师方言"NP₂"作为句子的宾语,同普通话"把"字句的宾语相类似,既可以由名词、代词、名词性短语等体词性成分充当,也可以由动词、动词性短语等谓词性成分充当。例如:

(22) 他叫老灶爷请来了。他把灶王爷请来了。
(23) 俺爸叫底下哩花儿都栽了了。我爸爸把下面的花儿都栽过了。
(24) 恁娃叫馍吃哩干干净净哩。你孩子把馍馍吃得干干净净的。

但偃师方言"NP₂"与普通话"把"字的宾语相比,也有特殊之处,表现在以下几个方面:

第一,偃师方言"NP₂"前可以出现数量短语修饰,构成数量名短语。例如:

(25) 恁耍死急,叫人叫一句话都说不完。你们不要着急生气,让人一句话都说不完。

处置句的宾语是谓语处置的对象,一般应是有定成分,通常不能在宾语前添加数量短语修饰语。例(25)名词"话"前虽然可受数量短语"一句",但是例中的"一句话"是出现在会话现场,是会话双方已知的特定内容。

第二,偃师方言"叫"字处置句中的谓语后还可以出现"NP₂"的复指性代词宾语。例如:

(26) 叫这谷堆末子搓干净它。把这堆垃圾扫干净。

上例中的代词"它"复指"叫"字后的宾语"这谷堆末子"。

第三,偃师方言"叫"字处置句中的"NP₂"可以省略,"叫"字与动词直接连用,中间不能出现其他成分。例如:

(27) 亮亮肯门来了,叫拾掇完啦。亮亮刚好来了,把(这里)收拾完啦。
(28) 还闪三个类,你叫扳喽吧。还剩三个呢,你把(这些)扔了吧。

从偃师方言"NP₂"与动词的语义角色来看,"NP₂"既可以是受事论元,也可以是施事、处所、工具等论元。例如:

(29) 俺爸叫车子丢了。我爸把车子丢了。
(30) 早晚去外先穿厚点,别叫孩子感冒了。无论什么时候去外面穿厚点,别把孩子弄感冒了。
(31) 她叫屋地上都抹了了。她把屋里的地面都擦过了。

(32) 捎哩太多了，叫担子都压弯了。装的东西太多了，把担子都压弯了。

3. "叫"的共现成分"VP"的句法语义特征

崔希亮[7]认为汉语普通话主要通过"把"字句表示处置义，他将表示处置式的结构形式概括为"把/将 B-VP"。根据"VP"的不同，他又将"把"字句的格式类型分为两大类九小类。偃师方言"叫"字处置句中"VP"的类型同普通话相比有所不同，"VP"不能是零形式、熟语形式或者单个动词，其他类均可。具体分布情况如下：

1) VP 是述补结构或包含述补结构的谓词性成分

a. VP＝VR 或 AD+VR（R 表示结果补语，AD 表示状语）

(33) 夹黑我奏叫作业写完了。昨天晚上我就把作业写完了。
(34) 恁都叫话说清楚了。你们都把话说清楚了。

b. VP＝VR 或 AD+VR（R 表示趋向补语，AD 表示状语）

(35) 他叫地窨哩钥匙都摸出来了。他把地窨的钥匙都偷出来了。
(36) 那谁，叫单子递过来。哎，把单子递过来。

c. VP＝VR（R 是由介词短语构成的述补结构）

(37) 你叫钥匙搁到怀里吧。你把钥匙放到怀里吧。
(38) 叫车挪车库里。把车放车库里。

d. VP ＝ VR+VP（VP 是包括述补结构的连动结构）

(39) 我叫手表摘下来放他那儿了。我把手表拿下来放他那里了。
(40) 你叫这兜儿麦拿走交了吧。你把这袋子麦子拿去交了吧。

2) VP 是其他形式的谓词性成分

a. VP＝（AD）＋一 V（状语加上"一"再加上单个动词）

(41) 我叫钱往桌上一搁可跑出了。他把钱往桌子上一放就走了。

b. VP＝V（一）V（VP 是动词的重叠形式）

(42) 叫你那胡子剃剃吧。给你的胡子刮刮吧。
(43) 叫那剩饭热热再吃。给那些剩饭热热再吃。

c. VP＝VR 或 AD＋VR（R 是数量补语）

(44) 那个门儿错点叫你类手挤一下。那个门儿差点把你的手挤一下。
(45) 你叫备哩货再典一遍吧。你给备的货再数一遍吧。

除此之外，偃师方言处置标记"叫"与普通话处置标记"把"相比，还具有以下特征：

第一，偃师方言处置标记"叫"在反复问句中可以重叠。例如：

(46) 叫不叫末子据走？要不要把垃圾拿走？

第二，偃师方言处置标记"叫"可以出现在"叫 O — V"结构中。例如：

(47) 你叫衣裳一换，俺们就出去。你把衣裳一换，我们就出去。

第三，偃师方言处置标记"叫"后可以出现否定词。例如：

(48) 你叫水橥弄坎了。你不要把水弄洒了。
(49) 你叫车橥停这。你不要把车停这里。

二、偃师方言被动标记"叫"的使用特征

被动标记一般来自动词。从汉语方言的情形来看，主要有两个来源：一是来源于给予义动词，例如北方方言的"给、叫"、南方方言的"畀、乞、锡"等；另一类来自遭受义动词，例如北方方言的"被"、南方方言的"着，捱"等。大体上，被动标记北方多由给予义充当，南方多由遭受义充当[8]。而偃师方言的被动标记则是来源于使役动词的"叫"。下面我们分别对被动标记"叫"出现的句法结构类型以及"叫"字共现成分的句法语义特征等进行分析。

（一）"叫"字被动式的结构类型

"叫"表示被动关系在偃师方言中的使用情况比较复杂，具体如下所示：

1. NP_1＋叫＋NP_2＋VP

该结构中"NP_1"充当主语成分，是句子的受事，位于句首，"NP_2"是"叫"引出的动作行为施事，"VP"是句子的谓语成分。该句式中的"VP"一般不能是光杆动词，其后必须加上表示完结或者结果的词语，或者加上补语成分，表示所描述的事情已经发生。例如：

(50) 俺哩饺子全叫他吃了，我一个也没吃着。我的饺子全被他吃完了，我一个也没吃着。

(51) 车子叫雨洗哩干净净哩。_{车子被雨洗得干净净的。}

(52) 将洗哩衣裳叫他晾起来了。_{刚洗的衣裳被他晾起来了。}

例（50）中谓语"吃"后加了一个完成体标记"了"，表示已经发生了的事实。如果不加"了"则例（50）就不是一个自足的完句；例（51）中的补语"干净净"是对谓词"洗"的补充说明；例（52）中趋向动词加在动词"晾"后，与其构成动趋结构，表达趋向意义。

2. NP_1＋叫＋NP_2＋动宾结构

(53) 手叫刀割开几个口子。_{手被刀割开了几个口子。}

(54) 胳膊叫猫娃抓了几道印子。_{胳膊被猫抓了几道印子。}

该结构和"NP_1＋叫＋NP_2＋VP"结构的最大区别是这一结构中的动词性成分是动宾结构。而"NP_1＋叫＋NP_2＋VP"结构中的动词性成分多是动补结构。如例（53）中的"割开几个口子"和例（54）中的"抓了几道印子"都是动宾结构。

3. NP_1＋叫＋NP_2＋给＋VP

(55) 俺爸逮的鱼叫老猫给叼跑了。_{我爸抓的鱼被老猫叼跑了。}

(56) 手机叫我给弄丢了。_{手机被我弄丢了。}

该结构式中助词"给"的主要作用是引进施事者对受事者的某种处置，如例（55）用"给"来引进受事者"俺爸逮的鱼"被施事者"老猫"叼跑了这一动作行为。由于助词"给"在句中起到增加语气色彩的作用，省略后不影响句子语义的表达，因此常常可以省略。

4. NP_1＋叫＋VP

该结构中被动标记"叫"后的施事者根据上下文语境，有时可以省略，被省略的施事者一般是发话者和听话者都共知的已知信息，或者是双方都不可知的信息。例如：

(57) 他们真能喝，一箱酒一会儿就叫喝光了。_{他们真能喝，一箱酒一会儿就被他们喝光了。}

(58) 小妹叫批了。_{小妹被批评了。}

例（57）中"叫"省略的施事者在上文中已经出现过，是发话者和听话者双方共知的已知信息，例（58）中"叫"后省略的施事者，如果会话双方没有出现在事发现场而是从别人那里获取的信息，那么双方都不知道施事者是谁。

5. NP_1＋否定词＋叫＋NP_2＋VP

"叫"字被动句的否定式是"叫"之间加上否定副词"没"或者"没有"，例如：

(59) 俺没叫老班批过。我们没被老班批评过。
(60) 俺村哩地没叫水淹过。我们村的地没被水淹过。

(二) 与"叫"字共现成分的句法语义特征

1. "叫"的共现成分"NP_1"的句法语义特征

在被动句中，"NP_1"是被动句的主语，一般由名词性成分或代词充当，也可以由谓词性成分充当，这时谓词性成分具有指称性，表示某个事件。

(61) 那卷子叫他弄丢了。那卷子被他弄丢了。
(62) 亮亮偷跑叫人知道了。亮亮偷跑被人知道了。

在有语境提示的情况下，NP_1可以省略。

(63) 叫这一群高年级哩带坏了。被这一群高年级的带坏了。

以上对话为说话者在讨论某些学生的不良风气时，可能会感叹现在的高年级学生有的比较坏，把低年级的给带坏了。这时主语"某些学生"省略，但听话者可以推断出指某些有不良风气的学生。

2. "叫"的共现成分"NP_2"的句法语义特征

在被动句中，"NP_2"是由被动标记引出的名词性或代词性成分，一般充当动作的施事。南方方言中"NP_2"一般是强制出现的成分，这是很多南方方言被动句的共性。而偃师方言的"NP_2"和南方方言相比则要相对灵活一些，该结构中被动标记"叫"后的施事者根据上下文语境，有时可以省略，被省略的施事者一般是发话者和听话者都共知的已知信息，或者是双方都不可知的信息。例如：

(64) 年所河滩那块地都叫占了。去年河滩上的那块地都被占了。
(65) 老王叫抓走了，谁着他犯啥事了。老王被警察带走了，谁知道他犯什么事情了。

例(64)中"叫"后省略了施事者"水"，这是常识性背景信息，会话双方都可知，而例(65)中"叫"后省略的施事者，如果会话双方没有出现在事发现场而是从别人那里获取的信息，那么双方都不知道施事者是谁。

3. "叫"的共现成分"VP"的句法语义特征

被动句中的动词既可以是及物动词，也可以是不及物动词。无论是哪类动词，都必须是有界成分，带有时体标记或补语等成分。

(66) 大门上叫哪瘪三挂了把锁。大门上不知道被哪个人上了一把锁。
(67) 一前发儿叫他圪搅莫数回。一早上被他打搅好多次。

三、偃师方言"叫"字的语义套合

偃师方言"叫"是一个多功能词,《现代汉语词典》(第7版)将"叫"的词性界定为动词和介词两种。"叫"作动词时的用法同普通话相同,有六种意义:"①人或动物的发音器官发出较大的声音,表示某种情绪、感觉或欲望:鸡～/大～一声;②招呼;呼唤:外边有人～你;③告诉某些人员(多为服务行业)送来所需要的东西:～两个菜｜～车;④(名称)是;称为:这～不锈钢｜您怎么称呼?——我～王勇;⑤使;命令:～他早点回去⑥容许或听任:他不～去,我偏要去。""叫"作介词时,可以兼表处置和被动。因此,偃师方言"叫"在使用时经常会出现语义套合现象。具体可分为两种类型:

(一)同一句中同时使用两个"叫"字

这种类型的语义套合又可以分为三种形式:一是,处置义与呼唤义套合;二是处置义与使役义套合;三是处置义与被动义套合。例如:

(68)叫恁伙计叫过来喷喷。把你朋友喊过来聊聊。

(69)叫阴儿炸类馍叫俺吃点。把昨天炸得馍给我吃点。

(70)俺妈叫你今儿黑地叫钱拿过来。我妈让你今天晚上把钱拿过来。

(71)他独孤员在路上叫憨子叫钱包偷了。他一个人在路上被憨子把钱包偷了。

从上述例句可以看出,处置义与呼唤义的套合仅有一种类型,即处置义位于呼唤义前,如例(68);而处置义与使役义的套合可以有两种类型,二者的位置根据语义可自由调配,如例(69)(70);处置义与被动义的套合同处置义与呼唤义的套合相同,也仅有一种类型,但被动义要位于处置义前,如例(71)。

(二)"叫"字在同一句中可作不同解读

由于"叫"字具有多个义项,如果不受上下文语境限制,单句中"叫"字也可以作多种解读,有时还会产生歧义现象。

第一种情况,"叫"可理解为呼唤义或使役义。例如:

(72)叫恁伙计上来。喊你朋友上来/让你朋友上来。

(73)俺姐叫你进来。我姐让你进来/我姐喊你进来。

例(72)(73)中的"叫"既可以理解为"呼唤"义,也可以理解为"使役"义。无论作何解读,一般都不会产生歧义。

第二种情况,"叫"字可以理解为容许义或使役义。例如:

(74)谁也谬叫他走。谁也没有允许他走/谁也没有让他走。

(75)我才不叫他在这哩。我才不允许他在这呢/我才不让他在这呢。

例（74）（75）中的"叫"既可以理解为"容许"义，也可以理解为"使役"义。一般不会出现歧义。

第三种情况，"叫"字可以理解为使役义或处置义。例如：

（76）叫妹妹带走。_{让你妹妹带走/把你妹妹带走。}

例（76）中"叫"字既可以理解为使役义"让"，也可以理解为处置义"把"。作不同解读时，句义会出现歧义。当"叫"理解为动词"让"时，"妹妹"充当兼语成分，是谓语"带走"的施事；当"叫"理解为介词"把"时，"妹妹"充当"把"的宾语成分，是谓语"带走"的受事。

第四种情况，"叫"字可以理解为处置义或被动义。例如：

（77）老板刚才叫他揍了。_{老板刚才把他打了/老板刚才被他打了。}
（78）肉包（狗名）叫丁丁（狗名）咬了。_{肉包把丁丁咬了/肉包被丁丁咬了。}

例（77）（78）中"叫"字前的主语"老板"和"狗"均可以理解为谓语"揍"和"咬"的施事成分，也可以理解为谓语"揍"和"咬"的受事成分。即"叫"既可以理解为处置标记"把"，也可以理解为被动标记"被"。造成此类歧义句式的原因主要是因为偃师方言"叫"字处置句和被动句的形式相同，且"叫"字前后的名词性成分均是有生命的。Comrie[9]认为生命度是语言结构之外的概念范畴，他把生命度定义为由一些主要的成分组成、从高到低的等级序列：人＞动物＞无生命。Silversterin[10]根据名词的格标记提出了生命度等级序列：第一、二人称＞第三人称＞专有名词＞人类＞动物＞无生命。一般而言名词性成分的生命度等级越高，其施加的动作性就越强。所以只有当"叫"字前后的名词性成分是有生命的，才会出现处置和被动歧义的现象。如果"叫"字前后的名词性成分出现一个无生命的成分，此类歧义句式就不会产生。例如：

（79）奶粉叫她喝净了。_{奶粉被她喝光了。}
（80）恁闺女叫瓜子磕美了。_{你女儿把瓜子嗑好了。}

苏俊波[11]曾从语义、句法、语用和语境等角度说明了判断湖北丹江方言"叫"字处置句和"叫"字被动句的方法。其中句法、语用和语境等因素对判断偃师方言"叫"字处置句和"叫"字被动句的歧义同样适用。但是从语义角度来看，偃师方言"叫"字句和丹江方言"叫"字句存在差异。在丹江方言中，如果主语是有生命的，可以施加积极影响的事物，不管"叫"的宾语是否性质相同，大都表示处置。而偃师方言中，此种情况仍然存在歧义。如例（77）中"叫"字既可以表示处置，也可表示被动。所以此类情况，歧义的消除仍需要依靠上下文语境来判断。

四、处置标记、被动标记"叫"在汉语方言中的地理分布

普通话中介词"叫"往往只作为被动标记出现在"$NP_1＋叫＋NP_2＋VP$"句式中,相当于介词"被"。而在汉语方言中介词"叫"除可用作被动标记外,还可用作处置标记。但介词"叫"的用法在各方言点中存在差异,具体分布情况如下表所示:

方言区	方言点	处置标记	被动标记
东北官话	吉林德惠	－	＋
北京官话	北京	－	＋
冀鲁官话	山东济南	－	＋
	山东新泰	－	＋
	河北武邑	－	＋
	河北故城	＋	＋
胶辽官话	山东牟平	－	＋
	山东沂水	＋	＋
	山东日照	＋	＋
中原官话	河南中牟	＋	＋
	河南商丘	＋	＋
	河南信阳	＋	＋
	河南洛阳(市区)	－	＋
	河南许昌	＋	＋
	河南项城	＋	＋
	河南固始	＋	＋
	河南漯河	＋	＋
	河南郾城	＋	＋
	河南舞阳	＋	＋
	河南南阳	＋	＋
	河南方城	＋	＋
	河南襄城	＋	＋
	河南周口	＋	＋
	河南平顶山	＋	＋
	河南叶县	＋	＋

续表

方言区	方言点	处置标记	被动标记
中原官话	河南鲁山	＋	＋
	河南确山	＋	＋
	河南扶沟	＋	＋
	河南鹤壁	＋	＋
	河南禹州	＋	＋
	河南濮阳	＋	＋
	河南安阳	＋	＋
	河南驻马店	＋	＋
	安徽蒙城	＋	＋
	安徽利辛	＋	＋
	安徽颍东	＋	＋
	安徽亳州	＋	＋
	江苏沛县	＋	＋
	江苏徐州	＋	＋
	山东郯城	＋	＋
	山东枣庄	＋	＋
	山东东明	＋	＋
	山东菏泽	＋	＋
	山西运城	＋	＋
	山西芮城	＋	＋
	山西临猗	＋	＋
	山西襄汾	－	＋
	山西万荣	－	＋
	陕西西安	－	＋
	陕西华阴	－	＋
	甘肃靖远	－	＋
	甘肃天水	－	＋
	宁夏固原	－	＋
	青海西宁	－	＋

续表

方言区	方言点	处置标记	被动标记
兰银官话	甘肃兰州	－	＋
	甘肃天祝	－	＋
	宁夏银川	－	＋
	新疆乌鲁木齐	－	＋
西南官话	湖北襄阳	＋	＋
	湖北丹江口	＋	＋
	湖北十堰	＋	＋
江淮官话	安徽贵池	－	＋
晋语区	河北磁县	＋	＋
	山西长治	－	＋
	山西忻州	－	＋
	河南济源	－	＋
	河南修武	－	＋
吴语区	江西上饶（广信区）	－	＋
赣语区	江西吴城	－	＋
	江西余干	－	＋
	江西鹰潭	－	＋
	江西贵溪	－	＋

从上表的统计来看，介词"叫"作为处置标记或被动标记在东北官话、北京官话、冀鲁官话、胶辽官话、中原官话、兰银官话、西南官话、江淮官话、晋语区、吴语区、赣语区中均有分布，在中原官话区的分布尤为集中。在有的方言里，介词"叫"只能作为被动标记，而在有些方言里两者皆可。我们以介词"叫"作为语法标记的类型为类型学参项，可以归纳出以下一条蕴含共性：

共性：介词"叫"作为处置标记出现在"$NP_1＋叫＋NP_2＋VP$"句式中⊃介词"叫"作为被动标记出现在"$NP_1＋叫＋NP_2＋VP$"句式中。

这条蕴含共性表示：在某个汉语方言中，如果介词"叫"能够作为处置标记出现在"$NP_1＋叫＋NP_2＋VP$"句式中，那么介词"叫"也能够作为被动标记出现在"$NP_1＋叫＋NP_2＋VP$"句式中。用四分表可以表述为：

+"处置标记",+"被动标记"	－"处置标记",＋"被动标记"
*（＋"处置标记",－"被动标记"）	－"处置标记",－"被动标记"

四分表说明，存在介词"叫"既能作处置标记又能作被动标记出现在"NP$_1$＋叫＋NP$_2$＋VP"句式中的方言，如：中原官话中牟方言、商丘方言、信阳方言、许昌方言、项城方言、固始方言、漯河方言、郾城方言、舞阳方言、南阳方言、襄城方言、周口方言、平顶山方言、叶县方言、鲁山方言、确山方言、扶沟方言、鹤壁方言、禹州方言、濮阳方言、安阳方言、驻马店方言、蒙城方言、利辛方言、颍东方言、亳州方言、沛县方言、徐州方言、东明方言、菏泽方言、郯城方言、枣庄方言、运城方言、临猗方言；冀鲁官话故城方言；胶辽官话沂水方言；西南官话襄阳方言、丹江口方言、十堰方言；晋语磁县方言。存在介词"叫"能作被动标记，但不能作处置标记出现在"NP$_1$＋叫＋NP$_2$＋VP"句式中的方言，如：中原官话洛阳方言、襄汾方言、万荣方言、西安方言、华阴方言、靖远方言、天水方言、固原方言、西宁方言；东北官话德惠方言；北京官话；冀鲁官话济南方言、新泰方言、武邑方言；胶辽官话牟平方言、日照方言；兰银官话兰州方言、天祝方言、银川方言；晋语长治方言、忻州方言、济源方言、修武方言；吴语上饶广信区方言、赣语吴城方言、余干方言、鹰潭方言、贵溪方言。存在介词"叫"既不用作处置标记，又不用作被动标记，在"NP$_1$＋叫＋NP$_2$＋VP＋"句式中的"叫"往往以其他功能类似的介词代替的方言，如：徽语区、湘语区、闽语区、粤语区、平话区、客家话区。不存在介词"叫"作为处置标记，但不作为被动标记出现在"NP$_1$＋叫＋NP$_2$＋VP"句式中的方言，至少在我们目前调查收集的语料中未见相关用法。

那么，介词"叫"的功能在汉语方言中呈现出上述分布特征的原因是什么？

首先，可同时作处置标记和被动标记的介词"叫"集中分布于以河南为典型代表的中原官话区是一种方言存古现象。以河南方言为背景的清代长篇小说《歧路灯》就是很好的佐证：一方面，从其作者的生平来看，李绿园原籍洛阳市新安县北冶乡马行沟，生于宝丰宋寨（今平顶山市湛河区曹镇乡宋家寨），是地地道道的河南人。他一生主要生活在新安、宝丰和开封，其次是北京。小说《歧路灯》也是以河南开封为背景的，所写风俗人情均是对内地省城的真实写照。同时，作品对北京的社会风貌也有所展现，对开封到北京沿途的风光描写细致。另一方面，从全书"叫"兼表使役、处置与被动的频度来看，表使役出现899次，约占整个"叫"字的51%，表处置出现8次，约占0.5%，表被动出现32次，约占1.8%[12]。"叫"兼表使役、处置及被动是《歧路灯》的重要特征，从上述的方言调查中，我们也能发现，该用法在大部分的河南方言里均有所保留。

其次，它们以河南中心向南向北逐渐扩散。我们认为，这是一种语言接触的结果，且此类语言接触多是受到语外因素的影响[13]。具体说来，有以下几个语外因素：

其一，人口迁移是一个极为重要的因素。我国历史上有三次汉人南迁高潮，且均与北方战乱有着密切关系[14]：第一次南迁高潮出现于永嘉南渡后，移民高潮，前后持续一百多年，河南人大多迁移至江苏、安徽，以襄阳为中心的汉水流域也有不少河南移民。第二次高潮出现于安史之乱后，河北、山东、河南北部是安史之乱和藩镇割据的主战场，受战乱影响最深，南迁人口也最多。江南、四川、江西、福建接收的移民最多。据《旧唐书·地理志》记载，饶州因移民大量涌入，在758年以前即增置上饶、永丰、贵溪、至德四县。湖北接受移民的主要分布在襄阳、鄂州、荆州三地。第三次南迁高潮则出现于靖康之变后，移民主要迁至江南、江西、福建，两湖及岭南地区也接收了大量的北方移民，江西上饶也是移民较多之地。经我们调查发现，介词"叫"在"$NP_1+叫+NP_2+VP$"句式中作为处置标记、被动标记在典型的西南官话区（成都、贵阳等）、赣语区（南昌、萍乡等）、吴语区（苏州、上海等）并未见其用法，而在襄樊方言、十堰方言中，介词"叫"保留了作为处置标记与被动标记的两种用法，在江西一带的赣语（吴城、余干、鹰潭、贵溪），上饶广信区（吴语）均保留了介词"叫"作被动标记的用法。与此同时，苏北、皖北一带的中原官话中介词"叫"的这两种用法也得以完整保留，这都与人口南迁息息相关。此外，据宋濂等编写的《元史》记载，元朝末年，元政府连年对外用兵，对内实行民族压迫，两淮流域连年发生水灾，百姓饥荒难耐，流离失所，持续了十余年之久的红巾军起义，造成两淮、山东、河北、河南百姓十亡七八，明初的"靖难之役"使冀、鲁、豫、皖等地又一次深受其害，以致这些地方的百姓大量迁往当时相对安定，风调雨顺的晋南地区。这同样为语言接触提供了极大可能。可见，山西一带的中原官话中对介词"叫"在"$NP_1+叫+NP_2+VP$"句式中作为处置标记、被动标记的用法保留较好，可能与人口迁徙也有一定关系。

其二，地理位置是另一个重要因素。在山东一带的冀鲁官话、胶辽官话中也存在介词"叫"作为处置标记、被动标记出现于"$NP_1+叫+NP_2+VP$"句式中的用法。这主要是由于这些地方均与地处河南的典型的中原官话地区交界或临近，如：商丘与菏泽交界，鹤壁（淇县）与临沂交界等，这为语言接触提供了极大的便利。地处湖北属西南官话区的十堰也与河南交界，不仅有利于彼此间的商贸往来，也为语言接触提供了有利条件。属于晋语区的河北磁县可能也是由于与典型的中原官话安阳县交界，所以保留了介词"叫"在"$NP_1+叫+NP_2+VP$"句式中作为处置标记、被动标记的两种用法。

从介词"叫"在"$NP_1+叫+NP_2+VP$"句式中作为处置标记、被动标记在中原官话内部[《中国语言地图集》（第2版）将中原官话又分为郑开片、洛嵩片、南鲁片、漯项片、商阜片、信蚌片、兖菏片、徐淮片、汾河片、关中片、秦陇片、陇中片、河州片、南疆片共14个小片。目前，我们所调查的汉语方言点在除南疆片外的其他13个小片均有分布。]的分布情况来看，该用法同样呈现出"以河南为中心，向南向北，由近及远扩散"的特点。与此同时，我们发现，中原官话内部的有些方言点存在多个处置标记，并且各处置标记之间存在一种竞争关系。例如：在洛阳市区方言（洛嵩片）中，介词"叫"只表被动，而用介词"给"表处置；而在鲁山方言（南鲁片）、郏城方言（兖菏片）中，既用处置标记"把"，也用处置标记"叫"。其中，鲁山话中"把"已经很少用，而表处置时用介词"给"更常见。在叶县方言（南鲁片）方言中，"叫""给"二词都可以表处置，但"叫"更常见，在舞阳方言（南鲁片）、襄城方言（南鲁片）、郾城方言（漯项片）中也有同样的用法。在南阳方言（南鲁片）、方城方言（南鲁片）中，介词"叫"与介词"给"均能表处置，并且使用频率相当。在叶县方言（南鲁片）、固始方言（信蚌片）、许昌方言（南鲁片）、蒙城方言（商阜片）中，都用介词"叫"表处置，不用"给"和"把"。这样一种内部竞争替换关系实际上也是语言发展不平衡性的表现。

五、余论

关于"叫"作被动标记的来源，学界已基本达成共识：叫让义→使役义→被动义。其句法环境是"NP_1＋叫＋NP_2＋VP"（江蓝生[15]；蒋绍愚[16]；李崇兴、石毓智[17]），"使役＞被动"是在汉语史和方言中被反复验证的模式（孙鹤窈、吴福祥[18]）。而"叫"作处置标记的来源，目前学界有两种不同的看法：王慧娟[19]等认为是由致使义"叫"演变而来，张雪平[20]、傅书灵[21]、苏俊波[22]、黄晓雪、贺学贵[23]等认为是从使役动词演变而来。根据处置式的不同类型，黄晓雪、贺学贵[24]将处置标记"叫"的演变路径概括为"使役动词→致使义处置标记→广义和狭义处置式标记"。我们赞同"使役动词→致使义处置标记"这一演变路径过程，其演变的节点和中间状态的用例在偃师方言中仍可清楚呈现。完整的语法化过程一般需要经历"A-A/B-B"，即存在"A/B"的中间状态。但从"叫"在偃师方言和文献中的用例来看，我们并未发现致使义处置标记和广义处置标记/狭义处置标记两解的用例。而在历史文献和偃师方言中均有例句既可解读为使役动词，又可解读为广义处置标记。文献中的用例如：

(81) 只这北京城里还少什么公子王孙、郎君子弟？又何必一定叫你嫁到安家许配玉郎呢？（《儿女英雄传》）

(82) 月娘道："头里进门，到是我叫他抱的房里去。"（《金瓶梅》第41回）

当例（81）中的NP_2"你"如果解读为动词"嫁"的施事的话，整个句式就可理解成使役式，"叫"在句中作使役动词"让"；而若句中的NP_2"你"被解读为动词"嫁"的受事，整个句式就为处置式，"叫"应理解为处置标记"把"。受语境限制，例（82）中的NP_2"他"却只能理解为动词"抱"的受事，该句式只能理解为广义处置式。

偃师方言中的用例如：

(83) 你要忘了叫他抱到恁姨家。你别忘了让他（把东西）抱到你姨家。

(84) 你要忘了叫苹果抱到恁姨家。你别忘了把苹果抱到你姨家。

同例（83）相同，例（84）中的"他"如果解读为施事的话，整个句式就应理解成使役式，"叫"在句中作使役动词"让"；而若把"他"解读为受事，整个句式就应理解为广义处置式，"叫"在句中作处置标记"把"。但是当例（84）中生命度等级较高的"他"被换成无生命的"苹果"时，该句式就只能解读为广义处置式。因此，我们认为偃师方言广义处置标记应该同样是直接来源于使役动词。而关于狭义处置式来源，我们认同黄晓雪、贺学贵[25]的看法，应该是类推的作用下，"叫"后 NP$_2$ 和 VP 位置上的成分的多样化对"叫"的功能扩展发挥作用的结果，同时也与偃师方言"给"字处置式的影响有一定关系。因为缺少历史文献材料，这一结论仍需扩大考察范围进一步论证。

＊本文系湖南省社科基金青年项目"语言类型学视角下湖南境内语言构词法比较研究"【20YBQ065】的阶段性成果。

注释：

[1] 中国社会科学院语言研究所、中国社会科学院民族学与人类学研究所、香港城市大学语言资讯科学研究中心：《中国语言地图集》，北京：商务印书馆，2012年，第55页。

[2] 邢向东：《陕北晋语沿河方言"把"字句与"教"字句的套合句式》，《汉语方言语法研究和探索——首届国际汉语方言语法学术研讨会论文集》，哈尔滨：黑龙江人民出版社，2003年，第394～401页。

[3] 张雪平：《河南叶县话的"叫"字句》，《方言》2005年第4期，第301～305页。

[4] 苏俊波：《丹江方言语法研究》，华中师范大学博士学位论文，2007年，第164～170页。

[5] 吴福祥：《再论处置式的来源》，《语言研究》2003年第3期，第2页。

[6] 吴福祥：《再论处置式的来源》，《语言研究》2003年第3期，第3页。

[7] 崔希亮：《"把"字句的若干句法语义问题》，《世界汉语教学》1995年第3期，第12～21页。

[8] 项梦冰：《连城客家话语法研究》，北京：语文出版社，1997年，第409～418页。

[9] B. Comrie, *Language Universals and Linguistic Typology: Syntax and Morphology*, Chicago: University of Chicago Press, 1989, p.185.

[10] M. Silverstein, "Hierarchy of Features and Ergativity", in R. M. W. Dixon, *Grammatical Categories in Australian Languages*, Australian Institute of Aboriginal Studies, Canberra & Humanities Press, New Jersey, 1976, pp.112-171.

[11] 苏俊波：《丹江方言语法研究》，华中师范大学博士学位论文，2007年，第168～169页。

[12] 傅书灵：《〈歧路灯〉"叫"字句考察》，《周口师范学院学报》2007第4期，第120～121页。

[13] 赵江民：《试论语言接触的语外和语内因素》，《新疆社会科学》2013年第6期，第156～159页。

[14] 范玉春：《移民与中国文化》，桂林：广西师范大学出版社，2005年，第27～60页。

[15] 江蓝生：《汉语使役与被动兼用探源》，《近代汉语探源》，北京：商务印书馆，2000年，第233～234页。

[16] 蒋绍愚：《"给"字句、"教"字句表被动的来源——兼谈语法化、类推和功能扩展》，《语法化与语法研究》，北京：商务印书馆，2003年，第159～177页。

［17］李崇兴、石毓智：《被动标记"叫"语法化的语义基础和句法环境》,《古汉语研究》2006 第 3 期,第 36～43 页。

［18］孙鹤窈、吴福祥：《亳州方言多功能词"给""叫"的用法及其来源》《历史语言学研究》第 12 辑,北京:商务印书馆,2018 年,第 276～289 页。

［19］王慧娟：《项城方言中兼表被动和处置义的"叫"字句》,《现代交际》2012 年第 2 期,第 45～47 页。

［20］张雪平：《河南叶县话的"叫"字句》,《方言》2005 年第 4 期,第 301～305 页。

［21］傅书灵：《〈歧路灯〉"叫"字句考察》,《周口师范学院学报》2007 年第 4 期,第 123 页。

［22］苏俊波：《丹江方言语法研究》,华中师范大学博士学位论文,2007 年,第 164～170 页。

［23］黄晓雪、贺学贵：《从〈歧路灯〉看官话中"叫"表处置的现象》,《中国语文》2016 年第 6 期,第 701 页。

［24］黄晓雪、贺学贵：《从〈歧路灯〉看官话中"叫"表处置的现象》,《中国语文》2016 年第 6 期,第 695 页。

［25］黄晓雪、贺学贵：《从〈歧路灯〉看官话中"叫"表处置的现象》,《中国语文》2016 年第 6 期,第 699～700 页。

【语言学研究】

基于二分网络的汉越佛教熟语对比

赵燕华

(广西师范大学国际文化教育学院,广西桂林,541004)

内容摘要:本文首先对汉越佛教熟语中包含的佛教成分进行提取,然后建构出汉越佛教熟语与其佛教成分之间的二分网络,并对以佛教成分为属性的汉越佛教熟语之间的相似系数进行了计算,发现汉语佛教熟语和越南佛教熟语一方面具有高度的相似性,另一方面也表现出各自的本土文化特征。

关键词:二分网络;汉越佛教熟语;对比;相似系数

一、引言

佛教自西汉末年传入中国以来,对中国文化产生了较大的影响,很多佛教用语进入到现代汉语词汇中,成为现代汉语词汇的有机组成部分。在越南,佛教从公元2世纪时就已经开始传入,经过历朝的发展,佛教文化也对越南文化产生了巨大影响,很多佛教用语也进入现代越南语中。"越南北部从公元前3世纪到公元10世纪一直是中国的郡县,在建立自主封建国家后仍与中国封建王朝保持'藩属'关系,因此深受中国文化的熏陶,该地区印度文化的影响与中部、南部不同,更多地表现为间接影响,主要是从中国传入的大乘佛教文化的影响。"[1]正因为越南佛教受中国大乘佛教影响较大,所以进入现代越南语中的佛教词汇与现代汉语中的佛教词汇就表现出高度的相似性。当然,佛教文化无论传入哪个国家,都会与该国的本土文化相融合,从而体现出每个国家佛教文化的不同特征。这些具有本土特色的佛教文化反映在词汇系统中,就会表现出不同语言中佛教词语的差异性。

熟语用凝练的结构表达出丰富的语义内容,是每种语言中最能体现其文化内涵的词汇形式。现代汉语和越南语中都含有大量佛教熟语,对这些佛教熟语进行统计和分析,并用复杂网络的方法计算出它们的相似度,可以更加清楚地看到汉越佛教熟语的同源性特征及各自的本土化特征。

汉语佛教熟语主要包括成语、惯用语、谚语和歇后语。我们从《佛教成语》[2]中统计出475个佛教成语,从《新华成语词典(第二版)》[3]挑选出另外55个佛教成语，加在一起共 530 个佛教成语。我们对这些佛教成语的佛源义进行语义分析，发现有 256 个佛教成语的佛源义并不包含佛教成分。这些成语有些是佛教名僧讲经时的譬喻，主要用来说明事理，不涉及佛教本身，如"空谷传声""少见多怪""坠茵落溷"等；有些虽然来源于佛教典故，但这些成语本身不含佛教义，如"少见多怪""守口如瓶""雪中送炭"等。这样，佛源义含佛教成分的汉语成语就只剩 274 个。我们又通过相关词典和网络统计出 261 个含佛教成分的汉语惯用语、谚语、歇后语，与含佛教成分的 274 个佛教成语加起来，共计 533 个汉语佛教熟语。

越南语佛教熟语主要包括成语和谚语。我们从《越南佛教的歌谣、俗语》[4]统计出含佛教成分的越南语佛教熟语 443 个，从《越南语大辞典》[5]统计出另外 106 个含佛教成分的越南语佛教熟语，加在一起共计 549 个。

我们把每个佛教熟语中包含的佛教成分分析出来，佛教熟语与佛教成分之间就形成了相互联系的语义网络。我们运用复杂网络的方法，把佛教熟语作为一种类型的节点（记作 U 节点），佛教熟语所包含的佛教成分作为另一种类型的节点（记作 O 节点）。我们再把 U 节点与 O 节点两两连线，就形成了佛教熟语与其佛教成分之间的二分网络。如图 1 所示：

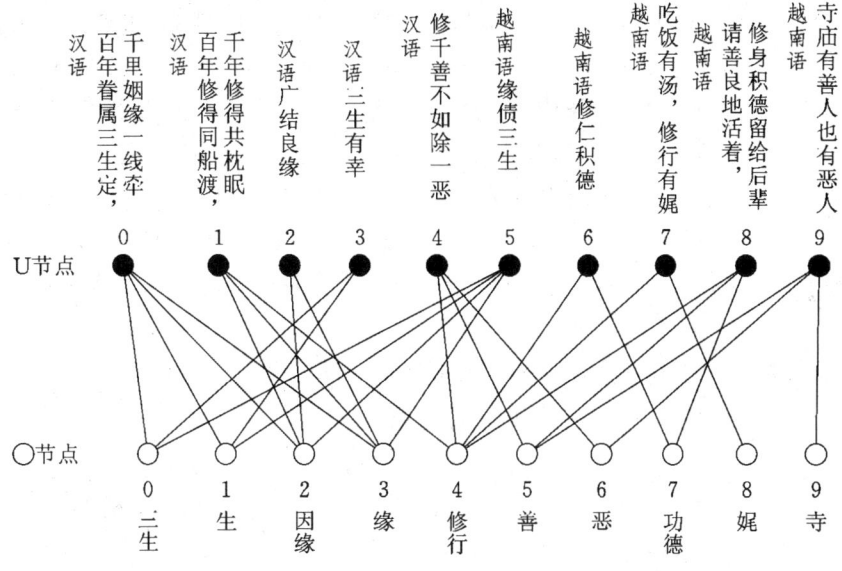

图 1　汉越佛教熟语及其佛教成分二分网络图（部分）

图 1 展示的 U 节点是 5 个汉语佛教熟语和 5 个越南语佛教熟语，O 节点是这 10 个佛教熟语所蕴含的 9 个佛教成分，它们之间的连边就构成了二分网络。二分网络是复杂网络的一种，它的主要特点是只在不同类型的节点之间进行连接，同一种类型的节点之间不进行连接。也就是说，佛教熟语之间不进行连接，佛教成分之间也不进行连接，只在佛教熟语和佛教成分之间进行连接。这样就可以更加清楚地看到以佛教成分为属性的佛教熟语之间的关系，便于对汉越佛教熟语的相似度进行计量研究。

从图 1 可以看出，在 U 节点中，汉语"百年眷属三生定，千里姻缘一线牵"和越南语"缘债三生"与○节点的连线最多,都是4条连线;在○节点中,"修行"与U节点的连线最多,都是5条连线。我们把U节点和○节点之间连边的个数称为"节点度",即"与该节点有直接连接的其他节点的个数。节点度反映的是给定节点的连通性,是最为基本、也最容易理解的网络指标"[6]。

二、从相对节点度看汉越佛教文化差异

我们对汉越佛教熟语的成分进行分析,一共提炼出277个佛教成分。这些佛教成分有119个跟越南佛教熟语没有连边,有35个与汉语佛教熟语没有连边。也就是说,有119个佛教成分与越南佛教熟语的节点度是0,有35个佛教成分与汉语佛教熟语的节点度是0。我们把0节点相对于某一种语言佛教熟语的节点度称为"相对节点度"。

虽然有超过半数的佛教成分相对节点度为0,但这并不意味着汉越两种语言的佛教熟语差异较大,因为很多佛教熟语是含有两个或两个以上佛教成分的,其中一个佛教成分的相对节点度为0,另一个或几个佛教成分的相对节点度不一定为0。这些不同的佛教成分所表示的人物形象或者事物很多都是中国佛教和越南佛教共有的,只是它们并没有在两种语言的佛教熟语中都出现。比如,越南佛教的"阎王"形象与中国佛教是一样的,汉越佛教熟语中都有"地狱"这个成分,但是越南语佛教熟语中就没有"阎王"。又如,越南佛教的禅宗佛学和中国的禅宗佛学是一脉相承的。"公元10世纪中叶越南建立自主封建国家后,从中国传入的禅宗佛学为越南皇室所推崇,产生了深远影响。大乘佛教在北部的统治地位一直延续至今。"[7]在我们统计的越南佛教熟语中,"Nhất cao là núi Tản Viên, bình yên vô sự của Thiền trong tâm(最高是伞圆山,平安无事心中禅门)"就含有佛教成分"禅"。虽然越南佛教熟语没有汉语佛教熟语中的"禅宗""禅定"这样的成分,但不能因此否认越南佛教中存在着禅宗思想。

当然,从汉越佛教熟语的佛教成分差异,我们还是能够看出汉越佛教文化的不同特点。

(一)含数字的佛教成分大多数与越南佛教熟语相对节点度为0

汉语熟语中有很多含数字的佛教成分,如:

半世、一生、一世、一念、一心、两世、三世、三灾、三昧、三宝、四苦、四大、四大天王、五蕴、六根、六欲、六尘、七世、八难、十方、万劫、万法

这些佛教成分用数字缩略语的形式来表达丰富的佛教语义内涵,大部分都出自汉语佛教成语。但是在现代汉语中,这些含数字的佛教成分语义大都发生了虚化,数字不再有具体所指,语义的重点在另外一个非数字的语素。如《佛学大辞典》[8]对"三昧"的释义为:"一出家昧,二读诵昧,三坐禅昧。"《现代汉语词典(第7版)》[9]对"三昧"的释义为:"佛教用语,意思是使心神平静,杂念止息,是佛教的重要修行方法之一。借指事物的诀要。"在现代汉语中,"三昧"在表义上不再指哪三昧,只是泛指一种修行方法,并进一步引申为"事物的诀要"。

越南语佛教成分有"生""世""灾""苦""色欲""尘世""尘缘""难""劫"

"佛法"等，含数字的佛教成分却很少。只与越南佛教熟语有连边的佛教成分没有数字式的。越南佛教熟语也与少量数字式的佛教成分有连边，如"Tam Bảo（三宝）""Thập phương（十方）""Bán thế（半世）""nhất niệm（一念）"等，它们大多是汉越词，也就是源于汉语的借词，归根结底还是受汉语佛教词汇的影响。

（二）与密教有关的汉语佛教成分与越南佛教熟语相对节点度为0

《佛教成语》[10]收录了4个与密教有关的成语，分别是"醍醐灌顶""如饮醍醐""方便之门""与人方便，自己方便"。这几个成语中与密教有关的佛教成分"醍醐""灌顶""方便"都只与汉语佛教熟语建立了连边，与越南佛教熟语没有连边。

"醍醐"是"五味之一，制自牛乳。味中第一，药中第一"[11]。"由于醍醐的渗透力特别强，所以佛教用它来比喻最高的佛法"[12]。"灌顶"是"天竺国王即位时，以四大海之水，灌于顶而表祝意。密教效此世法，于其人加行成就，嗣阿阇梨位时，设坛而行灌顶之式"[13]，也就是向新嗣位的高僧头顶浇洒清水的仪式。在现代汉语中，"醍醐"和"灌顶"的佛教义都不再显现，"醍醐"被比喻为"智慧"，"灌顶"则根据字面义被比喻为"灌输智慧"。

"方便"的佛教义通俗地说就是指"对各种不同的人采取不同的教化方式"[14]。在现代汉语中，"方便"的佛教义也不再显现了，而是指"便利"的意思。在越南语中，虽然佛教熟语中没有出现"方便"这个词，但是汉越词"phương tiên"就是借用汉语的佛教词语"方便"，其本义也是佛教义，现在用来表示"工具、手段、设备、装备"[15]，它的引申义与汉语"方便"完全不同。正因为引申义的差异，使得汉越词"phương tiên"不能作为佛教成分与相关的佛教熟语一起进入现代越南语词汇中。

（三）汉越佛教成分表现出汉越佛教传说特有的人物形象

中国佛教和越南佛教的传说人物形象大体相同。比如都有释迦牟尼、如来、观音、弥勒佛、罗汉、夜叉等，这些在汉越佛教熟语中都有显现，但显现的形式还是有差异的。

1. "释迦牟尼"和"如来"

佛教成分"释迦牟尼"与汉语佛教熟语和越南佛教熟语的相对节点度都是6，汉语的6条熟语都是成语，分别是"大显神通""拈花微笑""人中狮子""惟我独尊""现身说法""心到佛知"，它们都是源于释迦牟尼的故事，因此我们从中提取了"释迦牟尼"作为佛教成分。但汉语惯用语、谚语、歇后语中没有直接含有"释迦牟尼"的，倒是使用"如来"比较多，"如来"与汉语佛教熟语的节点度为3，这3条熟语分别是"弥勒面孔如来心——和善""殿堂里找如来——大处着眼""翻不出如来佛的手掌心"。《现代汉语词典（第7版）》[16]对"如来"的释义为："释迦牟尼的十种称号之一。意思是从如实之道而来，开创并揭示真理的人。"所以"如来"和"释迦牟尼"所指相同，但在现代汉语熟语中，"释迦牟尼"已不在熟语的表层形式中显现，"如来"则直接出现在熟语的显性层面。

"释迦牟尼"在越南语中写作"Thích ca（释迦）"。越南语熟语含"Thích ca（释迦）"的6条熟语分别是："Giảng kinh cho Thích ca（给释迦讲经）""Phật nhà chẳng cầu, cầu Thích Ca ngoài đường（自家佛不祭拜，祭拜路上的释迦）""Bụt chùa nhà chẳng cầu, đi cầu Thích ca ngoài đường（自家佛不求，去求路边的释迦）""Bụt chùa nhà không thiêng, đi cầu Thích ca ngoài đường（自家佛不灵，求路上的释迦）""Tiên bái trụ trì hậu bái Thích ca（先拜住持后拜释迦）""Cha già là Phật Thích Ca, mẹ già đích thị Phật bà Quan Âm（父亲老了就像释迦牟尼佛，母亲老了就像观音菩萨）"。越南佛教熟语也与佛教成分"如来"有1条连边，这个熟语是"Sứ giả Như lai（如来佛的使者）"。"Thích ca（释迦）"和"Như lai（如来）"都处在越南佛教熟语的显性层面。

2. 金刚和护法

汉越佛教熟语中还有一些人物形象是各自特有的。如汉语中的"哼哈二将"在越南语中就没有对应的熟语，"哼""哈"这两位守卫佛寺山门的金刚形象就没有进入越南佛教熟语。除了"哼哈二将"之外，汉语中还有"四大金刚"之说。《现代汉语词典（第7版）》[17]对"金刚"的释义为："佛教称佛的侍从力士，因手拿金刚杵（古印度兵器）而得名。"佛教成分"金刚"与汉语佛教熟语的相对节点度为12，这12条佛教熟语分别是"菩萨金刚泥捏成，和尚道士爹娘生""四大金刚讨饭——穷凶极恶""走煞金刚坐煞佛——苦乐不均""不看金刚看佛面，不看鱼情看水情""赶车没油，种地没牛，金刚罗汉也发愁""金刚不坏身""金刚倒地一堆泥""金刚怒目""金刚怒目，不如菩萨低眉""金刚怒目，菩萨低眉""金刚原是佛家奴""真相大白"。其中，"真相大白"的"真相"指的是"佛经中金刚力士的本来面目"[18]，所以可以从中提取出佛教成分"金刚"。在现代汉语中，"真相大白"的佛教成分"金刚"已经隐退了，没有在语言表层显现出来。

在越南语中，汉越词"kim cương"译作"金刚石"，没有"金刚"的意思。越南语中把守护寺庙的两位门神称为"Hộ pháp（护法）"，"Hộ pháp（护法）"与越南佛教熟语的相对节点度为7，这7条佛教熟语分别为："Cao lớn như ông Hộ pháp（高大得像护法）""Hộ pháp ăn bỏng（护法吃爆米花）""Hộ pháp ăn tép（护法吃虾米）""Hộ pháp ăn trắt（护法吃谷子）""Hộ pháp nào ăn tép（哪个护法吃虾米）""To như Hộ pháp（大如护法）""Ăn như hộ pháp cắn trắt（吃如护法咬谷子）"。这些熟语中的"护法"语义都是"高大"。

3. 观音和氏敬

佛教成分"观音"与汉语佛教熟语的相对节点度为20，这20条佛教熟语分别是："观音菩萨看人——慈眉善目""不识时，不识候，也识观音生种豆""赤脚拜观音——真心诚意""佛殿何必深山求，菩萨观音处处有""观世音看见红孩儿——见财难舍""观音打喷嚏——好神气""观音的肚腹——慈悲心肠""观音脸""活观音""观音菩萨，年年十八""观音菩萨下人间——救苦救难""观音菩萨也有落难的时候""观音生崽——天知道""观音修到十全，还是赤脚坐莲花墩""家家弥勒佛，户户观世音""家家有本观音经""六月廿八福严寺，借佛游景拜观音""罗汉请观音，客少主人多""神仙都有思凡意，大肚罗汉戏观音""救苦救难"。其中"救苦救难"中的佛教成分"观音"虽然没有在语言表层显现，但是"救苦救难"跟"观音"形象是一种直接联想关系，因此其中的成分"观音"并没有隐退。

越南佛教熟语中的"观音"形象有两种，一是忍辱修行的"氏敬观音"，二是救苦救难的"南海观音"。这是佛教的观音信仰与越南本土文化融合的产物。

"氏敬观音"形象源于越南佛教的民间作品《观音氏敬传》，这部作品是"用字喃和六八诗体来写的，共786句，其内容是讲氏敬的冤枉。"[19] 氏敬忍辱修行，最后终于修成正果，被如来佛祖封为"观音菩萨"。"氏敬观音"的故事最为突出的情节就是氏敬蒙受冤屈，所以与之相关的越南熟语也是与蒙受冤屈相关的，如"Nỗi oan thị Kính（氏敬之冤）""Oan như Thị Kính（冤如氏敬）""Oan như oan Thị Mầu（冤如氏牟之冤）""Oan Thị Mầu（氏牟之冤）"。其中后两个熟语中的"Thị Mầu（氏牟）"是使氏敬蒙受冤屈的富家女的名字。

越南语"南海观音"形象源于另一部佛教民间作品《南海观音传》。"全传共有1426句，内容强调佛教的'仁'和'孝'。"[20] 与此相关的熟语有"Nam mô đức Phật Quan Âm, ra tay cứu độ trầm luân mọi loài（南无观音佛，伸手救赎沉沦万类）""Cha già là Phật Thích Ca, mẹ già đích thị Phật bà Quan Âm（父亲老了就像释迦牟尼佛，母亲老了就像观音菩萨）""Giát nước cành dương（杨枝净水）"。

4. 关公和德翁

关公"是中华民族众多神明中惟一受到儒、佛、道共同供奉的神。在佛教中，不但汉地显宗佛教将关羽请去做了护卫寺庙的伽蓝神，而且藏传佛教也将关羽接纳为密宗护法神"[21]。但"关公"并不是汉越佛教熟语中的成分。"关公"在中国传统文化中是作为勇猛忠义的象征，体现了儒家思想的道德标准，虽然在佛教中也被奉为神，但并没有表现在汉语佛教熟语中。

在越南，关公也被奉为神。"供奉关公的地方有很多种名称，其中有：道馆、关公庙、关圣殿、翁寺等。"[22] 越南佛教熟语"Lấy của đức ông đem đi cúng Phật（拿德翁的东西供佛）"中的"đức ông（德翁）"指的就是"翁寺"中供奉的关公。

（四）越南语佛教成分表现出越南佛教特有的事物或现象

越南熟语中的佛教成分还有一些反映了越南特有的佛教事物或佛教现象，这些佛教成分与汉语熟语的相对节点度都是0。

1. 娓和男居士

在古代，越南佛教寺庙里除了有和尚和尼姑之外，还长期居住着"娓"和"男居士"。"娓"是字喃，越南语写作"vãi"。她们是佛教徒，但是还没有出家，她们住在寺庙里，主要职责是做杂务。在我们建构的二分网络中，佛教成分"娓"的节点度为7，这7个越南佛教熟语分别为："Ăn cơm có canh, tu hành có vãi（吃饭有汤，修行有娓）""Bà vãi chẳng khỏi lần đi chùa（老娓少不了上一次寺）""Bơ bải như vãi lên chùa（急急忙忙得像娓上寺的样子）""Được lòng bà vãi, mất lòng ông sư（讨好娓，得罪和尚）""Ông sư làm hư bà vãi（和尚惯坏了娓）""Sư hổ mang, vãi rắn rết

（和尚如毒蛇，妮如蛇蝎）""Sư nói phải, vãi nói hay（师说僧对，妮说妮好）"。当代越南佛教已经没有"妮"了，现在越南的女居士都是在家修行。

"男居士"越南语写作"sãi"，他们也跟"妮"一样住在寺庙里，主要职责是看管寺庙。所以越南语熟语有"Thầy có của sãi có công（僧人有财产，男居士有功劳）"。现在越南佛教还有男居士，但他们不常住在寺庙里了。

2."椀"和"粸"

"椀"和"粸"都是字喃，越南语分别写作"oản"和"xôi"。椀"和"粸"是越南寺庙中祭祀用的重要供品，"椀"就是糯米糕，"粸"就是糯米饭。在我们建构的二分网络中，"椀"的节点度为9，这9条越南佛教熟语分别是"Đếm Bụt mà đóng oản（数佛做椀）""Liệu oản đọc canh（看椀念经）""Bụt nhiều oản ít（佛多椀少）""Muốn ăn oản phải giữ chùa（想吃椀要管好寺庙）""Oản chùa cúng Bụt（寺的椀供佛）""Con ơi siêng học kẻo thua, mai mốt mẹ cho lên chùa ăn oản ăn xôi（你要努力学习不要落后，过两天妈妈带你到寺庙吃椀吃粸）""Oản chùa cúng Bụt, đất ruộng đắp bờ（寺庙的椀祭拜佛祖，田里的土堆在岸上）""Từ bi từ đại cũng phạm oản quả chuối, day tay mắm lợi cũng quả chuối phạm oản（大慈大悲也有椀有蕉，咬牙搓手也有蕉有椀）""Bụt Nam Xang lại từ oản chiêm（南昌的佛谢绝淡季的椀）"。

"粸"的节点度为6，这6条越南佛教熟语分别是"Gần chùa chẳng được ăn xôi（近寺吃不了粸）""Gần chùa chẳng được ăn xôi, gần nàng chẳng được sánh đôi cùng nàng（离寺庙近没有粸吃，离美人很近却不能与她同行）""Gần chùa thì được ăn xôi（近寺则吃上粸）""Sống thì cơm chẳng cho ăn, chết thì xôi thịt làm văn tế ruồi（活着的时候不给饭吃，死的时候肉粸作文祭苍蝇）""Ăn xôi chùa ngọng miệng（吃粸寺庙哑口）""Con ơi siêng học kẻo thua, mai mốt mẹ cho lên chùa ăn oản ăn xôi（你要努力学习不要落后，过两天妈妈带你到寺庙吃椀吃粸）"。

三、汉越佛教熟语相似度统计与分析

（一）汉越佛教熟语相似度统计方法

我们通过二分网络将汉越佛教熟语及其蕴含的佛教成分之间进行了连接。那么，以佛教成分为属性的汉越佛教熟语之间的相似度有多大呢？我们可以通过计算汉越佛教熟语之间的相似系数来衡量它们之间的相似度。相似系数可用公式（1）[23]来计算。

$$公式（1）: s_{ij} = \frac{\sum_{l=0}^{o} a_{li} a_{lj}}{\sqrt{k_i k_j}}$$

在公式（1）中，如果佛教熟语 U_i 含有佛教成分 0_l，则 $a_{li}=1$；否则，$a_{li}=0$。S_{ij} 的取值范围为 [0, 1]，取值越大，二者越相似；反之，则二者越不相似。

（二）相似系数为0的汉越佛教熟语统计与分析

通过计算，我们发现，有的汉越佛教熟语的相似系数为0，即它不与其他任何一个汉越佛教熟语具有相同的佛教成分。还有一些佛教熟语虽然与同一种语言的其他佛

教熟语的相似系数不为 0，但是它与另一种语言的佛教熟语没有相同的佛教成分，我们把这种情况称为相对相似系数为 0。如汉语佛教熟语"拨云见日"含佛教成分"佛理"，它与汉语熟语"半信半疑""不可理喻""点石成金""顽石点头"等都具有相似性，但它不与任何一个越南佛教熟语具有相似性，它相对于越南佛教熟语的相似系数就为 0。

根据对二分网络的计算，我们统计出汉语佛教熟语相似系数和相对相似系数为 0 的有 55 个，越南佛教熟语相似系数和相对相似系数为 0 的有 43 个，加在一起共 98 个，仅占我们所统计的汉越佛教熟语总数的 9.06%。这说明汉语佛教熟语和越南佛教熟语的相似度是比较高的，有 90.94% 的佛教熟语具有不同程度的相似性。

在 55 个相似系数和相对相似系数为 0 的汉语佛教熟语中，有 14 个熟语是含有人名的，如佛教名僧支通、萨提达摩、丰干、迦叶，佛教传说人物孙悟空、玉皇大帝、天女、龙王、阎王、金刚、四大天王。这些佛教名僧和传说人物大多数在越南佛教也是存在的，比如越南佛教民间作品《南海观音传》中，"大慈大悲救苦救难观世音菩萨"就是玉皇大帝封的。但是它们没有进入到越南佛教熟语中。

这些表示佛教名僧的佛教成分，它们在现代汉语中语义也潜藏起来了，只是包含在这个熟语的佛教典故中。如"丰干饶舌"语义焦点在"饶舌"，至于"丰干"是谁已经鲜有人知了。又如，"臭肉来蝇"与萨提达摩来中国传教有关，且刚开始是个中性词，但在现代汉语中却成了贬义词，并且"萨提达摩"语义也退出语言显层了。

此外，还有 10 个汉语佛教熟语含佛教成分"佛理"，两个汉语佛教熟语含佛教成分"佛性"。这两个佛教成分在越南佛教熟语中是没有显现的。

汉语佛教熟语还有"降龙伏虎""拖泥带水"含有佛教成分"法力"。前面所说的含佛教传说人物的汉语佛教熟语"火眼金睛""紧箍咒""天兵天将"等也是强调佛教法力的。越南佛教熟语没有这样的佛教成分。

在 43 个相似系数和相对相似系数为 0 的越南佛教熟语中，有 31 个是含佛教成分"报恩"的，其中有 20 个是报父母的养育之恩，如表 1 所示：

表 1　含"报父母的养育之恩"的越南佛教熟语一览表

序号	越南佛教熟语	汉语翻译
1	Ai về tôi gửi buồng cau, buồng trước kính mẹ, buồng sau kính	我寄一把槟榔回去，前把敬母亲，后把敬父亲
2	Ai về tôi gửi đôi giày, phòng khi mưa gió để thầy mẹ đi	我寄双鞋回去给父母防风雨
3	Ân cha nặng lắm ai ơi, nghĩa mẹ bằng trời chín tháng cưu mang	父亲恩情很重，母亲怀胎九月恩情大如天
4	Ân cha nghĩa mẹ nặng triều, ra công báo đáp ít nhiều phận con	父母恩情很重，花功夫报答尽儿女本分
5	Cây khô chưa dễ mọc chồi, mẹ già chưa dễ ở đời với con	枯树难以发芽，老母亲难以永远跟着孩子

续表

6	Cha mẹ nuôi con biển hồ lai láng, con nuôi cha mẹ tính tháng tính ngày	父母养孩子湖海无际，孩子养父母算月算日
7	Chim còn mến cội mến cành, anh đây cũng biết nghĩa sinh thành công lao	鸟也会眷恋树根树枝，我也知道养育之恩
8	Công cha nặng lắm ai ơi, nghĩa mẹ bằng trời mang nặng để đâu	父亲的功劳很大，母亲怀胎哺乳之义重于天
9	Công cha nghĩa mẹ kiếp nào trả xong	父亲的功劳母亲的情义什么时候能够报答完
10	Công cha nghĩa mẹ	父亲的功劳母亲的情义
11	Công cha như núi Thái sơn, nghĩa mẹ như nước trong nguồn chảy ra	父亲的功劳就像泰山，母亲的情义就像水源
12	Công sinh dục bằng công tạo hóa, có mẹ cha sau mới có chồngCông sinh dục bằng công tạo hóa, có mẹ cha sau mới có chồng	养育之恩就像造化之功，有父母才能长大嫁人
13	Đi đâu mà bỏ mẹ già, gối nghiêng ai sửa, chén trà ai nâng	离弃老母亲，枕头歪了谁来扶，谁给老母亲捧茶杯
14	Đói lòng ăn hột chà là, để cơm nuôi mẹ, mẹ già yếu răng	饿肚子吃椰枣仔，米饭留给母亲，母亲不要变老啊
15	Lên non mới biết non cao, nuôi con mới biết công lao mẫu từ	上山才知山高，养育孩子才知慈母功劳
16	Mất mẹ mất cả bầu trời, làm con phải nhớ đời đời ân sâu	失去母亲就像失去整个天空，作为孩子要时时记得母亲的厚恩
17	Mẹ già như chuối chín cây, gió đưa mẹ rụng con thời mồ côi	母亲老了就像熟香蕉一样，风吹香蕉掉下来孩子变成孤儿
18	Nhìn mẹ thật kỹ thật lâu, thân mẹ là cả một bầu kim cương	看妈妈很仔细很久，妈妈的身体就像整个天空的钻石
19	Nhìn mẹ thật kỹ thật lâu, thân mẹ là cả một bầu trăng sao	看妈妈很仔细很久，妈妈的身体就像整个天空的星星
20	Nuôi con mới biết sự tình, thầm thương cha mẹ nuôi mình ngày xưa	自己养了孩子才懂事，可怜父母以前养育自己

越南佛教熟语还有其他与孝顺父母有关的，如"Phật dạy chữ hiếu làm đầu, mà ai giữ được đạo mầu mới trao（佛教孝字在先，谁能够守护，才给予道的光环）""Tâm hiếu là tâm Phật, hạnh hiếu là hạnh Phật（孝心是佛心，孝幸是佛幸）""Vai mang bức tượng Di đà, hiếu trung ta giữ gian tà mặc ai（双肩扛着一尊佛像，孝忠留着奸恶放弃）"。汉语佛教熟语也有表示孝道的，如"百善孝为先"，但并不含有"报恩"思想。越南佛教熟语更加强调报恩思想，将报恩与尽孝结合起来。

（三）相似系数非零的汉越佛教熟语统计与分析

具有相似性的汉越佛教熟语就构成了相似群落，相同的佛教成分可以看作是该相似群落的属性。每个相似群落的成员之间存在着不同的相似程度，因此它们的相似系数是不同的。比如，以佛教成分"佛"为属性的相似群落有成员数有230个，包括汉语佛教熟语106个和越南佛教熟语124个。其中，如果以汉语佛教熟语"白萝卜献佛爷——也是敬心"为参照词条，那么与之相似系数为1的佛教熟语有41个、相似系数为0.707107的佛教熟语有83个、相似系数为0.57735的佛教熟语有49个、相似系数为0.5的佛教熟语有35个、相似系数为0.447214的佛教熟语有14个、相似系数为0.408248的佛教熟语有7个。

在这些相似群落中，有的群落属性是一个佛教成分，有的群落属性包含两个或两个以上的佛教成分。比如，属性是"出家"的汉越佛教熟语有21个，属性是"出家"和"佛"的汉越佛教熟语有250个，属性是"僧""佛""斋"的汉越佛教熟语有358个。在属性为一个佛教成分的汉越熟语群落中，群落成员数最多的群落属性是"佛"，包含230个汉越佛教熟语，其次是"僧"，包含112个汉越佛教熟语，最后是"寺"，包含87个汉越佛教熟语。

在我们建构的二分网络中，相似系数为1的佛教熟语也是非常多的。汉语熟语之间、越南语熟语之间都存在相似系数为1的佛教熟语。如汉语佛教熟语"生关死劫"和"劫后余生"相似系数为1，越南语佛教熟语"Kiếp hậu dư sinh（劫后余生）"与"Cùng căn mạt kiếp（穷根末劫）"相似系数为1。这种同一种语言内部相似系数为1的情况不是本文要考察的，本文主要关注的是汉语佛教熟语和越南佛教熟语之间相似系数为1的情况。如汉语佛教熟语"生关死劫"和越南佛教熟语"Kiếp hậu dư sinh（劫后余生）"相似系数为1。根据我们的统计，汉语佛教熟语与越南佛教熟语相似系数为1的共有390个，超过了汉越佛教熟语总数的三分之一。

有的佛教熟语只含有一个佛教成分，那么它与另一种语言中只含有该义项的佛教熟语相似系数就为1。如汉语只含有"佛"的佛教熟语有17个，越南语只含有"佛"的佛教熟语有26个，那么这43个汉越佛教熟语的相似系数就是1，它们组成了以佛教成分"佛"为属性的高度相似群落。

还有一些高度相似群落是以两个或两个以上佛教成分为属性的。如以"佛"和"僧"为属性的高度相似群落内部只有两个成员，分别是汉语佛教熟语"看佛敬僧，看父敬子"和越南语佛教熟语"Trọng Phật thì phải trọng tăng（重视佛也要重视僧）"。又如，以4个佛教成分"三生""生""因缘""缘"为属性的高度相似群落内部成员数也只有两个，分别是汉语熟语"百年眷属三生定，千里姻缘一线牵"和越南语熟语"Duyên nợ ba sinh（缘债三生）"。

四、结语

通过对533个汉语佛教熟语和549个越南佛教熟语中所含佛教成分进行分析,我们发现,汉越佛教熟语中包含的佛教成分同种有异,本土特征明显。汉越佛教熟语中的与佛教有关的人物形象或事物现象都与各自的本土文化相融合,表现出不同的特征。

为了计算汉越佛教熟语之间的相似度,我们对汉越佛教熟语与其佛教成分之间的二分网络进行了相似系数的计算,发现有90.94%的佛教熟语具有不同程度的相似性,这说明汉语佛教熟语和越南佛教熟语具有高度的相似性。

通过对相似系数和相对相似系数为0的汉越佛教熟语进行分析,我们发现汉语佛教熟语和越南佛教熟语的不同偏好。比如,汉语佛教熟语含有的"佛理""佛性""法力"等佛教成分在越南佛教熟语中是没有显现的;越南佛教熟语含"报恩",尤其是"报父母养育之恩"的佛教成分比较多,这在汉语佛教熟语中也是没有显现的。

此外,通过统计发现,汉越佛教熟语中出现频率较高的佛教成分是"佛""僧""寺""菩萨"等,少量的佛教成分聚集了大量的汉越佛教熟语。对这少量的佛教成分进行语义特征的分析与对比,将进一步深化我们对汉越佛教熟语相似性的认识,这也是我们需要进一步研究的问题。

* 本文系国家社科基金项目"基于复杂网络的汉越同源文化词汇对比研究"【17BYY114】的阶段性成果。

注释:

[1] 梁志明、李谋、杨保筠,等:《古代东南亚历史与文化研究》,北京:昆仑出版社,2006年,第299页。
[2] 朱瑞玟:《佛教成语》,上海:汉语大词典出版社,2006年。
[3] 商务印书馆辞书研究中心:《新华成语词典》,北京:商务印书馆,2015年。
[4] [越]丽如释忠厚:《越南佛教的歌谣、俗语》,胡志明:胡志明市出版社,2002年。
[5] [越]阮如意:《越南语大辞典》,顺化:顺化出版社,2010年。
[6] 刘海涛:《计量语言学导论》,北京:商务印书馆,2017年,第126页。
[7] 梁志明、李谋、杨保筠,等:《古代东南亚历史与文化研究》,北京:昆仑出版社,2006年,第233~234页。
[8] 丁福保:《佛学大辞典》,上海:上海书店出版社,2015年,第309页。
[9] 中国社会科学院语言研究所词典编辑室:《现代汉语词典》,北京:商务印书馆,2016年,第1123页。
[10] 朱瑞玟:《佛教成语》,上海:汉语大词典出版社,2006年,第85~90页。
[11] 丁福保:《佛学大辞典》,上海:上海书店出版社,2015年,第2715页。
[12] 朱瑞玟:《佛教成语》,上海:汉语大词典出版社,2006年,第88页。
[13] 丁福保:《佛学大辞典》,上海:上海书店出版社,2015年,第2939页。
[14] 朱瑞玟:《佛教成语》,上海:汉语大词典出版社,2006年,第89页。
[15] 祁广谋:《越南语汉越词词典》,北京:商务印书馆,2017年,第356页。

[16] 中国社会科学院语言研究所词典编辑室:《现代汉语词典》,北京:商务印书馆,2016年,第1110页。

[17] 中国社会科学院语言研究所词典编辑室:《现代汉语词典》,北京:商务印书馆,2016年,第674页。

[18] 朱瑞玟:《佛教成语》,上海:汉语大词典出版社,2006年,第129页。

[19] [越]释清决:《世界佛教通史第十一卷 越南佛教(从佛教传入至公元20世纪)》,北京:中国社会科学出版社,2015年,第192页。

[20] [越]释清决:《世界佛教通史第十一卷 越南佛教(从佛教传入至公元20世纪)》,北京:中国社会科学出版社,2015年,第192页。

[21] 马书田:《中国密宗神》,北京:团结出版社,2008年,第216页。

[22] 阮光颖:《试论关公信仰文化在越南的传播》,《东南传播》2008年第4期,第136～137页。

[23] T. Zhou, Z. Kuscsik, J. G. Liu, M. Medo, J. R. Wakeling and Y.C. Zhang, "Solving the Apparent Diversity-Accuracy Dilemma of Recommender Systems", *Proceedings of the National Academy of Sciences of the United States of America*, 107, 2009, pp.4511-4515.

认知视角下"好/坏＋N"格式研究

曾 李

(武汉理工大学法学与人文社会学院,湖北武汉,430070)

内容摘要:"好""坏"是人们根据一定的客观标准对事物进行主观评价的一对反义形容词,蕴涵着人们的价值观,是世界语言形容词范畴中的一对基本概念。文章通过对"好""坏"与不同语义类型名词组配的对称性分布考察,认为人们的主观认知和名词[＋两面性][＋主观性][＋功用性]的语义特征制约着"好＋N""坏＋N"的对称性。

关键词:"好";"坏";对称性;认知

"好""坏"是现代汉语中表价值评价的一对典型反义性质形容词。根据标记理论(Markedness Theory)[1],性质形容词做定语是一种无标记组配模式。吕叔湘(1966)指出"好""坏"是比较自由修饰名词的单音形容词[2],汉语中形成了大量"好/坏＋N"结构。通过对北京大学现代汉语语料库检索,可以发现"好＋N""坏＋N"出现频次差异大,如"好朋友"出现2939次、"坏朋友"22次,"好学生"443次、"坏学生"38次、"好孩子"818次、"坏孩子"124次,"好歌曲"4次、"坏歌曲"0次。为何同样处于定语位置的反义词"好/坏"与中心语组合的情形呈现出不对称现象?二者的对称性有何规律?哪些因素制约着不对称现象的产生?这些是本文着重讨论的问题。

一、"好/坏＋N"格式的句法功能

"好/坏＋N"是体词性结构,在句子中主要充当宾语成分,例如:

(1)我实际觉得,拿分数去评价学生,是挺不公正的,对我来说,我觉得就没有什么好学生、坏学生,都是好学生。(《百家讲坛·关于教育的对话》)

(2)我才不是坏学生呢,我能既不怕累,也不怕脏!(刘心武《我可不怕十三岁》)

上述例子中"好学生、坏学生"充当谓语动词"是"的宾语成分。

"好/坏＋N"也可以充当主语,其后的谓语动词多样,例如:

(3) 二位仁兄，快快回议事厅，好消息来了！（刘心武《贾元春之死》）
(4) 坏消息来了，如"他们停止跟我们谈了"。（姚明《我的世界我的梦》）

"好/坏＋N"还可以充当定语，例如：

(5) 好书的特点之一是提供和丰富优美高雅的纯洁的语言。（《市场报1994年》）
(6) 好书坏书的力量都不能强大得立竿见影，但它却有渗透到细胞和骨髓的能量。（1993年《人民日报》）

部分"好＋N"有时单独充当独立的称谓语，用于称呼话语对象，例如：

(7) 丁德福帮女儿擦着眼泪说："好孩子，不行啊。"（1996年《人民日报》）
(8) 妈妈抽泣着唱道："好女儿，你在我歌声中长大，又在我歌声中离去。好女儿，好宝贝，我要跟你去，我要跟你去啊！"（《作家文摘》）

"好/坏＋N"能够出现的句法位置是多样的，且二者在这些位置上的词性和用法均是对称的。

二、定语位置上"好/坏"的语义特征

根据词典释义，定语位置上"好"的基本义是"优点多的；令人满意的；亲爱；友爱；相好"。"坏"的基本义是"不好的，使人不满意的；受到破坏的；变质的；有故障的"。单音形容词"好""坏"蕴涵了说话人对于对象的价值评判。"好"在汉语评价系统里属于积极一方，"坏"属于消极一方。定语位置上的"好""坏"用于指示所修饰对象是否达到了人们的期望值，或是事物对象是否具有一定的功用性，对称格式的语义色彩也是相对的，这是受"好""坏"本身具有的褒贬色彩影响。充当定语成分的"好""坏"主要有以下两个语义特征：

好：[＋令人满意]、[＋功能性]
坏：[－令人满意]、[－功能性]

"好""坏"具有满意度评价和功能性评价两类作用，在与名词组配时，一方面按性质将对象分类加以辨别，具有区别事物的功用；另一方面表达的正反立场明确，褒贬义突出，感情色彩鲜明，具有给事物赋值的功用。

三、"好/坏"与N组配的不平衡性

赵春利、石定栩（2009）指出："有些形容词的组合能力很强，能够跟多种语义特征的名词组合，这类形容词一般都是从某一视角或标准出发做出评价的评价形容词。"[3] "好""坏"就属于这类价值评价形容词，与主体、事体、物体、时空、逻辑名词均能搭配组合。张敏（1998）指出能相当自由地构成DN的形容词非常少，"好、坏"就是其中一对，能与其直接组合的名词很多[4]。我们主要基于王珏（2001）的名

词分类[5]进行"好""坏"的组配考察,同时以吕叔湘《现代汉语八百词》附录的名词、量词配合表中的 400 余条典型名词[6]和《现代汉语语法信息词典详解》中的名词库[7]为参考。考察发现,"好/坏"与 N 的偏正性组配呈现出不平衡性。情况如下:

(一)"好/坏"+称谓名词

"好""坏"修饰称谓名词时重在评判对象的性质,即人物对象是否令人满意,是否具有优缺点。"好""坏"与称谓名词的组配可分为:

1. "好/坏"+亲属称谓名词

亲属称谓名词里常用的有"父亲、母亲、儿子、媳妇、女儿、爸爸、妈妈、哥哥、姐姐、弟弟、妹妹、叔叔、侄子、侄女、外公、外婆、孙子"等,这些名词均可和"好""坏"组配,形式和语义均是对称的。例如:

(9) 她要做个好女儿、好媳妇、好妻子、好妈妈。(《人民日报》)
(10) 我怕她说我这么一声坏女儿,我情愿不活着。(曹禺《雷雨》)
(11) 难道天培命中注定,娶的都是坏媳妇?(岑凯伦《合家欢》)

2. "好/坏"+官职称谓名词

官职称谓名词指"书记、委员、部长、局长、主任、院长、校长、处长、科长、董事长、经理、主席、教授、讲师、研究员、主编、编辑、教师、医生、护士、诗人、明星、作者、歌手、学生、老师"等这类表示职务、职称或职业的名词,这类名词用于指称人物的身份地位,也都分别能与"好""坏"组配,与"坏"搭配的可接受度较低。此时"好""坏"评价对象是否称职,是否能胜任工作,表现是否令人满意,一般用"好"来对其进行表扬歌颂,用"不称职的"等来表达批评,但也不乏人们对人物对象极其不满意时采用"坏+N"来表达内心的情绪,例如:

(12) 首都人民用各种方式表达对敬爱的周总理的深切怀念,以加速实现四个现代化的决心和誓言告慰人民的好总理。(《人民日报》)
(13) 戈登的妹妹玛克辛和母亲罗斯当天穿着印有戈登头像的衬衫递交了请愿书,其中把布莱尔称作"坏总理"。(《新华社 2004 年新闻稿》)

上述例子中定语位置的"好"表示对象令人满意,其工作或表现给人留下美好的印象,属于正面评价,"坏"则表示人们对于对象的埋怨和不满,属于负面评价。

3. "好/坏"+姓名称谓名词

这类名词主要是指人名或昵称一类的词语,一般不用"好""坏"来修饰,在一定的语境下,"好+姓名"这一结构表达说话人对人物对象的一种喜爱之情,例如:

(14) 这一哭,哭得杨妈心慌意乱,一边像抚弄孩子似地抚金秀的后背,一边絮絮叨叨地劝:"秀儿,好秀儿可不敢哭了,不敢哭了。"(陈建功、赵大年《皇城根》)

上例中的"好秀儿"表达了杨妈对于金秀的怜爱之情。"坏"有时与人名搭配并非评判对象的好坏，而多带有一种娇嗔责备的意味。

（二）"好/坏"＋身体器官名词

身体器官名词包括"鼻子、眼睛、嘴巴、脚、耳朵、腿、胳膊、肠子"等词语，均能跟"好""坏"组配，语义上是对称的，"好""坏"用来区分器官功能是否丧失，外在可见器官的外观是否令人满意。例如：

（15）用一双好眼睛你可以看清怎么跑、怎么走、怎么工作和游戏。（《读者》）

（16）几年前，她曾由坏眼睛的费伦小姐监管。（《洛丽塔》）

（17）没有干完一车活，他那条好腿就累得支撑不住全身，那条断腿又疼得他龇牙咧嘴。（邓友梅《别了，濑户内海！》）

（18）腿里面有一根骨头已经腐烂了，如果不取出来，不但坏腿难保，恐怕连生命都有危险。（《十日谈》）

"好＋身体器官名词"的对称反义形式"坏＋身体器官名词"是存在的，"坏"的意义是表示器官的功能丧失，身体出现故障，但很多情况下人们一般不采取这一表达，而是用其他形式转述。美国宾州州立大学 Robert W. Schrauf、Julia Sanchez（2004）提出了"信息反应（affect-as-information）"理论，认为消极情感反映了环境中的不安因素，往往伴随详尽和系统的认知过程；积极情感反映了环境中安全祥和因素，伴随着整体性的认知过程[8]。因此汉语中常用"失明的眼睛""断了的胳膊""断腿"来指"坏眼睛""坏胳膊""坏腿"，这是因为前一种表达能更准确详尽地传达出身体器官的问题所在。

（三）"好/坏"＋植物名词

"好""坏"后可出现的植物名词有"苹果、西瓜、草莓、大豆、冬瓜、木瓜、菊花、核桃、红豆、黄瓜、芹菜、胡萝卜、甘薯、甘蔗、葡萄"等。"好""坏"与这类名词搭配时重在强调植物果实的性质，是否还存在食用价值，比如"好苹果"是指"果皮光洁、无虫害、成熟度适中、味正质脆"的苹果，"坏苹果"则与其相对，"坏"除了可以指对象使人不满意外，还可以指对象状态不完好。"坏苹果"可以指长得不好如"外观不佳、不甜不脆"但仍可以食用的苹果，也可以指"被虫蛀了、已经变质无法食用"的苹果，一个倾向于指其生长状态，一个倾向于指其实用功能。例如：

（19）"浪费了我一颗好苹果"，山姆惋惜地往前走。（《魔戒》）

（20）计算机和摄像机已能够以70％的精确度，每秒钟筛选6个坏苹果。（《人民日报》）

(四)"好/坏"＋抽象名词

1."好/坏"＋知识类名词

"科学、技术、哲学、学问、知识、学术、业务、艺术"等名词代表的是先进生产力,只有对错与否,如存在"科学"与"伪科学"的对立,并没有明显的好坏之分。如果这类名词前添加"好""坏"则主要是用于评价"知识"等是否给人类带来了益处,一般在对比的情况下使用。例如:

(21)能够对自己的生活和思想产生积极或有益影响的,应该算是好知识。对自己的生活和思想产生消极或有害影响的,可以认为是坏知识。(王德华《好知识与坏知识》)

2."好/坏"＋度量类名词

度量类名词包括"高度、长度、宽度、强度、厚度、额度、速度、力度、温度、湿度、程度、体积、面积、气温、体温、流量、频率、身高"等,这类词语都是客观量度名词,其数值不以个人意志为转移,当这类对象的数值符合人们的满意度,有时也能与主观评价词"好""坏"组配,但使用频率较低,常用是否合适来进行界定。

3."好/坏"＋消息观念类名词

这类词语有"消息、新闻、道理、规律、看法、想法、主意、思想、理论、计划、信息、标准、思路"等,其本身就带有主观性,故均能和主观评价形容词"好""坏"组配,形式和语义上是对称的,用于评价对象是否有价值、对人有益或令人满意。例如:

(22)当他把这个"好消息"告诉我时,我直埋怨他瞎闹。(《中国北漂艺人生存实录》)

(23)法拉利的"赛车王"大舒马赫28日给觊觎他"王座"的对手们带来了坏消息。(《新华社2004年新闻稿》)

4."好/坏"＋策略经验类名词

策略经验类名词主要有"方法、办法、政策、法规、规定、条例、策略、战略、战术、办法、途径、路径、思路、技术、技巧"等,这类词语都能和"好""坏"进行组配,因为方法策略等均是人为制定,具有强烈的主观性。例如:

(24)校团委坚持用共产主义思想教育团员青年,积累了一些好经验。(《中国青年报》)

(25)这件事对于我个人不是一个坏经验。(沈从文《老伴》)

5."好/坏"＋疾病类名词

"病、疾病、感冒、肝炎、近视眼、溃疡"等疾病类名词表达的是对人们而言不好的事物，本身的语义色彩较为明显和固定，较难再与"好""坏"组配。

6. "好/坏"＋情感态度类名词

"爱情、感情、感觉、态度、感受、立场"等情感态度类名词主观性强，也能与"好""坏"进行组配，"坏"的适配度较低，常用"不好的"进行婉转表达。例如：

(26) 好感情是吃出来的，这还用怀疑吗？（《重庆晚报》2012年9月19日）
(27) 朴宰范首次出演综艺节目 坦言对2PM没有坏感情（国际在线论坛 2011年3月9日）

7. "好/坏"＋趋势结果类名词

"结果、成绩、效果、趋势、形势、效果、成效、效益、结局"等名词一般都可以用"好""坏"进行修饰，评价事情的结果是否令人满意。例如：

(28) 经学院学生参加国际国内《古兰经》诵经比赛，并获得好成绩。（《中国政府白皮书》）
(29) 第二次他为了保险起见从跳板后起跳，结果跳出了从未有过的坏成绩。（《读者》）

（五）"好/坏"＋集合名词

集合名词中有代表性的如"车辆、书本、人口、人民"，这些词语用于指称一群对象，具有离散性，只有当集合中的个体性质一致，可以进行统一评价时，这类集合名词才能与"好""坏"组配。

（六）"好/坏"＋动物名词

"好/坏"与动物名词的组配带有说话人明显的主观情感倾向，蕴涵着人们对名词所指对象的喜爱或厌恶之情，常见的能够受"好""坏"修饰的动物名词多与人们的生活息息相关，例如：

(30) 一个男孩坐在旁边的地板上，一边用手将它毛茸茸的头发一边说："丽芝，你是一只好狗。"（《小飞人三部曲》）
(31) 我们进不了屋，确实进不了，那条坏狗就在车库前面。（《厄兆》）

动物名词表示的对象本身并无好坏之分，"好""坏"并非评价事物的本质，而是反映说话人的个人态度和情感，动物名词前添加"好""坏"后的表述带有拟人色彩。

（七）"好/坏"＋物质名词

这类名词用于表示一系列具体的个体事物，"好""坏"指区别这些事物的质量，例如：

(32) 中国人有个传统是敬重好文章。(冯友兰、涂又光《中国哲学简史》)

(33) 我们都倾向于写散文，不拘一格，但求艺术完整，不赞成把写得不像样的坏文章都推说是"散文"。(《读书》)

（八）"好/坏"＋处所名词

表示地点的这类名词也都能与"好""坏"组配，"好""坏"评价处所的环境以及人们的满意度，但"好""坏"一般不修饰具体的专有地点名词，比如城市名、国家名、景点名等，如"北京、武汉、黄鹤楼"等都是为大众所知晓的，这些地方的价值不以个人意志为转移，故一般不用"好""坏"进行评价，"好""坏"修饰的多为一般处所名词。例如：

(34) 老杏叔过去生活很苦，为了让自己的女儿有个好去处，就包办她的婚姻。(《读书》)

(35) 至少，华盛顿，不见得是个坏去处。(《历数阿联转会华府好处 吃中餐更方便能看见奥巴马》，篮球先锋报2010年7月1日）

除了以上这些类型外，还有"云、雨、风、雷"等自然景观类名词，一般不与"好""坏"搭配，但如果其给人们带来了好处，便可以用评价词"好""坏"修饰，例如：

(36) 当我们一行辞别北京，踏上草原牧区行征程，好雨就接踵而来，北方草原牧区持续了两年的干旱终于结束。(《人民日报》)

时间名词如"中午、晚上"等和方位名词"前、后、左、右"等都不能与"好""坏"搭配，时间名词和方位名词表达的都是客观对象，不以人们的主观意志为转移，因此很少用"好""坏"进行评价。

四、"好/坏＋N"的对称规律

虽然"好""坏"均能与大多数名词搭配，且二者在形式语义上是对称的，但在具体语料中二者的使用频率存在着差别，抽取其中几个常用名词，通过对CCL语料库统计可获得以下数据：

"好＋N"	出现次数	"坏＋N"	出现次数
好爸爸	65	坏爸爸	6
好女儿	90	坏女儿	6
好校长	18	坏校长	0

续表

好老师	79	坏老师	0
好医生	112	坏医生	1
好事情	181	坏事情	38
好办法	874	坏办法	0
好苹果	5	坏苹果	2
好消息	1182	坏消息	338
好办法	874	坏办法	0
好想法	12	坏想法	0
好结果	173	坏结果	24
好地方	612	坏地方	9

在具体语境中,"坏+N"常与"好+N"同时出现,二者的对举使用拓展了"好""坏"与名词的适配范围,本不太常用的"坏+N"格式在对举的语境中得以对称出现,例如:

(37) 如何打造一支想干事、会干事、干成事、不出事的专业化村支书队伍,选出"好书记",退出"庸书记",监管"坏书记",是目前基层碰到的普遍问题。(《车门川村为何选不出村支书》,《瞭望新闻周刊》2012 年 5 月 22 日)

"好""坏"修饰指人的名词时,侧重于评价人物的优缺点,"好""坏"修饰指物的名词时,侧重于评价事物的功用性。"好"的适配度明显高于"坏","好"的使用频率较高,适用范围较广。这是因为"坏"的语义极端,人们一般采用"不好"等其他委婉手段加以替换。例如:

(38) 在我国社会主义新的历史时期,凡是坚持"四项基本原则"、坚持文艺为社会主义服务、为人民服务的方向,有利于全国人民团结一致、同心同德为实现社会主义"四化"而奋斗,有利于民族的团结和祖国的统一的作品,其思想倾向性都是进步的、好的或比较好的,应加以肯定、赞扬;反之则是落后的,不好的或坏的作品,应给予批评以至必要的斗争。(国家语委现代汉语语料库)

上述例子中的"进步的、好的、比较好的""落后的、不好的、坏的"反映了"好""坏"的语义程度。又如:

(39) 我认为，每一种娱乐，只要它是文明的和文雅的，就是好的娱乐。（《中国青年报》）

(40) 上级关于部队精简整编的指示精神传达后，转业回武汉工作的几位战友主动给宗永甫来信，表示乐意给他联系个好工作。（《人民日报》）

上例中的"好娱乐""好工作"对应的"坏娱乐""坏工作"的概念存在，但形式上很少使用"坏＋N"结构，具体语料中是用"不好"来替换。礼貌原则和委婉原则使得人们对于"坏"的规避是很明显的，沈家煊（1999）参照 Brown＆Levinson 把"礼貌原则"简要地表述为"用言语进行评价，尤其是评价人的社会行为时，对坏的要说得委婉，对好的要说得充分"[9]，因此人们对于"坏"与一些名词结合的接受度较低，日常语言生活中使用较少。

语义、句法环境、语用共同制约着"好＋N""坏＋N"的对称性情况。我们认为与"好""坏"组配的名词的语义特征主要有［＋两面性］［＋主观性］［＋功用性］，满足其中一个都可以与"好""坏"搭配。

既能与"好"组合又能与"坏"组合的名词一定是兼具两面性，而当与"好""坏"组合的名词自身带有明显的语义倾向性时，这时"好＋N"与"坏＋N"就是不对称的，如"机会"只与"好"组配，因为"机会"的意思是"恰好的时候；时机"，带有褒义的语义色彩。因此能与"好""坏"均组配的名词包含人们主观认定的两面性，即兼有"好""坏"两方面的属性。

与"好""坏"均能组合的名词多具有主观性。具有强烈主观性的消息观念类名词、策略经验类名词、情感态度类名词等与"好""坏"结合力度大，这类词语带有人们的主观意识，与表示主观评价的"好""坏"语义匹配度高，形式语义均是对称的；客观性的事物名词如称谓名词、动物类名词、趋势结果类名词等与"好""坏"的结合取决于人们的主观判断，表达主观的情感态度时，二者是对称的；植物名词或身体器官名词除了与人们的主观认定有关，也与自身的功能性偏差有关，造成这类"好＋N""坏＋N"形式对称，语义不完全对称；客观的疾病类名词、自然景观类名词等不以人们意志为转移，故一般不与"好""坏"结合。"好""坏"与人的"主观视点"[10]密切相关，有时二者语义可以互转，在不同语境下针对同一对象不同人可能会有不同评价，比如"消息"对有的人来说可能是"好消息"而对于有的人说是"坏消息"，"好""坏"的判定标准因人而异，与人们的心理认知密切相关。

有的能与"好""坏"搭配的事物名词本身具有功用性，当其自身的功能给人们带来了有用的价值，称之为"好＋N"，而事物对象不存在使用价值时，称之为"坏＋N"，例如"好桌子""坏桌子"等，"好""坏"用于评判对象的功能受损与否。

综上可知，定语位置"好""坏"与名词组配情况丰富，"好＋N"和"坏＋N"对称与不对称的分布多样，"好"的使用频率和适配程度高于"坏"，说话人主观认知和"好""坏"及其搭配名词的语义特征共同制约着二者的对称使用，其他句法位置"好""坏"对称性情形还有待进一步考察。

* 本文系中央高校基本科研业务费专项资金"语言类型学视角下汉语反义词对称性研究"【2019VI024】、湖北省教育厅社会科学研究项目【18G006】、武汉理工大学教学研究项目【w2019155】的阶段性成果。

注释：

[1] 沈家煊:《不对称与标记论》,南昌:江西教育出版社,1999年,第22页。

[2] 吕叔湘:《单音形容词用法研究》,《中国语文》1966年第2期,第119～128页。

[3] 赵春利、石定栩:《形容词与名词的语义组合模型研究》,《中文信息学报》2009年第5期,第9～18页。

[4] 张敏:《认知语言学与汉语名词短语》,北京:中国社会科学出版社,1998年,第296页。

[5] 王珏:《现代汉语名词研究》,上海:华东师范大学出版社,2001年,第83页。

[6] 吕叔湘:《现代汉语八百词》,北京:商务印书馆,1999年,第709～715页。

[7] 俞士汶:《现代汉语语法信息词典详解》,北京:清华大学出版社,2003年,第206～335页。

[8] R. W. Schrauf, J. Sanchez, "The Preponderance of Negative Emotion Words in the Emotion Lexicon: A Cross-generational and Cross-linguistic Study", *Multilingual and Multicultural Development*, 2, 2004.

[9] 沈家煊:《不对称与标记论》,南昌:江西教育出版社,1999年,第126页。

[10] 姚双云:《"主观视点"理论与汉语语法研究》,《汉语学报》2012年第1期,第11～24页。

朗诵的现代性：语言、文体与技巧

苏文清

（江汉大学武汉语言文化研究中心，湖北武汉，430056）

内容摘要：与中国现代化进程相伴相生的现代朗诵，是中国古代朗诵的断裂式发展。朗诵文本致力于现代诗歌语言文体的试验，朗诵实践在角色定位、情感、节奏、风格等方面为现代朗诵艺术理论奠定了扎实的基础。与现代诗学的纯诗化和大众化追求相适应，现代朗诵事实上形成了沙龙式朗诵和大众化朗诵两种形态。大众化朗诵经由武汉到重庆到延安的发展，被建国后的当代朗诵所继承，并发展成为当代朗诵的主流形态。

关键词：朗诵；现代性；白话文；大众语

谈到朗诵，人们常常会向前溯源到中国古代的诗词吟诵，这是一个误解。产生于胡适写作白话新诗《尝试集》的1917年前后的现代朗诵，是有意识地将文字转化为声音的有声语言创作活动。它不是古代朗诵的延续，而是古代朗诵的断裂式发展，呈现出强烈的现代性。断裂性是现代性的一个重要特征。英国社会学家吉登斯认为，断裂"是指现代的社会制度在某些方面是独一无二的，其在形式上异于所有类型的传统秩序"[1]。而所谓现代性，既是时间的概念，也是社会文化概念。中国人民大学刘小枫教授认为，现代性指"一种普世性的转换每一个体、每一民族、每种传统社会制度和理念形态之处身位置的现实性（社会化的和知识化的）力量，导致个体和社会的生活形态及品质发生持续性的不稳定的转变"[2]。现代朗诵的文字文本与朗诵技巧"异于所有类型的传统"样式，与古代朗诵的文字文本与朗诵技巧具有断裂性。

一、从白话文到大众语：语言、文体的现代试验

现代朗诵的基础是五四运动前后倡导的白话文写作的文本。而白话文写作，尤其是白话文写诗，是西学东渐的背景下对传统文言文写作的颠覆，对古典诗词的挑战，对非民主写作立场的舍弃。因而现代朗诵是文艺现代化、文学现代化、语言现代化的产物，具有很强的现代特征。

（一）沙龙式朗诵：白话新诗的语言、文体试验

沙龙式朗诵，是指新文化运动先驱在家里或杂志社举办的文艺沙龙中的朗诵，主

要发生在1937年抗日战争爆发前。探讨用白话文作为诗歌语言的可行性与可诵性、白话新诗文体的规范性等问题。具有如下特征:

1. 诗歌语言工具的现代化

沙龙式朗诵的文本主要是白话诗。用白话作诗,是五四新文化运动倡导白话文、反对文言文理论的实践,是诗歌语言工具的现代化。胡适所提倡的文学革命,其实就是"用白话替代古文的革命"[3]。他自己率先垂范,创作了我国第一部白话新诗《尝试集》,并把他创作的诗歌拿到文艺沙龙去朗诵,探讨白话诗的形式与发展方向。因此,胡适是中国现代朗诵最早的朗诵者之一。

二十世纪二十年代比较著名的沙龙式朗诵主要发生在:闻一多家里的"黑屋子"聚会、新月社的"聚餐会"、林徽因的"太太客厅"[4]。刘梦苇的书斋也是二十年代比较著名的朗诵场所。在刘梦苇的书斋里,闻一多、朱湘、饶孟侃等几位诗人"相互传阅和朗诵他们的新作,间或也讨论一些新诗上的问题,在探寻新诗的形式与格律的道路"[5]。

二十世纪三十年代在慧慈殿三号朱光潜的家中举办的读诗会,对现代朗诵理论和实践都具有积极意义。参加朱光潜读诗会的大多是北大、清华的教授学者,他们定期聚会"专门练习朗诵",就是为了探讨新诗上口、表情、悦耳的技巧:"当时朋友们都觉得语体文必须读得上口,而且读起来一要能表情,二要能悦耳。"[6]讨论"新诗在诵读上,有多少成功可能?新诗在诵读上,已经得到多少成功?新诗究竟能否诵读?"[7]等问题。

白话文作为诗歌语言工具,是现代朗诵产生的直接动力。

2. 诗歌文体的解放

废除了文言写作的白话新诗,需不需要古代诗歌的音韵格律?新的诗歌文体应该具有怎样的规范?这也是沙龙式朗诵要探讨的问题。我国第一部白话诗集——《尝试集》,不自觉地运用了旧诗的音韵格律。胡适不是很满意。他进一步倡导新诗:"不但打破五言七言的诗体,并且推翻词调曲谱的种种束缚;不拘格律,不拘平仄,不拘长短;有什么题目,做什么诗;诗该怎样做,就怎样做。"[8]

胡适所倡导的诗体被称作自由诗体。就是不要求诗歌有整齐的字句、工整的平仄声调、统一的韵脚,用白话的字、文法、自然音节来做诗。这是对诗体的大解放。但是,在长期的沙龙朗诵实践中,大家觉得自由诗诵读起来不及有韵律节奏的诗歌效果好,于是逐渐形成了新格律诗派。代表人物闻一多提出了新格律诗的三美原则:建筑美、音乐美、绘画美。即是说,沙龙式朗诵试验的结果证明,诗歌文体的解放也只能是有限的解放。这也足以说明,为什么新月派诗人徐志摩的诗歌至今仍然活跃在朗诵舞台上。

3. 白话新诗的音节运用与诵读试验

沙龙式朗诵的目的是测试白话文写作的音节韵律和诵读问题。朱自清总结说:"战前已经有诗歌朗诵,目的在于试验新诗或白话诗的音节,看看新诗是否有它自己的音节,不因袭旧诗而确又和白话散文不同的音节,并且看看新诗的音节怎样才算是好。"[9]朗诵是检验新诗音节的手段。

胡适是不提倡音节韵律的,郭沫若也是。郭沫若把押韵、平仄等看作外在的韵律形式,把诗歌的情绪看作内在韵律。认为"诗之精神在其内在的韵律,内在的韵律并不是甚么平上去入,高下抑扬,强弱长短,宫商徵羽;也并不是甚么双声叠韵,甚么押在句中的韵文!这些都是外在的韵律或有形律。内在的韵律便是'情绪的自然消涨'"[10]。

但新格律诗派不仅强调诗歌的韵律节奏等听觉美,还强调诗歌段落句子的视觉美。刘半农等则力图从民歌民谣中寻找新诗的方向。

中国是后发现代化国家。"在后发现代化的国家中,没有哪一个像中国这样,出现由最先进的知识分子群体发动一场全盘否定传统文化的运动。因为任何一个国家都没有像中国这样出现传统和现代在观念和心理上的剧烈对峙。"[11]

现代朗诵产生于北大、清华等中国最先进的知识分子群体发动的否定传统文化的运动,是他们放弃几千年来的文言文写作、舍弃和背离中国古典诗歌范式的现代化运动的一部分,是他们在文学美学层面来探讨白话文新文学本体问题的手段和工具。

(二)朗诵诗运动:大众化诗歌的语言、文体试验

朗诵诗运动是抗日战争爆发以来,作家们为抗日宣传所进行的面向群众的大规模的朗诵活动。最初以东北流亡作家为主体在武汉展开,后来经过重庆、延安而波及全国。与沙龙式朗诵相比较,朗诵诗运动呈现如下特征:

1. 大众语成为新诗语言工具

"五四"以来的新诗,虽是用白话文写作,但造词的过程中较多地使用了西洋的"款式,文法,词法,句法,章法,词枝"[12]等,是欧化的白话文,无法走进大众。为了宣传抗日,使"识字的人看得懂,不识字的人也听得懂,喜欢听,喜欢唱"[13],朗诵诗运动提倡以大众语作为朗诵诗创作的语言工具。

大众语的提倡是伴随着对"五四"以来白话文学的批评而来的。史铁儿(瞿秋白)认为,五四以来的白话文,仍然是士大夫的专制,不是大众的文艺。大众文艺应该用大众现在的语言来写。他认为:"从前为了要补救文言的许多缺陷,不能不提倡白话,现在为了要纠正白话文学的许多缺点,不能不提倡大众语。"[14]

知识分子不是大众,而"知识分子要想写大众文必须先学大众语,他必须拜大众做老师……如果他不肯拜大众做老师,不肯在大众的队伍里做一个小兵,他决写不出好的大众文"[15]。这里,知识分子和大众的地位发生了天翻地覆的变化。曾几何时,诗歌是精英、贵族的专利,知识分子用诗歌做大众的老师,教大众识文断字,用思想启蒙大众;但是在朗诵诗运动中,知识分子要做大众的学生,要拜大众为师,向大众学习大众语,体会大众的思想情感。这其实是文艺为人民服务思想的早期准备和实践。

从白话文到大众语,不仅是文学语言工具的进一步现代化,也是人民民主思想的进一步深化,现代民族国家想象的进一步具体化。

2. "白话诗的再解放"

朱自清总结朗诵诗，是一种适于朗诵的诗或专供朗诵的诗，"大多是朗诵里才能见出完整来的。这种朗诵诗大多数只活在听觉里，群众的听觉里；独自看起来或在沙龙里念起来，就觉得不是过火，就是散漫、平淡、没味儿。对的，看起来不是诗，至少不像诗，可是在集会的群众里朗诵出来，就确乎是诗。这是一种听的诗，是新诗中的新诗"[16]。

朗诵诗运动的新诗，也许就是自由诗或者新格律诗，但与沙龙式朗诵的自由诗和新格律诗相比较，有着自己的独特性。它是用大众语专门为大众写的新诗，是为朗诵而创作的新诗，和国外的诗歌表演运动相似，只有在朗诵行动中才能完美。其音声性、行动性与群众性使它成为对白话新诗的再解放，成为"新诗中的新诗"。所以，朗诵诗运动的朗诵活动，是集体组织的；朗诵活动的场所，也不再在私人的家里，而是剧院、车站、码头、公园广场等群众聚集的公共场所。

和朱自清一样，茅盾也注意到了朗诵诗运动的大众性，他把朗诵诗视为"对于白话诗的再解放"，也是因为其大众化方向。茅盾认为，"如果'五四'时期的白话诗是对于旧体诗的解放运动"，那么，这种"紧紧抓住了大众化的方向"的诗歌运动，便是"对于白话诗的再解放"[17]。可以这样理解，诗歌文体的解放与再解放，其实是与大众化的进程相一致的。诗歌文体的解放是白话诗对旧体诗语言工具、韵律平仄的解放，白话新诗致力于使大众容易看得懂和听得懂；再解放是大众语对欧化白话文的解放，是在群众集会中直接与群众对话的诗，是行动的诗和集体的诗。

3. 大众化新诗的社会功能

朗诵诗运动的朗诵，其大众化的社会功能在于"化"大众。武汉和重庆时期，主要是教化大众积极参与抗日救亡运动；延安时期，朗诵日渐成为政治宣传的工具。这为新中国成立后的当代朗诵主流形态奠定了基础。1938年1月26日，延安战歌社的第一次朗诵晚会尽管不成功，但毛泽东主席在观众跑掉一大半的情况下还是一直坐到活动结束。朗诵诗运动得到了主席的认可与支持，于是在延安继续轰轰烈烈地开展下去。

朗诵诗的创作者、评论者也自觉地把大众化与政治化紧密联系。朗诵诗评论中影响最大的作家穆木天直言：我们诗歌工作者的任务，就是要"用自己的有力的诗歌，去激发大众们抗战建国的革命的情绪"[18]。抗战建国正是朗诵诗运动的最终目的。

朗诵诗运动是五四运动以来主张"为人生"而艺术的一脉进一步发展的结果：从"为人生"的艺术，到无产阶级革命文艺，再到左联对大众化的倡导，再到面向大众的抗战朗诵诗运动，其间一直伴随着对"为艺术而艺术"的各种观点的斗争。朗诵诗运动以大众听得懂、喜欢听为宗旨，带着对五四以来"纯诗"观念的批判而进行了大量的理论探讨和艺术创作实践。发展至延安，则将文艺的大众化与文艺创作的方向性紧紧联系在一起，逐步演变成文艺为工农兵服务的创作方向。"朗诵诗运动一方面是对于上一时期诗歌所遗留下来的形式主义倾向的反抗，他将新月派和现代派称为两股'逆流'，另一方面也是一种对于符合于人民要求的大众化诗歌的建立的尝试"[19]。

虽然沙龙式朗诵的现代文学文本语言试验与抗战时期开启的朗诵诗运动，分属"纯诗"诗学和大众化诗学两个不同的诗学方向。一个关注新诗的本体建设，一个关注新诗的社会功能。但他们无疑是"现代"诗学的两个方向，它们同是白话文诗歌，同样追求现代科学民主，致力于现代民族国家的想象与建设，同样探讨现代新诗的声音化呈现，同样努力运用"社会化和知识化"的力量，导致文学和社会形态及品质"发生持续性的转变"。"它们之间的矛盾主要因现代性的主体性追求的差异而产生，是现代性的内在矛盾性在新诗中的体现。"[20]与文言文写作的古典文学文本具有明显的断裂性。

二、从唱到说：朗诵渊源的现代性

现代朗诵是以说为主的朗诵方式，不同于古代吟诵。与西学东渐的现代化进程有关，与西方的朗诵、话剧艺术有一定的借鉴承继关系。

（一）不同于中国传统吟诵

沙龙式朗诵和大众化朗诵，虽然在朗诵语言、文体、目的等方面有着明显不同的追求，但它们都自觉地与传统吟诵相区别。

纯诗诗学的倡导者梁宗岱虽然不认可朗诵诗运动，但对现代朗诵概念的理解还是比较准确的："'朗诵'如果我没有猜错，似乎是外国文 declamation 字底译义。那是一种抒情的，兴奋的，激动的（impassioned）读法：既不是歌，又不是说话，也不是我国用以读旧诗的'吟'或'哼'（chantonner）。"[21]

朱自清认为："新诗不要唱，不要吟；它的生命在朗读，它得生活在朗读里。"[22]

虽然梁宗岱的"朗诵"与朱自清的"朗读"的含义有些不同，但在不是"吟"、不要"吟"上却是一致的。

吟，是中国古代的诵读方式，是有腔调地哼唱。这个腔调固定与不固定不重要，因而它不谱曲；用什么腔调也不重要，所以也不套调；重要的是运用汉语的平仄规律来控制节拍的时长，平长仄短，把文字用不同于一般人说话的腔调哼唱出来。郭沫若把它概括为"无乐谱的自由唱"[23]。

然而，现代朗诵不是吟，它可以有音高音强音色音长的变化，但不形成固化的长短高低节奏；不是唱，可以配乐，可以充分显现文字及文本结构的音乐性，但不依赖文字以外的音乐旋律节奏；也不是接近于唱的戏曲念白，不形成固定的腔调。它采用以说为主的形式。近似于日常说话，但也不是日常的说话。正如朱自清所说，"诵读虽然该用说话的调子，可究竟不是说话"[24]，要用"提炼的说话的调子"[25]。

因而现代朗诵不直接继承中国古代吟诵"自由唱"的方法，而是以"提炼的说话的调子"来朗诵，显示其与传统断裂的现代性。当然，无论是古代吟诵还是现代朗诵，用的都是汉语言、中国字，想完全断裂是不可能的，对汉语言韵律节奏方面的追求应该是有延续性的。这是无论多么决绝的姿态都无法否定的事实。

（二）与西学有借鉴关系

西学东渐是中国现代化的显著标志。现代朗诵与中国传统吟诵具有断裂式的延续关系，与西方的朗诵、话剧却有着更为明显的借鉴关系。换句话说，在现代朗诵技法的继承关系上，主要不是古为今用，而是洋为中用。

二十世纪的二三十年代，诗歌朗诵在西方已经普及。1931年，朱自清在英国留学时，经常参加当地的读诗会，他观察探究英国诗朗诵的技巧，发现英国诗有一种读法用的是"说话的调子"，语音清晰、自然流畅，有节奏顿挫，能表达文字文本的情味[26]。他"用提炼的说话的调子"朗诵的观点应该是受到英国读诗会的启发的。回国后，朱自清继续关注国外的朗诵诗。1945年，针对《纽约时报》关于广播诗剧的书评，联想到我国的朗诵诗，他撰写了《美国的朗诵诗》的论文，将美国的朗诵诗作为他山之石。

朱光潜在伦敦时，也参加过英国的诗歌朗诵会，"觉得这种朗诵会好，诗要能朗诵才是好诗，有音节，有节奏，所以到北京以后也搞起了读诗会"[27]。朱光潜也参加过欧洲其他国家如法国的朗诵活动，认为朗诵在西方已经成为一门专门的艺术，而在中国却"极不讲究"。朱光潜所认为"极不讲究"的其实是中国的古诗吟诵。他认为诗歌既有音乐的节奏，又有语言的节奏，而"就一般哼旧诗的方法看，音乐的节奏较重于语言的节奏，性质极不相近而形式相同的诗往往被读成同样的调子"[28]。朱光潜对古诗吟诵的不满，在很多地方都有表述。他组织的读书会，要探讨的绝不是中国古代的吟诵之法，而是欧洲国家的现代朗诵之法。

如果说朱自清、朱光潜等的朗诵活动主要受英美影响，那么，由抗日引发的朗诵诗运动则更多地受到苏联的影响。在那时，苏联的诗歌朗诵已经十分盛行，人们在一切场合用一切语言来朗诵诗。高尔基喜欢听朗诵诗，马雅可夫斯基喜欢创作且朗诵朗诵诗[29]。朗诵诗运动的代表人物高兰证实：马雅可夫斯基"那革命的、响亮的、有力的声音，也同样震撼着中国正义诗人的心，在他们心弦上产生强烈的共鸣"[30]。

早期参加沙龙式朗诵、读诗会朗诵的成员，多数都有留学欧美的经历，他们对国外的朗诵并不陌生。相较于中国古代的吟诵，中国现代朗诵更多地受到了西方的朗诵和话剧艺术的影响。

现代朗诵的发生过程与我国植入式的现代化进程相一致。

三、角色与技巧：朗诵艺术的现代性

现代性意味着与所有传统形式相异。现代朗诵既不同于古代诗歌吟诵，也不同于戏曲有腔调的念白，是古代传统吟诵的断裂式发展，是主动的有声语言艺术创作。它以白话文作品为文字文本，以表情达意为宗旨，综合语言、音乐、戏剧等多种元素，成为一门与音乐、戏剧等并驾齐驱的现代艺术。现代朗诵实践为现代朗诵艺术理论奠定了扎实的基础。

（一）角色

关于朗诵者的角色定位，高兰有很清晰的认识。他注意到朗诵中有三类不同角色——文字作者、朗诵者和作品人物。并且清楚地知道作者和朗诵者不是作品人物，朗诵者可以代替作者发声，但要同时保留朗诵者自己的特征："必定要保持诗作者与诗中人物的相当距离，你还要保有你自己的人格、感情、语言、声音、笑貌。"[31]

也就是说，朗诵者不用扮演作者，也不用扮演作品中的角色。这一点将朗诵与话剧区分开来。话剧要扮演角色，以角色的身份说话做事。

话剧、电影演员赵丹认为朗诵艺术存在三个问题：一是朗诵者不以人物的名义对话，不易进入角色；二是朗诵展示感情，不善于对话；三是只能独自表达，没有跟对手的相互交流[32]。赵丹是从话剧的角度看朗诵，但赵丹的话恰恰说明他看到了朗诵的特征。朗诵当然也可以多人朗诵，形成朗诵者之间的交流。但朗诵艺术是朗诵者直接面对观众的对话。正如朱自清所说：朗诵"是对话，是直接向听的人说的"[33]。

现在有一种朗诵形式，叫演诵。就是朗诵者扮演作品角色，边表演边朗诵。这是朗诵的特殊形态。一般的朗诵还是恪守着朗诵者不扮演角色的原则。

（二）情感

赵丹对朗诵的解读其实非常到位，朗诵诗是要展示情感，以情感人的。徐迟说"诗朗诵是作品的再燃烧"[34]，说的也是情感的再次燃烧。

雪苇认为"朗诵诗，需要丰满（不是狂叫）的感情和动人的技巧，而不是口号或者演说"[35]。雪苇用丰满的情感将朗诵与口号或演讲区分开来。现代朗诵注重以情感人，容易导致一种弊病，那就是不理解作品的情感或者不管作品的情感而一味地吼叫或者装腔作势。这使朗诵常常招致批评。朱光潜指出，朗诵者"用演员念台词的声调和姿势，慷慨激昂的调子，有时不完全与诗歌的内容相称"[36]。朱光潜指出的问题，是直到今天还存在的问题。有些朗诵者以为只要有好听的声音、朗诵的腔调、充沛的感情就可以了。殊不知朗诵是将文字转化为声音的创作活动，无论作品以文字还是声音的形式出现，作品的思想情感应该是一致的。朗诵最本质的要求是传达、表达文字作品固有的甚至延伸的思想情感，切不可忘了初心、脱离作品自行其是。朗诵要有感情，但必须是真情，是符合作品本意的真情。

（三）节奏

古代诗歌的音韵节奏有比较严格的规范，但"中国人对于诵诗似不很讲究，颇类似和尚念经，往往人自为政，既不合语言的节奏，又不合音乐的节奏"[37]。现代白话新诗没有了固定的音韵节奏，应该如何朗诵呢？

胡适认为："新诗的音调既在骨子里，——在自然的轻重高下，在语气的自然区分。""诗的音节全靠两个重要分子：一是语气的自然节奏，二是每句内部所用字的自然和谐。"[38]

用朱光潜的诗论来看胡适的新诗理论，就会发现，胡适所说的节奏就是诗歌的语言节奏。朱光潜认为新诗既有语言节奏，又有音乐节奏，但"新诗的节奏是偏于语言的"[39]。所谓语言节奏，是意义和情感的节奏，"是自然的，没有规律的，直率的，常倾向变化"；而音乐节奏是没有意义的，"是形式化的，有规律的，回旋的，常倾向整齐"[40]。胡适的新诗论，就是要去除诗歌一切形式的东西，一切音乐节奏，而只留下语言的节奏、自然的节奏。

朱自清也谈到了朗诵的节奏。他认为："短小的诗，朗诵的时候得多多的顿挫，来占取时间，发挥那一词一语里含蓄着的力量。"[41]他们的研究为现代朗诵艺术提供了宝贵的经验。

（四）风格

"朗诵艺术家和演剧艺术家的地位与职责是相同的……朗诵的本身——声调的抑、扬、高、下及某种程度内的表情动作，却属于朗诵者的创作范围。恰好的诗歌与恰好的朗诵取得统一、和谐，才称得上完美的诗歌朗诵。"[42]

朗诵目的不同，朗诵的形态、风格也不同。沙龙式的朗诵、个人抒情诗适合静静地诵，面对大众的诗歌适合高亢嘹亮地诵。当然，大众朗诵也可以浅吟低唱，关键是看文字作品的内容情感。沈从文说："多数作者来读他自己的诗，轻轻的读，环境又合宜，印作者诵读的声容情感，很可以增加一点诗的好处。若不会读又来在人数较多的集会中大声的读，常常达不到希望达到的效果。"[43]他说的应该不是那种充满壮志豪情的文本。

朗诵不能只有一种风格，只要契合作品内容情感的朗诵都可以成为好的朗诵。现代朗诵史上"高兰以其浑圆的喉音朗诵感情深沉的诗句，特别感人；光未然能高能低或急或缓、披了黑色斗篷，有时辅以手势，则能把听众带入诗境；而徐迟的小桥流水、柯仲平的高山暴洪则又是一种风格了"[44]。

"娱独坐"而不"悦众耳"的古代朗诵，通常是作者自己或三两个好友之间的诵读，一般都是吟诵自己的作品。但怎么吟诵，"却没有见到一部专书讲'吟''啸'的方法，大概他们也都是'以意为之'"[45]。现代朗诵既注重朗诵实践，又注重理论研讨，最终使朗诵发展成为一门独立的现代艺术。

与中国现代化进程相伴相生的现代朗诵，是中国古代朗诵的断裂式发展。朗诵文本致力于现代诗歌语言文体的试验，朗诵实践在角色定位、情感、节奏、风格等方面为现代朗诵艺术理论奠定了扎实的基础。与现代诗学的纯诗化和大众化追求相适应，现代朗诵事实上形成了沙龙式朗诵和大众化朗诵两种形态。大众化朗诵经由武汉到重庆到延安的发展，被建国后的当代朗诵所继承，并发展成为当代朗诵的主流形态。20世纪90年代前后，伴随着中国社会的市场经济转型，伴随着后现代主义文化的强势东进，朗诵的现代性遭遇解构风暴。新世纪前后，朗诵再度复兴。当下的朗诵已形成差异共存、丰富多元的绿色发展新格局。

* 本文系江汉大学武汉研究院2018年开放性课题"武汉市小学中华经典诵读现状调查及对策研究"【IWHS20182038】的研究成果。

注释：

[1] [英]安东尼·吉登斯：《现代性的后果》，田禾译，南京：译林出版社，2000年，第3页。
[2] 刘小枫：《现代性社会理论绪论》，上海：上海三联书店，1998年，第2页。
[3] 胡适：《逼上梁山》，《中国新文学大系·建设理论集》，上海：上海良友图书印刷公司，1935年，

第10页。

[4] 费冬梅:《朱光潜的文学沙龙与一场诗歌论争》,《社会科学论坛》2015年第10期,第115页。

[5] 蹇先艾:《〈晨报诗刊〉的始末》,《新文学史料:第3辑》,北京:人民文学出版社,1979年,第157页。

[6] 朱光潜:《敬悼朱佩弦先生》,《文学杂志》1948年第3卷5期,第7页。

[7] 沈从文:《论朗诵诗》,《沈从文全集》(第17卷),太原:北岳文艺出版社,2002年,第247页。

[8] 胡适:《谈新诗》,《胡适学术文集:新文学运动》,北京:中华书局,1993年,第389页。

[9] 朱自清:《论朗诵诗》,《朱自清选集》(下),北京:人民文学出版社,2004年,第388页。

[10] 郭沫若:《论诗三札》,《郭沫若全集》第15卷,北京:人民文学出版社,1990年,第336～337页。

[11] 张法:《文艺与中国现代性》,武汉:湖北教育出版社,2002年,第20～21页。

[12] 傅斯年:《怎样做白话文》,《中国新文学大系·建设理论集》,上海:上海文艺出版社,1981年,第223页。

[13] 蒲风:《关于前线上的诗歌写作》,《蒲风选集》,福州:海峡文艺出版社,1985年,第922页。

[14] 陈子展:《文言——白话——大众语》,《文艺大众化问题讨论资料》,上海:上海文艺出版社,1987年,第209页。

[15] 陶行知:《大众语文运动之路》,《文艺大众化问题讨论资料》,上海:上海文艺出版社,1987年,第256～257页。

[16] 朱自清:《论朗诵诗》,《朱自清选集》(下),北京:人民文学出版社,2004年,第390页。

[17] 茅盾:《为诗人们打气》,《茅盾全集》第23卷,北京:人民文学出版社,1996年,第282页。

[18] 穆木天:《论诗歌朗读运动》,《战歌》1930年第1卷4期,第4页。

[19] 刘绶松:《中国新文学史初稿》(下册),北京:人民文学出版社,1979年,第471页。

[20] 邓晓成:《现代性视域中的大众化诗潮:1917—1949》,苏州大学博士学位论文,2006年,第2页。

[21] 梁宗岱:《谈"朗诵诗"》,《时事新报·学灯》1939年1月15日第33期。

[22] 朱自清:《朗读与诗》,《新诗杂话》,北京:生活·读书·新知三联书店,1984年,第93～94页。

[23] 郭沫若:《戏的吟词与诗的朗诵·序》,《戏的念词与诗的朗诵》,上海:大地书屋,1946年,《序》第3页。

[24] 朱自清:《论诵读》,《朱自清全集》第3卷,南京:江苏教育出版社,1988年,第187页。

[25] 朱自清:《诗韵》,《朱自清全集》第2卷,南京:江苏教育出版社,1988年,第403页。

[26] 朱自清:《欧行杂记》,《朱自清全集》第1卷,南京:江苏教育出版社,1988年,第386～387页。

[27] 商金林:《朱光潜与中国现代文学》,合肥:安徽教育出版社,1995年,第91～92页。

[28] 朱光潜:《诗论》,上海:华东师范大学出版社,2018年,第132页。

[29] 杨小锋:《抗战诗歌朗诵发生的原因》,《赣南师范学院学报》2001年第4期,第34页。

[30] 高兰:《〈高兰朗诵诗选〉序言》,《诗的朗诵与朗诵的诗》,济南:山东大学出版社,1987年,第317页。

[31] 高兰:《诗的朗诵与朗诵的诗》,《时与潮文艺》1945年第4卷第6期,第102～115页。

[32] 赵丹:《地狱之门》,上海:文汇出版社,2005年,第215～216页。

[33] 朱自清:《论朗诵诗》,《朱自清选集(下)》,北京:人民文学出版社,2004年,第392页。

［34］徐迟:《诗歌朗诵手册》,桂林:桂林集美书店,1942 年,第 17 页。
［35］林山、雪苇、沙可夫、柯仲平:《关于诗的朗诵问题》,《新中华报》1938 年 1 月 25 日。
［36］朱光潜:《谈诗歌朗诵》,《诗刊》1962 年第 6 期,第 70 页。
［37］朱光潜:《诗论》,上海:华东师范大学出版社,2018 年,第 132 页。
［38］胡适:《谈新诗》,《中国新文学大系·建设理论集》,上海:上海良友图书印刷公司,1935 年,第 306、303 页。
［39］朱光潜:《诗论》,上海:华东师范大学出版社,2018 年,第 133 页。
［40］朱光潜:《诗论》,上海:华东师范大学出版社,2018 年,第 130 页。
［41］朱自清:《论朗诵诗》,《朱自清选集(下)》,北京:人民文学出版社,2004 年,第 395 页。
［42］林山、雪苇、沙可夫、柯仲平:《关于诗的朗诵问题》,《新中华报》1938 年 1 月 25 日。
［43］沈从文:《谈朗诵诗》,《沈从文全集》第 17 卷,太原:北岳文艺出版社,2002 年,第 248 页。
［44］方殷:《朗诵诗碎语》,《方殷诗文集》,北京:中国文联出版公司,1992 年,第 381 页。
［45］朱光潜:《诗论》,上海:华东师范大学出版社,2018 年,第 248 页。

【古代汉语研究】

《老子》语词义的跨层潜含

夏凤梅

(江汉大学人文学院,湖北武汉,430056)

内容摘要:《老子》中关键语词的意义较普遍地存在着跨层潜含现象。其中,名词类语词义跨层潜含的多为对意象所呈现的本体进行修饰、限定和说明的性质、状态、范围等类修饰性语义。动词类语词义跨层潜含的多为对意象所呈现的行为进行修饰、限定和说明的情状、方式、程度、范围等类修饰性语义。

关键词:名词义;动词义;跨层潜含

一、引言

人类文明经由直观思维层次至想象思维层次、逻辑思维层次渐次演进[1]。具体反映在人类文明语义范畴,则是一种由笼统的情绪义至渐次清晰的意象义、概念义逐步感知认知的过程。而反映在语义的表达上,则是一种由笼统的情绪性表达至渐次清晰的想象性表达、逻辑性表达的过程。今人对不同层次语言的理解往往立足的是语义的逻辑性表达。以此层次表达为参照分析可知,情绪性表达和想象性表达只表达出了历层的核心义,还有不少修饰性意义潜含在表达形式之中。这种潜含现象是所谓语义的跨层潜含[2]。

如果说跨层潜含作为一种历层语义现象已从理论上有所揭示的话,那么,其在历史文献中的现实表现则尚待进一步调查。据考察,《老子》作为一具有深远影响的历史文献在语词义的跨层潜含上具有一定的典型性。同时兼属想象和逻辑思维层次言语形式的《老子》,其表义之所以言简义丰,原因之一就是因为其关键语词大多为意象词,就是因为这些意象词的核心义多存在跨层潜含现象。这样,我们即有理由以《老子》为典型个案,对其语词义的跨层潜含进行调查,用以一定程度地说明语词义跨层潜含的现实表现。

本文所用《老子》的版本是陈鼓应整理中华书局1984年版《老子注释及评介》,所引注释,除部分特别注明的论文之外,亦皆源于《老子注释及评介》。

二、《老子》中名词类语词义的跨层潜含

《老子》中语词义的跨层潜含主要有名词义和动词义的跨层潜含二类。其中，名词类语词义跨层潜含的多为对意象所呈现的本体进行修饰、限定和说明的性质、状态、范围等类修饰性语义。具体表现，则以较明显存在着修饰性跨层潜含义的个体词位为统帅，据出现的先后顺序加以概括。

（1）道。第一章："道可道，非常道。"句中首尾二"道"当指称本体对象。具体所指，学界有不少分歧性说法。传统说法是宇宙万物的本源或运行规律、原则[3]，潘文国则从西方工具论与中国道器论的比较入手，将其释为宇宙万物运行的方法[4]。分析可知，无论核心义是本源、规律、原则还是方法，本体"道"皆存在着明显的修饰性跨层潜含义，亦即"宇宙万物"或"宇宙万物运行"。

（2）名。第一章："名可名，非常名。"句中首尾二"名"与"道"的跨层潜含义相应，核心义"名称"的修饰性跨层潜含义为：命名难易程度系列中最难的。

（3）为。第二章："是以圣人处无为之事，行不言之教。"第五十七章："我无为而民自化，我好静而民自正。"句中"为"核心义"作为"，其修饰性跨层潜含义皆为：自然状态下多生出的，尤其是超出人的能力和违背自然规律的。

（4）言。第二章："是以圣人……行不言之教。"句中"言"核心义"言说"，其修饰性跨层潜含义为：过多的、不合适的。

（5）知。第三章："常使民无知无欲，使夫智者不敢为也。"句中"知"核心义"心智"，其修饰性跨层潜含义为：超出自然生活状态所对应的、尤其是其中伪诈的。

（6）欲。文句同上。又，第三十七章："镇之以无名之朴，夫将不欲。不欲以静，天下将自正。"句中"欲"核心义"欲望"，其修饰性跨层潜含义皆为：超出自然生活状态所对应的，尤其是其中争强好胜和非分的。

（7）仁。第五章："天地不仁，以万物为刍狗。圣人不仁，以百姓为刍狗。""仁"，王弼注："仁者，必造立施化，有恩有为。"吴澄说："仁谓有心于爱之也。""仁"的核心义为"慈爱"，其修饰性跨层潜含义为：有所偏向的。

（8）私。第七章："是以圣人后其身而身先，外其身而身存。非以其无私邪？故能成其私。"句中"私"，薛蕙注："夫圣人之无私，初非有欲成其私之心也。然而私之以成，此自然之道耳。"据此，句中后一"私"的核心义确认为"私心"，其修饰性跨层潜含义确认为：自然的、无意识的。

（9）时。第八章："居善地，心善渊，与善仁，言善信，政善治，事善能，动善时。"句中"时"核心义"时间"，其修饰性跨层潜含义为：合适的。

（10）常。第十六章："夫物芸芸，各复归其根。归根曰静，是谓复命。复命曰常，知常曰明，不知常，妄作凶。"句中"常"核心义"常规"，其修饰性跨层潜含义为：万事万物运作的。

（11）人。第二十章："人之所畏，不可不畏。"第三十三章："知人者智，自知者明。胜人者有力，自胜者强。"句中"人"核心义"能制造工具并能使用工具进行劳动的高级动物"，其修饰性跨层潜含义皆为：其他的。

（12）华。第三十八章："前识者，道之华，而愚之始。是以大丈夫处其厚，不居其薄；处其实，不居其华。故去彼取此。"句中"华"核心义"好的外在形式"，其修饰性跨层潜含义皆为：虚妄的。

（13）声。第四十一章："明道若昧，进道若退，夷道若纇，上德若谷，广德若不足，建德若偷，质真若渝，大白若辱，大方无隅，大器晚成，大音希声，大象无形，道隐无名。"句中"声"核心义"声音"，其修饰性跨层潜含义为：一般可轻易感知到的。

（14）形。文句同上。句中"形"核心义"形象"，其修饰性跨层潜含义为：一般可轻易感知到的。

（15）事。第五十七章："以正治国，以奇用兵，以无事取天下。"又，"我无事而民自富，我无欲而民自朴"句中"事"核心义"事务"，其修饰性跨层潜含义皆为：自然状态下多加给人们的。

（16）味。第六十三章："为无为，事无事，味无味。"句中"味"，王弼注："以恬淡为味，治之极也。"其后一"味"核心义为"味道"，修饰性跨层潜含义为：超出自然状态下应有的给人带来非分刺激的。

（17）学。第六十四章："是以圣人欲不欲，不贵难得之货；学不学，复众人之所过。"句中后一"学"核心义"知识"，其修饰性跨层潜含义为：众人学习的。

（18）国。第七十八章："受国之垢，是谓社稷主；受国不祥，是为天下王。"句中"国"核心义"国家"，其修饰性跨层潜含义为：全，整个的。

三、《老子》中动词类语词义的跨层潜含

动词类语词义跨层潜含的多为对意象所呈现的行为进行修饰、限定和说明的情状、方式、程度、范围等类修饰性语义。具体表现，则参照名词类语词义的跨层潜含进行概括。

（1）为。第二章："万物作焉而不辞，生而不有，为而不恃，功成而弗居。"

第三章："常使民无知无欲，使夫智者不敢为也。"

第二十九章："将欲取天下而为之，吾见其不得已。天下神器，不可为也。为者败之，执者失之。"

三例"为"的核心义皆是"作为"，其修饰性跨层潜含义则分别为：顺应自然地；超出自然需求地；强力地。

（2）争。第三章："不尚贤，使民不争。""不争"，陈鼓应引河上公注："不争，指不争功名，返自然也。"其"争"，核心义"争夺"，修饰性跨层潜含义为：为超出自然需求的贪念而展开，尤其在人与人之间展开。

（3）存。第六章："绵绵若存，用之不勤。"句中"存"核心义"存在"，其修饰性跨层潜含义为：永远地。

（4）容。第十六章："知常容，容乃公，公乃全，全乃天，天乃道，道乃久，没身不殆。"句中"容"，王弼注："无所不包。"其核心义"包容"，修饰性跨层潜含义为：任何内容。

（5）得。第二十二章："曲则全，枉则直，洼则盈，敝则新，少则得，多则惑。"句中"得"核心义"得到"，其修饰性跨层潜含义为"多"。

（6）立。第二十四章："企者不立，跨者不行。"句中"立"核心义"站立"，其修饰性跨层潜含义为：稳定地。

（7）行。文句同上。句中"行"核心义"行走"，其修饰性跨层潜含义为：长远地。

第二十九章："夫物或行或随，或歔或吹，或强或羸，或载或隳。"句中"行"核心义亦为"行走"，其修饰性跨层潜含义则为：在前面。

（8）止。第三十二章："始制有名，名亦既有，夫亦将知止。知止可以不殆。"句中"止"核心义"停下来"，其修饰性跨层潜含义为：适时地。

（9）言。第五十六："知者不言，言者不知。"句中"言"，蒋锡昌注："是'言'乃政教号令，非言语之意也。"其核心义"施加政令"，修饰性跨层潜含义：任意向人民。

四、余论

《老子》中除名词、动词义的跨层潜含之外，形容词义也一定程度地存在着对修饰性语词义的跨层潜含。如第十五章："夫唯不盈，故能敝而新成"中"盈"核心义"满足"存在修饰性跨层潜含义"自我"。第二十五章"故道大，天大，地大，人亦大"中四个"大"核心义"占的空间较多、面积较广、容量较多"分别存在修饰性跨层潜含义"最"和三个"次一等的"。

《老子》中修饰性跨层潜含义多出现于"否定词＋核心词"模式中。否定词，主要是"不、无、非"。其中，"无"是否定性动词，"非"为否定性副词，而"不"因在上古汉语中可与他否定词通用，故否定性副词、动词两属。如前引"学不学，复众人之所过"中"不"为否定性副词，"天地不仁，以万物为刍狗"中"不"为否定性动词。

＊本文系国家社科基金后期资助重点项目"情绪思维层次汉语的系统研究"【20FYYA001】的阶段性成果。

注释：

[1] 郭攀：《汉语历层研究纲要》，北京：北京师范大学出版社，2012年，第7~44页。
[2] 郭攀：《论语义的跨层潜含》，《澳门语言学刊》2017年第1期，第33~39页。
[3] 何铁山、卫兵：《"道可道，非常道"别解》，《北京师范大学学报》（社会科学版）2013年第6期，第78~87页。
[4] 潘文国：《"道可道，非常道"新解》，《中国外语》2011年第2期，第80~85页。

从《论语集注》的字词训释看朱熹训诂的价值

——以和前代《论语》经注比较为中心

于芝涵

(华中师范大学文学院,湖北武汉,430079)

内容摘要:朱熹《论语集注》广泛撷取前代何晏《论语集解》、皇侃《论语义疏》、陆德明《论语音义》及邢昺《论语注疏》中的字词训释,体现了对前代《论语》经注训诂的继承。在此基础上,朱熹不拘泥于旧注,对部分字词的训释进行了更改。文章从"训释内容的精准化""训释形式的格式化"以及"训释传意的明晰化"三方面分析朱熹对前代《论语》经注字词训释进行优化和改进的训诂价值。

关键词:《论语集注》;字词训释;训诂价值

  北宋自庆历时期始,学术风气大变,经注重义理阐发而轻文字训诂,甚至直接越过经文来阐发己意,故宋儒注经常为后世学者所诟病,如清代训诂大家戴震在《与某书》中批评:"宋以来儒者,以己之见,硬坐为古贤圣立言之意,而语言文字实未知之。"[1]宋儒注经虽受当时"六经注我"风气的不良影响,但朱熹在阐发义理时并不偏废训诂,其在《语孟集义序》对汉魏训诂高度评价:"正音读、通训诂、考制度、辨名物,其功博矣。"[2]和理学名家张栻讨论注《孟》问题时,认为解经当"先释字义,次释文义,然后推本而索言之"[3]。并明确提出:"某寻常解经,只要依训诂说字。"[4]他的《语孟集注》在文字训诂上就用力颇勤,很能代表其经注风格,在当时"经学变古"的思潮下独树一帜。

  《论语集注》的字词训释多有所本,前人已有考辨,如清代潘衍桐《朱子〈论语集注〉训诂考》,将朱注的字词训释和朱熹之前的旧注进行全面对比,证明其对汉魏训诂的继承;近代日本学者大槻信良《朱子四书集注典据考》则对朱注中字词注音、训释、句义及引注来源进行了全面考证,并用"古""近""新"标明其性质。近三十年来,学界对《论语集注》训诂及其价值的研究,多以现代训诂学理论为指导,从训诂内容、训诂术语、训诂方法等层面进行论述,但甚少关注朱熹对旧注的更改,以训诂学原理判断此更改是否优于旧注,更是鲜见。有鉴于此,本文以《论语集注》(下文简称《集注》)的字词训释为研究对象,将其和前人何晏《论语集解》(简称《集解》)、皇侃《论语义疏》(简称《义疏》)、陆德明《论语音义》(简称《音义》)及邢昺

《论语注疏》(简称《注疏》)进行对比,从"训释内容的精准化""训释形式的格式化"以及"训释传意的明晰化"三方面分析其如何"后出转精",进而评价朱熹训诂的学理意义及其学史价值。

一、训释内容的精准化

朱熹改动的部分训释,释义的精准性胜过旧注,主要表现在两个方面:一是纠正不准确的旧注;二是完善旧注的释义信息。

(一)纠正不准确的旧注

1. 纠正对语词内涵理解有误的旧注

(1)饭疏食饮水,曲肱而枕之,乐亦在其中矣。(《述而》)
《集解》引孔注:疏食,菜食。
《集注》:疏食,麤饭也。

正平本《集解》和皇侃《义疏》中本句"疏"作"蔬"。《说文》有"疏"无"蔬",《说文·㐬部》:"疏,通也。"段玉裁在"粗"下云:"《大雅》'彼疏斯粺',笺云:'疏,粗也,谓粝米也。'麤即粗,正与许书互相证。疏者,通也,引伸之犹大也,故粗米曰疏……按:引伸假借之凡物不精者,皆谓之粗。"[6]颜师古《匡谬正俗》在"素食"下加按语:"素食谓但食菜果、糗饵之属,无酒肉也。……疏食,谓麤疏之饭。"[7]清人冯登府《论语异文考证》:"孔注'疏食菜羹'之'疏',亦云'菜食',与'菜羹'重文,自当以《集注》'粗饭'为正。"[8]近人程树德在《论语集释》中引翟灏《四书考异》中的观点,认为"'疏'兼有'麤''菜'二义,故孔氏解此为'菜食',朱子注为'麤饭'。"但又以翟氏所疑"若《乡党》与《孟子·万章》所云'虽疏食菜羹','疏'与'菜'既对举,则似难以加草矣。而本仍多作'蔬'字,得非传写讹耶?"为据,认为朱注正确、孔注失误[9]。在今人的《论语》注本中,杨伯峻《论语译注》将句义翻译为:"吃粗粮、喝冷水……"译文下"疏食"的词义列了"粗粮"和"糙米"二解[10];钱穆《论语新解》以"粗饭义"释"疏食"[11];杨逢彬《论语新注新译》则以"粗粮"释"疏食"[12],释义皆近同于朱注。

2. 纠正缺乏训诂依据的旧注

(2)孔子于乡党,恂恂如也,似不能言者。(《乡党》)
《集解》引王注:恂恂,温恭之貌。
《集注》:恂恂,信实之貌。

恂,《说文·心部》:"信心也。"桂馥注:"信心也者,《列子·释文》:'恂,信也。'《汉书·李广传》'李将军恂恂如鄙人,口不能出辞,及死之日,天下知与不知,皆为流涕,彼其中心诚信士大夫也。'颜注:'恂恂,诚谨貌也。'《叙传》:'李广恂恂实获士心。'或借'询'字,《释诂》:'询,信也。'注引《方言》'宋卫曰询',今

《方言》作'恂'。又借'洵'字,《诗·宛邱》:'洵有情兮',传云:'洵,信也。'"[13] 在字用上,古籍中常借"洵"或"询"来表示"恂",依然是"信"的意思。"恂恂"在先秦两汉多为"恭信、谨慎"义,如《汉书·冯奉世传》"参为人矜严,好修容仪,进退恂恂,甚可观也",颜师古注:"恂恂,谨信之貌。"[14] 未见其作为"温恭"义使用。宋代字书、韵书中"恂"(恂恂)增加了"温恭"义,如《玉篇·心部》:"恂,信也、均也、慄也、温恭皃也。"[15]《增韵·稃韵》:"恂,信也、乐也、严谨貌,又温恭貌。"[16] 该义项恐源自王肃此注。

除了考究训诂依据,朱熹以"信实之貌"改王肃"温恭之貌"释"恂恂",还充分考虑了文意的贯通。据《朱子语类》载,弟子言:"'孔子于乡党,恂恂如也,似不能言者。'或有大是非利害,似不可不说。所谓'似不能言者',恐但当以卑逊为主,所以说'似不能言'?"朱熹答曰:"不是全不说,但较之宗庙、朝廷,为不敢多说耳。"[17] 即朱熹认为"其在宗庙、朝廷,便便言",表现了孔子和诸侯臣僚相处时的"善于辞辩",而"恂恂"则表现孔子在乡党面前的谨慎恭信之态。

(二) 完善旧注的释义信息

1. 在旧注中嵌入释义要素

嵌入释义要素,指朱熹在旧注中添加释义要素,与之共同组成一个训释单位,对词义进行更加细致的训释。

(3) 君在,踧踖如也,与与如也。(《乡党》)

《集解》引马注:踧踖,恭敬之貌。

《集注》:踧踖,恭敬不宁之貌。

踧,《说文·足部》:"行平易也。"踖,《说文·足部》:"长胫行也。"[18] 二者在《广韵》分属"屋""昔"二韵,分别释为:"踧踖行而谨敬。""踧踖,敬皃。"[19] 皆近同《集解》马注。"踧""踖"组成联绵词,《广雅·释训》:"踧踖,畏敬也。"[20]《仪礼·大射》"司正升宾。宾诸公卿大夫皆说屦,升就席。公以宾及卿大夫皆坐,乃安",郑玄注:"曏命以我安臣于君,尚犹踧踖,至此乃敢安。"[21]《礼记·燕义》"君独升立席上,西面特立,莫敢适之义也",郑玄注:"定位者为其始,入,踧踖揖而安定也。"[22] 合观郑注中的"踧踖",是"恭敬"中有"不安"。又如,《晋书·王敦》"臣窃所自忧虑未详,所由惶愧踧踖,情如灰土"[23] 以及韩愈《答殷侍御书》"每逢学士真儒叹息,踧踖愧生于中,颜变于外,不复自比于人"[24] 等句中,"踧踖"实为"不安"义。朱熹以"恭敬不宁之貌"释"踧踖",准确描述了孔子面对君主时的恭敬局促感。

(4) 子张书诸绅。(《卫灵公》)

《集解》引孔注:绅,大带。

《集注》:绅,大带之垂者。

绅，《说文·糸部》："大带也。"《集解》引孔注同《说文》，段玉裁注："古有革带以系佩韨，而后加之大带，绅则大带之垂者也，……许但云大带，亦是浑言，不析言，盖许意以革带统于大带，以带之垂者统于带，立言不分别也。"[25]朱熹以"大带之垂者"释"绅"，释义更加精准。

2. 在旧注后补充文意信息

补充文意信息，指朱熹在旧注后添加释义信息，以贯通文意。

（5）仪封人请见。……出曰："二三子，何患于丧乎？天下之无道也久矣，天将以夫子为木铎。"（《八佾》）

《集解》：封人，官名。《集解》又引孔注：木铎，施政教时所振也。

《义疏》：木铎，金铃木舌，施政教时所振也。

《集注》：封人，掌封疆之官，盖贤而隐于下位者也。木铎，金口木舌，施政教时所振，以警众者也。

《集解》引孔注"施政教时所振也"是从用途训释"木铎"。《义疏》在孔注的基础上补说"木铎"的形态特征"金铃木舌"，《集注》在此二注的基础上，补充解说"木铎"的价值功能在于"以警众者"，以揭示原文中仪封人将孔子喻为无道乱世中的"木铎"的用意。此外，《集解》仅以"官名"训释"封人"。封，《说文·土部》："爵诸侯之土也。"段玉裁注："引申为凡畛域之称。大司徒，注曰：'封，起土界也。'封人，注曰：'聚土曰封，谓壝埒壏及小封疆也。'"[26]朱熹以"掌封疆之官"释"封人"，并根据文意，补充"盖贤而隐于下位者也"说明其身份。

（6）子谓仲弓曰："犁牛之子骍且角，虽欲勿用，山川其舍诸？"（《雍也》）

《集解》：骍，赤也。

《集注》：骍，赤色。周人尚赤，牲用骍。

《说文》未收"骍"。《诗·小雅·信南山》"祭以清酒，从以骍牡，享于祖考"，毛传："周尚赤也"，孔颖达正义："牧人以周尚赤，故郊庙用骍为阳，以相对其实。"[27]《周礼·地官·牧人》"凡阳祀用骍牲毛之，阴祀用黝牲毛之"，郑玄注："骍，牲赤色，毛之，取纯毛也"，贾公彦正义："骍牲，知是赤色者……《檀弓》云：'周人牲用骍，周尚赤'，而云用骍，故知骍是赤也。"[28]仲弓（冉雍）的父亲出身卑微且品行不端，但是冉雍却很有修养，朱熹补充此释义信息以对应文意，说明孔子对仲弓的鼓励和肯定。

二、训释形式的格式化

朱熹改动的部分训释，训释形式更加格式化，训释的规范性和统一性优于旧注，主要表现为两方面：一是注释术语的使用更具体系性；二是词头的提取更科学规范。

（一）注释术语的使用更具体系性

1. 以"X，Y（之）貌"训释形容词

早在《诗》毛传中，形容词已采用"X，Y（之）貌"进行训释，可在释义的同时标注词性。朱熹以此训释术语更改旧注中的形容词的训释，使注释形式更加体系化。

(7) 巍巍乎！其有成功也；焕乎，其有文章！（《泰伯》）

《集解》：焕，明也。

《集注》：焕，光明之貌。

朱熹以"光明之貌"和何晏以"明也"释"焕"，训释的词义内涵并无差别。但朱注采用"X，Y（之）貌"可以标示句中的"焕"为形容词，和其对应位置上的重叠词"巍巍"词性相同。

此外，对于前人《论语》注中未注释的形容词（短语），如"X尔""X如"等结构中的形容词，朱熹也是以"……（之）貌"进行注释。

(8) 欲罢不能，既竭吾才，如有所立卓尔。（《子罕》）

《集注》：卓，立貌。

(9) 衣前后，襜如也。（《乡党》）

《集注》：襜，整貌。

2. 以"A曰B，C曰D"辨别同义词差异

"A曰B"是训释内容在前，被训释词在后的一种训释术语，在汉代经注以及小学著作中很常见。《尔雅》训释同义词，多用"A、B、C、D，……，M也"的训释格式；《释名》多用"A曰B，B，C也（……）"；《方言》多用"A，B也，X曰Y，M曰N，……"来辨别因地域造成的文字（词汇）使用差异。朱熹以"A曰B，C曰D"术语来辨别同义词差异，具体有以下三种表现：

第一，如果旧注中"A曰B"不辨别同义词，《集注》改为"A，B也"格式。

(10) 子贡欲去告朔之饩羊。（《八佾》）

《集解》引郑注：牲生曰饩。

《集注》：饩，生牲也。

(11) 丈人曰："四体不勤，五谷不分，孰为夫子？"植其杖而芸。（《微子》）

《集解》：除草曰芸。

《集注》：芸，去草也。

第二，旧注使用"A曰B，C曰D"辨别同义词，若《集注》若只截取一部分，则改为"A，B也"格式。

(12) 子曰："道不行，乘桴浮于海。从我者其由与？"(《公冶长》)
《集解》引马注：桴，编竹木大者曰筏，小者曰桴。
《集注》：桴，筏也。

第三，在旧注"A曰（为）B"的基础上，《集注》补充"C曰D"，以完整的"A曰B，C曰D"辨别同义词。

(13) 食饐而餲，鱼馁而肉败，不食。(《乡党》)
《集解》：鱼败曰馁。
《集注》：鱼烂曰馁，肉腐曰败。
(14) 既而曰："……莫己知也，斯已而已矣。深则厉，浅则揭。"(《宪问》)
《集解》引包注：以衣涉水为厉。
《集注》：以衣涉水曰厉，摄衣涉水曰揭。

此外，对于旧注未训释的同义词，如《乡党》"食不语，寝不言"和《子张》"他人之贤者，丘陵也，犹可逾也"，《集注》分别训释为"答述曰语，自言曰言"和"土高曰丘，大阜曰陵"，严格使用"A曰B，C曰D"来辨别词义的差异。

（二）词头的提取更科学规范

注释词头的提取，反映了注释者对语言单位的理解和认知。朱熹修正旧注中的训释词头，选择的注释对象更加合理。

(15) 君召使摈，色勃如也，足躩如也。(《乡党》)
《集解》引孔注："勃如，必变色也。"引包注："足躩，盘辟貌。"
《集注》：勃，变色貌。躩，盘辟貌。

《集解》分别引孔注和包注以"勃如""足躩"为词头，对其进行训释。从构词法角度言，"勃如"是"X如"式的具有形容性的短语，可以作为词头进行整体训释；"躩如"和"勃如"结构相同，则"足躩"不宜作为词头被提取注释。朱熹以"盘辟貌"释"躩"，训释内容同《集解》引包注，但注释词头的提前更加合理科学。以"勃，变色貌"改《集解》引孔注"勃如，必变色也"，训释内容相同，但以"X，Y（之）貌"术语标示其为形容词，保持了形容词训释的体系性。此外，以"勃"为训释词头，也和同结构的下句以"躩"为词头相对应一致，训释格式上更加和谐统一。

三、训释传意的明晰化

以词释词的直训，是经注中经常采用的训释方式，但由于单音被释词的多义性及词汇历时发展等因素，导致旧注的一些训释在后世传意不明，甚至晦涩难懂。有鉴于此，朱熹对一些训释进行了改进，使其传意更加明晰通明，主要表现在两个方面：一是因单音词的多义性，朱熹改单音或嵌入式双音训释词为非嵌入式双音训释词；二是因词汇语义的历时发展，朱熹改以时语或常语进行训释。

（一）改单音或嵌入式双音训释词为非嵌入式双音训释词

1. 改单音训释词为非嵌入式双音训释词

训释词和被训释词皆为单音词，其传意效果会因二者的双重多义性受到影响，导致传意不明，甚至引发理解混乱。因此，朱熹多以两个语素共同分担语义的双音节词代替旧注中的多义单音词作为训释词，以提升传意效果。

（16）邦无道，危行言孙。（《宪问》）
《集解》：孙，顺也。
《集注》：孙，卑顺也。

《说文》并收"孙"和"逊"，分别释为："子之子曰孙。"和"遁也。"[29]《音义》以"音逊"为本句的"孙"注音，《集注》以"去声"为其注音，也是认为此处的"孙"为"逊"。《增韵》将"愿"韵下的"逊"释为："遁也，亦作'孙'，又顺也，辞避也，谦恭也，亦作'愻'。"[30]皇侃《义疏》此句即作"邦无道，危行言逊。"何注以单音词"顺"训释"孙"，具有多义性，"顺"有"顺从""依照""安适"等多个义项，"顺从"义项根据语境，还有"和顺""曲顺""谦顺"等之别。朱熹改以双音节复合词"卑顺"释义，以"卑"和"顺"共同承担"孙（逊）"的语义，传意更加清晰。

2. 改嵌入式双音训释词为非嵌入式双音训释词

双音词通过两个语素承担意义，是词义精确化表达的重要手段。但是，嵌入式双音词以自身为释义要素，本质还是单音词训释单音词。为了加强训释传意，朱熹以两个不同语素组成非嵌入式双音词代替旧注的嵌入式双音词进行训释。

（17）恶果敢而窒者。（《阳货》）
《集解》引马注：窒，窒塞也。
《集注》：窒，不通也。

窒，《说文·穴部》："塞也。"[31]《诗·豳风·七月》"穹窒熏鼠，塞向墐户"，毛传："窒，塞也。"[32]"窒塞"作为同义复合词，早在西汉已经见于文献，如《淮南子·要略》："通行贯扃万物之窒塞者也。"[33]在经注中，以"窒塞"和"不通"释"窒"，皆有训诂依据，如《汉书·扬雄传》"窒隙蹈瑕而无所诎也"，颜师古注："窒，窒塞也。"[34]《吕氏春秋·尽数》"处鼻则为鼽为窒"，高诱注："窒，不通。"[35]朱熹选择以"不通"训释"窒"，传意更易于理解。

（18）狂而不直，侗而不愿，悾悾而不信，吾不知之矣。（《泰伯》）
《义疏》：愿，谨愿也。

《音义》引郑注：愿，善也。
《集注》：愿，谨厚也。

愿，《说文·心部》："谨也。"[36]《集解》并未直接以"愿"作为词头进行训释，而是引孔注训释句义为"侗，未成器之人，宜谨愿也"，以"谨愿"释"愿"，皇疏、邢疏同之。《音义》引郑注以"善"释"愿"，刘宝楠正义："郑注云'愿，善也。'《广雅·释诂》同，凡人悫谨，则为善也。"[37]但是，无论以"谨愿"还是以"善"解释"愿"，句义仍显晦涩。根据句子结构，"愿"和"侗"的语义关系当如前句中的"狂"和"直"、"悾悾"和"信"，前者和后者在语义是包蕴关系。侗，《说文·人部》："大皃。"段玉裁注："此义未见其证，然同义近'大'，则'侗'得为大皃矣。《论语》'侗而不愿'，孔注曰：'侗，未成器之人。'按：此'大'义之引伸，犹言浑沌未凿也。"[38]戴侗《六书故》在"侗"下云："未有知皃也。"并引《庄子·山木篇》："侗乎其无识"为证。[39]朱熹以"谨厚"释"愿"，解释孔子描述的是那种懵懂未知但却不朴厚的人。

（二）改以时语或常语进行训释

(19) 晨门曰："奚自？"子路曰："自孔氏。"曰："是知其不可而为之者与？"（《宪问》）
《集解》：晨门者，阍人也。
《集注》：晨门，掌晨启门，盖贤人隐于抱关者也。

阍，《说文·门部》："常以昏闭门隶也。"[40]《周礼·天官冢宰》"阍人，王宫每门四人，囿游亦如之"，郑玄注："阍人，司昏晨以启闭者，刑人墨者使守门。"[41]即"掌管城门开关"的人在上古时期被称为"阍人"。但是，以"阍人"作为训释词，随着汉语语义历时发展，导致释义晦涩，朱熹改以更通俗的释义"掌晨启门"，还根据文意补充其为"盖贤人隐于抱关者也"，对其身份进行说明。

(20) 子夏曰："百工居肆以成其事，君子学以致其道。"（《子张》）
《义疏》：居肆者，其居常处所作物器之处也。
《集注》：肆，谓官府造作之处。

何晏《集解》未把"肆"作为注释对象，引包注释句义为："言百工处其肆则事成。"皇侃《义疏》以"居肆"为训释对象。因为表达"作坊、店铺"概念的常用词出现了古今更替：先秦时期，"肆"是表示"店铺、作坊"义的主要用词，约六朝时期，"店"出现并逐渐取代"肆"，唐代及其后，"店"的使用范围进一步扩大，出现"铺""行""坊"等相关概念[42]。这样就导致旧注中意义明确的词，在后代会成为新的疑难点，"肆"即是如此。西汉桓宽《盐铁论·通有》篇："故工商梓匠，邦国之用器械之备也，自古有之，非独于此。弦高饭牛于周，五羖赁车入秦，公输子以规矩，欧冶以镕铸,《语》曰：'百工居肆以成其事',农商交易,以利本末。"[43] "肆"当指官府负责运营、管理的作坊。为了避免前人《论语》经注释义的不清楚,朱熹承接并优化《义疏》的训释,新增"肆"作为训释对象。

此外,如果旧注中因为词的历时更替导致训释晦涩,朱熹也会改以当时的常用词,如：

(21) 樊迟请学稼,子曰："吾不如老农。"请学为圃,曰："吾不如老圃。"(《子路》)

《集解》引马注：树五谷曰稼,树菜蔬曰圃。

《集注》：种五谷曰稼,种蔬菜曰圃。

树,《说文·木部》："生植之总名。"[44]从文献使用看,其作动词早于名词,由动词"栽种、种植"义引申为栽种对象,并作为名词而固化下来[45]。《说文·禾部》分别以"埶也"和"先穜后孰也"释"穜""种"二字,段玉裁在"穜"下云："隶书互易之,……种者以谷播于土,因之名谷可种者曰种,凡物可种者皆曰种。"[46]"种"最初是名词,动词用法指把种子播到地里,因其经常和"播种"对象联合使用,逐渐发展为"种植"概念的常用词。皇侃《义疏》："稼者,种谷之名,樊迟请于孔子求学种五谷之术也。……请学为圃者,圃者,种菜之事也……"训释时已用"种"代替"树"。朱熹承之,并采用"A曰B,C曰D"格式辨别同义词差异,加强训释的格式化和系统性。

结语

从《论语集注》的字词训释来看,朱熹在继承前人《论语》经注训释的基础上进行了优化和改进：就训释内容言,朱注纠正了一些错误的旧注以及在旧注的基础上添加释义要素或信息,使释义更加精确。就训释形式言,朱注以"X,Y(之)貌"术语注释形容词、以"A曰B,C曰D"术语辨别同义词差异,训释术语成体系地使用,使经注形式更加规范和统一；其对部分词头的修正,使注释对象更加合理。就训释效果言,因被释词的多义性、词汇的历时发展等因素导致的释义不明晰,朱注或改以传意更明晰的非嵌入双音词作为训释词,或改以时语或当时的常用词,提升了传意效果。

总体而言,朱熹的注释简略朴实,其对旧注的优化和推进,是对训诂"以语言解释语言"之旨进行的实践,是训诂"后出转精"的重要表现。在宋代"经学变古"思潮下,朱熹继承、优化和推进旧注,对训诂在学术史上的持续发展具有传承和续接意义。

* 本文系第66批中国博士科学基金资助项目【2019M662686】、华中师范大学中央高校基本科研业务费【CCNU20XJ038】的阶段性成果。

注释：

[1] (清)戴震：《与某书》，《戴震集》，上海：上海古籍出版社，2009年，第187页。
[2] (南宋)朱熹：《语孟集义序》，《朱子全书》，上海：上海古籍出版社；合肥：安徽教育出版社，2002年，第3631页。
[3] (南宋)朱熹：《答敬夫孟子说疑义》，《朱子全书》，上海：上海古籍出版社；合肥：安徽教育出版社，2002年，第1352页。
[4] (南宋)黎靖德：《朱子语类》，北京：中华书局，1986年，第1812页。
[5] (东汉)许慎：《说文解字》，北京：中华书局，1963年，第310页。
[6] (清)段玉裁：《说文解字注》，上海：上海古籍出版社，1981年，第331页。
[7] (唐)颜师古：《匡谬正俗》，上海：商务印书馆，1937年，第31页。
[8] (清)冯登府：《论语异文考证》，《丛书集成续编(第36册)》，1989年，台北：新文丰出版公司，第360页。
[9] 程树德：《论语集释》，北京：中华书局，2014年，第602页。
[10] 杨伯峻：《论语译注》，北京：中华书局，1980年，第71页。
[11] 钱穆：《论语新解》，北京：生活·读书·新知三联书店，2002年，第162页。
[12] 杨逢彬：《论语新注新译》：北京：北京大学出版社，2016年，第137页。
[13] (清)桂馥：《说文解字义证》：北京：中华书局，1987年，第902页。
[14] (东汉)班固著，(唐)颜师古注：《汉书》，北京：中华书局，1962年，第3307页。
[15] (北宋)陈彭年，等：《玉篇》，《小学名著六种》，北京：中华书局，1998年，第121页。
[16] (南宋)毛晃，毛居正：《增修互助礼部韵略》，《景印文渊阁四库全书(第237册)》，台北：台湾商务印书馆，1983年，第373页。
[17] (南宋)黎靖德：《朱子语类》，北京：中华书局，1986年，第998页。
[18] (东汉)许慎：《说文解字》，北京：中华书局，1963年，第46页。
[19] (北宋)陈彭年，等：《广韵》，《小学名著六种》，北京：中华书局，1998年，第117、132页。
[20] (清)王念孙：《广雅疏证》，《小学名著六种》，北京：中华书局，1998年，第134页。
[21] (唐)贾公彦：《仪礼注疏》，《十三经注疏》，上海：上海古籍出版社，1997年，第1042页。
[22] (唐)孔颖达：《礼记注疏》，《十三经注疏》，上海：上海古籍出版社，1997年，第1690页。
[23] (唐)房玄龄，等：《晋书》，《二十六史》，北京：大众文艺出版社，1999年，第1287页。
[24] (唐)韩愈：《昌黎先生集》，《唐宋八大家全集》，广州：新世纪出版社，1997年，第210页。
[25] (清)段玉裁：《说文解字注》，上海：上海古籍出版社，1981年，第653页。
[26] (清)段玉裁：《说文解字注》，上海：上海古籍出版社，1981年，第688页。
[27] (唐)孔颖达：《毛诗正义》，《十三经注疏》，上海：上海古籍出版社，1997年，第471页。
[28] (唐)贾公彦：《周礼注疏》，《十三经注疏》，上海：上海古籍出版社，1997年，第723页。
[29] (东汉)许慎：《说文解字》，北京：中华书局，1963年，第270、40页。
[30] (南宋)毛晃，毛居正：《增修互助礼部韵略》，《景印文渊阁四库全书(第237册)》，台北：台湾商务印书馆，1983年，第513页。
[31] (东汉)许慎：《说文解字》，北京：中华书局，1963年，第153页。
[32] (唐)孔颖达：《毛诗正义》，《十三经注疏》，上海：上海古籍出版社，1997年，第391页。
[33] (西汉)刘安：《淮南子》，《国学典藏》，上海：上海古籍出版社，2016年，第531页。
[34] (东汉)班固著，(唐)颜师古注：《汉书》，北京：中华书局，1962年，第3571页。
[35] (秦)吕不韦编，(东汉)高诱注：《吕氏春秋》，《中华再造善本》。
[36] (东汉)许慎：《说文解字》，北京：中华书局，1963年，第217页。

[37] (清)刘宝楠:《论语正义》,北京:中华书局,1990年,第306页。
[38] (清)段玉裁:《说文解字注》,上海:上海古籍出版社,1981年,第369页。
[39] (南宋)戴侗:《六书故》,北京:中华书局,2012年,第164页。
[40] (东汉)许慎:《说文解字》,北京:中华书局,1963年,第249页。
[41] (唐)贾公彦:《周礼注疏》,《十三经注疏》,上海:上海古籍出版社,1997年,第642页。
[42] 殷晓杰,胡寻儿:《汉语"店铺"义词的历时演变及相关问题研究》,《古汉语研究》2021年第1期,第48～62页。
[43] (西汉)桓宽:《盐铁论》,上海:上海人民出版社,1974年,第8页。
[44] (东汉)许慎:《说文解字》,北京:中华书局,1963年,第118页。
[45] 汪维辉:《东汉—隋常用词演变研究》,北京:商务印书馆,2017年,第84～91页。
[46] (清)段玉裁:《说文解字注》,上海:上海古籍出版社,1981年,第321页。

再论"月亮"的词汇化

班 曼

(华中师范大学语言与语言教育研究中心,湖北武汉,430079)

内容摘要:"月亮"的成词问题学界有三种观点:董秀芳、蒋绍愚、汪维辉等认为是由主谓结构演变而来,谭代龙认为是由定中结构演变而来,谢永芳认为是新造的一个词来分化"月"的语义。文章通过对"月亮地儿""月光"的使用情况进行考察,并辅以跨语言的例证,从共时与历时两个角度考察了"月亮"的词汇化过程,指出"月亮"是由定中结构通过转喻演变而来,不是由主谓结构演变而来的。

关键词:月亮;月亮地儿;月光;词汇化

《汉语大词典》(第2版)中,"月亮"的解释如下:

【月亮】月球的通称。通常指其明亮的部分,故称。语出唐李益《奉酬崔员外副使携琴宿使院见示》诗:"庭木已衰空月亮,城砧自急对霜繁。"清李光庭《乡言解颐·月》:"月者,太阴之精。然举世乡言无谓太阴者,通谓之月亮。唐李益诗以'繁'对'亮',言其光也。相习不察,遂若成月之名矣。或曰月儿。"[1]

然而后代学者对上引李光庭的解释并不认可,我们也认为一首诗不足以直接促成一个词的词汇化。关于"月亮"的成词问题,当代也有一些学者做过探讨,但观点不一。归纳起来,主要有三种观点:

观点一:认为"月亮"一词由主谓结构演变而来。

持这种观点的学者主要有董秀芳、蒋绍愚、汪维辉三位学者。董秀芳的论述相对简略,所举用例较少。她认为:月球义的"月亮"是由主谓短语"月亮"词汇化而来,词汇化之后,"亮"的语义便脱落了[2]。蒋绍愚的探讨最为详细,他把"月亮"的演变过程划分为三个阶段:明代之前,用例很少,彼时"月亮"不是一个词而是一个主谓短语,"月"是主语,"亮"是谓语;明代,"月亮"的用例依然不多见,依然是主谓短语;清代,"月亮"的用例大量出现,此时,"月亮"已经发展成为一个词,表月球义[3]。蒋绍愚认为"月亮"词汇化的动因、机制主要有三个:第一,句法位置的变化。"月亮"由主谓短语发展成一个词语,有一个非常重要的中间环节,即作定语。第二,类推。"月亮+处所词(处/里/地里)"这种组合受到"太阳+处所词"的类推影响。第三,汉语复音化的趋势。汉语词汇发展双音化的大趋势要求双音节词"太阳"有一个相应的双音节词和它相对,于是"月亮"就代替了"月",成为一个常用词。与此同时,"亮"的意义也就消失了[4]。汪维辉认同蒋绍愚的观点,即"月亮"一词来源于主谓结构,但有两处与蒋文观点不同:其一,汪文认为"月亮"最迟产生于明代晚期,不是蒋文所认为的清代;其二,汪文认为"月亮+处所词(处/里/地里)"中的"月亮"已是一个词,类似于"太阳地里"中的"太阳",而非蒋文所认为的是位于定语位置的主谓短语[5]。

观点二:认为"月亮"由定中结构演变而来。

持该观点的主要是谭代龙。谭代龙主要讨论了两个问题:第一,解释了明代以前主谓结构的"月亮"很少用的原因,这是因为在明代之前,主要是用"月明"来表达这一意义;第二,认为今天的"月亮"一词与唐宋时期出现的主谓结构的"月亮"并无直接关系,而是从明代出现的定中结构"月亮"而来[6]。

谭代龙指出定中结构"月亮"中的"亮"是指"光"的意思。"亮"的这个光线义产生于明代中后期并一直沿用至今[7]。例如:

(1) 这胡秀只见板壁缝儿透过灯亮儿来,只道西门庆去了,韩道国在房中宿歇,暗暗用头上簪子取下来,刺破板缝中糊的纸,往那边张看。(明《金瓶梅》)

(2) 踢起灯亮,点着烛台,刚掀起帘子,瞥见有个人影出去。(清《花月痕》)

(3) 正盼望,只见那女子同了那妇人拿着个火亮儿,从夹道子里领了一个人来,望着他母女说道:"你娘儿们且见见这个人再讲。"(清《儿女英雄传》)

上面例(1)中的"灯亮儿"还是指"灯发出的光线",而例(2)、例(3)中的"灯亮""火亮儿"则是指发光体。"月亮"与"灯亮""火亮儿"的演变过程相同,都是由"发光体发出的光线"到"发光体"。

观点三:受汉语词汇的双音化影响,新造一个词来分化"月"的语义。

持此观点的主要是谢永芳。谢永芳认为"月亮"这种双音单位明确地是顺应汉语词汇双音化的发展大势,用来分化"月"不太常用的月球义而出现的新的能指形式,具体用"月+单音明亮义语素"形式来分化"月"的月球义。如"月明""月亮"等[8]。

以上三种观点,我们认为谢永芳的观点难以成立。月球义也是"月"的常用义,在古代,"月"与人们的生活、生产密不可分,如果一个词正在被高频使用,一般不会直接新造一个词来替代它。另外两种观点似乎都有一定的道理,需要进一步辨察。

邢福义提出语法研究的"普-方-古"大三角理论,即研究现代汉语共同语语法,为了深化对语法事实的认识,有时可以"普"为基角,撑开"方"角和"古"角,形成语法事实验证的一个"大三角"[9]。董秀芳也指出从共时与历时两角度同时进行考察对认清某些语言现象的必要性,语言的变化机制与过程大多是古今相通的,"察古可以知今,以今也可以证古",在研究中将共时考察的结论与历时调查的结果相互参照,是一条很重要的研究途径[10]。因此,我们对"月亮"词汇化过程的探究也应把普通话与方言、共时与历时结合起来。

"月亮"在方言中的名称繁多,《汉语方言解释地图》将各种词形分为八大类:"月"系、"月亮"系、"亮月"系、"月光"系、"月明"系、"亲属称谓"系、"太阴"系及其他。第一类"月"系又包括三小类:"月"类、"月儿"类、"月+后置成分"类[11]。本文选取其中的"月亮地儿"和"月光"作为主要考察对象,此二词跟"月亮"一样都是以"月"为开头语素,历史上都经历了词汇化的过程,"月亮地儿"在北方使用较多,"月光"在南方使用较多。本文拟通过考察"月亮地儿""月光"历时的语义演变过程以及共时的方言使用情况,再结合其他语言中的用例,从侧面来论证"月亮"的词汇化过程。

一、"月亮地儿"的使用情况考察

根据李荣主编的《现代汉语方言大词典》[12]以及曹志耘主编的《汉语方言地图集》[13],"月亮地儿"有三个义项:①月亮照着的地方;②月光;③月亮。

(一)"月亮地儿"的历时使用情况

"月亮地儿"在明代已出现用例,语义为"月亮照着的地方"。由于"北京话儿化韵儿化作用的完成,很可能是近一百多年的事"[14],因此"月亮地儿"在明清时期一般写作"月亮地",并且在使用时后常加方位词"里",表示"月亮照着的地方里边"。用例如下:

(4)分付了,两个月亮地里,走到小巷内。(明《金瓶梅》)

(5)只见月亮地里,原是春梅打灯笼,落后叫了来安儿小厮打着,和李瓶儿后边跟着,搭着盖头,穿着红衣服进来。(明《金瓶梅》)

(6)不想秋菊在后边厨下,睡到半夜里起来净手,见房门倒扣着,推不开。于是伸手出来,拔开了吊儿,大月亮地里,蹑足潜踪,走到前房窗下。(明《金瓶梅》)

蒋绍愚认为,上述三例中的"月亮地里"都是指"月色明亮的地方、有月光的地方","月亮"合在一起作定语,"月"和"亮"凝固得比较紧了[15]。而汪维辉认为上述三例中的"月亮"已是一个词[16]。我们同意汪维辉的观点,"月亮"在上述三例中是一个词而不是短语,例(6)中"大月亮地里"中的"大月亮"可以支持我们的观点,这一短语应分析为"大+月亮",而不能分析为"大月+亮",因为未检索到"大"直接修饰"月"(月球义)的用例,在古代,"大月"指有三十天的月份。由此,我们认为三例中的"月亮地里"都是"月亮照着的地方里面","月亮地"指地方,"里"是附着在其后的方位词。

"月亮地"至清代出现表"月光"的用例,在使用时后常加方位词"下",用例如下：

(7) 那东西抖擞身上的毛，发起威来，回头一望，望见月亮地下照着树枝头上有个人，就狠命的往树枝上一扑。(清《儒林外史》)

(8) 好似月亮地下挂灯笼一般。(清《梨园集成·珠沙》)

上述两例中的"月亮地"，我们认为是义项②"月光"。首先，因为"月亮地"后方位词"下"可以表明"月亮地"不再表示"地方"；其次，古代汉语中，"月亮"加"下"的用例非常少，而"月光"加"下"的用例比较多，因此"月亮地下"中的"月亮地"，我们认为应是"月光"不是"月亮"。

"月亮地"至民国出现表"月亮"的用例，如下：

(9) 打破庙里头出来，大月亮地儿一直往西，脚底下攒劲，"沙沙沙"直奔耿家庄。(民国《雍正剑侠图》)

上例中，"月亮地"已经出现儿化韵，变成"月亮地儿"。此例中，由"月亮地儿一直往西"这一运动变化可知，这里的"月亮地儿"既不是指"地方"也不是指"月光"，而是指"月亮"。

(二)"月亮地儿"的共时使用情况

现代汉语里，"月亮地儿"是一个方言词语。《现代汉语方言大词典》对"月亮地儿"的释义为"月亮照到的地方"，标注的使用区域有"哈尔滨、济南、洛阳"[17]，但未标注出"月亮地儿"表"月光"和"月亮"的用法。《汉语方言地图集》标注了"月亮地儿"表"月亮"的使用区域，为河北晋州以及山东无棣[18]。

对"月亮地儿"一词的使用范围，我们进行了广泛的问卷调查和访谈，并结合相关方言词典、地方志，最终确定其使用区域为黑龙江、吉林、辽宁、河北、河南、山东、江苏、安徽等省的部分地区。"月亮地儿"的三个义项各有其使用范围。

义项①"月亮照着的地方"使用范围最广，包括黑龙江、河北、河南、山东、江苏、安徽等省的部分地区（详见文末附录1）。具体用例如下：

(10) 更让人激动的是低下头竟看到了久违的"月亮地儿"，那是月光送给人们的礼物。(山东济宁，清清苦丁《月亮地儿》)

(11) 走月亮地儿里，能看清。(江苏徐州，来自访谈语料)

(12) 夜深了，"黄巴巴"的月光照在农家小院里，透过茅草房的木窗，使男女主人安歇的小屋子里的地面也成了"月亮地儿"。(河南汝州，姬长和《永远的"月亮地儿"》)

上例中，例(10)低下头看到的"月亮地儿"是"地方"；例(11)是走路的场所，肯定是"地方"，不可能是"月光"或"月亮"；例(12)已经直接说明小屋子里的地面也成了"月亮地儿"。

"月亮地儿"的义项②为"月光",该义项的使用范围比义项①要小一些,包括黑龙江、河北、河南、山东、安徽等省的部分地区(详见文末附录2)。具体用例如下:

(13) 小时候,长辈们常说的"大月亮地儿"的生态照明,如今被璀璨的灯光取代了。(黑龙江密山,风雨度关山《无眠之夜的杂谈》)

(14) 住腻了高楼大厦,看烦了灯火璀璨,开始怀念儿时的岁月,怀念那笼罩着一片片低矮老屋的月亮地儿。(河北邢台,张志刚《月亮地儿》)

(15) 今儿个月亮地儿好嘞很。(河南夏邑,来自访谈语料)

(16) 喝罢汤我们就在月亮地儿底下跑着玩。(安徽宿州,来自访谈语料)

上例中,例(13)中的"大月亮地儿"对应后面的"灯光",因此应为"月光",访谈调查也证明了这一观点;例(14)只有"月光"能笼罩一片片老屋;例(15)说"月亮地儿"好,一般说"月光"好,人们才能在夜里看清物体,"地方"和"月亮"无所谓好坏;例(16)"月亮地儿"底下,意思就是"月光下",所以,此例中"月亮地儿"是指"月光"。

"月亮地儿"的义项③为"月亮",该义项的使用区域最小,包括河北、河南、山东、安徽等省的部分地区(详见文末附录3)。具体用例如下:

(17) 我们管月亮叫月亮地儿,有童谣云:"月亮地儿明晃晃,开开大门洗衣裳。"(河北平乡,刘江滨《秋天的月》)

(18) 月亮,老家人是把它叫做"月亮地儿"的,谁人祖家首创,不得而知,他们就是喜欢"月亮地儿,月亮地儿"地叫,像唤自己的小儿郎。(河北邢台,一杯咖啡《月亮地儿》)

(19) 月亮地儿又出来连,比刚才还明快。(山东滨州,马孝光《看月亮地儿》)

上例中,例(17)和(18)都直接说明了"月亮地儿"就是指"月亮";例(19)中"月亮地儿"出来了,肯定是"月亮"出来了。

二、"月光"的使用情况考察

(一)"月光"的历时使用情况

"月光"在古汉语中,有三个义项:①月明亮;②月亮之光;③月亮。

"月光"表"月明亮"这一义项在西汉就已出现,但无论是汉代还是往后的用例都非常少,并且一般都是"日月"连用。

(20) 以目之无见,耳之无闻,穿隙穴,见雨零,则快然而叹之,况开户发牖,从冥冥见炤炤乎!从冥冥见炤炤,犹尚肆然而喜,又况出室坐堂,见日月光

乎！(西汉《淮南子》)

(21) 德至天则斗极明，日月光，甘露降……(东汉《白虎通义》)

(22) 扣齿风雷响，挑灯日月光。(《杂歌谣辞·步虚词》)

例(20)中的"日月光"我们认为意思是"日月明亮"，由此句中的"雨零"及"炤炤"可以推知。例(21)和例(22)的"日月光"由"甘露降""风雷响"的结构可以推知也是"日月明亮"。

"月光"表"月亮之光"这一义项最早见于东汉，东汉往后用例较多。下面四个例句，根据前后语境都比较容易推知其中的"月光"为"月亮之光"。

(23) 日在上，月在日下，障于日，月光掩日光，故谓之食也(东汉《论衡》)

(24) 晦，月尽之名也，晦，灰也，火死为灰，月光尽似之也。(东汉《释名》)

(25) 眉间白毫，其白如雪，其色照曜，亦如月光。(唐代《梁书》)

(26) 只得教王吉挑了行李，自跳上马，月光之下，依路径而行。(明代《喻世明言》)

"月光"指代"月亮"的用例最早见于南朝，往后用例也较常见。

(27) 良人在何处，惟见月光还。(南朝《玉台新咏·和王舍人送客未还闺中有望》)

(28) 单言柏小姐叹了一口气，见侯登已去，夜静更深，月光西坠。(元末明初《粉妆楼》)

(29) 到次晚，见月光已圆，又走到树边看月，又听得响，他便躲在树后黑处偷看。(明《明珠缘》)

(30) 走至窗前，朝外一看月光，说："此刻不过亥正，恐怕桑家姊妹还没有睡呢，去请一请看。"(清《老残游记》)

例(27)(28)(29)中，由"月光还""月光西坠""月光已圆"可知此三例中的"月光"都是表示"月亮"，例(30)根据"月光"的位置来推测时间，可知此例中"月光"同样表示"月亮"。

(二)"月光"的共时使用情况

"月光"在现代汉语普通话中指"月亮之光"，但在一些汉语方言中除了这一义项，还可以表示"月亮"。

《现代汉语方言大词典》所标注的"月光"表示"月亮之光"的使用区域有"上海、宁波、广州"[19]。实际上，经过调查，我们发现"月光"可以表示"月亮之光"的使用范围非常广，基本上在称"月亮"为"月光"的方言地区，"月光"都同时可

表"月亮之光"。随着推普工作的深入开展,"月光"表示"月亮之光"的使用区域还在进一步扩大。这一义项的用例如下:

(31) 月光照烂泥,晴不到天明。(江西萍乡,来自《现代汉语方言大词典》)
(32) 今晚好好月光呀。(广东广州,来自《现代汉语方言大词典》)
(33) 月光照在柳树上,落下片片残影。(湖南衡阳,来自访谈语料)
(34) 阿宝说,车子一拐弯,轮胎爆了三个,司机只能换两条备胎,带了我走上坡顶,远看月亮下面,隐约有一群衣衫褴褛的男人,像是坐地休息,吃饭,月光发黄,头发是金的。(上海,金宇澄《繁花》)

"月光"表示"月亮"的使用区域主要集中在广东、江西、湖南的大部分地区以及广西、福建、浙江等省的部分地区。

下面我们来分别看一下"月光"表"月亮"主要区域的用例。广东地区"月光"表"月亮"的用例如:

(35) 八月十五月光皓苏苏。(广东东莞,来自《现代汉语方言大词典》)
(36) 现在是下午6点10分,月光早早出来了,都说十五月亮最漂亮,站在楼顶赏月,又大又圆又亮。(广东罗定,来自搜狐视频)
(37) 月光圆圆,阿妈种田;种田插秧,打谷满仓。满仓谷米,阿妈欢喜。(广东梅州,客家童谣《月光圆圆》)

江西地区"月光"表"月亮"的用例如:

(38) 月光生毛,大水打灶。(江西萍乡,来自《现代汉语方言大词典》)
(39) 今晚的月光不好,一点都不亮。(江西赣州,来自访谈语料)

湖南地区"月光"表"月亮"的用例如:

(40) 月光出来了。(湖南洞口,来自访谈语料)
(41) 小庙对着河,河水绸缎一般铺开,月光高高地挂在河面上。秋天的时候,苦楝树上结满黑色的果粒,葡萄一样,褐黄色的树叶落在小庙的琉璃瓦上,斑驳不测。(湖南隆回,郑小驴《少儿不宜》)

广西地区"月光"表"月亮"的用例如:

(42) 睡了啵,睡了啵,老弟睡了啵。睡着我去摘月光,月光摘来给哪人?摘来老弟当灯用,又亮又好看。(广西来宾民歌《睡了啵,睡了啵》)
(43) 天亮以后,老人没把月光钩下来。他说我们太吵,月光被吵得也不睡觉,月光还把他的木钩子也抢走了。太阳一落山,我们就去打谷场,并排站在场边的围栏处,仰望着天空,等月光。(广西博白,王勇英《钩月光》)

福建、台湾地区"月光"表"月亮"的用例如:

(44)今夜窗外月光圆,因为你。你着要好好保重你自己。(闽南语歌曲《月光圆》)

(45)什么圆圆,在呀在半天呦。什么圆圆,在河边。……月光圆圆,在呀在半天呦。石头圆圆,在河边。……(闽南语歌曲《摇船调》)

三、从"月亮地儿""月光"看"月亮"的词汇化

以往学者在论证"月亮"词汇化过程时,只是引用了历时的语料,没有对共时的表"月亮"的方言词进行详细考察。我们尝试通过分析方言中的"月亮地儿""月光"等不同义项的演变过程,从侧面对"月亮"的词汇化过程进行论证。

(一)"月亮地儿"和"月光"语义演变过程及动因

1. "月亮地儿"语义演变过程及动因

"月亮地儿"的字面含义是"月亮照着的地方",这是其初始义。根据义项②和义项③与义项①的空间距离以及三个义项使用范围的大小,可知义项②比义项③先产生。上文中历时的材料也可以证明我们的观点,表义项②"月光"的用例在清代就已产生,而表义项③"月光"的用例民国时才出现。因此,"月亮地儿"的三个义项的演变路径为:

义项①月亮照着的地方——义项②月光——义项③月亮

"月亮地儿"的语义演变动因,我们认为主要有以下几方面:

A. 使用频率

由于新中国成立之前,中国很多地方是不通电的,自然夜间无法使用电灯照明,晚上在室外时活动时一般要靠月亮发出的光,因此"月亮地儿"对人们的生活非常重要,自然使用频率就高。使用频率高是其语义产生变化的主要原因之一。

B. 两次转喻

转喻是人们认知世界的重要方式之一。我们认为"月亮地儿"的语义演变经历了两次转喻。

第一次转喻是"容器转喻内容"。汉语中"容器转喻内容"的例子很多,如"他喝了三瓶""这本书要改一下","瓶"用来转喻"瓶里的酒","书"用来转喻"书里的内容"。同样"洒满月光的地方"可以用来转喻"地上的月光"。

第二次转喻是"光亮转喻发光体"。用表月光的"月亮地儿"转喻发出月光的"月亮"。

2. "月光"语义演变过程及动因

根据我们所检索到的"月光"的历时用例,"月光"的义项①"月明亮"和义项

②"月亮之光"两个义项并存于汉代，而义项③"月亮"则是到了南朝才产生。那么，义项③是从义项①主谓结构还是从义项②定中结构而来呢？汪维辉认为"月光"的义项③是由义项①主谓结构词汇化而成，并提到，在说"月光"的言语社团的语言意识里，可能觉得"月光"应该是主谓结构，因为在那些方言区，"光"就等于普通话的"亮"，是个形容词[20]。

我们并不认同汪文的观点，我们认为方言中表"月亮"的"月光"是由义项②定中结构词汇化而来。理由主要有以下四点：

第一，我们认为一个短语单独使用是词汇化的重要条件。然而，在"月光"的义项③"月亮"产生之前的用例中，未见"月光"义项①"月明亮"单独使用的用例，一般都是"日""月"连用，构成"日月光"。但是，却有"月光"义项②"月亮之光"单独使用的用例。具体用例详见本文第二部分。

第二，可两解的情况是词汇化过程中的重要一步。"月光"的历时语料存在既可以理解为"义项②"又可理解为"义项③"的情况，如《东晋译经》中的"一切无不耀，月光愿照我"中的"月光"就既可以理解为"月亮之光"又可以理解为"月亮"。但历时语料却没有既可以理解为"义项①"又可理解为"义项③"的情况。

第三，根据我们在赣语区、粤语区、湘语区的访谈调查，被调查人普遍认为自己方言中的表"月亮"的"月光"是定中结构，不是汪维辉所认为的主谓结构。广东地区流传着的粤语童谣《月光光》可以证明这一观点。《月光光》有不同的版本，但首句一般都为"月光光，照地堂"，粤语区的被调查人，认为这里的"光光"不是形容词的重叠形式。他们认为"月光光"中第二个"光"是形容词，意为"明亮"，整句话的意思是"月儿很明亮，照在大地上"。由此，我们更可以推测"月光光"中的第一个"光"为名词表光线，因为如粤语区的人意念里觉得"月光"中的"光"已是形容词，后面就不会再并列一个形容词"光"。由此可见，"月光"的义项③与义项②的关系是比较密切的。

第四，与"月光"表"月亮"比较类似的是：在四川乐山、雅安的一些地区是"月儿光"表"月亮"。通过访谈调查，被调查人认为他们所说的"月儿光"可以指"月亮"也可以指"月亮之光"，是用"月亮的光线"来指代"月亮"。并且，他们一致认为，"月儿光"在其方言中没有"月儿明亮"这一义项。因此，表月亮的"月儿光"是由定中结构词汇化而来，不可能由主谓结构词汇化而来。由此，我们可以推知"月光"的词汇化也是如此。

综上，我们认为"月光"的义项③"月亮"是从义项②"月亮之光"演变而来的，而不是从义项①"月明亮"演变而来。

"月光"的词汇化动因，我们认为也是由于使用频率较高，并且经历了一次转喻：用"光"转喻"发光体"。

(二) 关于"月亮"的词汇化问题

谭代龙认为现在我们说的表月球义的"月亮"是由定中结构"月的亮"发展而来的[21]。结合"月亮地儿""月光"的语义演变过程，我们认为谭文的观点是合理的。"月亮地儿""月光"从义项②到义项③的演变，跟谭文论证的"月亮"的词汇化过程是相同的，都是用"光"转喻"发光体"。

除"月亮地儿""月光"外，古代汉语中的"月华"也经历了类似的演变过程。"月华"在现代汉语中已不再使用，在古代汉语中"月华"最初表示"月亮之光"，后来又发展出"月亮"的义项。如下例中，例（49）指"月亮之光"，例（50）（51）均指"月亮"。其演变过程也是用"光"转喻"发光体"。

(46) 一者真记谛，冥谙忆；二者仙忌详存无忘；三者采飞根，吞日精；四者服开明灵符；五者服月华；六者服阴生符……（东汉《太平经》）

(47) 舟子夜离家，开舲望月华。（北周，庾信《舟中望月》）

(48) 合比月华满，分同月易亏。（唐代，张渐《郎月行》）

另外，类似的"太阳地儿""日头地儿""月明地儿"从"地方"到"发光体"，也经历了跟"月亮地儿"相似的发展演变过程，在此就不再一一赘述。

总之，以上汉语中与"月亮"有关的表达的演变过程和演变动因，可以从侧面证明现代汉语中的"月亮"一词也是由定中结构"月的亮"词汇化而来的。

表1 汉语中与"月亮"类似词语的语义演化图

词语 \ 词义表达	光线		发光体
月亮	月的亮	转喻→	月亮
月亮地儿、月明地儿、太阳地儿、日头地儿等	月亮或太阳发出的光线		月亮、太阳
月光、月儿光、月华	月的光		月亮
灯亮、火亮	照明物发出的光线		照明物

其他语言也存在与汉语类似的演变现象。据孔祥卿介绍，彝语中"月亮"是一个双音节词，其中前一音节是藏缅共同的语素"月"。后一音节是彝语独有的"亮"，与"哺"同源，表示"月光"。从字形上来看，"哺"字写作 ꇏꇐꇑ 等，上面是天，下边是月光下泻之形。彝语中的"太阳"也是由"日"和"日光"合成的[22]。因此彝语中的"月亮"和"太阳"都是定中结构，都是用"发光体发出的光线"来转喻"发光体"。由此也可以证明汉语中的"月亮"也很可能是由定中结构演变而来。

另外，在新西兰毛利语中，"光"是 marama，"月光"是 marama marama，"月亮"也是"marama"，毛利人认为 marama 最早的意思是"光"，后来用"光"来表示"月亮"，即用"光"来表示"月亮"这一发光体。

英语中的 light 本义是"光"，但后来又发展出"灯"的意思。同样是用"光"来表示"灯"这一发光体。

因此，用"光线"来转喻"发光体"并不是汉语中的独特现象，具有跨语言的规律性。上述彝语、毛利语、英语中的例证，也能证明"月亮"一词是由定中结构"月的亮"词汇化而来的。

＊本文曾在第四届名词及相关问题学术研讨会（2020年11月，华中师范大学）宣读，丁加勇、张金圈、申小阳等老师会上提供了宝贵意见，导师谢晓明教授为本文修改付出了极大心血，在此一并致谢。

附录：
(1)"月亮地儿"义项①"月亮照着的地方"的使用区域
黑龙江：大庆、哈尔滨、黑河、鸡西、佳木斯、牡丹江、七台河市、齐齐哈尔、绥化、双鸭山、伊春
吉林：白城、辽源、四平、松原、通化、长春
辽宁：本溪、朝阳、大连、丹东、抚顺、阜新、葫芦岛、锦州、沈阳、营口
内蒙古：通辽
河北：保定、沧州、承德、邯郸、衡水、廊坊、秦皇岛、唐山、辛集、邢台、张家口
河南：安阳、鹤壁、开封、洛阳、漯河、南阳、平顶山、商丘、新乡、信阳、许昌、郑州、周口、驻马店
山东：滨州、德州、东营、菏泽、济南、济宁、聊城、临沂、青岛、曲阜、日照、泰安、威海、烟台
安徽：亳州、阜阳、淮北、宿州
其他地区：北京、赤峰、大同、襄樊、徐州
(2)"月亮地儿"义项②"月光"的使用区域
黑龙江：大庆、哈尔滨、黑河、齐齐哈尔
河北：保定、沧州、承德、邯郸、衡水、廊坊、唐山、辛集、邢台
河南：开封、濮阳、商丘、新乡（长垣）、周口
山东：滨州、菏泽、聊城、临沂、青岛
安徽：亳州、淮北
其他地区：徐州
(3)"月亮地儿"义项③"月亮"的使用区域
河北：保定、沧州、邯郸、衡水、廊坊、唐山、辛集、邢台
河南：濮阳（南乐）、商丘（夏邑、永城、虞城）
山东：滨州（无棣、乐陵）、菏泽（单县）
安徽：亳州
其他地区：徐州（丰县）

注释：
[1] 汉语大词典编辑委员会、汉语大词典编纂处：《汉语大词典》第6卷下册，上海：汉语大词典出版社，2001年，第1130页。

[2] 董秀芳:《词汇化:汉语双音词的衍生和发展》,成都:四川民族出版社,2002年,第78页。

[3] 蒋绍愚:《汉语常用词考源》,《国学研究》第29卷,北京:北京大学出版社,2012年,第23～26页。

[4] 蒋绍愚:《汉语常用词考源》,《国学研究》第29卷,北京:北京大学出版社,2012年,第26～27页。

[5] 汪维辉:《说"日""月"》,《中国语言学报》2014年第16期,第73～96页。

[6] 谭代龙:《"月亮"考》,《语言科学》2004年第4期,第45～47页。

[7] 谭代龙:《"月亮"考》,《语言科学》2004年第4期,第46～47页。

[8] 谢永芳:《双音词词汇化研究模式的特点及思考——以"月亮"的成词为例》,《楚雄师范学院学报》2012年第8期,第31～37页。

[9] 邢福义:《语法研究中"两个三角"的验证》,《华中师范大学学报》2000年第5期,第38～45页。

[10] 董秀芳:《词汇化:汉语双音词的衍生和发展》,北京:商务印书馆,2011年,第4页。

[11] 岩田礼:《汉语方言解释地图》,东京:白帝社,2009年,第66页。

[12] 李荣:《现代汉语方言大词典》,南京:江苏教育出版社,2002年,第694页。

[13] 曹志耘:《汉语方言地图集》,北京:商务印书馆,2008年,词汇卷003。

[14] 林焘:《北京话儿化韵个人读音差异问题》,《语文研究》1982年第2期,第9～14页。

[15] 蒋绍愚:《汉语常用词考源》,《国学研究》第29卷,北京:北京大学出版社,2012年,第26页。

[16] 汪维辉:《说"日""月"》,《中国语言学报》2014年第16期,第85页。

[17] 李荣:《现代汉语方言大词典》,南京:江苏教育出版社,2002年,第694页。

[18] 曹志耘:《汉语方言地图集》,北京:商务印书馆,2008年,词汇卷003。

[19] 李荣:《现代汉语方言大词典》,南京:江苏教育出版社,2002年,第691页。

[20] 汪维辉:《说"日""月"》,《中国语言学报》2014年第16期,第89页。

[21] 谭代龙:《"月亮"考》,《语言科学》2004年第4期,第45～47页。

[22] 孔祥卿:《彝语"哎哺"与汉语"阴阳"》,《中国民族古文字研究会第七次学术研讨会论文集》,2004年,第42～45页。

【经学与文学研究】

《春秋》属辞比事与《左传》文章义法

张高评

(成功大学,台湾台南,704)

内容摘要:清章学诚称:"史之大原,本乎《春秋》;《春秋》之义,昭乎笔削。"《春秋》推见至隐,比事与属辞作为诠释解读之法门,本初,即《春秋》书法、史家笔法。再变,而为叙事传统、古文义法。三变,则为修辞章法、文学语言。本文从六个面向,进行论证:一,孔子之立义创意与《春秋》之取义。二,《春秋》或笔或削与详略重轻、异同变常。三,《春秋》比事与前后措注、本末始终。四,《春秋》属辞与曲笔直书、变文特笔。五,《春秋》约文与微婉显晦、增损改易。六,《春秋》属辞与言外之意、都不说破。由此观之,孔子《春秋》一书,堪称中华经史之星宿海,传统文学之源头活水。

关键词:《春秋》笔削;属辞比事;文章义法;《左传》;叙事传统

《孟子·离娄下》说《春秋》:"其事则齐桓、晋文,其文则史。孔子曰:'其义则丘窃取之矣。'"[1]案:所谓"窃取之",犹言私为之。故《史记》称孔子:"为《春秋》,笔则笔,削则削,子夏之徒不能赞一辞。"[2]《春秋》"窃取"之义,体现在笔削之书法中。汉王充云:"孔子得史记以作《春秋》,及其立义创意,褒贬赏诛,不复因史记者,眇思自出于胸中也。"[3]盖褒贬劝惩之独断,出于别识心裁,所谓"眇思自出于胸中"。不可以书见,致孔门高弟不能赞一辞。

梁刘勰《文心雕龙·宗经》谓《春秋》:"观辞立晓,而访义方隐。"[4]宋程颐《春秋传·序》亦称《春秋》:"微辞隐义,时措从宜为难知。"[5]《春秋》之访义方隐、微辞隐义,乃或笔或削使之然。朱熹为南宋大儒,经学名家,亦以为《春秋》为难知、难看、难说、不可晓、不敢说、自难理会、不敢强为之说云云。除《朱子语类》存《春秋纲领》一卷之外,平生未有《春秋》学之专著[6]。其实,《春秋》之难知、不可晓,或缘于不得其法,或因为不明其用。若掌握笔削昭义之法、比事属辞之教,则思过半矣!

《孟子》提出事、文、义三者;《礼记·经解》揭示"属辞比事,《春秋》教也"[7]。《史记》明载或笔或削之情事，《论衡》表明立义创意、眇思自出。诸家所言，已为诠释《春秋》书法、史家笔法，解读孔子之取义，提示研究之基本脉络。《朱子语类·春秋纲领》称《春秋》"都不说破""盖有言外之意"[8]，文学语言之特质，后世文章义法之原委，亦多滥觞于《春秋》。就接受反应而言，《春秋》之影响，源远流长，堪称经史文学之星宿海。

一、孔子之立义创意与《春秋》之取义

（一）《春秋》以笔削昭义，属辞比事可以破解

《史记·太史公自序》引孔子曰："我欲载之空言，不如见之于行事之深切著明也。"[9]宋胡安国《春秋传·序》称："空言独能载其理，行事然后见其用。"[10]因此，举凡触忌犯讳之叙事，有所刺讥褒讳挹损之文辞，不可以书见者，《春秋》多用属辞比事之法，以见其旨义。《太史公自序》称"贬天子，退诸侯，讨大夫，以达王事"，合内外而言之，即世所谓《春秋》大义。司马迁答上大夫壶遂问，称《春秋》："上明三王之道，下辨人事之纪，别嫌疑，明是非，定犹豫，善善恶恶，贤贤贱不肖，存亡国，继绝世，补敝起废，王道之大者也。"[11]《朱子语类》载朱熹之言："尊王贱伯，内中国而外夷狄，明君臣上下之分"[12]，为《春秋》大义[12]。近人戴君仁《春秋辨例》亦云："《春秋》大义，只是道名分，明是非，善善恶恶，尊王攘夷，礼义之大宗，几点而已。"[13]

孔子以一介平民，拟借《春秋》，"贬天子，退诸侯，讨大夫"，思拨乱反正，补敝起废。其著述之指趣，体现于窃取之义。其经营策略，盖透过"见之于行事"显现，凭借"约其辞文"表出。宋赵鹏飞谓："《春秋》虽因文以见义，然不稽之以事，则文不显。苟徒训其文，而不考其事，吾未见其得经义也"[14]清章学诚称："载笔之士，有志《春秋》之业，固将惟义之求。其事与文，所以藉为存义之资也。"[15]由此观之，"惟义之求"，自是阅读《春秋》、研究《春秋》、诠释《春秋》之首要课题，当务之急。其事与文，既然为"存义之资"，于是，因文见义、稽之以事，自可作为求义之法门。

《春秋》体为编年，相关史事不相贯串。古春秋记事成法，为"爰始要终，本末悉昭"[16]。属辞比事之解经法，盖就此生发。属辞比事之书法，绾合辞文与史事而一之，以之诠解《春秋》之微辞隐义，可与《孟子》《史记》《论衡》相发明。于是，解读《春秋》之微辞隐义，属辞比事成为《三传》及其注疏、历代《春秋》学者之金锁匙。何谓属辞比事？实行宏观之视野，运用系统之思维，连属上下前后之文辞，类比对比相近相反之史事，合数十年积渐之事势而通观之，即可以求得《春秋》都不说破之"义"，此之谓属辞比事，或比事属辞[17]。

综考《春秋》之诠释史，往往聚焦于属辞比事。明石光霁《春秋书法钩元·序》称《春秋》："不属辞以考之，比事以求之，则圣人所书之法，岂易识哉？"[18]清方苞《春秋通论》说笔削之法，"案所属之辞，核以所比之事"[19]。清张应昌《春秋属辞辨例编》云："圣经书法，在联属其辞，排比其事，而义自见。"[20]《春秋》体为编年，事同而年隔，遂异其卷，于是属辞星散，而核事裂分。若以属辞比事之法解读之，则

《春秋》之褒贬得失可见诸言外。总之，属辞之道、比事之方、笔削之法，其志其业，一言以蔽之，皆在《春秋》旨义之考索与推求。

《春秋》义昭笔削，考求其微辞隐义，有三大法门：一，据比次史事以见义；二，因连属辞文而显义；三，缘探究终始而示义。三者相互为用，可以舍传求经，足以考求《春秋》之微辞隐义[21]。比事、属辞、探究终始之策略意义，即宋程颐《春秋传·序》所谓："观百物，然后识化工之神；聚众材，然后知作室之用。"[22]论其会归，属辞、比事、探究终始，皆脉注绮交于或笔或削。故清章学诚《文史通义》曰："史之大原，本乎《春秋》；《春秋》之义，昭乎笔削。"[23]

属辞比事所以为《春秋》之教者，缘因有五：其一，《春秋》为编年体，属辞比事之法，可以整合分散，济困救穷。其二，历史有渐无顿，事件有本末始终；比事属辞之法，可以会通参伍、统整散漫。其三，以属辞比事诠释《春秋》，即"爰始要终，本末悉昭"之古春秋记事成法。其四，属辞比事之法，经由比较、统计、归纳、类推，而考求《春秋》之义，系统而宏观，可以发微阐幽，有功圣《经》。其五，《春秋》记事，"一事为一事者常少，一事而前后相联者常多"，其事自微而至著，自轻而至重。积渐之势，诚如孔广森所言："辞不属不明，事不比不章。"[24]

（二）《左传》叙事见本末，解经之功独大

西汉严彭祖《严氏春秋》载：孔子与左丘明同乘，观书于周太史氏。归，而孔子作《春秋》，左丘明著《左传》（见《孔子家语·观周》）。《史记·十二诸侯年表序》亦称："鲁君子左丘明，惧弟子人人异端，各安其意，失其真，故因孔子史记，具论其语，成《左氏春秋》。"[25]唐啖助称美《左传》："博采诸家，叙事尤备，能令百代之下颇见本末。因以求意，经文可知。"[26]宋家铉翁《春秋集传详说》言："有《经》著其略，《传》纪其详；《经》举其初，《传》述其终"；"使左氏不为此书，后之人何所考据，以知当时事乎？不知当时事，何以知圣人意乎？"[27]《左氏》以历史叙事方式，解说《春秋》经文，于《三传》之中，羽翼《麟经》之功独大。

汉桓谭《新论》称述《经》《传》之互补相济："《左氏》经之与传，犹衣之表里，相持而成。经而无传，使圣人闭门思之，十年不能知也。"[28]刘师培《春秋左氏传古例诠微》称："《经》以约词为宗，《传》主弼《经》而作。《传》详《经》简，所以抒行事而阐讥褒。《传》有《经》无，所以明刊削而昭简择。"[29]指《左传》主弼《经》而作，或《传》详《经》简，以历史叙事见终始本末；或《传》有《经》无，示详略、重轻、异同、忽谨诸笔削之书法。

《左传》因孔子史记，具论其语。叙事见本末，因以求意，经文可知。其立义创意，叙事义法，自成一家者，亦如《春秋》之作，"眇思自出于胸中"也。今论《春秋》取义之所以然，可以类推《左传》之命意；论《春秋》之笔削，可悟《左传》谋篇之衍化；论《春秋》之比事，可推《左传》安章之因革；说《春秋》之属辞，可见《左传》锻句之义法；说《春秋》之约文，可窥《左传》练字之谨严；借由《春秋》之属辞比事，更可知文学语言之都不说破，言外之意。总之，《春秋》书法，不仅影响《左传》之史家笔法、叙事传统、古文义法；亦影响《史记》《汉书》诸史传之史法，后世文家之叙事传统，亦胎始于《春秋》，成熟于《左传》，而大备于《史记》。

详见《左传属辞与文章义法》一书，各章节所举例[30]。

论章学诚历史哲学，说笔削之义，以为"笔削"一词，当包括柯灵乌（R. G. Collingwood）所谓之史料取舍、历史建设、历史批评三者。史学思想之自主性、史学堂庑的建立，赖此三大支柱以成[31]。孟子所谓"其事、其文、其义"，《礼记·经解》所谓"属辞比事，《春秋》教也"，可知所谓窃取之义，即是孔子之别识心裁，孤怀卓见；笔削之义，一家之言，独断之学，亦即《春秋》之历史哲学。非综理"言与事之合一"，其"义"难见；必也比事而属辞之，微辞隐义方可推求得知，"义"所以为内在思想，以此。欲考察《春秋》书法、史家笔法、叙事传统、文章义法者，开宗明义必明乎笔削昭义之理[32]。

二、《春秋》或笔或削与详略重轻、异同变常

或笔或削，或书或不书，其中自有指义，而义实出于"丘窃取之"。换言之，《春秋》之义，乃孔子独断之别识心裁，故其中之微辞隐义，孔门高弟难知。于是"惟义之求"，成为自《左传》《公羊传》《穀梁传》以下，历代《春秋》学追求之志业。

《孟子·离娄下》所称、《礼记·经解》所云、朱熹所谓，多指《春秋》因或笔或削，生发微辞隐义。求索孔子于《春秋》"窃取之义"，学者多以属辞比事之《春秋》教，为登堂入室之金锁匙；或经由史事之排比、或凭借辞文之连属，多可破译索解《春秋》之义。其义寓于其事、其文，此顾炎武《日知录》所云："于序事中寓论断"之法（卷二十六）[33]。

《史记·十二诸侯年表序》谓：孔子论史记，而次《春秋》，"约其辞文，去其烦重，以制义法"[34]。元赵汸《春秋属辞》云："孔子作《春秋》，以寓其拨乱之治，而国史有恒体，无辞可以寄文。于是有书、有不书，以互显其义。其所书者，则笔之；不书者，则削之。"[35]孔子假笔削以行权《春秋》断截鲁史，借笔削以寄意。"约其辞文，去其烦重"之属辞比事法，可以考求异同，推求详略重轻之义，故学者多用之。

中唐陆淳著《春秋啖赵集传纂例》，揭示"赵氏损益义"，以辞文之损益指称笔削。南宋胡安国《春秋传》："仲尼因事而属辞，智者即辞以观义。"[36]主张借比事与属辞以求义。南宋陈傅良《春秋后传》、元赵汸《春秋属辞》则凸显"笔削"之书法，所谓"以其所书，推见其所不书。以其所不书，推见其所书"[37]。清方苞《春秋通论》提倡：按全经之辞，而比其事；《四库全书总目·提要》称其书"按所属之辞，核以所比之事"，据此而判别旧文或笔削。

清方苞《春秋通论序》称："凡诸经之义，可依文以求；而《春秋》之义，则隐寓于文之所不载。或笔或削，或详或略，或同或异，参互相抵，而义出于其间。"[38]章学诚《文史通义》本此而发皇之，称："史之大原本乎《春秋》，《春秋》之义昭乎笔削。笔削之义，不仅事具始末，文成规矩已也。"以夫子义则窃取之旨观之，"必有详人之所略，异人之所同，重人之所轻，而忽人之所谨，……有以独断于一心。"[39]拈出笔削之义，可以从详略、异同、重轻、忽谨等关键处考求得之。

宋胡安国《春秋传》称："《春秋》何以谓之作？曰：其义，则断自圣心，或笔或削，明圣人之大用。"[40]《春秋传·序》又曰："《春秋》，鲁史尔。仲尼就加笔削，乃

史外传心之要典也。"[41]宋陈傅良、元赵汸所云："以其所书，推见其所不书。以其所不书，推见其所书。"或笔或书，可以互发其蕴，互显其义，故可作为推求指义之捷术。清庄存与《春秋正辞》约以两言："以所不书知所书，以所书知所不书。"[42]亦颇得笔削显义之觀理。

清章学诚《文史通义·答客问上》称："《春秋》之义昭乎笔削"。谓《春秋》："其事与文，所以藉为存义之资也。"[43]《春秋》之旨义，寓存于比事、属辞之中。章学诚《论文示贻选》："夫比，则取其事之类也。属，则取其言之接续也。纪述文字取法《春秋》，比属之旨自宜遵律。"[44]定义比事、属辞之功能，揭示叙事文字之宗法。诚如清孔广森《公羊通义》所谓："辞不属不明，事不比不章。"[45]属辞比事之法，攸关或详或略、或异或同、或重或轻之书例。两两对照参透，可以推求孔子《春秋》之微辞隐义。

鲁十二公之婚配，桓公、庄公、僖公、文公、宣公、成公，皆娶齐女，《春秋》皆书逆、书至，独详。襄公、昭公、定公、哀公，皆不娶齐女，则逆与至，《春秋》皆从略，削而不书。详于书齐女者，以齐女荒淫其性，好杀其行，孔子深恶鲁君之娶齐女也，故笔而书之，此以或详或略见圣人"窃取"之义[46]。又如鲁十二公之逝世，正常死亡皆书地、书葬。唯隐公、桓公、闵公遭弑，意外死亡者不然。但书「公薨」，而不书地、不书葬，此以或异或同见义[47]。孔子假鲁史以示王法，书写鲁事，特重君臣之义，故君弑则书薨，灭国则书取，出奔则书逊。其他书及、书会之伦，以及内诸夏而外夷狄之《春秋》书法[48]，多可见名位称号修辞、或重或轻之笔削见义。宋苏辙称："略外而详内，此圣人处己之厚也。"[49]宋陈傅良谓："《春秋》之法，内外恒异辞。"[50]由此可见一斑。汉董仲舒《春秋繁露·竹林》篇称："《春秋》无通辞，从变而移。"[51]《精华》篇云"《春秋》无达辞，从变从义"[52]，其此之谓。

《春秋》因内外远近、贵贱尊卑，而书法有书，有不书；其中之详略异同、进退予夺，亦随之有别。宋李明复《春秋集义》谓："《春秋》之法，正大事则书，明是非则书，著褒贬则书，断危疑则书。外此，皆《春秋》所不书也。"[53]或笔而书之、或削而不书，皆以孔子"窃取"之义为依归。元赵汸《春秋师说》则云："《春秋》书法，须考究前后、异同、详略，以见圣人笔削之旨。事同而书法异，书法同而事异，正是圣人特笔处。"[54]从考究书法之前后、异同、详略，可以窥见孔圣笔削之旨义。

《左传》成公十四年"君子曰"，揭示《春秋》五例。前四例"微而显，志和晦，婉而成章"，缘于"有所刺讥褒讳挹损之文辞不可以书见"，故出以曲笔讳书，于《春秋》书法为"削"之、删略不书。"尽而不汙"，为直书不讳，于《春秋》书法为"笔"之，取而书之。无论曲笔或直书，皆指"如何书"之"法"。"惩恶而劝善"，则归本于"何以书"之"义"[55]。清庄存与《春秋正辞》云："辞若可去可省而书者，常人之所轻，圣人之所重。《春秋》非记事之史，不书多于书。以所不书，知所书；以所书，知所不书。"[56]，以详略、重轻见笔削，固然为比事之常法；自庄存与《春秋正辞》观之，重轻、详略，亦往往藉属辞以表述。

以《春秋》五例言之，微、晦、婉诸书法，推见以至隐，于书法为削而不尽书。显、志、成章，尽而不汙，为笔而书之，直书见义。即使笔而书之，亦往往因内外远近、贵贱尊卑，而有详略、重轻、前后、异同诸笔削书法。彼此参互相抵，而义出于其间。或笔或削之际，进退予夺，褒贬劝惩，自见于言语之外。此章学诚所谓"《春秋》之义，昭乎笔削。"

自《春秋》书法转换为史家笔法，由或笔或削而衍化为详略、异同、重轻、忽谨、前后、曲直、显晦诸叙事义法。对于史传之谋篇安章，叙事之布局措注，开示不少法门。于是书法、史学、叙事、古文，脉络潜通，同源而共本[57]。一言以蔽之，皆源本于《春秋》或笔或削之书法。

三、《春秋》比事与前后措注、本末始终

《史记·太史公自序》引孔子曰："我欲载之空言，不如见之于行事之深切著明也。"[58]宋胡安国引申之："空言独能载其理，行事然后见其用。"[59]孔子作《春秋》，借由史事之编比，以体现褒贬劝惩之义。宋吕大圭《春秋或问》称："因其事以著其义，而事实矣；明其义以录其事，而义著矣。"[60]因此，事与义可以转相发明。史义、史观、史识云云，亦经由历史叙事，得以考索呈现。

元程端学《春秋本义·序》论《春秋》之属辞比事，引邵雍称"录实事，而善恶形于其中"[61]。朱熹亦称"直书其事，而善恶自见"，以为"盖有以识夫笔削之意"[62]。元赵汸《春秋师说》亦曰："学者只当考据事实，以求圣人笔削之旨。"[63]经由详略之取舍，重轻之权衡，精心之编比，然后方见笔而书之之史事。试作反向思考，自然可以"识夫笔削之意""求圣人笔削之旨"。

孔子《春秋》笔削之义，可以自《春秋》之比事考求之。左氏得之，转化为历史叙事，以史传经。日本安井衡《左传辑释》称："《左氏》之解《经》，五十凡之外，每寓于序事之中。细绎其文，其义始显。"[64]《春秋》经义，"每寓于序事之中"。因此，从《春秋》比事，可以推究前后措注、本末终始之书法[65]。对于史传、叙事、古文之谋篇安章，已揭明许多法门，开示若干津梁。《春秋》，堪称传统叙事学之源头活水，端在如何利而用之而已。

《墨子·明鬼》叙列国春秋，刘师培据以说古春秋记事之成法，为"爰始要终，本末悉昭"。孔子《春秋》之史法，当有所传承。历代诠释《春秋》之书法，以属辞比事为应用策略，关键因缘亦在于"爰始要终，本末悉昭"[66]。宋陈亮序《春秋比事》，称美刘朔"即经类事，以见其始末"[67]；清毛奇龄《春秋传》亦谓："《春秋》须详审《经》文，备究其事之始末。"[68]所谓见事始末、备事始末，皆属辞比事之课题，唯较专注于编纂史事，比次始末之功夫而已。

始、微、积、渐，为历史发展之通则。因应历史通则，故须运用比事属辞之诠释法，方能解读诠释《春秋》隐微之旨意。诚如章学诚〈论文示贻选〉所称："纪述文字取法《春秋》，比属之旨，自宜遵律。"解读《春秋》旨义，诠释《左传》叙事，何以非属辞比事之法不可？元程端学《春秋本义》云："大凡《春秋》，一事为一事者常少，一事而前后相联者常多。其事自微而至着，自轻而至重，始之不慎，至卒之不可救者往往皆是。"[69]故解说《春秋》，有大属辞比事，合二百四十二年之事而比观之；有小属辞比事，合数十年之事而比观之。《春秋》之比事见义如是，《左传》安章谋篇

之义法，多从此衍化。

清张自超解经，所谓"反复前后所书，比事以求其可通"[70]。方苞亦云："案全《经》之辞而比其事"；"经文参互，笔削之精义每出于其间"[71]。此亦原始察终、张本继末之方法。属辞比事所以为解读《春秋》书法之要领者，亦由此可见。清顾栋高《春秋大事表》发现：《春秋》"有屡书、再书、不一书以见义者"；治《春秋》者于此等处，若能"合数十年之通观其积渐之时势"，则"圣人之意自晓然明白于字句之外"[72]，此即属辞比事之《春秋》教，以经解经之要领，在"究终始"而已矣[73]。比次史事以见旨义如此，于是聚焦于前后措注、本末终始之书法义法，乃应运而生。

清孔广森《春秋公羊经传通义·叙》称："辞不属不明，事不比不章。"[74]清张应昌《春秋属辞辨例编》亦云"圣经书法，必联属其辞，排比其事，而乃明"；列举宋元以来，《春秋比事》《春秋属辞》《属辞比事记》《春秋比事目录》诸作，以及《统纪》《提纲》《通论》《大事表》之属，谓"皆以属比显笔削之旨也。言属辞，则比事该之矣！"[75]属辞比事，可以显见《春秋》笔削之旨，此《春秋》宋学治经之共识[76]。说属辞，其实多不离比事，故曰"言属辞，则比事该之"。赵汸《春秋属辞》、张应昌《春秋属辞辨例编》可作典范代表。左氏著传，本《春秋》而作，属辞比事之书法，本末始终之叙事，于《三传》中体现凸出，运用最为频繁。

《左传》体虽编年，然如《重耳出亡》（僖公二十三年）、《吕相绝秦》（成公十三年）、《声子说楚》（襄公二十六年）、《季札出聘》（襄公二十九年）、《王子朝告诸侯》（昭公二十六年）诸什，以及《郑穆公刘兰》（宣公三年）、《卫侯出奔》（襄公十四年）、《子产为政》（襄公三十年）诸文，皆因事命篇，原始要终，侧重事件之本末而叙事之[77]。《左传》之以史传经、叙事策略，多不离刘师培所云"古春秋记事之成法"。《春秋》据史事而笔削之，然后比次史事以见义，《左传》以历史叙事说经，即其衍化。宋萧楚《春秋辨疑》谓："史之纪事，必须本末略具，使读者可辨。"[78]唐陆淳《春秋集传纂例》称《左氏》："博采诸家，叙事尤备，能令百代之下颇见本末。因以求义，《经》文可知。"[79]宋叶适《习学记言序目》亦云："既有《左氏》，始有本末"，"故征于《左氏》，所以言《春秋》也。始卒无舛，先后有据，而义在其中"[80]。可见一斑。

清章学诚《章氏遗书补遗·论课蒙学文法》谓："传有分合，事有始末，或牵连而并书，或因端而各出，可以知属辞比事之法也。"[81]又称：文章以叙事为最难，其法莫备于《左氏》。枚举类叙、对叙、顺叙、逆叙、类叙、次叙、牵连而叙、断续叙、错综叙，以及插叙、明叙、暗叙、颠倒叙、回环叙之伦。林纾《左传撷华》称："《左传》为编年文字。然每段咸有结束，又咸有远体远神，留下后来地步，此《通鉴》所万万不能及也。"[82]盖传有分合，而事有始末，故《左传》叙事，不得不转化前后措注、本末始终之书法。关注比次史事以见旨义，此叙事义法、安章布局之法所由出。

宋真德秀《文章正宗》云："叙事之体有三，有纪一代之始终者，有纪一事之始终者，又有纪一人之始终者。"[83]此以事具首尾，原始要终界定叙事。元卢挚《文章宗旨》谓："前之说勿施于后，后之说勿施于前。其语次第不可颠倒，故次序其语曰序。"[84]以"次序其语"解说"序"字，点明叙事特色之一。盖叙事之要领，在前后位次，有伦有序。方苞论"言有序"，所谓"前后措注，各有所当"；《史记评语》所谓："纪事之文，去取、详略、措置各有宜也。"[85]清阮元《经籍纂诂》解说"叙""序"二字，或训为次序、次第，或释作比次、伦次[86]；可知叙事之具备始末，讲究次第，与属辞比事之探究终始，皆关注行文次序之先后、异同，事物比次安排之重轻、详略，而其要归，则在有伦有序。"爰始要终，本末悉昭"，自是古春秋记事成法。

　　章太炎《检论》云："属辞比事，谓一事而涉数国者，各国皆记其一尚。至《春秋传》，乃为排比整齐，……此为属辞比事。自非良史，则端绪纷然，首尾横决。"[87]史家编比史事，文家布局谋篇安章，章氏提示《左传》属辞比事之难能可贵。此即章学诚《与陈观民工部论史学》之模拟："工师之为巨室，度材比于燮理阴阳；名医之制方剂，炮炙通乎鬼神造化；史家铨次群言，亦若是焉已尔。"[88]《春秋》之编纂史料，斟酌先后、异同；铨次群言，权衡详略、重轻。《左传》面对端绪纷然，首尾横决者，为之排比整齐，进行布局安章措注，正如工师之为巨室、名医之制方剂，或调配段落位次，或凸显主题表达，或建立一篇警策，要皆比事见义之衍化。

　　"爰始要终，本末悉赅"为古《春秋》记事之成法。《左传》叙事传人，于谋篇安章多传承。文论家有所谓关棙者，《左传》最工为之：或以牵上为搭下、或以中间贯两头、或结上以生下、或束上以领下，往往才落便提，转换自然。文势如贯珠，通篇如一笔书。详参《左传属辞与文章义法》第三章"关棙"。以约文属辞体现史事编比，此《左传》叙事之常法。由于《左传》叙事具见本末始终，故曰："因以求义，经文可知。"

四、《春秋》属辞与曲笔直书、变文特笔

　　其事、其文、其义，为《春秋》书法之三大顶梁柱。之后，衍化为《左传》《史记》历史编纂学之三大要素。又其后，经由转换，成为历史编纂、叙事模式、古文义法、辞章要领。其事，以比事为主；其文，以属辞为宗，皆为"如何书"之法，皆脉注绮交于"何以书"之旨义。要之，皆脱胎于属辞比事之《春秋》教。

　　凭借其事、其文，孔子"窃取"之《春秋》指义，可以考索推求而得。其事如何编比，方足以表述微辞隐义？已见前文概述。其文如何安排连属，方能表现文外曲致，以及"《春秋》以礼法修辞"之书法？[89]此则与文句锻练，辞文修饰较有关连。

　　《左传》"君子曰"揭示《春秋》五例。其中"微而显，志而晦，婉而成章"，为曲笔；"尽而不污"，即直书。"惩恶而劝善"，是旨义。成公十四年无论曲笔或直书，种种之表达方法，皆为体现"惩恶而劝善"之旨义。唐刘知几著《史通·叙事》，指《麟经》"是为属词比事之言"[90]；引扬雄语称"说理者莫辨乎《春秋》"[91]。《春秋》微显阐幽，婉而成章，实有其美。足以"师范亿载，规模万古，为述者之冠冕，实后来之龟镜"[92]。要之，《春秋》既为史之大原，乃成书法、史笔、叙事、古文之蚕丛。

　　辞文与旨义之间，有极密切之交互关系。《周易·系辞上》："圣人立象以尽意，系辞焉以尽其言。"[93]尽意与尽言并举。《文心雕龙·附会》所谓"附辞会义，务总纲领"；《风骨》所谓"辞之待骨，如体之树骸"[94]。辞与义，亦相需相待。清方苞说义

法，所谓"义以为经，而法纬之。"（又书《货殖传》后）换言之，法以义起、法随义变[95]。属辞与比事，讲究如何书之法，以体现如何书之义。总之，文章义法之说，自是属辞比事《春秋》教之流衍。

综观《春秋》学研究史，《三传》中以《公羊》学家最注重修辞，往往一编之中三致其意。如汉董仲舒《春秋繁露》称："《春秋》无通辞，从变而移。"[96] "《春秋》无达辞，从变从义。"[97] "书之重，辞之复，呜呼！不可不察也。其中必有大美恶焉。"[98]藉"如何书"之属辞法，以见《春秋》"何以书"之义，此《公羊》学主轴论述之一。汉董仲舒《春秋繁露》、汉何休《公羊解诂》、清庄存与《春秋正辞》三书，最为经典显著[99]。

孔子笔削鲁史记，作成《春秋》，"事仍本史，而辞有损益"，乃其修纂之准则[100]。其辞文或损或益，于是详略之例以成，褒贬之义亦由是而生。钱穆《中国史学名著》论《春秋》，称孔子"所修者主要是其辞，非其事"[101]。史事客观存有，不容私造篡改；惟可藉辞文之损益、修饰、调整、设计，以表现褒贬劝惩之旨义。换言之，损益也者，辞文之或笔或削也。元赵汸《春秋属辞》称："特笔者，所以正名分，决嫌疑也。笔削不足以尽义，然后有变文。变文亦不足以尽义，是故有特笔。"[102]《春秋》藉文字之或损或益，或笔或削，以见指义，谓之变文。特笔，如晋伯召王，讳会天王，以王狩书（僖公二十八年）；郑伯养恶，弟段出奔，书郑伯克段（隐公元年）；纪侯出奔，书去国（庄公四年）；战称楚人，败称楚师，书入郢（定公四年）。《春秋》书法所谓变文示义、特笔见义云云，皆不离辞文之损益、修饰、润色。

《春秋》之义，昭乎笔削。或取而书之，谓之笔；或舍而不书，谓之削。或笔或削，皆有其义。清庄存与《春秋正辞》所谓"不可书则辟之，不忍书则隐之，不足书则去之，不胜书则省之"；"而书者皆隐其所大不忍，辟其所大不可"[103]，与微婉显晦之曲笔书法，大抵不殊。于是，在避之、忍之之际，或书、或不书之间，即见重轻、详略、显晦、曲直之笔法。"以所不书，知所书；以所书，知所不书"，即是借由或笔或削，以推求《春秋》之旨义。

《春秋》之修辞，于所尊、所亲、所哀、所痛、所善、所贤、所危、所贱、所恶、所诛、所矜，分别致以严、爱、戚、重、喜、美、忧、辨、尤、法、疑诸情性，莫不见乎辞。《春秋正辞》春秋要旨经由上述情性语言之表达，《春秋》之爱憎忧戚自见于言外。元赵汸称："《春秋》以礼法修辞"；清钟文烝谓："《春秋》以义修辞，修其辞以取其义。"[104]仲尼作《春秋》，固因事而属辞，读者观《春秋》，则即辞以显义。文辞位居其事与其义之中间媒介，故《春秋》学家普遍重视文辞之表述与诠释[105]。

《文心雕龙·宗经》称扬《春秋》之一字见义，婉章志晦："五石六鹢，以详略成文；雉门两观，以先后显旨。"[106]拈出详略、先后，即是借属辞以见义之法。《春秋》僖公三十三年书"陨霜，不杀草"；定公元年书"陨霜杀菽"，钱锺书著《管锥编》，欣赏《穀梁传》诠释《春秋》之互文见义，谓辞文有"举重""举轻"之别："草"轻而"菽"重，举"不杀草"，则霜不杀菽可知；举"杀菽"则霜亦杀草可知。据此断定："《春秋》之'书法'，实即文章之修词。"[107]或重或轻，或偏或全，亦是属辞显义之书法。

史家莫不工文，此属辞比事《春秋》教之遗绪。唐刘知几《史通·叙事》称："夫饰言者为文，编文者为句，句积而章立，章积而篇成。篇目既分，而一家之言备矣。"从积句、而立章、而成篇，要皆属辞之能事。论说能否成为一家之言？取决于属辞造诣之高下。史事因取舍笔削，而见详略、重轻、异同、先后之义；辞文因损益笔削，而有显晦、曲直、虚实之义。刘知几谈史家叙事，极推崇用晦之道，所谓"能略小存大，举重明轻，一言而巨细咸该，片语而洪纤靡漏"[108]。《老子》云："损之又损，以至于无为。"[109]此即属辞约文之功夫，《春秋》或笔或削之能事。

左丘明说《经》，既师范孔子之笔削，故《左传》之属辞约文，亦得《春秋》之真传。刘知几《史通·叙事》所谓："《经》以数字包义，而《传》以一句成言，虽繁约有殊，而隐晦无异。故其纲纪而言邦俗也，则有士会为政，晋国之盗奔秦宣公十六年；邢迁如归，卫国忘亡闵公二年。其款曲而言人事也，则有犀革裹之，比及宋，手足皆见庄公十二年；三军之士，皆如挟纩宣公十二年。"[110]如此属辞，所以含蓄有味者，多以损益辞文为能事，或直书成效，或直言心态，或写出结局，或凸显温馨，多为含蓄蕴藉之修辞手法。

外此，《史通·模拟》又举左氏"文虽缺略，理甚昭著"之例，如鲁桓公薨于齐，《左传》但书"彭生乘公，公薨于车"桓公十八年删省遇害过程，为尊者讳耻也。晋楚邲之战，晋中军下军争舟，《左传》删略晋军无备，乱军争渡，不言楚军追亡逐北，不言晋军"攀舟乱，以刃断指"；而但书"舟中之指可掬也"宣公十二年；亦以结局替代原因，而场景如见如闻。若此之类，望表而知里，扪毛而辨骨，"睹一事于句中，反三隅于事外"[111]，是刘知几所谓用晦之法。实则，不过为属辞之笔削，"损之又损，以至于无为"而已。

"《春秋》之义，昭乎笔削"，而笔削之义，借由属辞之详略、异同、分合、虚实、去取体现之。《左传》薪传《春秋》，清章学诚《论课蒙学文法》，列举"同事异叙、同叙异言、同言异用，或此详而彼略，或彼合而此分，或虚实而实虚，或有去而有取"[112]诸叙事法，可见一斑。《左传》叙事，颇致力于辞文之去取损益，如士芳曰："不如逃之，无使罪至，为吴太伯，不亦可乎？犹有令名，与其及也。"闵公元年妙在吞言咽意。苟尽其词，则当增"不如奔也"或"宁奔也"一句。二年，狐突曰："孝而安民，子其图之，与其危身以速罪也。"闵公二年妙在引而不发。吞言咽意、引而不发，犹言含蓄蕴藉，即《史通·叙事》所谓"用晦"之道。

《春秋》书法之连缀文句，修饰辞语，无异文章之修辞。举凡显晦、曲直、虚实、详略、重轻、异同、先后、损益、偏全，固是属辞之法，亦即文章锻句之方。桐城义法称"法以义起、法随义变"；何妨下一转语：文以义起，辞随义变。

五、《春秋》约文与微婉显晦、增损改易

据司马迁《史记·十二诸侯年表序》所称，"约其辞文"，为属辞之能事；"去其烦重"，则比事之功夫，皆攸关《春秋》之书法。要之，皆脉注绮交，归本于"何以书"之"义"。义法之说，滥觞于此，实不离属辞比事之《春秋》教。

《春秋》起讫，凡二百四十二年，总字数才一万六千余字。一年平均不足七十个

字，每月不足六个字。"约其辞文，去其烦重"二言，即孔子笔削鲁史记之历程写照。辞文简约，史事删刈，皆缘于"义"之主导。《后汉书·班彪传》称："杀史见极，平易正直，《春秋》之义也。"[113] 杀史见极，实即笔削损益之功夫。

晋范宁《春秋谷梁传·序》说《春秋》"一字之褒，宠踰华衮之赠；片言之贬，辱过市朝之挞"[114]。褒崇或贬责，止在一字之间，故选字措词，不得不讲究。唐韩愈《进学解》称"《春秋》谨严"[115]，有三层指涉：一指义法，二指笔削，三指约其辞文。无论褒贬、劝惩之义，或杀史、谨严之辞，大多不离约文笔削之范畴。

《春秋》因或笔或削，而呈现相反相对之属辞方法，如微与显，志与晦，婉与成章，尽与不汙。若削而不取，则体现微、晦、婉之风格；若笔而书之，则自见显、志、成章之效用。至于尽而不汙，虽曰据事直书，于序事中寓论断，然系出于抉择史料、或笔或削之后，并非漫无取舍，信笔而书。由此观之，微婉显晦之书例，无异增损改易之笔削，自是《春秋》属辞约文之一个面向。

《春秋》之或笔或削、或增或损、或同或异，要皆本乎圣心，酌乎义理，诚如元汪克宽《春秋胡传附录纂疏》所云。孔子曰"其义，则丘窃取之"者，即宋邵雍所谓"《春秋》皆因事而褒贬"。朱熹品评《春秋》约文属辞之特色，曰："都不说破"；曰"盖有言外之意"。此有见于或笔或削之书法，因增损改易辞文，而见微婉显晦之诗化修辞。

《春秋》隐公五年，但书："考仲子之宫，初献六羽。"则鲁久僭八佾之讥，自在言外。宣公三年《春秋》，但书："郊牛之口伤，改卜牛。"直书其事，贬刺鲁僭行郊礼之义。定公二年《春秋》，但书"冬十月，新作雉门及两观。"雉门，乃天子皇宫之宫门。鲁定公之僭礼越分，书法可知。清康熙帝御制《春秋传说汇纂》，纲领二（引邵子曰）曰初献、曰卜牛、曰新作，考其书法，即赵汸《春秋属辞》所谓："以其所书，推见其所不书"；庄存与《春秋正辞》亦云："以所书，知所不书。"藉所笔以示所削，记此以例彼，《春秋》属辞约文之法，笔削昭义之道也。

温之会，《春秋》书曰："天王狩于河阳。"《左传》载："是会也，晋侯召王，以诸侯见，且使王狩。"是以历史叙事解经。同时，引仲尼曰："以臣召君，不可以训。故书曰云云。言非其地也，且明德也。"不殊史家之论赞褒贬《左传》僖公二十八年。揆诸传世文献，《左传》之外，如《竹书纪年》，《史记》之《晋世家》《孔子世家》，亦皆指"书曰"为曲笔讳书，为尊者讳耻，为贤者讳过[116]。于是颠倒上下，召王变为王狩，示讳以存礼，略是而著非，所谓推见至隐，微婉显晦，乃笔削约文之书法。

清万斯大《学春秋随笔》称：《春秋》有义，义有变有因：如晋董狐书"赵盾弑其君"，齐太史书"崔杼弑其君"，《春秋》亦以为言，是以因为义。《不修春秋》曰："雨星不及地，尺而复"；君子修之曰："星陨如雨。"诸侯之策曰"孙林父宁殖出其君"；孔子书之曰"卫侯衎出奔"，此以变为义也[117]。无论以因、以变，因袭或改易，皆指称辞文，此藉属辞以见义之例。

又如诸侯死亡，内辞书薨，外辞书卒。隐公十一年《春秋》书曰："冬十有一月壬辰，公薨。"宋胡安国《春秋传》称："隐公见弑，鲁史旧文必以实书。其曰'公薨'者，仲尼亲笔也。"又曰："仲尼笔削旧史，断自圣心。于鲁君见弑，削而不书者，盖国史一官之守；《春秋》，万世之法，其用固不同矣！"[118]此谓《春秋》以变文示义，暗指隐公见弑而亡。另外，鲁国十二公，遭弑而亡者三：隐公、桓公、闵公，但书"公薨"，不书地，不书葬，与其他正常死亡者书法有别，亦以变为义之属。

实字之外，虚字可以助文气、调文理，孔子作《春秋》，亦十分讲究。虚字之殊胜，梁刘勰所谓："据事似闲，在用实切。巧者回运，弥缝文体，将令数句之外，得一字之助矣。"[119]清张应昌《春秋属辞辨例编》，揭示《春秋》书法之虚字，如书遂、书弗、书不、书乃、书而、书及、书与、书以之伦。《春秋属辞辨例编》集成历代论说，稍稍断以己意[120]。《春秋》之微辞隐义、言外之意，从中曲曲传出。此等虚字，诚如《文心雕龙》所言："据事似闲，在用实切。"不可等闲视之，值得进行专题研讨。

《史通·叙事》标榜文约事丰，以为述作之尤美者。《左传》宋华耦来盟，称其先人得罪于宋，鲁人以为敏文公十五年。"以钝者称敏，则明贤达所嗤。"此为省文之例。钱锺书《管锥编》，引用魏禧《日录》，推崇《左传》叙"秦伯犹用孟明"句，以为"只一'犹'字，读过便有五种意义：孟明之再败、孟明之终可用、秦伯之知人、时俗人之惊疑、君子之叹服。不待注释而后明。"《左传》用"犹"字，"句中只著一字而言外可反三隅矣"[121]，《史通·叙事》所谓"加以一字太详，减其一字太略，求诸折中，简要合理"[122]，此乃省字之原则。

《左传》解说《春秋》书法，有所谓五十凡者，确定语词之义界，尤其凸显"约文属辞"之修辞工夫。如细致界定战争术语："凡师敌未陈，曰败某师；皆陈，曰战；大崩，曰败绩；得儁，曰克。覆而败之，曰取某师；京师败，曰王师败绩于某。"庄公十一年严谨区隔战争正当性："凡师，有钟鼓曰伐，无曰侵，轻曰袭。"庄公二十九年分别战争终结之遭遇："凡胜国，曰灭之。获大城焉，曰入之。"文公十五年辨明弑君罪恶之归属："凡弑君，称君，君无道也。称臣，臣之罪也。"宣公四年厘析去国而即位之类别："凡去其国，国逆而立之曰入；复其位，曰复归；诸侯纳之，曰归；以恶，曰复入。"成公十八年审慎列举胜战之状况："凡书取，言易也。用大师焉，曰灭。弗地，曰入。"襄公十三年骆成骙《左传五十凡例·序》，颇言凡例之功用："明一义以求他义，习一凡以推他凡。执简驭繁，纲举目张。习《春秋》者，舍此固不能为功也。"[123]《左传》之凡例，当然不止五十。文约义丰，言简意赅，约文属辞之工夫如此，堪称修辞学之典型表率。

立象见意、言外妙会、含蓄蕴藉、互见相发、以少胜多、曲折有致，上述诗歌语言之特质，《左传》叙事传人，实不乏其例。笔者曾探论《左传》叙事艺术之诗化修辞：曰用晦，曰贵简，曰尚比，曰致曲。旨在印证麟经，期于至当[124]。所谓晦、简、比、曲，即近似文学语言、诗歌语言[125]。朱熹称《春秋》："都不说破"，"盖有言外之意"。何异后世绝妙好诗之语言特色？此固笔削书法所致，亦尽心致力于约文属辞使之然。

《公羊传》引子女子曰："以春秋为《春秋》"，称孔子作《春秋》时，于内外、远近、上下、亲疏，有"讳莫如深"之书例。《公羊传》所谓："《春秋》为尊者讳，为亲者讳，为贤者讳。"闵公元年《穀梁传》所谓："为尊者讳耻，为贤者讳过，为亲者讳疾。"成公九年《穀梁传注疏》，有四讳要皆曲笔讳饰，笔中有削，与据事直书，即辞以见义，大不相同。宋张大亨称："《春秋》记鲁之不善，凡接于外者讳之，如奔、弑、杀、伐之类是也。非外所与，则无所隐也"，如丹楹刻桷、丧昏逆祀之类是也[126]。无论讳书，或直书，固是笔削之事，要亦属辞约文之工夫。

《公羊传》常言"君子辞也"云云，层面多方，论者为之拈出，有正辞、常辞、微辞、异辞、同辞、内辞、外辞。有远近之辞、褒贬之辞、予夺之辞、进退之辞。有贤之、善之、喜之、幸之之辞；有大之、重之之辞，有抑之、略之、贱之之辞；有恭辞、有卑辞。其尊尊也、亲亲也、贤贤也，有为讳之辞；其不得已也，或从而为之辞[127]。《公羊》君子关注文辞，约文属辞之体现，可见一斑。

钱锺书《管锥编》宣称："《公羊》、《穀梁》两传，阐明《春秋》美刺'微词'，实吾国修词学最古之发凡起例。'内词'、'未毕词'、'讳词'之类皆文家笔法。"[128]凡此，实即《春秋》曲笔讳书，约文笔削之书法。

六、《春秋》属辞与言外之意、都不说破

孔子以一介平民，取舍鲁史记，作成《春秋》；以之贬天子，退诸侯，讨大夫，以达王事，是非二百四十二年之中，以为天下仪表。《孟子·滕文公下》称："《春秋》，天子之事也；是故孔子曰：'知我者其惟《春秋》乎！罪我者其惟《春秋》乎！'"[129]平民而代天子施行赏罚，是"匹夫而行天子之事"。公羊家所谓"素王"[130]，盖指此。元赵汸著《春秋属辞》，称孔子作《春秋》，"有书，有不书，以互显其义"[131]，清庄存与《春秋正辞》亦云："以所不书，知所书；以所书，知所不书。"此之谓"假笔削以行权"。孔子知我罪我之苦衷，"行权"二字可以概见。

"贬天子，退诸侯，讨大夫，以达王事"云云，是《春秋》"何以书"之指义，即孔子"假笔削以行权"之核心旨趣。孔子"见之于行事"，即是《春秋》"如何书"之法。进退公卿，褒贬诸侯，不宜凭空论断，盖"空言独能载其理，行事然后见其用。"于是孔子于或笔或削之际，因事而属辞，藉辞以见义。《孟子·离娄下》称《春秋》之作，"其事则齐桓、晋文，其文则史。孔子曰：'其义则丘窃取之矣。'"[132]其事、其文、其义，为《春秋》作成之三元素，体用不二，互明相发。

孔子作《春秋》，或凭借比事，或寅缘属辞，以寄寓《春秋》褒贬劝惩之义。详言之，排比相类相反之史事，连属上下前后之文辞，《春秋》之微辞隐义，可以推求得知。此必孔门相传之心法，故《左传》《公羊传》《穀梁传》及其注疏解经，多运以属辞比事之《春秋》教[133]。以经解经，可以无传而著。《史记·司马相如列传》称："《春秋》推见至隐，《易》本隐以之显。"[134]《朱子语类》载朱熹之说云："《易》以形而上者，说出在那形而下者上；《春秋》以形而下者，说上那形而上者去。"[135]斯言有理。

孔子或笔或削，所以体现"窃取之义"。《春秋》成书之后，笔削之所以然，随之模糊不清；犹鸳鸯绣出，金针亦难寻觅。《史记·孔子世家》称：孔子"为《春秋》，笔则笔，削则削，子夏之徒不能赞一辞"，职此之故。《朱子语类》载朱熹之言曰"《春秋》都不说破，教后人自将义理去折衷"；又称"圣人且据实而书之，其是非得

失，盖有言外之意"。《左传》成公十四年君子曰，揭示《春秋》五例，其四曰"尽而不汙"；晋杜预《春秋序》所谓"直书其事，具文见意"，即朱熹所云"据实而书之"《春秋》书法之一[136]。亦即顾炎武所云"于序事中寓论断"。凡此，皆攸关其事、其文"如何书"，而有"言外之意"之法。

中唐啖助、赵匡新《春秋》学派，解读《春秋》，有所谓"缀述十意"，皆笔削昭义之法。笔而书之者有五：悉书以志实、变文以示义、记是以著非、即辞以见义、详内以异外。削而不书者五：略常以明礼、省辞以从简、示讳以存礼、阙略因旧史、损益以成辞。其中，悉书、阙略、略常、记是、详内，排比史事而可知。即辞、省辞、变文、示讳、损益，属辞约文亦不难考见。要之，啖赵学派说《春秋》，关注属辞，与比事旗鼓相当。陆质《赵氏损益义》曰："人之善恶，必有浅深。不约其辞，不足以差之也。"[137]近人钱锺书《管锥编》称："《春秋》之书法，实即文章之修词。"[138]虽不尽然，亦有见而言然。盖比事以显义，自是《春秋》书法之大宗，不止属辞约文而已。不过，言属辞，而比事该之矣。

考察或笔或削，如之何能推求《春秋》之微辞隐义？元赵汸著《春秋属辞》，以为《春秋》不书之义有五：略同以显异、略常以明变、略彼以见此、略是以著非、略轻以明重。发挥系统思维、宏观观照，通全经而考察之，经由比较同异、常变、彼此、是非、轻重，而见《春秋》不书之义例，有略同、略常、略彼、略是、略轻诸书法，皆所谓削而不书者。赵汸进一步提示治经方法："其能参考经传，以其所书，推见其所不书；以其所不书，推见其所书者，永嘉陈氏一人而已。"[139]，假笔削以行权，所书与不书，互发其蕴；或笔与或削，互显其义，于是《春秋》"都不说破"之微辞隐义，"盖有言外之意"之神秘符码，可借"形而下"之比事属辞，"说上那形而上"之"义"去。

《易·系辞上》："形而上者谓之道，形而下者谓之器。"唐孔颖达《疏》："道，是无体之名；形，是有质之称。凡有从无而生，形由道而立，是先道而后形，是道在形之上，形在道之下。"[140]义与法，犹道与器，实即抽象道理与具体事物之关系。《老子》认为：道在器之先；程颐、朱熹等认为道超越于器之上[141]。《孟子·离娄下》说《春秋》其事、其文，乃"形而下者"之器、之法。孔子"窃取之"之"义"，独断别裁，则是"形而上者"之道。义犹将帅，法如兵卒；道在器之先、超越于器之上。

孔子笔削鲁史记，而成《春秋》，其义"都不说破"，近似《周易·系辞》"书不尽言"；《春秋》"盖有言外之意"，犹《周易·系辞》"言不尽意"。持此以观，《春秋》因属辞而见义，藉比事以显义，犹《周易》"立象以尽意，设卦以尽情伪，系辞焉以尽其言"[142]义，若无所依傍，则沦于"载之空言"。"见之于行事"，有所凭借，犹立象以尽意，即器以求道，则深切著明。由于"书不尽言，言不尽意"，故《周易》"立象以尽意，系辞以尽其言"；孔子《春秋》，则经由排比史事以显义，凭借属辞约文以观义，仰赖本末终始以得义。

就比较而言：其事与其文、比事与属辞，讲究"如何书"，乃"形而下"之"法"。孔子"窃取之"者，体现《春秋》"何以书"，则为"形而上"之"义"。清章学诚《文史通义·言公上》称:"其事与文,所以藉为存义之资也。"由此观之,孔子作《春秋》,后人治《春秋》,考察比事以显义,凭借属辞以见义,是朱子所谓"以形而下者,说上那形而上者去"。清方苞《又书〈货殖传〉后》说义法,称:"义以为经,而法纬之。"[143]此汉董仲舒《春秋繁露·精华》所谓:"《春秋》无达辞,从变从义。"[144]自《孟子》《礼记》《史记》,至朱熹、方苞、章学诚,诸家说义法,殊途而同归,百虑而一致。

朱熹揭示"《春秋》都不说破",后世佛禅拈花微笑、不犯正位,皆其流风遗韵[145]。晚唐司空图《二十四诗品·含蓄》"不着一字,尽得风流";宋严羽《沧浪诗话·诗辩》"羚羊挂角,无迹可寻";"透彻玲珑,不可凑泊",差堪仿佛。朱子又称《春秋》"其是非得失,盖有言外之意";则与《左传》所载"微而显,志而晦,婉而成章"书例,所谓曲笔讳书、文外曲致,多异名而同实,同工而异曲。刘勰《文心雕龙》卷八论"隐秀",刘知几《史通》卷六《叙事》,说"尚简""用晦",亦足相发明。由此观之,就"《春秋》之义,昭乎笔削"而言,孔子《春秋》,堪称书法、史笔、义理、辞章之本根、星宿海、源头活水,传统学术之千岩万壑,要皆朝宗于此。

以上,论《春秋》之或笔或削,生发属辞约文,都不说破,而有言外之意。犹《周易》立象以尽意,系辞以尽言,"书不尽言,言不尽意"者然。提示诠释解读《春秋》之法,在于即器求道,朱子所谓"以形而下者,说上那形而上者去"。

注释:

[1](清)焦循:《孟子正义》,《离娄下》,北京:中华书局,1987年,第574页。

[2](汉)司马迁撰,[日]泷川资言考证,杨海峥整理:《史记会注考证》卷四十七《孔子世家》,上海:上海古籍出版社,2016年,第2478页。

[3](东汉)王充:《论衡》第十三卷《超奇》,上海:上海人民出版社,1974年,第211页。

[4](南朝梁)刘勰著,范文澜注:《文心雕龙注》,《宗经》,北京:人民文学出版社,1958年,第22页。

[5](宋)程颐:《春秋传·序》,《二程全书·伊川经说四·春秋传》,《四部备要》本,台湾:中华书局,1966年,第6页。

[6]张高评:《朱熹之〈春秋〉观——据实直书与朱子之征实精神》,中国经学研究会主编:《第八届中国经学国际学术研讨会论文选集》,台北:万卷楼图书公司,2015年,第354~358页。

[7](西汉)戴圣:《礼记·经解》,(清)孙希旦:《礼记集解》卷二十六,北京:中华书局,1989年,第736页。

[8](宋)黎靖德编,王星贤点校:《朱子语类》卷八十三《春秋·纲领》,北京:中华书局,1986年,第2149、2152页。

[9](汉)司马迁撰,[日]泷川资言考证,杨海峥整理:《史记会注考证》卷一百三十《太史公自序》,上海:上海古籍出版社,2016年,第4317页。

[10](宋)胡安国:《春秋传·序》,台北:台湾商务印书馆,1966年,《四部丛刊》续编,总第1页。

[11](汉)司马迁撰,[日]泷川资言考证,杨海峥整理:《史记会注考证》卷一百三十《太史公自序》,上海:上海古籍出版社,2016年,第4317页。

[12](宋)黎靖德编,王星贤点校:《朱子语类》,《易三·纲领下》,北京:中华书局,1986年,第1659页。

[13] 戴君仁:《春秋辨例》第十章《结论》,台北:中华丛书编审委员会,民国五十三年,第147页。

[14] (宋)赵鹏飞:《春秋经筌》卷二,(清)纳兰成德编:《通志堂经解》本,台北:大通书局,1970年,第12页,总第11584页。

[15] (清)章学诚著,仓修良编注:《文史通义新编新注》,《言公上》,北京:商务印书馆,2017年,第202页。

[16] 刘师培:《古春秋记事成法考》,《左盦集》卷二《刘申叔先生遗书》,台北:华世出版社,1975年,第1页。

[17] 张高评:《属辞比事与〈春秋〉之微辞隐义——以章学诚之〈春秋〉学为讨论核心》,《中国典籍与文化论丛》第17辑(2015年10月),第152～180页。

[18] (明)石光霁:《春秋书法钩元·序》,文渊阁《四库全书》本,台北:台湾商务印书馆,1983年,第1页,册165,总第808页。

[19] (清)纪昀主纂:《四库全书总目》卷二九《春秋通论》提要,台北:艺文印书馆,1974年,第23页,总第603页。

[20] (清)张应昌:《春秋属辞辨例编》卷首《奏章》,《续修四库全书》本,上海:上海古籍出版社,2002年,第1页。

[21] 张高评:《〈春秋〉书法与"义"在言外——比事见义与〈春秋〉学史研究》,《文与哲》第二十五期(2014年12月),第77～81页。

[22] (宋)程颐:《春秋传·序》,《二程全书·伊川经说四·春秋传》,《四部备要》本,台湾:中华书局,1966年,第6页。

[23] (清)章学诚著,仓修良编注:《文史通义新编新注》,《答客问上》,北京:商务印书馆,2017年,第253页。

[24] 张高评:《〈春秋〉书法与"义"在言外——比事见义与〈春秋〉学史研究》,《文与哲》第二十五期(2014年12月),第91～92页。

[25] (汉)司马迁撰,[日]泷川资言考证,杨海峥整理:《史记会注考证》卷十四《十二诸侯年表序》,上海:上海古籍出版社,2016年,第714页。

[26] (唐)陆淳:《春秋集传纂例》卷一《三传得失议第二》,(清)钱仪吉编:《经苑》,台北:大通书局,1970年,第4页,总第2358页。

[27] (宋)家铉翁:《春秋集传详说》卷首《纲领·明凡例》,第41页。文渊阁《四库全书》第158册,台北:台湾商务印书馆,1983年,第21～22页。

[28] (宋)李昉,等编:《太平御览》卷六百十引,北京:中华书局,1960年,第7页,总第2746页。

[29] 刘师培:《春秋左氏传古例诠微·明传篇第三》,《刘申叔先生遗书》第一册,台北:华世出版社,1975年,第3页,总第390页。

[30] 张高评:《左传属辞与文章义法》,台北:五南图书公司,2021年,第1～312页。

[31] 参考余英时:《章实斋与柯灵乌的历史思想》,《历史与思想》,台北:联经出版公司,1976年,第180～194页。

[32] 张高评:《笔削显义与胡安国〈春秋〉诠释学——〈春秋〉宋学诠释方法之一》,王水照、朱刚主编:《新宋学》第五辑(2016年8月),第275～308页。张高评:《〈春秋〉笔削见义与传统叙事学》,《文史哲》2021年第3期。

[33] (清)顾炎武著,黄汝成集释:《日知录集释》卷二十六《史记于序事中寓论断》,上海:上海古籍出版社,2014年,第562页。

[34] (汉)司马迁撰,[日]泷川资言考证,杨海峥整理:《史记会注考证》卷十四《十二诸侯年表序》,上海:上海古籍出版社,2016年,第714页。

[35] (元)赵汸:《春秋属辞》卷八《假笔削以行权第二》,《通志堂经解》,台北:大通书局,1970年,第1~2页,总第14801页。

[36] (宋)胡安国:《春秋传》,《述纲领》,台北:台湾商务印书馆,1966年,《四部丛刊》续编,第1页,总第2页。《进表》,第1页,总第4页。

[37] (元)赵汸:《春秋属辞》卷八《假笔削以行权第二》,《通志堂经解》,台北:大通书局,1970年,第1~2页,总第14801页。

[38] (清)方苞:《望溪先生文集》卷四《春秋通论序》,《四部丛刊》初编本,台北:台湾商务印书馆,1979年,第4页,总第52页。

[39] (清)章学诚著,仓修良编注:《文史通义新编新注》,《答客问上》,北京:商务印书馆,2017年,第252页。

[40] (宋)胡安国:《春秋传·桓公十四年·夏五》卷六,台北:台湾商务印书馆,1966年,《四部丛刊》续编,第4页,总第27页。

[41] (宋)胡安国:《春秋胡氏传》卷首《春秋传序》,台北:台湾商务印书馆,1966年,《四部丛刊》续编,第1页,《进表》第1页,总第4页。参考张高评:《史外传心与胡安国〈春秋〉诠释法》,《经学文献研究集刊》2018年第二十辑,第250~279页。

[42] (清)庄存与:《春秋正辞》,《皇清经解》卷三百八十七《春秋要旨》,台北:复兴书局,1972年,第1页,总第8443页。

[43] (清)章学诚著,仓修良编注:《文史通义新编新注》,《言公上》,北京:商务印书馆,2017年,第202页。

[44] (清)章学诚:《论文示贻选》,《章氏遗书》卷二十九外集二,台北:汉声出版社,1973年,第75页,总第752页。

[45] (清)孔广森:《春秋公羊经传通义·叙》,《皇清经解》卷六百九十一,台北:复兴书局,1972年,第7页,总第9293页。

[46] (清)张自超:《春秋宗朱辨义》卷八《侨如以夫人妇姜氏至自齐》,台北:台湾商务印书馆,1983年,文渊阁《四库全书》第178册,第34页,总第188页。

[47] 张高评:《左传英华》,"一、叙事文""二、《鲁桓公薨于齐》鉴赏",台北:万卷楼图书公司,2020年,第16~25页。

[48] (宋)胡安国:《春秋胡氏传》卷20,成公十六年《秋,公会晋侯、齐侯、卫侯、宋华元、邾人于沙随,不见公》,台北:台湾商务印书馆,1966年,第8页。《四部丛刊》续编本,总第96页。参考(清)张应昌:《春秋属辞辨例编》卷十一《内盟书及书会》,卷二十一《不书灭》,卷三十《鲁公书孙书次书居书在》,卷三十二《内讳弑君》,卷五十《夷狄称号总论》,《续修四库全书》本,上海:上海古籍出版社,2002年,第321~325页、第574~576页、第750~755页、第52~54页、第551页。

[49] (宋)苏辙:《春秋集解》卷九,曾枣庄、舒大刚主编:《三苏全书》第2册,北京:语文出版社,2001年,第118页。

[50] (宋)陈傅良:《春秋后传》卷一《通志堂经解》,台北:大通书局,1970年,第14页,总第12129页。

[51] (汉)董仲舒:《春秋繁露》第二卷《竹林》,上海:上海古籍出版社,1989年,第15页。

[52] (汉)董仲舒:《春秋繁露》第三卷《精华》,上海:上海古籍出版社,1989年,第24页。

[53] (宋)李明复:《春秋集义》卷首《纲领·卷上》,文渊阁《四库全书》,台北:台湾商务印书馆,1983年,第9页,总第188页。

[54] (元)赵汸:《春秋师说》卷下《论学春秋之要》,(清)纳兰成德编:《通志堂解经》,台北:大通书局,1970年,第2页,总14943页。

[55]张高评:《〈春秋〉五例与〈左传〉之忌讳叙事》,《国文天地》2019年第35卷第5期(总第413期),第103~107页。

[56](清)庄存与:《春秋正辞》,《皇清经解》卷三百八十七《春秋要旨》,台北:复兴书局,1972年,第1页,总8443页。

[57]张高评:《书法、史学、叙事、古文与比事属辞——中国传统叙事学之理论基础》,香港中文大学《中国文化研究所学报》第64期(2017年1月),第1~33页。

[58](汉)司马迁撰,[日]泷川资言考证,杨海峥整理:《史记会注考证》卷一百三十《太史公自序》,上海:上海古籍出版社,2016年,第4317页。

[59](宋)胡安国:《春秋传·序》,台北:台湾商务印书馆,1966年,《四部丛刊》续编,总第1页。

[60](宋)吕大圭:《春秋或问》卷一《春秋褒贬论》,文津阁《四库全书》,北京:商务印书馆,1983年,第1页,总523页。

[61](元)程端学:《春秋本义·序》,文渊阁《四库全书》第160册,台北:台湾商务印书馆,1983年,第4~5页,总33~34页。

[62](宋)黎靖德编,王星贤点校:《朱子语类》卷八十三《春秋·纲领》,北京:中华书局,1986年,第2146页。

[63](元)赵汸:《春秋师说》卷下《论学春秋之要》,纳兰成德:《通志堂经解》,台北:大通书局,1970年,第2页,总第14943页。

[64][日]安井衡:《左传辑释》卷首《自序》,台北:广文书局,1979年,第3页。

[65]张高评:《〈春秋〉书法与"义"在言外——比事见义与〈春秋〉学史研究》,《文与哲》第二十五期(2014年12月),第77~130页。

[66]张高评:《属辞比事与〈春秋〉之微辞隐义——以章学诚之〈春秋〉学为讨论核心》,《中国典籍与文化论丛》第17辑(2015年10月),第4页。

[67](宋)刘朔:《春秋比事》,陈亮《序》,文渊阁《四库全书》第153册,台北:台湾商务印书馆,1983年,第8页。

[68](清)毛奇龄:《毛检讨春秋传》卷八,《皇清经解》本,卷一百二十七,台北:复兴书局,1972年,第16页,总第7722页。

[69](元)程端学:《春秋本义》卷首《春秋本义通论》,文渊阁《四库全书》第160册,台北:台湾商务印书馆,1983年,第4~5页,总33~34页。

[70](清)张自超:《春秋宗朱辨义》,《总论》,台北:台湾商务印书馆,1983年,文渊阁《四库全书》第178册,第1页。

[71](清)方苞:《春秋通论》卷四《通例七章》之一,文渊阁《四库全书》第178册,台湾:商务印书馆,1983年,第19页,总第346页。方苞:《春秋直解》卷首《自序》,《续修四库全书》本,上海:上海古籍出版社,2002年,第1页,总第3页。参考张高评:《比事属辞与方苞之〈春秋〉学——无传而着法门之三》,中兴大学中文系2014"经学与文化研讨会",2014年12月,第1~23页。

[72](清)顾栋高著,吴树平、李解民点校:《春秋大事表》,《读春秋偶笔》,北京:中华书局,1993年,第30~32页。

[73]张高评:《属辞比事与〈春秋〉之微辞隐义——以章学诚之〈春秋〉学为讨论核心》,《中国典籍与文化论丛》第17辑(2015年10月),第7~8页。

[74](清)孔广森:《春秋公羊经传通义·叙》,《皇清经解》卷六百九十一,台北:复兴书局,1972年,第7页,总第9293页。

[75](清)张应昌:《春秋属辞辨例编》卷首《奏章》,《续修四库全书》本,上海:上海古籍出版社,2002年,第1页,总第6页。

[76] 张高评:《属辞比事与〈春秋〉宋学之创造性诠释》,《杭州师范大学学报》2019 年第 3 期,第 89~96 页。

[77] 张高评:《〈左传〉叙事见本末与〈春秋〉书法》,《中山大学学报》2020 年第 1 期,第 1~13 页。

[78] (宋)萧楚:《春秋辨疑》卷一《春秋鲁史旧章辨》,文渊阁《四库全书》第 148 册,台北:台湾商务印书馆,1983 年,第 1 页,总第 110 页。

[79] (唐)陆淳:《春秋集传纂例》卷一《三传得失议第二》,(清)钱仪吉编:《经苑》,台北:大通书局,1970 年,第 4 页,总第 2358 页。

[80] (宋)叶适:《习学记言序目》卷九《春秋》,北京:中华书局,2009 年,第 118 页。

[81] (清)章学诚:《章氏遗书·论课蒙学文法》,台北:汉声出版社,1973 年,第 5 页,总第 1357 页。

[82] (清)林纾:《左传撷华》卷下《子产为政》,北京:北京联合出版公司,2019 年,第 153 页。

[83] (宋)真德秀:《西山先生真文忠公文章正宗》卷首《纲目·叙事类》,《四部丛刊》初编本,台北:台湾商务印书馆,1967 年,第 2 页。

[84] (元)卢挚:《文章宗旨》,参考张健:《元代诗法校考》,北京:北京大学出版社,2001 年,第 4 页。

[85] (清)方苞:《史记评语·高祖本纪》,《方望溪先生全集》卷二《望溪集外文补遗》,《四部丛刊》初编本,台北:台湾商务印书馆,1979 年,第 14 页,总第 434 页。

[86] (清)阮元:《经籍籑诂》,上声六语"叙""序",台北:泰顺书局,1972 年,第 479~480 页。

[87] (清)章太炎:《检论》卷二《春秋故言》,《章氏丛书》上册,台北:世界书局影印浙江图书馆校刊本,1958 年,第 532 页。

[88] (清)章学诚著,仓修良编注:《文史通义新编新注》,北京:商务印书馆,2017 年,第 405 页。

[89] (元)赵汸:《春秋属辞》卷四《楚公子比弑其君虔于乾谿》,《通志堂经解》,台北:大通书局,1970 年,第 8 页,总 14738 页。

[90] (唐)刘知几:《史通》,内篇《叙事第二十二》,北京:中华书局,2014 年,第 278 页。

[91] (东汉)扬雄:《法言》,第七卷《寡见》,上海:上海古籍出版社,1989 年,第 16 页。

[92] (唐)刘知几:《史通》,内篇《叙事第二十二》,北京:中华书局,2014 年,第 278 页。

[93] (宋)朱熹注,李剑雄标点:《周易》,《系辞上》,上海:上海古籍出版社,1995 年,第 148 页。

[94] (南朝梁)刘勰著,范文澜注:《文心雕龙注》卷六《风骨》、卷九《附会》,北京:人民文学出版社,1958 年,第 513 页、第 651 页。

[95] 张高评:《方苞古文义法与〈史记评语〉——比事属辞与叙事艺术》,台湾中山大学中文系《文与哲》第二十七期(2015 年 12 月),第 335~390 页。

[96] (汉)董仲舒:《春秋繁露》第二卷《竹林》,上海:上海古籍出版社,1989 年,第 15 页。

[97] (汉)董仲舒:《春秋繁露》第三卷《精华》,上海:上海古籍出版社,1989 年,第 24 页。

[98] (汉)董仲舒:《春秋繁露》第十六卷《祭义》,上海:上海古籍出版社,1989 年,第 91 页。

[99] 段熙仲:《春秋公羊学讲疏》第三编《属辞》第一章《述传》,南京:南京师范大学出版社,2002 年,第 155 页。

[100] (晋)徐邈:《春秋谷梁传注义·僖公三十二年》,(清)马国翰《玉函山房辑佚书》《经编·春秋类》,扬州:广陵书社,2004 年,第 1408 页。

[101] 钱穆:《中国史学名著》之二《春秋》,《钱宾四先生全集》第三十三册,联经出版事业有限公司,1998 年,第 29 页。

[102] (元)赵汸:《春秋属辞》卷十三《特笔以正名第六》,《通志堂经解》,台北:大通书局,1970 年,第 1 页,总第 14885 页。

[103] (清)庄存与:《春秋正辞》,《皇清经解》卷三百八十七《春秋要旨》,台北:复兴书局,1972年,第1页,总第8443页。

[104] (清)钟文烝著,骈宇骞,等校点:《春秋谷梁经传补注》卷首《论经》,北京:中华书局,1996年,第10页。

[105] 张高评:《〈春秋〉属辞约文与文章修辞——中唐以前之〈春秋〉诠释法》,《文史哲》杂志2021年第4期。参考《左传属辞与文章义法》第一章所论。

[106] (南朝梁)刘勰著,范文澜注:《文心雕龙注》,《宗经》,北京:人民文学出版社,1958年,第22页。

[107] 钱锺书:《管锥编》第三册《全上古三代秦汉三国六朝文》三一,《全后汉文》卷一,北京:中华书局,1986年,第967页。

[108] (唐)刘知几:《史通》内篇《叙事第二十二》,北京:中华书局,2014年,第292页。

[109] (春秋)老子著,陈鼓应注译:《老子今注今译》第四十八章,北京:商务印书馆,2016年,第250页。

[110] (唐)刘知几:《史通》内篇《叙事第二十二》,北京:中华书局,2014年,第293页。

[111] 参考钱锺书:《管锥编》册一《左传正义》一二,闵公二年《句中著一字而言外反三隅》,北京:中华书局,1986年,第180页。

[112] (清)章学诚:《章氏遗书·论课蒙学文法》,台北:汉声出版社,1973年,第6～7页,总第1357～1358页。

[113] (南朝宋)范晔撰,(唐)李贤,等注:《后汉书》,卷四十《班彪列传》,北京:中华书局,1999年,第892页。

[114] (晋)范宁:《春秋谷梁传·序》,(晋)范宁集解,(唐)杨士勋疏,(清)阮元编校:《十三经注疏》本,台北:艺文印书馆,1955年,第5～6页,总第5页。

[115] (唐)韩愈撰,马其昶校注:《韩昌黎文集校注》第一卷《进学解》,上海:上海古籍出版社,1986年,第46页。

[116]《竹书纪年》直书其事:"周襄王会诸侯于河阳。"《史记·晋世家》引孔子曰:"诸侯无召王。"《春秋》书"王狩河阳"者,讳之也。《孔子世家》亦称:"践土之会实召周天子,而《春秋》讳之。"杨伯峻:《春秋左传注》,僖公二十八年,北京:中华书局,1990年,第473页。

[117] (清)万斯大:《学春秋随笔》,《皇清经解》卷五十,台北:复兴书局,1972年,第8、14页,总第762、767页。

[118] (宋)胡安国:《春秋传·隐公十一年》卷三,台北:台湾商务印书馆,1966年,《四部丛刊》续编,第5页,总第17页。

[119] (南朝梁)刘勰著,范文澜注:《文心雕龙注》卷七《章句》,北京:人民文学出版社,1958年,第572页。

[120] (清)张应昌:《春秋属辞辨例编》卷五十八《续修四库全书》本,上海:上海古籍出版社,2002年,第2～15页。

[121] 钱锺书:《管锥编》第1册《左传正义》十二《闵公二年》,北京:中华书局,1986年,第180页。

[122] (唐)刘知几:《史通》内篇《叙事第二十二》,北京:中华书局,2014年,第289页。

[123] 骆成骧:《左传五十凡例》卷首《自序》:"凡者,包括也。故有发于前者,以前包后也;发于后者,以后包前也。发于中者,以中包其前后也。发于小国者,以小包大也;发于远裔者,以夷包夏也。言内以明外,言远以知近。其事同而不言者,悉于于此焉。"民国十六年(1927年)上浣新刊,中央研究院傅斯年图书馆藏本,第1～2页。

[124] 张高评:《〈春秋〉书法与诗化修辞——以《左传》之叙事艺术为例》,《"先秦两汉古籍国际学术

研讨会"论文集》,香港中文大学中文系主办,北京:社会科学文献出版社,2011年,第301~335页。

[125] 参考张高评:《谈诗歌语言与言外之意》,《宋诗之新变与代雄》,台北:洪叶文化事业公司,1995年。附录三,第521~549页。

[126] (宋)张大亨:《春秋通训》卷一《十有一月壬辰公薨》,文渊阁《四库全书》第148册,台北:台湾商务印书馆,1983年,第33页,总第552页。

[127] 段熙仲:《春秋公羊学讲疏》第三编《属辞》第一章《述传》,南京:南京师范大学出版社,2002年,第155页。

[128] 钱锺书:《管锥编》第三册,《全后汉文》卷一,北京:中华书局,1986年,第967~968页。

[129] (清)焦循:《孟子正义》,《滕文公下》,北京:中华书局,1987年,第452页。

[130] (汉)公羊寿传,(汉)何休解诂,(唐)徐彦疏:《春秋公羊传注疏》卷十六,宣公十六年《成周宣谢灾》,台北:艺文印书馆,1955年,第18页,总第209页。汉何休《公羊解诂》称:"孔子以《春秋》当新王,上黜杞,下新周,而故宋。"

[131] "孔子作《春秋》,以寓其拨乱之志,而国史有恒体,无辞可以寄文。于是有书,有不书,以互显其义。"(元)赵汸:《春秋属辞》卷八《假笔削以行权第二》,《通志堂经解》,台北:大通书局,1970年,第1页,总第14801页。

[132] (清)焦循:《孟子正义》,《离娄下》,北京:中华书局,1987年,第574页。

[133] 赵友林:《〈春秋〉三传"注疏"中的属辞比事考》,《儒家典籍与思想研究》第三辑(2011年4月),第87~101页。

[134] (汉)司马迁撰,[日]泷川资言考证,杨海峥整理:《史记会注考证》卷一百一十七《司马相如列传》,上海:上海古籍出版社,2016年,第4004页。

[135] (宋)黎靖德编,王星贤点校:《朱子语类》卷六十七《易三·纲领下》,北京:中华书局,1986年,第1673页。

[136] 张高评:《朱熹之〈春秋〉观——据实直书与朱子之征实精神》,中国经学研究会主编:《第八届中国经学国际学术研讨会论文选集》,台北:万卷楼图书公司,2015年,第353~390页。

[137] (唐)陆淳:《春秋集传纂例》卷一《赵氏损益义》,(清)钱仪吉编:《经苑》,台北:大通书局,1970年,第9~10页,总第2361页。

[138] 钱锺书:《管锥编》第三册《全后汉文》卷一,北京:中华书局,1986年,第967页。

[139] (元)赵汸:《春秋属辞》卷八《假笔削以行权第二》,《通志堂经解》,台北:大通书局,1970年,第1~2页,总第14801页。

[140] (宋)朱熹注,李剑雄标点:《周易》,《系辞上》上海:上海古籍出版社,1995年,第148页。

[141] (宋)朱熹著,郭齐、尹波点校:《朱熹集》卷五八《答黄道夫》,成都:四川教育出版社,1996年,第2947~2949页。

[142] 刘纲纪:《周易美学》第五章《中国美学的意象论》,长沙:湖南教育出版社,1992年,第273~284页。

[143] (清)方苞:《望溪先生文集》卷二《读史·又书〈货殖传〉后》,《四部丛刊》初编本,台北:台湾商务印书馆,1979年,第20页,总第40页。

[144] (汉)董仲舒:《春秋繁露》第三卷《精华》,上海:上海古籍出版社,1989年,第24页。

[145] 朱子又曰:"子静说话,常是两头明,中间暗。"或问:"暗是如何?"曰:"是他那不说破处。他所以不说破,便是禅。所谓'鸳鸯绣出从君看,莫把金针度与人',他禅家自爱如此。"(宋)黎靖德编,王星贤点校:《朱子语类》卷一〇四《朱子一·自论为学工夫》,北京:中华书局,1986年,第2620页。

经与文的碰撞
——论清前期《左传》专书评点的"离经义化"

安 敏

（华中师范大学文学院/湖北文学理论与批评研究中心，湖北武汉，430079）

内容摘要： 清前期的《左传》专书评点体现出"离经义化"的倾向：从评点目的上说，偏向将《左传》作为初学作文的范本；从评点内容上说，析文法的总体比重大大增加；从评点方式上说，个人的审美体悟与感受居多。这一倾向的生成与此期经学发展的纠葛状况和评点学发展大势密切相关。对《左传》态度的不一、发扬义理与崇尚考据共存、义例解经与以事解经共存的局面限制了《左传》经学研究的发展，使得文学评点有了更大发展空间。选文和评文的重心继续由关注文章义理向关注文章章法技巧转变、文法评点的理论化和系统化以及两种阐发经义的路径表现使得"离经义化"有了发展土壤。不过，"离经义化"背后的《左传》文学评点并未延续兴盛的局面，官方对《左传》经义研究的坚守使得《左传》的文学评点颇觉无奈。

关键词： 清前期；《左传》；专书评点；"离经义化"

作为儒家的一部重要经典，《左传》在中国经学发展史上占据一席之位。从汉代的今古文之争到宋代的义理阐发再到清代的考据学兴盛，《左传》的经学阐释经历了复杂而漫长的变化，有复归、有超越；有衰微、有兴盛；有争议、有认同；有并行、有消长。这既反映了不同时代的文化思潮与社会需求，亦与对《左传》的全面认识与发掘息息相关。长期以来，《左传》多被视作《春秋》之传，并因为《春秋》的关系而获得经的定位。然而，《左传》性质远非这般简单：无论是古文经学还是今文经学都没有否认《左传》为史，唐人刘知几于《史通》一书从史学角度强化了《左传》的特质，宋人朱熹亦明确表明《左传》是史而非经；自宋人真德秀《文章正宗》选评《左传》之文以助科举之资后，《左传》之"文"的特性也逐步得到挖掘，明清时期的《左传》文法评点一度蓬勃发展。

值得注意的是，同一时代对《左传》的考察与接受往往是多方位的，各领域既相互融合，亦相互排斥，在学术风气和政治风向的裹挟下表现出不同的面貌。在《左传》学史的演进中，清代无疑是非常重要亦非常有特点的一环。这一时期改变了宋元明时代《左传》研究相对衰弱的境况，不仅通过评点学的兴盛拓展了《左传》文学研究的领域，还通过义理向考据的转化使得《左传》的经学研究在复古的基础上达到新的高度。不过，评点学研究和经学研究的发展并非同步。正如罗军凤在《清代春秋左传学研究》一书中指出的"清代《左传》评点学与《左传》经学长伴始终，贯串整个清代学术史，评点学的兴盛与经学的兴盛适成反比"[1]。将清前期这个《左传》评点的兴盛时期作为截面进行审视，我们可以清晰地呈现此期《左传》评点的"离经义化"倾向，亦可从经学发展和评点学发展的大势中探求"离经义化"的生成，分析"离经义化"的实质与发展境遇。

一、"离经义化"倾向的呈现

这里所说的"离经义化"不是一个绝对概念，而是一种倾向。不是与经学完全撇清关系，而是指从评点目的上说，偏向将《左传》作为初学作文的范本；从评点内容上说，析文法的总体比重大大增加；从评点方式上说，个人的审美体悟与感受居多。

据李卫军《左传评点研究》系年提要，目前可见清前期的《左传》专书评点著作有二十多部。它们展现了此期《左传》评点论经、论史的印迹减弱转而向论文为主发展的总体态势，或理性系统地阐发文章学之"法"，或感性零星地带入个性化的文学之"赏"，从总体上呈现出"离经义化"的倾向，或多或少地试图弱化经学印记，凸显《左传》"文"的特质。

有意识地弱化经学印记首先表现为将《左传》从经传的藩篱中解放出来。第一种表现是肯定经文相通的性质，在释读经义的同时明确"文"的要求。比较典型的代表是评点家孙琮和刘继庄。孙琮所选《山晓阁左传选》《山晓阁选古文全集》均包含《左传》评点。在《重刊山晓阁选古文全集》例言中，他说："予愿学者先从事六经而后及兹集，或由兹集以上溯六经，因而潜心性理，研精注疏，俾春华秋实，灿然并茂，予于此盖有厚望焉。"[2]在此基础上，他明确了自己选文的标准"文质彬彬"，点明了"文"的要求："余不揆鄙陋，向自《左》、《国》而降，代为论列，以有成书。上下千百年间所为彬彬质有其文者，亦可聊以自怡悦矣。"[3]刘继庄作有《左传快评》，揭示了不少行文机窍、妙文之道。这与他对经和文的态度有很大关联。对于很多儒生鄙视的世俗文学，他甚至以人情人性作为纽带将其与经贯通"余观世之小人，未有不好唱歌看戏者，此性天中之《诗》与《乐》也；未有不看小说、听说书者，此性天中之《书》与《春秋》也；未有不信占卜祀鬼神者，此性天中之《易》与《礼》也"[4]。

第二种表现是肯定《左传》之"文"的特性，甚至直接明确地将《左传》的评点重心与它经传的身份剥离。姜希辙的《左传统笺》虽为综合杜预、林尧叟、孔颖达、朱申之解而作，但卷首凡例称"是刻欲宗左氏之文，意不在释经"[5]；卢元昌的《左传分国纂略》纂例亦称"左氏以文胜，所赏者，不以其人其事为劣，略辞采之优"[6]。冯李骅的《左绣》被认为是《左传》评点史上的里程碑，构建了完备成熟的文法体系。虽然在评点中并未排斥经义解读，但他明确地表示："《左氏》文章也，非经传也。""大率定、哀以后，有绝世雄才不遇所志，借题抒写，以发其轮囷离奇之概云耳。"[7]也就是说，不仅将《左传》看作文章，还将《左传》看作带有极强创造性、延展性的奇文。与冯李骅有同样看法的还有"武宁三盛"之一的盛谟。盛谟有《于埜左氏录》传世，该评点虽然只是涉及《左传》的少量篇目，且成书在盛谟十九岁之时，然此书获多次刊印，影响颇深。对于《左传》，盛谟的看法是：

> 读《左传》者，见左氏传《春秋》事，误认为叙事书，便时刻有叙事二字往来胸中，如胸中竟令左氏积成千古冤案，皂白莫分，岂知《春秋》题也，《左传》文也，左氏特借题以法笔墨之奇，举列国君卿、盟会战伐、灾祥变异等事，一时奔赴腕下，供其驱使运用，则左氏胸中并无《春秋》，并无盟会战伐、灾祥变异等事，读者亦必胸中无《春秋》、盟会战伐、灾祥变异等事，以至胸中并无左氏，有不知文之为文，我之为我，乃可与读《左传》。[8]

亦不仅将《左传》认定为文，而且认为左氏是借《春秋》之题发挥了作家之能动性、创造性，最终成笔墨之奇。

值得注意的是，少部分明确释义之作亦从某种程度上昭示出当时评文的大势。经史学家姜炳璋害怕学人耽于《左传》文辞，特意作《左传补义》以申《春秋》之义，可学生毛昇仍然坚持评文，可见当时评《左》之风向文的影响。此事可见毛昇《刻读左补义例言》的记载："详义略文，是书之旨，恐学者专以文求而义为之掩也。昇谓：'使绝不言文，无以厌读《左》者之心，请用评文之语，细书其端，如选家例，何如？'先生曰：'吾老矣，而有志，而其为之。'昇勉承师命，因稽之诸选，质之同人，参以己说，间有余文剩义，亦时补缀之，而折衷于先生。"[9]

有意识地弱化经学印记还表现在逐步将论文法作为评点的主要内容。明末清初的魏禧"少好《左氏》，及遭变乱，放废山中者二十年。时时取而读之，若于古人经世大用，《左氏》隐而未发之旨，薄有所会。随笔评注，以示门人"。他虽然还是在评点中特别重视经世策略、隐藏之旨，但是也关注揭示《左传》作文之法。在《左传经世钞·自叙》中，他特别推崇《左传》的用词："然如'石碏诛吁、厚'、'范宣子御乐盈'……诸篇皆古今定变大略，而'阴饴甥会秦伯王城'、'烛之武夜缒见秦伯'、'蔡声子复伍举'，则词命之极致，后之学者尤当深思而力体之也。"[10]对《左传》的叙事之法，他亦赞赏有加，在评晋楚"邲之战"时，魏禧说"一篇叙事是零零碎碎，到末却以'七德'及'兔林父'作二大段文字，收拾古文或前散后整、或前整后散，多用此法"[11]。

王源虽然师从魏禧，但在《左传》评点内容上已经将文法调整为重心。在《左传评·凡例》中，他特别说明不论经义，"特论文耳"，甚至说"文以载道固矣，然所载者，不必尽仁义道德之言而后为道也，但其文有阴阳不测之神，皆道也"。也就是说善恶之道、仁义之言并非王源关注的重心妙道，文之精妙才是他试图解锁的密码。通过评点，王源试图"抉作者之意"，助读者领悟"文之所以妙"，并认为"评语皆作文窍妙，一篇可旁通千百篇而无穷，非仅为此一篇说法也，读者毋忽"[12]，《清稗类钞·文学类》如此评价王源的评点特色："其《评订文章练要》一书，时为颍州宁世簪、桐城戴名世所同阅，歙县程城参正之。盖以评文之法，评经书及史子集，虽不脱明人积习，然语中肯綮，津逮后学，厥功甚伟。"[13]

方苞为王源好友，亦是桐城派的创始人，他的《左传义法举要》在《左传》评点史上颇具影响。他系统呈现义法之说，运用科举时文之法评点《左传》，并且在篇末与篇中都有单论文法而不及经义的表现，体现了对《左传》文法的推崇。李文渊笃信方苞之说，又有所发明，所论仍然偏重文法，《四库全书总目提要》认为李文渊作《左传评》的动机是"近时宁都魏禧、桐城方苞于文法推阐尤详。文渊以二家所论尚有未尽，乃自以己意评点之"[14]。这也间接说明了在魏禧、方苞的文法评点基础上，李文渊又进一步补充推进的意图。

同样生长于桐城的学者周大璋有《左传翼》传世，他肯定了《左传》的古文地位，认为："《国策》、《史》、《汉》、韩、柳、欧、苏，无不摹仿其章法、句法、字法，遂卓然自成一家言。欲读古文而不精求于左氏，是溯流而忘其源也。"[15] 对《左传》的评点"大指存乎论文"[16]。

有意识地弱化经学印记亦表现在主要以个人的审美体悟与感受作为评点方式。经义的解释虽然难达通义，但是落脚点往往是仁、礼、义、忠、信等，指示相对明确集中。而文学的赏读需要的则是个体的能动参与和富有情感与想象的再创作。清前期的《左传》专书评点就出现了大量的个体审美感悟，且这种感悟慢慢形成了有意识的文法提炼归纳，对学子的文学创作形成指导。狂傲才子金圣叹对此期的《左传》专书评点有很大的辐射影响。他评点的作品多而广，非常具有个体特色的体悟式、沉浸式评点亦表现在他的《左传》评点中。如《隐公元年·郑伯克段于鄢》"阙地及泉"一节他评曰："若阙地及泉穿险，分明是葬之日光景，写得处大事只如儿戏，妙妙！"[17]《僖公二十四年·介之推不言禄》他评曰："最是清绝峭绝文字。写其母三段话，是三样文字，细细玩味之。"[18] 这样的评点方式体现了金圣叹对作品文学审美性质的着力挖掘、对写作技法的激赏玩味，亦引领着此期《左传》专书评点的基本走向。孙琮、冯李骅、周大璋、刘继庄、盛谟等都或多或少地受其影响。冯李骅《刻左例言》曰："全部评论皆一意孤行，直至脱稿，方广罗校订，凡有增改必记其所由得，毋敢蹈伯宗无续之诮。"[19] 盛谟《于埜左氏录》认为《左传》的解读在于"自悟"，如《重耳入秦（僖公二十三年）》"以戈逐子犯"夹批："一面写杀蚕妾，一面写醉遣戈逐，却一面目送佐天子三字矣。左氏神来，于埜亦神来，以神遇神，其得也，岂能言乎？读者自会乎！"[20] 这些都强调了个体之"悟"在《左传》解读上的地位角色，亦是文学思维的重要表现。

综上，清前期《左传》专书评点在多个方面呈现出"离经义化"的倾向。这一倾向的生成既有经学发展之纠葛提供的发展空间，亦有评点学发展作生成土壤。

二、《左传》经学发展之纠葛为"离经义化"评点提供发展空间

梁启超在《清代学术概论》中总结："'清代思潮'果何物也？简单言之，则对宋明理学之一大反动，而以'复古'为其职志者。"[21] 相较而言，清前期的"复古"仍

是"变动不拘"的，原因是宋明理学的影响仍然存续，复古宗汉的变革未能全面铺开，理想与实际并不同步。落实到此期的《左传》接受上，一方面与《春秋》经的地位相比，《左传》多被视作"文"。另一方面，此期经学发展呈现出多元并存的局面。皮锡瑞《经学历史》这样描述清初经学发展情况："国初诸儒治经，取汉、唐注疏及宋、元、明人之说，择善而从。由后人论之，为汉、宋兼采一派，而在诸公当日，不过实事求是，非必欲自成一家也。"[22]正是在这样的大背景下，《左传》的经学研究同样存在多个方面的纠葛难定。从理想上说想彻底跳出宋儒治经的影响，从实际上又浸润在宋儒治经的余温中难以抽身而出，出现了理学与训诂考据之学共同影响的情形。经学发展的纠葛难定为此期《左传》专书评点的"离经义化"提供了发展空间。

其一，从对《左传》的态度看，清前期《左传》的经学研究既有质疑它为害《春秋》之义的一面，又有肯定《左传》以事解经重要作用的一面。一些学者高扬《春秋》经的本位，立足《春秋》以明经义。如毛奇龄虽然并未否定《左传》的解经价值，但是认为只能将其放在辅助的位置。他说："不考经文，则不能读传。不深核简书，则不能检校策书之事。凡释《春秋》，必当以经文为主，而以《传》佐之。"[23]他还针对性地指出宋儒疑经，名为经义，实不以经为义的实质，并大声疾呼："无经焉得有义？予大声疾呼以救经，并救经义。"[24]相比于毛奇龄的质疑，姚际恒对待"春秋三传"的批判态度可谓更加激烈。"予观《左》解经之语，亦大半纰缪，与《公》《穀》同。而其事实与经抵牾者什之三四"，他认为从某些方面说，《左传》对《春秋》而言甚至可算作是为害巨大，"诸例实作俑于《左》，则其害经也尤大，又不可不知也"[25]。与此相对应，当时学界也出现了肯定《左传》的地位和价值，将《左传》看作探究《春秋》经义的重要载体的现象，通过广辑前人传注解经的方式肯定了《左传》的影响，"从朱鹤龄《春秋传注集说》（康熙二十年前）、《读左日钞》（康熙二十年，公元1681年）至乾隆十三年（公元1748年）顾栋高《春秋大事表》，都无不表现出广辑传注以求孔圣微言大义的意味"[26]。精通经学的著名学者万斯大这样治《左传》之学："一曰专传。经无事实，待传而明。《公》《穀》《左氏》互相同异，生今论古，事当悬断，《左氏》详核，宜奉为主。"[27]他认为三传互通有无，共助解经。其中，《左传》记事为详，最值得推崇。在这样纠结复杂的环境中，一方面使得《左传》获得了更多的重视和讨论，另一方面又使得《左传》的经义探究很难特别顺畅地往前推进。

其二，清初《左传》经学发展呈现出发扬义理与崇尚考据共存的局面。前者如康熙时期的官方经筵讲义《日讲春秋解义》。康熙帝所作序言说得很清楚："大约以胡传为宗，而去其论之太甚者。无传经文，则博采诸儒论注以补之。"[28]也就是此讲义的主要根基是胡安国传。胡安国出于二程一脉，是北宋著名的经学家、理学家，《春秋传》为其研究《春秋》几十年的专精之作。是书作于宋南渡之际，实为作者借《春秋》以托时事之作，于《春秋》经义多有牵强之处，但它宣讲义理，有助统治之道，颇受康熙帝推崇。不过，因为胡传"尊王攘夷"的思想，康熙帝后来逐渐改变了对胡传的态度,他说:"迨宋胡安国进《春秋解义》,明代立于学官,用以贡举取士,于是四传并行。宗其说者,率多穿凿附会,去经义逾远。朕于《春秋》独服膺朱子之论……"[29]基于这样的认知,康熙帝又促成了《钦定春秋传说汇纂》的编纂,宣扬朱熹之说。无论是胡传还是朱说,发扬义理都是总体的基调,宋学的影响都无法讳言。为消除这一印迹,清初顾炎武、黄宗羲等学者明确提出了变革的要求,试图解除宋学的桎梏。顾炎武的《左传杜解补正》以考据学的方法展开研究,倡导审音考文的阐释路径,弥补了前代注疏考证的不足,体现了学术风气向征实发展的趋向,对《左传》经学研究影响深远。不过,"清初,经学领域内尚汲汲于广辑传注,顾炎武的学风仍缺乏追随者"[30]。虽有高士奇的《春秋地名考略》、陈厚耀的《春秋世族谱》、顾栋高的《春秋大事表》之类考察详尽的著作,但是多从史的基点上出发,要么重视材料的整理爬梳,要么进行专门的考异发挥,并不能像顾炎武一样具有系统的考据学思路。所以,宋学的影响还在持续,复归的号角虽已吹响,却未能形成规模。

其三,清初《左传》经学发展呈现出义例解经与以事解经共存的局面。义例解经曾在一定时间内规范了经学义理的阐发,但也存在未能通解、自说自话的问题。毛奇龄的《春秋毛氏传序》就说"《春秋》义例不一,无一是处"[31],这就给经义的阐发蒙上了一层朦胧的面纱,谁也不能说通过义例解得了《春秋》之义。既然如此,与其在适用范围有限之义例上徘徊,不如另辟蹊径,应运征实之风,切实从《左传》之"以事解经"出发。从总体发展趋势上说,清初学者大多数对义例解经持反对态度,但是亦有接续义例解经传统的表现。如马骕作《左传事纬》12卷,《四库全书总目》评曰:"骕作是书,必谓《左氏》义例,在《公》、《穀》之上,是亦偏好之言。然于骕《左氏》,实能融会贯通,故所论具有条理,其《图表》亦能考证精详,可以知专门之学与涉猎者相远矣。"[32]而从以事解经的实质上说是用"史"的观念来审视《春秋》,且要真正地做好以事解经,并非易事,正如顾栋高所说:"夫读《春秋》者,贵合数十年之事以徐考其时势,不当就一句内执文法以求褒贬。宜合天下而统观大势,不当就一国内拘《传》事以断其是非。"[33]也就是说,必须有掌控全局的观念和能力,方能实现以事解经。义例解经的影响尚存,以事解经需要极高的统观之识见。在方兴未艾的清初经学背景之下,《左传》的经学研究难以获得蓬勃发展。

综上,《左传》的经学研究在清初有所发展,《左传》得到了更多的关注。不过,理学思想仍然通过帝王的推崇、学者的质疑、解经的多样充斥在《左传》接受中,又在同样的过程中被征实之风慢慢消融。在广辑旧注的基础上,通过与前人旧注的比较,反对空疏、倡导征实的倾向日益明确,《左传》经学回归汉学的方向被确定下来。钱谦益明言:"学者之治经也,必以汉人为宗主。"认为汉唐旧注"其训诂皆原本先民,而微言大义,去圣贤之门犹未远"[34]。不过,此时宋学的影响仍在,义例解经的方式仍然存续、以事解经实际要求颇高,顾炎武提倡的考据之法未形成规模,经学发展仍需待以时日。经学发展的纠结状况一定程度上限制了对《左传》经的性质的阐发,而帝王的喜好、科举的要求、古文与时文的相互倚重,促进了对《左传》文的特性的开掘。

三、《左传》评点学发展大势为"离经义化"评点之生成土壤

正如张高评先生所言:"《左传》之为书,义经、体史,而用文。"[35]清前期《左传》的专书评点正是《左传》"用文"的集中体现。它们与儒家经典的注疏之学和史家之论赞皆有重要的渊源关系,但在此时选择了不同的侧重路径和发展方向,从文章学的角度拓展了《左传》的文学研究,或为科举助资,或为教育发力,或为文学发声,为"离经义化"的《左传》评点提供了生长土壤。

其一,选文和评文的重心继续由关注文章义理向关注文章章法技巧转变。宋代王安石曾于熙宁四年改革科举考试之法,罢诗赋,以经义、论策选拔士人,鲜明地以明经义为取士之要核。以此为背景,宋代真德秀的《文章正宗》虽已将《左传》纳入"文章"范畴,但重心始终在经义之上。"自从明代隆庆、万历以后,科举考试中,技巧愈新愈奇,而这正好带动了坊间评点学著作的兴盛。"[36]于是,关注文章章法的评点日益增多。清初,顺治帝、康熙帝均非常重视儒家经义的传播,并试图将其纳入八股科考文中。顺治九年颁布的科举条例说:"题准说书以宋儒传注为宗,行文以典尚纯正为尚。"[37]就体现了这样的倾向。不过,这一崇尚宋儒传注的风向不合时代大势,亦不利于空疏之风的消散。再加上八股科考文的弊端日益明显,康熙帝遂以"文质并重"的要求改变"重经轻文"的取向。康熙二十四年,徐乾学受命编成《古文渊鉴》一书。该书体现了康熙帝以《左传》为载体,实现文武之教的宗旨,力图将义理与文法并重,引导文风发展方向。事实上,《古文渊鉴》仍然对文章义理表现了相当的尊重。不仅选入了偏重义理的《公羊传》《穀梁传》的内容,还有研究者从《古文渊鉴》所录《左传》评点的作者身份分析,认为他们"大多都是思想家以及政治家,几乎没有纯粹的文人"[38]。从《左传》选文内容进行分析,认为《古文渊鉴》所选文章主要是关于德礼教化的。经过统计,"在八十一篇《左传》选文中直接提到'德'或者'礼'的文章有六十三篇,占总数的75%,而其他或为选人用人之法,宣扬孝道,所以从选文内容上来看与康熙皇帝所说的'文为载道之器'是相互吻合的"[39]。但是,代表官方意图的《古文渊鉴》一方面体现了重视义理的传承影响,另一方面又将文采、文法纳入编撰考量的目标,对《左传》评点学的发展具有重要的导向作用。清前期一系列的《左传》评点在这样的导向之下有意识地与经义评点疏离,向文法评点靠近。孙琮早期的《山晓阁左传选》在尾批中还侧重于评人、评事,而到晚出的《山晓阁选古文全集》的尾批中就形成了比较固定的评点模式:开头点明篇章轮廓,接以分析段落结构,再以解读正笔、插笔等文法。冯李骅《左绣》的眉批亦是先论文章全旨,然后析大段,详小节,颇重文章层次与行文线索。姚培谦《古文斫》前集的16卷中,有4卷为《左传》的选文评点,也是力图向读者展示作者的运斤之方……

其二,文法评点的理论化和系统化引领了清前期《左传》传播接受的发展方向,使得文学评点得到更为长足的发展,盖过了经义评点的势头。金圣叹的《左传》评点

最大特色是个人之悟的凸显。虽然他通过对字、句深意的挖掘试图理清文脉、推求文法，但是个人之眼光与体悟是根本。储欣《左传选》亦表现出对《左传》文法的欣赏，对后人的《左传》评点产生不小的影响，姜炳璋《读左补义》、高嶰《左传钞》、张昆崖《左传评林》等均受储欣影响，如庄公二十九年《城诸及防》一篇高嶰尾评："落落数语，重农事，惜民力，成土工，源流具备。储同人曰：'左氏数典短篇，辄成大文。'"[40] 不过，虽然《左传选》中可见不少文法评点的内容，采用了"句法""字法""文法""章法"等字眼点评，但是这些评点还比较简单散漫，缺乏细致系统的分析。王源《左传评》对宾主、离合、伏应、错综、转折等文法均有阐发，且结合自身经历特用兵法论文法，可以说既有自身的特色，又将文法评点推向了丰富化的发展。在前人的基础上，方苞的《左传义法举要》将文法上升到理论层面，将"义法"之说贯彻到《左传》评点之中，提倡"以古文为时文"，以消除八股科考文程式僵化等弊端。他试图以唐宋八大家为基点"以求《左》《史》《公》《穀》《语》《策》之义法，则触类旁通，用为制举之文，敷陈论策，绰有余裕矣"[41]。对于这里提到的古文"义法"，方苞是有过具体阐发的。他在《又书货殖传后》说："《春秋》之制义法，自太史公发之，而后之深于文者亦具焉。义即《易》之所谓言有物也，法即《易》之所谓言有序也。义以为经而法纬之，然后为成体之文。"[42] 方苞所说的"义法"实际上就是文法，也就是说文法并不仅仅是文章形式还包含了文章内容。如果说，方苞从理论上完成了对文法评点的界定，那么冯李骅则从实践上完成了文法评点方法的系统总结。他不仅全面概括出剪裁、详略、宾主、离合、虚实、埋伏、褒贬、过渡、起法、眼目、提应、偶对、正叙、倒叙等多种文法，而且还结合《左传》文字对这些文法的具体使用情况进行了细致分析。这样的情况下，清前期的《左传》评点既有文法理论作支撑，又有文法评点范例作指导，当然会引发文法评点的热潮。

其三，清前期的《左传》专书评点试图远离空疏义理，选择了两种不同的路径阐发经义。第一条路径是应运时代经世致用的思潮，将《左传》视作现实之借鉴。因而，我们看到绝大多数《左传》评点之作中论为君之道、为臣之道、治国用贤之道以指导现实。魏禧的《左传经世钞》、储欣《左传评》、刘继庄《左传快评》、卢元昌《左传分国纂略》等均有这样的表现。这一路径的选择使得经义评点打上了时代需求和个体经历的印记，也就自然与《左传》自身经义形成了隔阂。第二条路径是经义评点向文法评点的融合。此期的《左传》专书评点虽然不可能完全不谈经义，但是经义评点的内容很多时候被边缘化、整合化，服务于《左传》的文法评点。罗军凤说："《古文观止》《左绣》等影响极大的评点学著作，分析《左传》纯熟的结构技巧及名目繁多的章法，连《左传》的经义也成为技法品评的对象。"[43] 此论确为切中要害。

以冯李骅的《左绣》为例，有时也会涉及经义评点，但是明显是文法评点的附庸，如隐公元年"是以隐公立而奉之"之评：

"而惠公薨"此句中便见未尝立隐为太子，亦未尝立桓为太子也。着笔虚活，词简而意微。此单句转法。上用对叙，下亦对收也。隐公代立，而奉桓为太弟，侧结中仍用双绪，令章法勾整。郑众说同，《正义》驳之，未是。[44]

冯李骅的评点着眼于单句转法、章法勾整，最后提到对前人经义之解的意见。然而，这并不是评点的重心，更像是对文法评点意义的延伸阐发。应该说这段对文法的剖析很好地解决了经义之辨。

又如冯李骅《读左卮言》分析篇章主旨即以美刺之法为论："褒贬是作书把握，其巧妙有虚美实刺之法，如郑庄贪许后，才赞他知礼，即刻便讥其失政刑，有此一刺，连美处都认真不得。又有美刺两藏之法，如荀息不食言，有得有失，引白圭作断，两意都到。与敏称华稱、古称陈桓同一笔意。又有怒甲移乙之法，如卫朔入卫，既不便扫诸侯，又不当王人，因曲笔反责左右二公子，真有触背两避之巧也。"[45]这实在是将经义纳入文法体系的一个典型例子。这一路径的选择使得经义评点成为文法评点的附庸而退居后位。

四、余论

清前期《左传》之"文"的特性在《左传》专书评点中得到重视，这实在是与学界对经与文共通性的认识紧密相关。为文需宗法于五经，这是刘勰的《文心雕龙·宗经》中明确提出的观点。他将各种文体之源归于经书，认为："论说辞序，则《易》统其首；诏策章奏，则《书》发其源；赋颂歌赞，则《诗》立其本；铭诔箴祝，则《礼》总其端；纪传铭檄，则《春秋》为根。"[46]不仅如此，他还极力总结了为文宗经的六大功用："情深而不诡""风清而不杂""事信而不诞""义直而不回""体约而不芜""文丽而不淫"。这种提法当然有绝对化之嫌，因为经书讲的绝不都是永恒不变的真理，是不是宗经就能达到刘勰所说的六种作文的效果也值得进一步思考，毕竟文学有着自己的独特性。但是，这种对经书的价值与文章发展的认识颇有启发性：一方面经书与文之间有思想共通——经书阐释之"道"有教育作用，文则同样要"载道""明道"；另一方面经书与文之间有形式共通——文讲究文辞之善，经书亦有文辞之美。正因为如此，清人朱彝尊在梳理前人说法的基础上，将《六经》作为文之源：

秦、汉、唐、宋，虽代有升降，要文之流委，而非其源也。颜之推曰："文章者原出《五经》。"而柳子厚论文亦曰："本之《书》以求其质，本之《诗》以求其恒，本之《礼》以求其宜，本之《春秋》以求其断，本之《易》以求其动。"王禹偁曰："为文而舍《六经》，又何法焉？"李颙曰："经虽非为作文设，而千万代文章从是出。"是则《六经》者，文之源也，足以尽天下之情、之辞、之政、之心，不入于虚伪，而归于有用。[47]

在诸多的经书中哪些尤其可资为文借鉴、宗法？对于这个问题，清初学者方苞认为："《易》、《诗》、《书》、《春秋》及《四书》，一字不可增减，文之极则也。"[48]

将《易》《诗》《书》《春秋》《四书》作为文之典则，这既是"文以载道"观念的体现，亦是学者的理想推荐。但事实上，这些经书对文的影响颇受局限，清代经学家陈寿祺所言："《易》道阴阳，卦象爻象自为一体，《书》绝质奥，《诗》专咏言，皆非可学。"[49]也就是说，并非所有的经书都适合作文之学习榜样的，《易》之古奥、《诗》之韵致、《尚书》之艰深都与当时的八股策试、自由创作有较大差距。真正受到推崇的取法作文之经书则落脚到《左传》《孟子》《公羊传》《穀梁传》之上。

基于对《左传》为最合适的取法作文之经书之一的认识，基于清前期经学发展和评点学发展的大势，此时的《左传》专书评点侧重关注《左传》"文"的特性，呈现出"离经义化"的倾向就不难理解了。不过，值得注意的是，这种"离经义化"的倾向遭到了四库馆臣的批判，他们坚持认为《左传》研究当以经义为对象，对《左传》的文学评点极为反感。一个方面，他们直接对《左传》文学评点的代表之作进行批判，如对冯李骅的《左绣》表达不满："是篇首载《读左卮言》、《十二公时事图说》、《春秋三变说》、《列国盛衰说》、《周十四王说》。书中分上、下二格，下格列杜预《经传集解》及林尧叟《左传解》。杜《解》悉依原文，林《解》则时多删节。又摘取孔氏《正义》及国朝顾炎武《左传补正》二书与杜氏有异同者，附于其后。别无新义。上格皆载李骅与浩评语，则竟以时文之法商榷经传矣。"[50]另一方面，他们在编定书目之时，将《左传评》《左绣》等评点之作仅列入《四库全书存目》，甚至根本对《天下才子必读书》《古文观止》《左传义法举要》等影响深远的评点之作视而不见。正是由于四库馆臣所代表的官方态度，所以虽然清前期的《左传》专书评点一时之间呈现出蓬勃之态，但是评点著作的境遇和评点者的地位却是一言难尽。一方面，大量同时代人的点评被相互传习，广为流传，比方说盛谟的《于埜左氏录》中就收录了他的好友余仁石、吴卧鲁等人的点评。一些评点之作如《左绣》《左传快评》等影响颇大。另一方面，很多评点者并不见于史籍记载，所能见的相关资料稀少。刘继庄到底是不是刘献廷？冯李骅的生卒年、《左绣》的创作时间是怎样的？这些都缺乏足够的材料予以确认。被《左绣》《左传快读》《于埜左氏录》等高频引用的唐锡周到底为何人亦因为材料的缺乏而难以确考。

这些都决定了此期《左传》文学评点并未真正进入官方认可的圈子，"离经义化"的倾向并不能在《左传》传播进程中持续下去。正如冯李骅在《读左卮言》中所说："语云坐井而观天曰天小者，非天小也。《左传》所载何等经济，何等学问。今概置不论，仅仅以所谓篇法作意者当之，其与坐井观天何异。然载道者谓之文，文亦道之所寄。"[51]这既是他为《左传》评点"离经义化"所作的辩解，又何尝不是面对质疑时的无奈。

* 本文系华中师范大学中央高校基本科研业务费专项资金自主科研项目"《于埜左氏录》的整理与研究"【项目编号：CCNU20A06002】的阶段性成果。

注释：

[1] 罗军凤:《清代春秋左传学研究》,北京:人民出版社,2010年,第328页。
[2] (清)孙琮:《重刊山晓阁选古文全集》例言,金阊文雅堂藏版,清康熙二十年(1681年),第2页。
[3] (清)孙琮:《重刊山晓阁选古文全集》例言,金阊文雅堂藏版,清康熙二十年(1681年),第2页。
[4] (清)刘献廷撰,汪北平、夏志和点校:《广阳杂记》,卷2,北京:中华书局,1997年,第106页。
[5] (清)姜希辙:《左传统笺》,卷首凡例,影印文渊阁四库全书,清康熙十五年(1676年)刻本,第1页。
[6] (清)卢元昌:《左传分国纂略》,纂例,清康熙书林孙敬南刻本,《四库未收书辑刊》,北京:北京出版社,1997年,第1页。
[7] (清)冯李骅、陆浩评辑:《左绣》,台北:文海出版社,1967年,第1页。
[8] (清)盛谟:《于埜左氏录·读意四十则》,课花别馆藏版,清同治五年重刊,第3~4页。
[9] 转引自李卫军:《〈左传〉评点研究》,北京:中国社会科学出版社,2014年,第358页。
[10] (清)魏禧撰,(清)彭家屏参订:《左传经世钞》,《续修四库全书》第120册,卷首《左传经世自叙》,上海:上海古籍出版社,2002年,第287页。
[11] (清)魏禧撰,(清)彭家屏参订:《左传经世钞》,《续修四库全书》第120册,上海:上海古籍出版社,2002年,第443页。
[12] (清)王源:《左传评》,凡例,《四库全书存目丛书》清康熙居业堂刻本,济南:齐鲁书社,1997年,第1~2页。
[13] (清)徐珂编辑:《清稗类钞选文学艺术戏剧音乐》,北京:书目文献出版社,1984年,第41页。
[14] (清)纪昀:《四库全书总目提要》,北京:中华书局,1997年,第441页。
[15] (清)周大璋:《左传翼》,《凡例》,文盛堂刻本,乾隆庚申年(1740年),第1页。
[16] (清)周大璋:《左传翼序》,文盛堂刻本,乾隆庚申年(1740年),第3页。
[17] (清)金圣叹著,陆林辑校整理:《金圣叹全集》,第五册,南京:凤凰出版社,2016年,第21页。
[18] (清)金圣叹著,陆林辑校整理:《金圣叹全集》,第五册,南京:凤凰出版社,2016年,第94页。
[19] (清)冯李骅、陆浩评辑:《左绣》,台北:文海出版社,1967年,第41~42页。
[20] (清)盛谟:《于埜左氏录》卷上《重耳入秦》,课花别馆藏版,清同治五年重刊,第33页。
[21] 梁启超:《清代学术概论》,桂林:广西师范大学出版社,2010年,第10页。
[22] (清)皮锡瑞:《经学历史》,北京:中华书局,1959年,第305页。
[23] (清)毛奇龄:《春秋毛氏传》,卷一,四库全书本。
[24] (清)毛奇龄:《经义考序》,杨向奎:《清儒学案新编》一,济南:齐鲁书社,1985年,第243页。
[25] (清)姚际恒:《春秋通论·春秋要旨》,台湾:"中研院"中国文哲研究所,2004年,第6~7页。
[26] 罗军凤:《清代左传学研究》,北京:人民出版社,2010年,第54页。
[27] (清)万斯大:《经学五书》,台北:广文书局,1977年,第454页。
[28] (清)康熙帝:《日讲春秋解义》,《序》,长春:吉林出版社,2005年,第1页。
[29] (清)康熙帝:《钦定春秋传说汇纂》,《序》,长春:吉林出版集团,2005年,第1页。
[30] 罗军凤:《清代左传学研究》,北京:人民出版社,2010年,第64~65页。
[31] (清)阮元编:《清经解》,第1册,卷一二,上海:上海书店影印本,1988年,第564页。
[32] (清)马骕:《左传事纬》,《四库全书总目》卷29,北京:中华书局,1983年,第237页。
[33] (清)顾栋高:《春秋大事表》,北京:中华书局,1993年,第2083页。

[34](清)钱谦益:《牧斋初学集》卷七九,《与卓去病论经学书》,上海:上海古籍出版社,1985年,第1076页。

[35]张高评:《〈左传〉之文学价值》,台北:文史哲出版社,1982年,第49页。

[36]罗军凤:《清代春秋左传学研究》,北京:人民出版社,2010年,第331页。

[37](清)杜受田,等修:《科场简明条例》,清光绪重刻本,卷五。

[38]参见朱金水:《〈古文渊鉴〉选评〈左传〉研究》,河南大学硕士学位论文,2020年,第32页。

[39]参见朱金水:《〈古文渊鉴〉选评〈左传〉研究》,河南大学硕士学位论文,2020年,第51页。

[40]李卫军:《左传集评》,北京:北京大学出版社,2016年,第300页。

[41](清)方苞著,刘季高校点:《方苞集》,上海:上海古籍出版社,1983年,第906~907页。

[42](清)方苞著,刘季高校点:《方苞集》,上海:上海古籍出版社,1983年,第58页。

[43]罗军凤:《清代春秋左传学研究》,北京:人民出版社,2010年,第332页。

[44](清)冯李骅、陆浩评辑:《左绣》,台北:文海出版社,1967年,第96页。

[45](清)冯李骅、陆浩评辑:《左绣》,台北:文海出版社,1967年,第49页。

[46]周勋初:《文心雕龙解析》,南京:凤凰出版社,2015年,第34页。

[47](清)朱彝尊:《曝书亭集》,《答胡司臬书》,文渊阁四库全书本,第7页。

[48](清)方苞著,刘季高校点:《方苞集》,上海:上海古籍出版社,1983年,第615~616页。

[49](清)陈寿祺:《左海文集》,《答高雨农舍人书》,续修四库全书本,第38页。

[50](清)永瑢:《四库全书总目》,北京:中华书局,1965年,第258页。

[51](清)冯李骅、陆浩评辑:《左绣》,台北:文海出版社,1967年,第45页。

【民间文学研究】

由民间到海外：
清末民初来华西人之中国民间文学译介

朱灵慧

(中南财经政法大学外国语学院，湖北武汉，430073)

内容摘要：民间文学是民族认知和民众心理的重要载体，亦是民族共同价值观念的传承。清末民初，来华西人为学习汉语或传教布道，收集并翻译了大量中国民间文学，涵盖内容多样，题材各异，涉及谚语、歌谣、故事等不同类型。从民间收集到译介西传，在民族文化记忆文本化的过程中，再现出中华民族知行观念、民间生活景象和群体文化想象，既助推了民间文学的海外传播，亦呈现出其中跨越民族的力量。来华西人掀起的这股"中学西传"浪潮，与作家文学和"西学东渐"互为补充，对相关著述的系统梳理，具有重要的文化史价值和独特的翻译学意义。

关键词：清末民初；来华西人；中国民间文学；译介

  民间文学是民族认知和民众心理的重要载体，亦是民族共同价值观念的传承。我国民间文学历史悠久、形态多样，是文学史和文化史的重要组成部分。民间文学正式进入我国学界视野，始于20世纪初叶的五四新文化运动，尤以北京大学成立歌谣研究会，创办《歌谣周刊》为标志。而在此之前，即清末民初，来华西人为学习汉语，或为传教布道，积极收集并翻译中国民间文学，极大助推了我国现代民间文学运动的兴起[1]。

  美国传教士林乐知（Young John Allen，1836—1907）1869年在《教会新报》刊文"求示俗语"，征集口头俗语和谚语。随后，英国人戴尼斯（Nicholas Belfield Dennys，1840—1900）1872年在《中国评论》（*The China Review, or Notes and Queries on the Far East*）刊发启事，征集中国民俗，引发了传教士、汉学家、外交官在内的来华西人广泛关注和参与，先后译介谚语、歌谣、传说、故事、寓言、笑话等各类体裁，集为专书，尽管目的各异，但确是掀起了一股中国民间文学译介的浪潮。清末民初民间文学的搜集整理和译介西传，与作家文学、"西学东渐"均互为补充,既具有重要的文化史价值,亦有独特的翻译学意义。对此展开系统梳理和勾勒,有助于形成清末民初我国民间文学译介的鸟瞰图。

一、民族知行观念：民间谚语俗语

谚语,是"最短小的文学作品""是表现一定思想内容的俗语"[2],来自广大人民对生活经验的总结,思想深刻,简洁凝练,朗朗上口,是民间广为流传的口头禅。其实质则是"知行观的重要载体,其中凝结了中华民族对知与行以及二者关系的丰富思考"[3]。由于清末民初相关著述对谚语、俗语、熟语等概念尚未俨然区分,故本文以谚语俗语笼统论之。来华西人较早便已认识到谚语俗语"句虽浅近,意实良深,关乎许多正经事体"[4],为更好学习汉语,了解中国历史、文化和习俗,或为方便传教布道,对相关收集、翻译和研究表现出较高热忱,使我国早期民间语汇得以记录和传播。早在 1823 年,英国汉学家德庇时(John Francis Davis,1795—1890)编撰的《贤文书》(*Chinese Moral Maxims*)在英国出版,收集谚语、格言等 200 余条,每条均含整体意思的意译和单个汉字的翻译。书前所述观点和所收部分内容被多次征引和借用,为清末民初西人民间谚语编撰和翻译打下基础。

法国传教士童文献(Paul Hubert Perny,1818—1907)整理编译的《中国俗语》(*Proverbes chinois, re cueillis et mi sen ordre*)于 1869 年在巴黎出版,"不仅是西儒所著著作中较早以专著形式关注汉语俚俗的熟语,而且是 19 世纪西方学者在中国境外出版的收集俗语条目较多的一部著作"[5]。该书第一部分收录俗语 441 条,多为在民间交谈时收集所得,基本出自时人口语,包括惯用语、谚语和少量歇后语,含"教育""生命的短暂""谨言慎行""智慧""逆境"等不同主题。现今脍炙人口的"谋事在人,成事在天""闲时不烧香,临时抱佛脚"等均收录在内。每条俗语按法语译文、汉语原文、读音注音的方式列出。书中第二部分收录 183 条无汉语原文的谚语,仅以法语译文的方式呈现。童文献在"序言"[6]中指出,谚语和俗语最能反映一个民族的状况。汉语俗语数量丰厚,我国年轻人在学习之初,常将其作为箴言背诵。论及翻译,童文献认为,因独有的简洁、韵律、和谐,尤其对仗,汉语俗语大多句式优美,内容深刻,因此在平淡而单调的欧洲语言中难以再现。

1872 年出版的《英华萃林韵府》(*Vocabulary and Handbook of the Chinese Language, Romanized in the Mandarin Dialect*),由美国传教士卢公明(Justus Doolittle,1824—1880)编撰,为两卷本,含三大部分。"序言"开篇直陈该书目的,"旨在为读者提供汉语常用表达,及其对应英语译文"[7]。学界通常将其视为英汉辞典[8],但其谚语收录多次为随后西方学者借鉴和论及。该书第三部分收录 700 余条谚语,分别列于"400 条谚语和常用隐喻表达""天津谚语""中英谚语"等不同类别之下。因分类混乱,其谚语收录被批评为"一堆散乱的资料",而谚语、对句、短语和格言犹如遭遇了一场文学沙尘暴,散落于 12 个不同部分[9]。在"400 条谚语"中,所收内容由摩嘉立(Caleb Cook Baldwin,1820—1911)提供,根据关键词义的英文字母排序。如"Cautious in speech"(谨慎说话)词条后,包括"驷马难追""逢人只说三分话""路中说话草里有人"三条汉语谚语,每条均提供英语译文、汉语原文和读音注音。部分译文后以括号方式增加了解释,或在破折号后补充了相关比喻义。

1875年,英国传教士沙修道(William Scarborough,1841—1894)编译的《谚语丛话》(*A Collection of Chinese Proverbs*)在上海美华书馆出版,收录中国民间流传俗语2720条,分为动物、商业、家庭、教育、喜怒哀乐等二十个主题。书中每条谚语均含英语译文、汉语原文、读音注音三部分。作者在"序言"[10]中称,所收谚语部分由本人积累而来,部分借鉴了德庇时、童文献、卢公明的相关著述。同时指出,掌握谚语,对了解中国民众,尤其对传教布道不无裨益。该书"引言"[11]中的论述尤值一提,作者以三十余页的篇幅,详述了中国谚语的特性和价值。沙修道认为,尽管西方学者对"proverb"有各种不同定义,但都无法准确或相对准确描述汉语"俗话"一词的内涵。汉语谚语表述简洁、语义凝练、朗朗上口、结构对称,至少为英语语言所无法企及。随后,沙修道分五部分对中国谚语进行了详细论述,大意为:中国谚语数量丰厚,无论是街头巷尾的闲谈,抑或文人贤士的写作,谚语均广为引用,但国内外学者对其收集整理的著述十分有限。中国谚语形式多样,以对子、联句、押韵等方式构成的对句是其主要表现方式,内容涉及社会生活的方方面面。最后作者条分缕析,阐幽发微,指出这些谚语对中国人自身、对学习汉语的外国学生,以及对普通读者的不同用处。该"引言"内容翔实,尽管部分论断有失偏颇,但确是早期对中国谚语使用与收集情况、形式与内容特色较为详细的描述,被评价为"第一本有序编辑、分类、索引的谚语研究著作,开篇引言极具价值"[12]。

美国传教士明恩溥(Arthur Henderson Smith,1845—1932),1872年来华,基于对山东、天津等地的深入考察,出版了多部有关中国民众生活的著作,其中包括《汉语谚语俗语集——连同有关和无关的事物,穿插了对中国总体情况的观察》(*Proverbs and Common Sayings from the Chinese Together with Much Related and Unrelated Matter Interspersed with Observations on Chinese Things in General*)。这部书被称为"当时西方人编纂的中国谚语书中收罗最全的著作"[13]。现通行版本为1902年修订增补版,收集了约8000条中国谚语俗语,由上海美华书馆出版。从"初版前言""再版前言"可知,该书初版于1888年,收录了1900条1882—1885年间发表在《教务杂志》(*The Chinese Recorder*)的中国谚语俗语,但在1900年被烧毁。1902年版全书共九章,除导论和结论外,第二至八章收录了不同类型的谚语俗语,如引用或改编于经典著作的谚语俗语、以诗歌形式呈现的诗行或对句,以及含历史、半历史、传奇或神话人物或事件典故的谚语等等。书中谚语俗语并非简单罗列,译文和原文之外,还附或长或短的评注,涉及历史人物、民俗文化等各种内容,"虽然部分有错,但仍不失为详细的注释"[14]。书末附综合索引和谚语索引。明恩溥认为谚语是"中国人思维模式的呈现",是"以最凝练的语言,对人们长期生活经验的总结"[15]。他在导论和结论部分详述了中国谚语特性、分类、价值和不同形式类别,指出汉语谐音和声调所带来的理解障碍,以及中英谚语的异同与翻译困难。书中不时可见其对沙修道和卢公明谚语集的引用和评论,呈现出其时传教士群体的谚语观和翻译观。

谚语俗语作为人们日常生活中广为流传的口头禅,是民族心理和思想观念的映射,同时还体现出极强的时代性和地域性特征,对其展开的收集整理,无疑具有重要的民俗学价值。上述来华西人早期的译介西传活动,保留了各地口耳相传的常用语汇,在一定程度上推动了我国民间谚语的收集和传播,影响五四知识分子"把他们的目光由上层文艺转向了下层的民间文化"[16]。但是,其中亦不时展现出对中国语言、文化、甚至国民性格的认识偏颇,尤其传教士"所收集的谚语俗语著作常常带有突出的宗教特征,处处彰显着传教士们的视野、心态和价值观"[17],形成了对中华民族知行观念的部分错误认识,在史料运用中需加以辨识。

二、民族生活镜像:歌谣民曲

歌谣民曲是可以歌唱和吟诵的韵文作品,节奏鲜明,朗朗上口。因内容多样,形式各异,我国不同时期、不同地区以多种术语指称"歌谣"。清末民初西方学者的译介著述中亦呈现"songs""ballads""rhymes""ditties"等多种名称,涉及童谣、俗曲、小调等不同类型。就题材而言,"可分为劳动歌、诉苦歌、讽刺歌(嘲歌)、情歌、仪式歌、儿歌童谣等等"[18],成为其时生活情态、劳作场景、社会境况的生动景像。

司登德(George Carter Stent,1833—1884)"或许是最早系统采录并以科学眼光关注中国民间歌谣的西方人"[19],学界对其多有关注[20]。司登德随英国使节卫队来华,对中国民间文化、民谣俗曲兴趣浓厚,先后搜集并编译了《二十四颗玉珠串》(*The Jade Chaplet in Twenty-Four Beads:a Collection of Songs,Ballads,etc.,from the Chinese*)和《活埋》(*Entombed Alive,and Other Songs and Ballads,etc.,from the Chinese*)两部民曲,分别于1874年和1878年在伦敦出版,"所搜集的大部分为清代北京地区流行的说唱文学"[21]。《二十四颗玉珠串》收录"长坂坡""赵子龙""杨贵妃"等24首俗曲,《活埋》收录"卢沟桥的石狮子""咸丰帝逃亡热河""阔大奶奶逛西顶"等28首俗曲。从书名可见,所收"不仅有一般意义上的歌谣,还涉及到子弟书、戏本等多种体裁"[22]。两书编排体例大致相同,没有汉语原文,只有英语译文和对曲目背景信息的注解。司登德在《二十四颗玉珠串》序言[23]中称,所收大多篇目均为译者听到街头艺人演唱,随后将其请至家中,让中文老师在一旁逐字记录(wrote them down verbatim),反复多次,直至确信无误为止,由此获取唱词,感受曲调(air),从而了解所传达的意蕴(idea)。他认为这些民曲是人们自然思想的表达,意义深邃,流传广远,是轻快有趣的中国文学。关于翻译,司登德称,部分采用适合主题的韵律意译,其余则按汉语原文逐字翻译,其目的则是把中国歌谣民曲中的奇特趣味(the quaint ideas)、异域风俗(curious customs)带给英国读者[24]。有学者认为,司登德"富于韵律的中国歌谣翻译,表现出了卓越的维多利亚时代的诗风"[25]。

意大利外交官韦大列(Guido Amedeo Vitale,1872—1918)为学界广泛关注,认为其"对中国民间文学研究做出重要贡献"[26]，是歌谣收集整理活动"最引人注目"[27]的来华西人之一。他收集整理的《北京歌谣》（*Chinese Folklore：Pekinese Rhymes*）于 1896 年在北京北堂印书馆（Pei-T'ang Press）印制，含"拉大锯""上轱辘台""杨树叶儿"等 170 余首儿歌。每首歌谣均由汉语原文、注释、英语译文三部分组成。注释包括歌谣传唱时的场景、方式，以及对部分字词的读音注音和简要释意，涉及诸多背景知识、习俗文化，再现了其时北京市井生活和民情风俗。韦大列编撰歌谣集的目的是帮助读者"掌握部分不常见到的词和短语""了解中国日常生活的景象和细节""认识到真正的诗蕴藏于中国流行歌谣中"[28]。

受韦大列影响，荷兰籍美国传教士何德兰（Isaac Taylor Headland，1859—1942）纂辑了《孺子歌图》（*Chinese Mother Goose Rhymes*），收录 152 首流传的北京儿童歌谣，中英对照，于 1900 年由纽约藜威勒公司（Fleming H. Revell Company）印发，含如今家喻户晓的《虫虫虫虫飞》《小耗子上灯台》等歌谣。所收童谣均包含汉语原文、英语标题、英语译文和黑白照片。一方面，传唱的童谣本无标题，翻译时增加了英语标题，起到了提纲挈领的功效；另一方面，每首歌谣所附的黑白照片，记录了虎头鞋、纸风筝、糖葫芦等北京风情元素，以及各式人物和生活情态，"仅仅这些照片，就为人们展现了一幅清末北京市井生活的风俗画卷，尤其是京师满族旗人丰富多彩的服饰及质朴真实的生活场景"[29]，同时图文并茂，"以生动、直观的照片使儿歌场景化"[30]，成为民俗学的重要视觉文献标本。何德兰在序言中尤其提到"sweeter than sugar"（小宝贝）、"little fat boy"（小胖子）、"baby is sweeping"（我的宝贝儿睡觉了）等几首歌谣，称其为世上最热情、最温情的儿歌。这也正是他收录歌谣的初衷所在，即希望呈现中国家庭生活的新景象，使西方儿童能与东方儿童共情。尤值一提的是，在"the snail"这首童谣中，译者还增加了五线谱，留下了对其时这首歌谣唱法的详明记录。

上述两部作品均收录了"拉大锯""小耗子""这个人生来性儿急""小小子开铺儿"等北京街头广为传唱的歌谣，但部分唱词略有不同，呈现出民间文学创作和口头流传中的异文现象。以"翻饼烙饼"为例，从《北京歌谣》的注释和《孺子歌图》所配照片可见，所指为同一游戏时所唱，即两人手拉着手相向而立，轮流翻转，边翻边念。《北京歌谣》版为：翻饼烙饼，油炸馅儿饼，翻过来瞧瞧；《孺子歌图》版为：翻饼烙饼，油炸馅饼，激溜轱辘一个。两部作品分别以注释和配图两种不同形式的副文本，为译文的解读提供了补充，再现了其时生活和游戏的真实情景，成为富含背景信息的"深度翻译"，亦是民俗学研究的重要依据和史料，两部作品被视为"记录北京民俗文化的扛鼎之作"[31]。

除此之外，英国汉学家文仁亭（Edward Theodore Chalmers Werner，1864—1954）收集整理了《中国民间小调》（*Chinese Ditties*），于 1922 年在天津出版。如译者所述，该书所收篇目为 1921—1922 年间《新中国评论》（*New China Review*）刊发的部分内容，文仁亭将其收录成册并增加了翻译。书中小调除汉语原文、英语译文之外，大多还含背景注释。文仁亭认为小调是人们辛苦劳作之时的一种放松方式，这种轻快的中国文学令人产生愉悦之感；若同时还能获取知识，快乐则会翻倍[32]。与前两部童谣不同，《中国民间小调》更多映射出当时我国不同地域、不同行业的实际情状，生动记录了社会和人民的生活百态。如所收第一首"南津关"，便是1918年5月20日《北京大学日刊》发表的第一首歌谣，由沈次刚供稿，刘半农编订。汉语原文为："一出南津关，两眼泪不干，买个破砂罐，吃吃喝喝上四川。"文仁亭在译文后解释道，这首小调是在船只进川时所唱，因南津关峡口险隘，"泪不干""破砂罐"描述出其道途艰辛。

上述作品，尤其是韦大列与何德兰的歌谣收集与翻译，随后多次为胡适、周作人、常惠等中国学者论及，对我国民俗学运动的发展产生了直接影响。歌谣"在民间文学诸体裁中最具流行性"[33]，是生活情状、劳动场景和社会境况的生动再现。清末民初歌谣收集与翻译，极大促成了风俗文化和方言语汇的留存，同时为西方世界勾勒出其时中国的民众生活景象。

三、民族集体想象：从民间传说到神话故事

民间故事是虚构的口头文学作品，是各地民众的共同记忆，情节离奇，语言生动，引人入胜。民间故事"由起初的个人想象经历一段时间的流传之后，形成了民族集体想象"，并在其中实现"族群认同"[34]。清末民初来华西人对中国民间故事表现出浓厚兴趣，英国、美国、德国、意大利等多国学者广泛参与，其材料来源或为神怪小说，或为民间口耳相传，涵盖神话故事、民间传说、生活故事、笑话、寓言等不同类型，著述数量多，涵盖内容广。由于不如谚语、歌谣等民间文学形式短小易记，民间故事大多并无固定底本，以下著述多采用编译或改写方式完成。

美国学者这一时期对中国民间故事的译介著述颇丰。女传教士斐姑娘（Adele Marion Fielde，1839—1916）的《中国夜谭》[35]（*Chinese Nights' Entertainment: Forty Stories Told by Almond-eyed Folk Actors in the Romance of the Strayed Arrow*）首当一提。该书于1893年在纽约和伦敦同时出版，1912年再版时更名为《中国童话》（*Chinese Fairy Tales: Forty Stories Told by Almond-eyed Folk*），被视为"第一本以现代田野作业方式采辑的中国民间故事集"[36]，是"记录晚清潮汕社会历史文化的重要影像作品"[37]。在潮汕地区居住的十余年间，斐姑娘走街串巷，深入乡野，了解当地民俗风情。《中国夜谭》记录了1873—1889年间她在中国听到的40个早期民间故事，由不识字的潮汕人用当地方言讲述，展现了中国过去多年间，具有代表性的观念、习俗和生活状况，反映出尚未曾受到外来文化影响的中国人的思想观念[38]。所收"兄弟五怪""蛇精的故事""傻女婿""县太爷巧断偷蒜案"等潮汕民间故事，"饱含着旧时潮人的爱恨情仇，折射着潮人的做人原则和处事方式"[39]。书中还含多幅珍贵的全页插图，由汕头当地艺术家所作，进一步增添了其民俗学价值。

美国学者玛丽·海斯·戴维斯（Mary Hayes Davis）与周龙合作编译的《中国寓言和民间故事》（*Chinese Fables and Folk Stories*），于1908年由美国图书公司

(American Book Co.)在纽约出版，收录"月何以美""群兽议和""蜂蜗之争"等37个寓言和民间故事，每则均含英汉标题和英语译文。戴维斯指出，根据中国人对故事的记忆完成翻译并非易事，更困难的是，要译出幻想的故事、从中折射的人生态度，并根据印象转译出来，而又不失原有趣味。戴维斯还否定了西方学者认为中国没有寓言的成见[40]。芝加哥大学王增善辑章（Yin-Chwang Wang Tsen-Zan）在随后"导言"[41]中进一步阐述，称该书是西方读者了解中国寓言的第一本英文书籍，此前未有翻译，一是因寓言多散落于经典、历史、诗歌等著述中，仅学识渊博的智识阶层可能读到，二是来华西人难以触及，亦难读懂相关著述，故中国寓言不为西人所了解。

美国学者皮特曼（Norman Hinsdale Pitman，1876—1925）于1909年—1912年在北京期间，教授英语之余，搜集民间童话故事，编译了至今仍"影响美国读者对中国想象的重要出版物"[42]。其中，1910年在纽约出版了《中国童话故事》（Chinese Fairy Stories），收录"芋头的第一课""睡着的男孩"等十一个故事，另附彩色插图八幅。1919年在纽约出版的《中国奇书》（A Chinese Wonder Book），收集儿童故事十五个，配彩色插图十一幅，并在扉页注明为艺术大师李竹堂所作（illustrated by Li Chu-T'ang）。遗憾的是，两书均无序言跋语，故对故事的获取途径无从知晓，但其好处在于，"没有任何说明，没有掺杂教义，只是纯粹地记录故事"[43]，赋予读者足够的想象和解读空间。

美国学者中，另有学界鲜少关注的拉塞尔女士（Nellie Naomi Russell，1862—1911），在北京传教期间，根据当地人讲述，记录了12个故事，初拟手稿在其病逝后由友人发现并付梓，名为《中国民间故事拾遗》（Gleanings from Chinese Folklore），于1915年在纽约出版。所收故事中，民间口头流传的故事为数不多，大多源自《西游记》等文学著述。

来华英国学者中，汉学家翟理斯（Herbert Allen Giles，1845—1935）在中国居住26年，曾担任英国驻华领事官，编撰了《中国童话》（Chinese Fairy Tales）。作为"高恩国际图书馆"（Govan's International Library）系列之一，该书于1911年在伦敦出版，收录"神奇的枕头""石猴""偷桃"等十二个短小的童话故事。该书是同一系列日本童话故事的"姊妹篇"，尽管一样离奇有趣（equally quaint and delightful），却反映出截然不同的国民精神[44]。此外，翟理斯编译的《笑林广记选译》（Quips from a Chinese Jest-book）于1925年由上海别发书局（Kelly and Walsh Limited）印制，翻译了清代休闲读物《笑林广记》的242则笑话，旨在展示中国人智慧和幽默的一面（some specimens of the wit and humor of the Chinese），而这为外国读者所未曾了解。同时，这些笑话能真实、独到地展现中国社会生活，反映中国男女老少、各行各业、富人穷人的行为、语言和思想[45]。

另有伦敦会传教士麦嘉湖（又名马约翰，Rev. John MacGowan D. D.，1835—1922），在华活动50余年，广泛接触各个社会阶层，对中国的风土民情有全面深入的了解。所编译的《中国民间故事》（Chinese Folklore Tales），于1910年在伦敦出版，收录"侯寡妇""光巨与河神""刘老头的漂亮女儿"等11个故事。作为传教士，麦嘉湖"通过讲故事的方式宣传他的宗教，顺带发表他对中国社会和民众的看法"[46]。此外，麦嘉湖译介中国民间文学的另一著述《中国民俗》（Chinese Folklore）于同年在上海出版。全书除第一节为有关故事主题的论述外，其余19节各为一个故事，包括"丑人与美女""仙桃""苏生奇遇"等。

此外，上文论及的汉学家文仁亭，所撰《中国神话与传说》（Myths & Legends of China），于1922年在伦敦出版，随后多次再版。所选故事主要译自或改述于中国神话的主要文学来源，即《历代神仙通鉴》《神仙列传》《封神演义》《搜神记》四部古籍，另外还参考借鉴了法国耶稣会士禄士遒（Henri Doré，1859—1931）主笔的《中国民间信仰》[47]。书内含32幅中国艺术家所作彩色插图。需要指出的是，该书并非严格意义上的民间故事搜集整理，其中多含关于中国神话与传说的相关论述，并且"其中神话与传说、民间信仰、传闻等多种文体都被不加分辨地杂糅在了一起"[48]。

意大利汉学家韦大利还编写了《汉语口语初级读本：中国笑话集》（A First Reading Book For Students Of Colloquial Chinese—Chinese Merry Tales），收录99个笑话，于1901年出版。除目录之外，全书以汉语排印，旨在帮助来华西方人轻松愉悦学习汉语。该书取材于明清时期《笑林广记》《笑得好》等笑话集，充分保留了北京方言的语言特色[49]，其收集整理具有重要的民俗学价值。尤值一提的是，该书的译介归功于我国首批赴洋留学生吴仰曾（英文名Y. T. Woo），他将笑话集译成英语（Chinese Merry Tales），由上海美华书馆于1909年出版。译本中无汉语原文，但每则笑话英文标题后均标注原文题名，对部分富含中国文化背景的表述，如"及第""元宵""打官司"等，增附汉语原词。译者在序言中称，翻译该书，旨在帮助英语国家的民众了解中国的特性、社会，以及幽默，而大多欧洲人都误认为中国人没有幽默感[50]。

法国耶稣会士戴遂良（Léon Wieger，1856—1933）依据《聊斋志异》《西游记》《集异记》《牡丹灯记》等中国历代文献，编译了《近世中国民间故事集》[51]（Folklore Chinois Moderne），收录222个民间志怪故事。该书"以当时西方学术界的索引形式来汇编中国故事"，按主题类型分为"关公""上天""魂魄"等21条"主线"，同时在书后附关键词索引，方便读者快速了解并查找相关内容，成为"第一部参照现代民间文学分类方法、附有母题索引的中国民间故事集，在中国现代民间文学研究学术史上的地位是不可低估的"[52]。书中每页汉语原文、法语译文左右对照。戴遂良对中国故事的编译以传教为根本目的，"处处插入自己的诠释和读后感，在译文最后还不忘加注说明"，"以强化中国文化的基督因素为目的"，因此原作中有悖基督教的因素都被弱化[53]。

德国汉学家卫礼贤（Richard Wilhelm，1873—1930）受基督教同善会差遣到中国布道。旅居青岛期间，搜集整理了《中国民间故事》（Chinesische Volksmarchen）100篇，于1914年在德国耶拿出版，1921年经马顿斯（Frederick H. Martens，1874—1932）由德文译成英文（The Chinese Fairy Book）后在纽约出版，成为出版社（Frederick A. Stokes Company）各国民间故事系列丛书之一。卫礼贤在前言[54]中称，该书旨在涵盖各种不同形式的故事，因此所选篇目题材多样，包括儿童故事、动物寓言、传说和神灵故事、鬼怪故事、历史故事等各种类型。取材或来源于农村的口传故事，或是关于玉帝、牛郎织女、八仙等的民间神话传说，更多则直接译自《聊斋志异》《太平广记》等笔记体小说。

由上可见，由于"中国的故事、传说、轶闻、寓言、笑话和野史都混在一起"[55]，故同以"fairy tales"为题的译著，其实际内容从神话、童话、民间传说等各有不同，类型多样，内容广博，且相互交错。同样，选材来源既有民间口耳相传的故事，亦有来自历朝历代小说节选或改编。一方面是因由部分故事为作家创作，经过转述，然后在民间广泛流传，同时亦有故事首先在民间创作流传，经过作家捕捉记录，实现了口传作品的文本化；另一方面，民俗学初兴，学科处于萌芽状态，各类概念尚未厘清，因此"用词不固定，意思含混"[56]在所难免。整体而言，民间故事的翻译，大多均为内容的转述，"而不是逐字逐句的译述"，因此"复述故事的人不自觉地把许多内容给歪曲了"[57]。

结语

清末民初来华西人对中国民间文学的译介，尽管有的"学术概念模糊、整理粗糙、误译之处也不少"，但它们"给中国民间文学运动的发展带来了不容忽视的推动力"[58]。与此同时，极大促发了我国民间文学的对外传播，不少著述在国外一经出版，随即引发学者书评推介。如《中国寓言和民间故事》出版的第二年（1909），美国期刊便刊发书评予以介绍[59]；同年，该书与韦大列《中国笑话集》英译本、戴遂良《近世中国民间故事集》一道受到国外民俗学期刊 Folklore 的关注，逐一介绍点评[60]，称《中国笑话集》"既有趣，又帮助人们了解鲜为人知的中国人性格和口传故事"。不仅如此，上述大多著述多次再版，畅销至今。中国文学这一由民间到海外的过程，正表明民间文学"无不渗透着卓越的民族智慧与想象力"，在阐释民族史与文化现实之时，显现出其"跨越民族、连接科学与人文精神的力量"[61]。

通过对民间文学译介情况的概览，可见清末民初"西学东渐"的同时，民间文学译介深受青睐，中学西传亦悄然进行。事实上，以民间谚语俗语、歌谣民曲、故事传说为主的民间文学整理和译介，是来华西人以"他者"视角，对我国民族文化记忆的梳理和再现。当然，以传教士为主的来华西人，其时对我国民间文学的译介动机各异，部分著述"在叙述中国故事时，掺杂了中国的民间信仰，有的也夹杂了西方的宗教说教"[62]，亦不无对其时中国境况、国民性格，以及民间文学样式的认识偏颇，故而需要充分认识，辩证对待。

* 本文系国家社科基金一般项目"清代译事奏谕与翻译政策研究"【项目编号：19BZS053】的阶段性成果。

注释：

[1] 这一外来影响已不同程度进入学界尤其是民间文学研究者的视野,参见：[美]洪长泰：《到民间去——中国知识分子与民间文学,1918—1937》(新译本),董晓萍译,北京：中国人民大学出版社,2015年；董晓萍：《现代民间文艺学讲演录》,桂林：广西师范大学出版社,2008年；张志娟：《西方现代中国民俗研究史论纲（1872—1949）》,《民俗研究》2017年第2期,第32~41页；卢梦雅：《早期法国来华耶稣会士对中国民俗的辑录和研究》,《民俗研究》2014年第3期,第43~56页；张多：《美国学者搜集整理、翻译中国民间文学的学术史和方法论》,《文化遗产》2019年第2期,第113~122页。

[2] 段宝林：《中国民间文学概要》,北京：北京大学出版社,2018年,第171~182页。

[3] 石辰芳：《各民族谚语里中华民族共同体意识下的知行观认同》,《民族学刊》2021年第8期,第61~68页。

[4] 林华书院主人：《求示俗语》,《中国教会新报》1869年第28期,第10页。

[5] 周荐：《汉语俗语在清朝东西方学者眼中的异同——以易本烺〈常谭搜〉和童文献〈中国俗语〉为切入点》,《国际汉学》2020年第3期,第170页。

[6] P. H. Perny, *Proverbes Chinois*, Paris: Firmin Didot frères, Fils et Cie, 1869.

[7] J. Doolittle, *Vocabulary and Handbook of the Chinese Language, Romanized in the Mandarin Dialect*（Vol. 1）, Foochow: Rozario, Marcal and Company, 1872, p.I.

[8] 参见高永伟：《卢公明和他的〈英华萃林韵府〉》,《辞书研究》2012年第6期,第71页；林立强：《美国传教士卢公明与晚清福建社会》,福建师范大学博士学位论文,2004年,第257页。

[9] A. H. Smith, *Proverbs and Common Sayings from the Chinese*, Shanghai: American Presbyterian Mission Press, 1902, p.9.

[10] W. Scarborough, *A Collection of Chinese Proverbs*, Shanghai: American Presbyterian Mission Press, 1875, pp.I-III.

[11] W. Scarborough, *A Collection of Chinese Proverbs*, Shanghai: American Presbyterian Mission Press, 1875, pp.iv-xxxvi.

[12] A. H. Smith, *Proverbs and Common Sayings from the Chinese*, Shanghai: American Presbyterian Mission Press, 1902, p.10.

[13] [美]洪长泰：《到民间去：中国知识分子与民间文学,1918—1937》(新译本),董晓萍译,北京：中国人民大学出版社,2015年,第164页。

[14] [美]洪长泰：《到民间去：中国知识分子与民间文学,1918—1937》(新译本),董晓萍译,北京：中国人民大学出版社,2015年,第164页。

[15] A. H. Smith, *Proverbs and Common Sayings from the Chinese*, Shanghai: American Presbyterian Mission Press, 1902, p.11.

[16] [美]洪长泰：《到民间去：中国知识分子与民间文学,1918—1937》(新译本),董晓萍译,北京：中国人民大学出版社,2015年,第165页。

[17] 崔若男：《明恩溥与中国谚语俗语研究》,阎纯德：《汉学研究(第26集)》(2019年春夏卷),北京：学苑出版社,2019年,第219~304页。

[18] 段宝林：《中国民间文学概要》,北京：北京大学出版社,2018年,第128页。

[19] 张志娟：《西方世界的中国"歌谣运动"》,《民俗研究》2020年第1期,第115页。

[20] 参见张志娟：《西方世界的中国"歌谣运动"》,《民俗研究》2020年第1期,第109~118页；崔若男：《术语互译：ballade的汉译与歌谣运动研究》,《民俗研究》2020年第1期,第99~108页；崔蕴华：《中国说唱文学的海外传播与研究》,《北京社会科学》2020年第3期,第21~34页；邢越：《司登德

中国俗曲翻译研究》，上海师范大学硕士学位论文，2021年。

[21] 崔蕴华：《中国说唱文学的海外传播与研究》，《北京社会科学》2020年第3期，第23页。

[22] 崔若男：《术语互译：ballad 的汉译与歌谣运动研究》，《民俗研究》2020年第1期，第101页。

[23] G. C. Stent, *The Jade Chaplet in Twenty-Four Beads: A Collection of Songs, Ballads, etc., from the Chinese*, London: Trübner & Co., 1874, pp.iii-iv.

[24] G. C. Stent, *Entombed Alive, and Other Songs and Ballads, etc., from the Chinese*, London: Trübner & Co., 1878, p.vi.

[25] 伊维德：《英语学术圈中国传统叙事诗与说唱文学的研究与翻译述略》，张煜译，《暨南大学学报》（哲学社会科学版）2017年第11期，第4页。

[26] 段宝林：《中国民间文学概要》，北京：北京大学出版社，2018年，第24页。

[27] 湛晓白、赵昕昕：《清末来华西人歌谣收集活动的文化史考察——以韦大列和何德兰为中心》，《民俗研究》2021年第4期，第122页。

[28] G. A. Vitale, *Pekinese Rhymes*, Peking: Pei-t'ang Press, 1896, p.vii.

[29] 于润琦：《两个外国人与北京童谣的文本、版本》，《新文学史料》2014年第3期，第114页。

[30] 湛晓白、赵昕昕：《清末来华西人歌谣收集活动的文化史考察——以韦大列和何德兰为中心》，《民俗研究》2021年第4期，第130页。

[31] 于润琦：《两个外国人与北京童谣的文本、版本》，《新文学史料》2014年第3期，第114页。

[32] E. T. C. Werner, *Chinese Ditties*, Tientsin: The Tientsin Press, 1922.

[33] [美]洪长泰：《到民间去：中国知识分子与民间文学，1918—1937》，董晓萍译，北京：中国人民大学出版社，2015年，第70页。

[34] 李建宗：《口头文本的意义：民族想象、族群记忆与民俗'书写'——以裕固族民间故事为研究个案》，《内蒙古社会科学》（汉文版）2009第1期，第136页。

[35] 郭甦将该书译为汉语，名为《潮汕夜话·潮汕老古一八七三》，2016年在香港出版。

[36] 张志娟：《西方现代中国民俗研究史论纲（1872—1949）》，《民俗研究》2017年第2期，第35页。

[37] 张坚：《19世纪传教士斐姑娘与〈汕头方言词典〉的编纂》，《辞书研究》2021年第2期，第99页。

[38] M. Adele, Fielde, *Chinese Fairy Tales: Forty Stories Told by Almond-Eyed Folk*, New York and London: G. P. Putnam's Sons, 1912, pp.vii-ix.

[39] 斐姑娘：《潮汕夜话·潮汕老古一八七三》，郭甦译，香港：砚峰文化出版社，2016年，第ii页。

[40] M. H. Davi, L. Chow, *Chinese Fables and Folk Stories*, New York: American Book Co., 1908, pp.5-6.

[41] M. H. Davi, L. Chow, *Chinese Fables and Folk Stories*, New York: American Book Co., 1908, pp.7-8.

[42] 张多：《美国学者搜集整理、翻译中国民间文学的学术史和方法论》，《文化遗产》2019年第2期，第116页。

[43] 董晓萍：《现代民间文艺学讲演录》，桂林：广西师范大学出版社，2008年，第98页。

[44] Herbert Allen Giles, *Chinese Fairy Tales*, London: Gowans & Gray, Ltd., 1911.

[45] H. A. Giles, *Quips from a Chinese Jest-book*, Shanghai: Kelly and Walsh Limited, 1925.

[46] 董晓萍：《现代民间文艺学讲演录》，桂林：广西师范大学出版社，2008年，第98页。

[47] 尹永达：《戴遂良〈现代中国民间故事〉一书的耶稣会色彩》，《天津外国语大学学报》2014年

第 6 期,第 67~73 页。

[48] 杨利慧:《一个西方学者眼中的中国神话——倭纳及其中国的神话与传说》,《湖南社会科学》2014 年第 1 期,第 157 页。

[49] 参见聂媛媛:《威达雷〈汉语口语初级读本〉研究》,山东师范大学硕士学位论文,2020 年。

[50] 董晓萍:《现代民间文艺学讲演录》,桂林:广西师范大学出版社,2008 年,第 92 页。

[51] 此处汉语书名采用卢梦雅、刘宗迪《戴遂良与中国故事学》一文中的翻译。

[52] 卢梦雅、刘宗迪:《戴遂良与中国故事学》,《民族文学研究》2017 年第 2 期,第 124~134 页。

[53] 尹永达:《戴遂良〈现代中国民间故事〉一书的耶稣会色彩》,《天津外国语大学学报》2014 年第 6 期,第 67~73 页。

[54] R. Wilhelm, "Vorwort", *Chinesische Volksmarchen*, Jena:Eugen Diederichs,1914,pp.1-2.

[55] [德]艾伯华:《中国民间故事类型》,王燕生、周祖生译,北京:商务印书馆,2017 年,第 555 页。

[56] 董晓萍:《现代民间文艺学讲演录》,桂林:广西师范大学出版社,2008 年,第 92 页。

[57] [德]艾伯华:《中国民间故事类型》,王燕生、周祖生译,北京:商务印书馆,2017 年,第 3 页。

[58] [美]洪长泰:《到民间去:中国知识分子与民间文学,1918—1937》,董晓萍译,北京:中国人民大学出版社,2015 年,第 27 页。

[59] "Reviewed Work(s): Chinese Fables and Folk Stories by Mary Hayes Davis and Chow Leung", in *The Elementary School Teacher*, Vol. 9, No. 5 (Jan., 1909), p. 278.

[60] "Reviewed Work(s): Chinese Merry Tales by Y. T. Woo; Chinese Fables and Folk Stories by Mary Hayes Davis and Chow-Leung; Folk-Lore Chinois Moderne by Léon Wieger. Review by: A. R. Wright", in *Folklore*, Vol. 20, No. 4 (Dec. 30, 1909), pp. 517-520.

[61] 孙正国:《文学的生活遭遇——民间文学本体论批评引论》,哈尔滨:黑龙江人民出版社,2004 年,第 255 页。

[62] 董晓萍:《现代民间文艺学讲演录》,桂林:广西师范大学出版社,2008 年,第 92 页。

谢林的新神话理念及其神话学意义

周争艳

(中国社会科学院大学文学院,北京,102488)

内容摘要：赫尔德和德国早期浪漫派如弗·施莱格尔等人热衷于神话在文学语境中是否仍然可行以及如何可行的思考,并提出新神话的主张。相对于赫尔德和弗·施莱格尔对新神话感性美的强调和断片式的构想,谢林对新神话做出更加系统的论述,他从精神与自然、个体与集体、历史与未来以及艺术的角度给我们提供了理解神话的新视野。谢林认为,新神话与感性、直觉无关,它是理念的集合,这种看法突破了弗·施莱格尔等人主张的神话-感性观的局限,并将神话理性化与公共化。谢林的神话学研究至今没有得到应有的关注,但事实上,他的主张对我们反思神话的范畴归属、存在论立场等问题颇有意义。

关键词：德国浪漫派；新神话；谢林；艺术；希腊神话

神话一般被视为民间文学的一种体裁,具体表现为民众口头创作的具有神圣性的叙事或故事,在我国民间文学界,这已经成为很多人的共识。这种说法肯定了民众集体的创作能力,突出了神话的民间属性和口头文学属性,但也有一定局限,比如,如何解释出土文物、绘画、雕塑、文人诗、戏剧、影视、游戏甚至音乐中的神话现象呢？这些通过非口头媒介传播和传承的神话叙事或神话因素还在神话的体裁范围内吗？神话一定得是民众口头创作的神圣叙事吗？若神话是集体的创作,那它如何与个体建立联系,在个人讲述或阅读神话的时候,它是不是又成了个人的直觉体验呢？在神话学研究中,这些问题值得思考,有学者如叶舒宪试图对上述个别问题给予解答,他将神话与艺术并列而论。但普遍而言,中国学者对此着墨不多。德国早期浪漫主义运动时期的一些学者曾对上述的一些问题做出过或隐或显的分析,而彼时又是神话学起源之时,所以,回归德国浪漫主义运动,探索当时学者对神话的看法具有一定的必要性。本文仅以德国浪漫派提出的新神话概念为主题,立足于谢林（F. W. J. Schelling）的新神话理念,对新神话及其对神话学的意义做出探索。

一、问题的提出：神话与我们的时代有何关系

德国浪漫主义兴起于18世纪末,作为一种思想潮流,它是对法国大革命等一系

列政治、军事、民族事件的回响，正如以赛亚·伯林（I. Berlin）指出的那样，德国浪漫主义运动整个就是受伤的民族情感和可怕的民族屈辱的产物。在德国四分五裂的形势下，如何重塑人的整体性、增强民族自信上升为文学家和哲学家思索的时代问题。神话成为他们对当下时代批判与建构的重要支点。

神话到底是理性时代的迷障，还是理性时代不可或缺的养料呢？启蒙者和一些浪漫主义者各执一词。启蒙者高举科学和理性的大旗，要将神话看作迷信时代的显证。启蒙者认为，神话因其幻想色彩和感性属性而经不起理性检验，必将在理性之光中消解。如丰特内尔（Fontenelle）在《论寓言的起源》一书中就曾断言，神话给我们提供的是"人类精神的谬误史"，因此不适于对这些荒诞不经的内容进行讨论，并且我们更应该追查人类的头脑中是如何一直存在这些悖逆常理之物的[1]。丰特内尔说出了很多启蒙者的想法，即神话是应该予以剔除的古代残留，这种幻想性言说只能混淆视听，它在任何时代都是不可讨论的，只有理性才能使人类摆脱被奴役的状态。

但一些浪漫主义者，如浪漫派先驱赫尔德（J. G. Herder）却持不同意见。他认为神话在任何时代都有相当的地位和价值，在启蒙条件下尤其应该允许作者在文学文本中继续使用古典神话或者创造新的神话。这涉及当时德国文学界普遍争论的一个话题——18世纪下半叶的同时代人与古希腊神话或者日耳曼诸神有何相干[2]。德国学者克罗茨（Creuz）在《荷马信笺》中就曾提出过这样的疑问，他认为，神话只是创作中不得已求其次时使用的一种装饰，它没有任何真理，因为"神话学的基础无非就是古人的谬误和迷信"[3]。为了回应克罗茨这种从文学中贬低神话的说法，赫尔德在《论神话的新使用》一文中指出，我们确实不必声称神话具有真实性，"因为除了概念所具有的追求真理的能力之外，还存在一种想象力，它追求的是'感性美'"[4]，这种感性美是一种文学品质。并且，确实没有人会机械地重复僵死的古典神话，一方面，人的想象力是一种生产和革新的能力，它渴望新的东西；另一方面，希腊神话是从当时、当地的土壤中生发出来的材料，它解决的是当时的问题，我们的时代也需要能解决当下问题的新神话。

真正到了浪漫主义运动时期，有一些浪漫主义者从社会、宗教等角度呼应赫尔德对神话的说法，如荷尔德林（F. Hölderlin）认为新神话叙事诗可以作为黏合剂来弥合支离破碎的市民社会。德国浪漫主义文论研究专家弗兰克（M. Frank）发现，浪漫派曾将神话用在社会政治维度和诗学维度。弗兰克指出，浪漫主义者为神话赋予的社会功能主要表现为：让分裂的社会得到毫无争议的"确证"（Rechtfertigung）、"有据可依"（begründen），给现实"盖章"抑或"颁发证书"（beglaubigen）。这与马林诺夫斯基（Malinowski）神话是"大宪章"的说法暗合，即神话有整合社会并且赋予社会以正当性的价值。

除此之外，浪漫主义者更首要地突出神话在艺术层面的价值。恰如以赛亚·伯林所言，浪漫主义运动首先是一场"艺术君临一切的运动"[5]。艺术支配生活其他方面是浪漫主义运动的本质。在艺术、诗学层面，尽管弗·施莱格尔（F. Schlegel）、诺瓦利斯（Novalis）与荷尔德林等在一定程度上沿用了赫尔德对神话的看法并对神话都有各自的理解，但总体而言，浪漫主义者认为神话的作用主要有：（1）神话是艺术创作的材料来源。浪漫主义者非常重视神话的艺术价值，他们认为神话的主题、结构、意象以及人物等正是艺术创作取之不尽的宝藏。酒神狄奥尼索斯就得到早期浪漫主义者极度的钟爱与崇拜，浪漫主义者将其塑造为将来之神（Zukunft-Gott），他们认为，正是这位混沌而又纵欲的神身上蕴藏着无限的生机与可能，如荷尔德林在《面饼和酒》一诗中曾写道：酒神使白昼与黑夜和解，永远引导天穹的星辰沉落又升起[6]。（2）神话与精神自由相关。康德（I. Kant）、费希特（J. G. Fichte）和谢林等的哲学主张"从精神上解放了浪漫派，使他们进一步抛却凡尘，弃置外在世界，沉入内心生活中去，追求绝对的精神自由"[7]。浪漫主义者向往精神自由，他们主张发挥个人的主观能动性，深入到人本身丰盈的心灵和充沛的情感中去，神话正好以其自由的形式与内容满足了浪漫派的需求。他们一方面从神话中寻求能畅快表达个体精神与情感的灵感；另一方面从神话中汲取重塑民族精神的力量，如赫尔德与格林兄弟将目光转向民间，从民间搜集神话资料，塑造神话的民间谱系。

不过，与其说是神话，毋宁说是新神话承载了浪漫派的期望。艺术遭遇了生存困境，"这种情况根本来自时代的进程本身"[8]。基于此，早期浪漫派朝向"远古、异乡和理想时代"[9]，构想出新神话，他们希望借助新神话摆脱启蒙主义与理性主义的束缚，并借此完善艺术，重新赢得人与自然、社会的整体性关联。

二、新神话的概念及特征

在具体分析谢林的新神话思想之前，我们必须首先突出赫尔德与早期浪漫派对新神话的说法，"如果抛开早期浪漫派的这个'新神话工程'不谈，我们就无法完整把握谢林这个哲学神话学的切入，因为它与这个精神运动有着极为密切的关系，与其分有共同的精神方向"[10]。

赫尔德在1776年的文章《伊顿娜》中提出"新神话学"（Neue Mythologie）的概念，新神话（Neue Mythen）随即成为德国早期浪漫派最重要的美学关键词之一。对新神话概念做过阐发的还有弗·施莱格尔等，但赫尔德、弗·施莱格尔与谢林对新神话内涵的界定不尽相同。赫尔德感兴趣的主要是：在启蒙背景下，神话在文学语境中是否仍然可行以及如何可行。在《论神话的新使用》一文中，他提出"对神话的启发式运用"的观点，即"从新的时代及其风尚中为旧的神话学如此愉快地编造出一个新的特征，以至于新的得到了尊严，而旧的焕发了生机"[11]。换言之，在赫尔德笔下，新神话主要指具有新的时代精神的神话，对新神话的推重主要是为了从希腊、北欧神话那里学会创造性，以利于当下时代的文学创作。而在弗·施莱格尔笔下，新神话一词容纳的主要是诗的艺术创作问题，"新神话不是一般的艺术，而是诗"[12]。弗·施莱格尔认为，新神话不同于古代神话，前者是一种新诗学追求。他曾称新神话本身就是那首揭示所有其他诗的起因的无限的诗，"神话与诗，这二者本来是一回事，不可分割"[13]。弗·施莱格尔试图为艺术家寻找表达精神自主性的方法——创造新神话，新神话"必须产生于精神最内在的深处"[14]。在弗·施莱格尔的设想中，作为精神化身的新神话可以作为艺术的具体产物（如浪漫诗）出现。质言之，在弗·施莱格尔这里，新神话是个人审美实践、诗学创作的经验来源与目的。

赫尔德和弗·施莱格尔都是从文艺创作的角度对新神话做出阐释的，相对于他们对新神话断片式的构想以及诗意-感性化的表述，谢林的立场有所不同。谢林将新神话置于同一哲学体系——主观与客观、自由与自然、实在与观念等的对立统一中予以阐释，基于此，新神话就呈现为一些对立的哲学概念的综合。谢林认为神话是自成一体的整体，对神话的解释应求诸其自身。在《艺术哲学》一书中，谢林将西方神话划分为三个时期：希腊神话时期、现代神话（即基督教神话）时期以及新神话出现的时期。谢林认为，新神话是新时期出现的神话，它不同于神话，如希腊神话和基督教神话，新神话具有新的时代特征，它是哲学家或诗人站在未来给人类指明的一系列对立又统一的理念的集合。虽然谢林未曾对新神话做出概念界定，但他笔下的新神话却有几个明显的特征。

（一）自然哲学是新神话的质料

神话始于人与自然的关系。在阐释神话与自然之间的关系时，我们通常沿用马克思的说法，即任何神话都是人类用想象和借助想象征服自然力，支配自然力，把自然加以形象化和艺术加工的产物。在这里，人具有主观能动性，自然处于被支配地位。谢林对自然的看法与马克思有所差异，这种差异也体现在新神话中。谢林认为，"可从物理学中撷取新神话的质料"[15]，"高级思辨物理学中可寻得未来神话和象征手法的契机"[16]。在谢林看来，高级物理学就是自然哲学本身[17]。谢林在自然哲学领域颇有建树。简单地说，谢林赋予自然以精神和生命，这看起来是一种倒退和返魅，但谢林发现费希特式自我设定非我的自然观，即人向自然发出命令的做法容易将自然置于被消费和利用的境地，所以他认为，自然哲学要认识到人的精神与自然是同一的，自然是可见的精神，精神是不可见的自然，人之所以能了解自然，是因为自然具有自我意识的因素，太阳、黑夜等都是自我意识的表现。在谢林眼中，这些自我意识因素转变为神话是毫不费力的，比如，耀眼的太阳被形象化为光明与青春之神阿波罗；地震是因为海神波塞冬的愤怒。这种自然物的神化现象并不仅仅说明人具有幻想能力，而且说明自然本身就是活生生的精神，"外部世界在我们面前敞开，为的是在其中重新发现我们的精神的历史"[18]。新神话追求人的精神与自然的同构。

（二）新神话是作为个体的类属创作的产物

我们通常认为神话是集体、民族的创作，表达的是民族全体的心声，在我国民间文学界，这种说法已成共识。谢林对新神话的说法与我们对神话的理解有所不同。谢林的说法非常巧妙，在他看来，新神话不能简单地理解为某一类属的创作。谢林认为，近代世界可称为个体的世界，古希腊世界则可称为类属的世界。如果说在其他艺术门类那里，艺术是某一位艺术家的活动，那么，神话并没有一位创造自己的艺术家，真正的神话不是个人的创作，也非某一类属的创作，而是作为个体的类属的创作，就此而论，神话就是一个自给自足的宇宙。谢林认为，类属与种族并非是个体的聚集，否则，神话就不能达到和谐一致。因为个体的世界是分崩离析的世界，其中的神话也是零碎的。在他看来，"类属本身既是个体，而且宛如一个体的人"。也就是说，整个种族、类属就是一个大写的、有机的个体，"宛如一个体的人"，"每一个体颇似整个整体（Ganze），而整个整体又颇似个体"[19]。在这种情况下，神话虽然是类属的，但它宛如经过一人之手所得[20]，正如《荷马史诗》那样。现代世界的出发点是个体，在现代世界中破碎为个体的人类，必须把自己重新建构成完整的族类，新神话的作者就是一个类似于个体的类属。新神话的美学内涵"远远超出了私人性的趣味问题"[21]，具有了公共性。现代世界破碎为个体的人应该发现自身之中潜藏着类属和集体的特征，据此，个体与类属都将在新神话的影响下重获整体性，并重新融合。

（三）新神话是历史与未来的结合

神话是人类童年或氏族社会时期的创造物的说法已成共识，但谢林对历史给予了新的理解，同时也将未来观引入神话。在《先验唯心论体系》一书的结尾，谢林指出，新神话"并不是个别诗人的构想，而是一个新的、就仿佛只是在扮演着一位诗人的类属的构想，这种神话会如何产生倒是一个问题，它的解决唯有寄望于世界的未来命运和历史的进一步发展进程"[22]。谢林发现，若以神话自身为聚焦点，那么我们很容易可以发现，神话在历史发展过程中具有变易性，如基督教神话就不同于希腊神话，但神话的历史变化本就是神话的构成部分，如"希腊人的实在主义（realistische）神话，并不排除历史的态度；更确切地说，只是由于其历史的态度，它作为叙事诗确实不失为神话"[23]。所以，我们通常认为神话发展过程中的缺憾——神话的历史化现象在谢林这里不算剥夺神话的生命。新神话的历史可以到古希腊神话和基督教神话那里去寻找，新神话的未来则存在于现代进程的远方。谢林认为，我们在思考神话自身时，需要有未来的视野，而不能只关注过去。新神话若要被创作，就需要指望某一位艺术家站在历史进程的尽头同自然结合起来。但艺术家们创造的"自己的神话"向世界展现的只是神话世界的局部，新神话仍然处于不确定的邈远之处，在那里，宇宙精神将使"其自身所构想的伟大诗歌宣告终结，并将近代世界诸现象的依次更迭转变为共时性"[24]。这种宇宙精神是一种圆满的理想，我们可以不断趋近。这解释了新神话在何处可能的问题，它形成于遥远的历史，取决于未来绝对圆满的宇宙精神的来临。虽然新神话的未来维度有乌托邦性质，但未来观的引入至少给我们带来一个启发：神话不是封闭的，也不仅仅是过去的或当下的，而是敞开的，其中潜藏着我们的未来。

谢林的新神话从精神与自然、个体与类属以及历史与未来的角度给我们提供了不同于以往的理解神话的新视野。然而，虽然较之于赫尔德、弗·施莱格尔等，谢林的新神话强调同一性、普遍性、公共性，更为系统、连贯，但新神话还是神话吗？谢林为什么要提出新神话呢？新神话对神话、艺术的概念与实践有何增益吗？在对当时艺术遭遇的现代性危机的分析中，这些问题将得到解释。

三、作为艺术拯救者的新神话

新神话是谢林艺术哲学构拟（Konstruieren）中的一环，新神话的理解在艺术哲学这一视域下具备有效性。

在《关于神话的谈话》一文中，弗·施莱格尔认为新神话就是诗，其最大的价值就是为诗学创作与艺术实践提供土壤，以便表达个人自主的精神，弗·施莱格尔还特意强调新神话"绝不会再以哲学，甚至一种体系的面貌出现"[25]。谢林不像弗·施莱格尔那样将神话与艺术实践紧密相连，也不直接研究艺术作品给个体带来的愉快、感动、震惊之类的情感以及其他任何特殊的主观审美感受，他认为，正是感性使艺术变得不体面、颓废和浮华。谢林"关注艺术的本质以及艺术作品中呈现出来的哲学意义"[26]。为此，谢林对艺术做哲学构拟（Konstruieren）的实践，以此对抗早期浪漫派过于重视主观情感、放弃科学体系和启蒙运动排斥艺术的做法。而神话就是谢林艺术哲学体系（具体指艺术实在的呈现方式）中的一个序列，如下表[27]所示：

无差别序列（神话）	实在的艺术序列（造型艺术）	观念的艺术序列（言语艺术）
希腊神话	音乐：节奏、和声、旋律	抒情诗
基督教神话	绘画：素描、明暗对比、调色	叙事诗：哀歌和牧歌 宣教诗和讽刺诗 浪漫型叙事诗
	雕塑：建筑、浮雕、雕像	戏剧诗：悲剧、喜剧、现代戏剧诗

神话在谢林的艺术哲学体系中有自己的位置，也就是说，谢林试图把神话拉到理性的轨道上来。正是在这里，谢林的新神话突破了弗·施莱格尔神话观的局限，前者将神话设定在一个体系中，不关注个人主观感觉和审美经验在神话中的作用，而侧重于神话的理性化与哲学化，这使得神话在理性王国中据有一席之地，从而在很大程度上驳斥了柏拉图和一些启蒙主义者从哲学中驱逐艺术与神话的做法。新神话虽然没有通过序列的方式直接展现出来，但它"决定性地被置于一个直接建立在整体理念的形而上学的框架内"[28]。即新神话一直在场，只不过作为理念的综合，它仅借助于"形而上的地位坚持在可能的审美立场中"[29]。

在谢林看来，神话本身就是一个自足的整体，而整体性正是艺术本该有的追求，所以，神话无疑是艺术学习的模板。"神话乃是任何艺术的必要条件和原初质料。"神话是土壤，"唯有根植于此，艺术作品始可吐葩争艳，繁茂兴盛"[30]。不仅如此，神话还是诗歌、历史与哲学等"一切水流所复归的海洋"[31]。艺术在最高一个层级上需要再次指向神话。也就是说，神话是艺术的始源、材料与归宿，艺术以神话为原型世界。质言之，神话本身就是艺术。

然而，在现代艺术遭遇危机的情况下，神话尤其是希腊神话中虽然蕴藏着拯救艺术的无限可能性，但其自身隐而未彰的东西必须被发掘出来，比如其中的观念、精神的世界，这一点正是基督教神话所特有的。因此，新神话就需要将基督教神话与希腊神话绝对综合起来，发掘双方存在的理念，诸如必然与自由、实在与观念等，这些对立又统一的理念将统统见诸新神话中。谢林认为，作为理念综合的新神话必然能拯救艺术，因为：(1) 理念虽然不可运用于具体的审美实践与艺术创作，但这并不影响理念的实在性。对谢林而言，一切艺术形象，比如希腊诸神之所以成为现实的，乃是因为他们在理念上是可能的，绝对可能性等于绝对实在性；(2) 理念具有不可低估的优点，即因其不接触具体现实，因而免遭腐蚀，"艺术和艺术作品的理念之构拟愈翔实，则愈易于不仅抵制论述中的浮光掠影，而且抵制艺术或诗歌中的恣意妄为"[32]。艺术的任务就在于"通过其创作以实在的方式呈现出这些理念"[33]。据此，新神话就完全不再是弗·施莱格尔笔下作为叙事和内容的神话，而是一系列理念的集合。

总之，谢林认为艺术与神话的关联是一体的、内在的。神话延续在艺术中，艺术以神话为始源与材料，但艺术在现代遭遇了内容与形式的分离以及被启蒙主义排挤的危机，为了化解危机，艺术家需要建构新时代的新神话来拯救现代艺术。新神话是理念的综合，也是艺术发展的高级阶段，新神话的来临"意味着艺术危机的终结"[34]。

四、新神话理念的神话学意义

谢林的新神话理念对当下神话学具有几点明显的启示意义。第一，新神话扩展了神话的范畴。在民间文学领域，自德国浪漫主义时期开始，神话就被当作叙事来搜集和研究，格林兄弟（Brothers Grimm）的神话搜集、整理与研究工作肇其始，直至当代，一些国际著名的神话研究专家仍持类似观点，如阿兰·邓迪斯（A. Dundes）认为："神话是关于世界和人怎样产生并成为今天这个样子的神圣的叙事性解释。"[35] 但在谢林和德国早期浪漫那里，神话并不是仅仅被当作叙事来考察的。弗·施莱格尔将新神话视为诗（包括戏剧、浪漫诗等），谢林则将新神话的范围扩大至包括音乐、绘画、雕塑、抒情诗等范畴在内的艺术。这是极具指导的。因为"非体裁神话现象的存在日益暴露出神话的体裁概念具有削足适履的弊端"[36]。这种弊端的原因之一是我们习惯于将神话窄化在叙事体裁范围内，而很少像谢林那样对神话的所属范畴进行突围，将神话与诗、艺术、哲学联结起来思考，谢林的新神话无疑扩展了神话的范畴。

第二，新神话讲求的整体性关联对当今神话注重文本和语境，而忽视神话与人、自然、社会的整体关联有一定启发。在当下，神话多被理解为以神格为中心的叙事，在此观念的熏染下，神话可以或者往往呈现为某个神话（ein Mythos），它们是一则又一则故事文本或语境中的叙事，可以被重复讲述。但在德国浪漫主义运动时期，"那个时代关心的并不是单个神话的文本结构，而是在现代的条件下进行神话思考和神圣思想的整体可能性"[37]，即整体神话（der Mythos）。这一说法尤其体现在谢林对神话的思考中。谢林说，"神话这个词，我们都知道，是来自希腊人的。对希腊人而言，这个词的最广义意思就是指他们所独有的那些传说和故事的总体"[38]。在谢林眼中，《荷马史诗》就是完整神话的典范。所谓"整体""完整"指：(1) 诸神之间互为条件、互相补充而形成的同一的、有机的神话谱系；(2) 哲学中的理念与艺术中诸神的一体性；(3) 神与自然的结合，如动物的躯体同理性的头脑在斯芬克斯身上的结合；(4) 古希腊人通过参与神话、与诸神打交道而达到精神与存在层面的完满等。而现代神话，如歌德、但丁、莎士比亚等笔下的神话多取自基督教神话，它们的表现是零散的、部分的，因为其中只有零星的神话故事和民间传说。所以，谢林指出，虽然希腊神话是旧神话，但事实上，新神话的所有可能性在希腊神话那里已经被穷尽，当下时代需要新的神话，新神话要按照希腊神话暗藏着的完整和绝对同一性来构想，追求人与人、人与自然、人与社会的整体关联。

第三，新神话实践阐明了谢林的存在论立场。神话与艺术的关系十分紧密，它们都是人类表达情感的媒介，都可以给我们带来心灵上的愉快、振奋或哀戚，但它们关怀人生有两种不同的路径。以弗·施莱格尔为代表的文艺学家求诸人类内在的主观情感，突出艺术、神话的审美特性。谢林努力变革艺术家和哲学家注重艺术的直觉感悟却忽视其逻辑体系的思维惯性，他想解决的问题是：艺术家以何种手段征服人的情感，触动他们的内心，净化他们的灵魂，即人类普遍意义上的精神自由是如何可能的。一方面，谢林从神话中寻找答案。"在谢林那里，神话远远不只是一种人类原初的艺术想象，或艺术地把握客观外界的原初方式，更多的却是人的存在本身。"[39]谢林认为，神话在神话时代是如同命运一样加诸人类头上的，神话"乃是尤为庄重的宇宙，乃是绝对面貌的宇宙，乃是真正的自在宇宙、神圣构想中生活和奇迹迭现的混沌之景象"[40]。在谢林笔下，宇宙是万事万物的本原，这反映出谢林眼中的神话是一个本源世界，它先于一切认识。不仅如此，神话还是客观的事物，是一种"遗迹"，正如山川河流一样，只不过后者保存在自然界，而"神话则是保存在人的意识里"[41]，人最初的意识就是神话意识。如此，神话就不是认识的对象，而是人生存的基础和条件，这彰显了神话对人类生存的意义。另一方面，谢林发现问题的答案也在于艺术自身。艺术的本质是绝对同一的理念，它是人类通往精神自由的阶梯，并且尤为直接地企及我们自身精神的奇迹。而神话本身就是艺术，新神话作为艺术的荣升更为人类的普遍自由提供了理想模型——人类得以徜徉在自由与自然和解、平衡的世界中，从而得以诗意地生活，因为新神话之"新"，既在于诸理念的综合为艺术发展提供了新的、更为理性的指引，也在于它面向新时代，为人类带来了新的思维方式和存在方式。

在中国学界，谢林的神话思想一直没有得到应有的关注。然而，谢林的新神话思考却为神话开辟了一个表达自己的广袤空间，使神话从故事、叙事走向艺术，也使神话摆脱了启蒙主义的贬抑和束缚，为神话从诗人个人的感性观念走向人类普遍的生活世界奠定了坚实的基础，这些都是谢林对神话甚至艺术的思考与贡献。谢林的贡献远不止于此，其神话思想和神话哲学虽然艰深并且去今较远，但仍值得我们深入挖掘，尤其是在神话的人-自然-社会的整体性诉求与存在论价值方面。

注释：

[1][德]弗兰克:《浪漫派的将来之神——新神话学讲稿》,李双志译,上海:华东师范大学出版社,2011年,第132页。

[2][德]弗兰克:《浪漫派的将来之神——新神话学讲稿》,李双志译,上海:华东师范大学出版社,2011年,第142页。

[3] [德]弗兰克:《浪漫派的将来之神——新神话学讲稿》,李双志译,上海:华东师范大学出版社,2011年,第143页。

[4] [德]弗兰克:《浪漫派的将来之神——新神话学讲稿》,李双志译,上海:华东师范大学出版社,2011年,第144页。

[5] [英]以赛亚·伯林:《浪漫主义的根源》,吕梁,等译,南京:译林出版社,2008年,第3页。

[6] [德]荷尔德林:《荷尔德林诗选》,林克译,成都:四川人民出版社,2017年,第80页。

[7] 曹俊峰、朱立元、张玉能:《德国古典美学》,北京:北京师范大学出版社,2013年,第294页。

[8] 翟灿:《艺术与神话:谢林的两大艺术哲学切入点》,上海:上海人民出版社,2013年,第352页。

[9] [德]汉斯·布鲁门伯格:《神话研究》(上),胡继华译,上海:上海人民出版社,2012年,第297页。

[10] 翟灿:《艺术与神话:谢林的两大艺术哲学切入点》,上海:上海人民出版社,2013年,第183页。

[11] [德]弗兰克:《浪漫派的将来之神——新神话学讲稿》,李双志译,上海:华东师范大学出版社,2011年,第149页。

[12] 王熙恩:《作为新神话的诗与酒神狄奥尼索斯——德国早期浪漫主义诗学研究》,《外语学刊》2014年第5期,第141～144页。

[13] [德]弗·施莱格尔:《雅典娜神殿断片集》,李伯杰译,北京:生活·读书·新知三联书店,2003年,第231页。

[14] [德]弗·施莱格尔:《雅典娜神殿断片集》,李伯杰译,北京:生活·读书·新知三联书店,2003年,第230页。

[15] [德]谢林:《艺术哲学》,魏庆征译,北京:中国社会出版社,1996年,第92页。

[16] [德]谢林:《艺术哲学》,魏庆征译,北京:中国社会出版社,1996年,第94页。

[17] 翟灿:《艺术与神话:谢林的两大艺术哲学切入点》,上海:上海人民出版社,2013年,第156页。

[18] 转引自黄金城:《浪漫派自然哲学:一种美学现代性方案》,《外国美学》2017年第1期,第1～20页。

[19] [德]谢林:《艺术哲学》,魏庆征译,北京:中国社会出版社,1996年,第62页。

[20] [德]谢林:《艺术哲学》,魏庆征译,北京:中国社会出版社,1996年,第90页。

[21] 黄金城:《浪漫派自然哲学:一种美学现代性方案》,《外国美学》2017年第1期,第1～20页。

[22] [德]谢林:《先验唯心论体系》,梁志学,等译,北京:商务印书馆,2009年,第312页。

[23] [德]谢林:《艺术哲学》,魏庆征译,北京:中国社会出版社,1996年,第94页。

[24] [德]谢林:《艺术哲学》,魏庆征译,北京:中国社会出版社,1996年,第91页。

[25] [德]弗·施莱格尔:《雅典娜神殿断片集》,李伯杰译,北京:生活·读书·新知三联书店,2003年,第234页。

[26] 先刚:《"建构"与"反思":谢林和黑格尔艺术哲学的差异》,《文艺研究》2020年第6期,第5～13页。

[27] 参见先刚:《"建构"与"反思":谢林和黑格尔艺术哲学的差异》,《文艺研究》2020年第6期,第5～13页。

[28] 翟灿:《艺术与神话:谢林的两大艺术哲学切入点》,上海:上海人民出版社,2013年,第339页。

[29] 翟灿:《艺术与神话:谢林的两大艺术哲学切入点》,上海:上海人民出版社,2013年,第338页。

[30] [德]谢林:《艺术哲学》,魏庆征译,北京:中国社会出版社,1996年,第54页。

[31] [德]谢林:《艺术哲学》,魏庆征译,北京:中国社会出版社,1996年,第63页。

[32] [德]谢林:《艺术哲学》,魏庆征译,北京:中国社会出版社,1996年,第10页。

[33] 先刚:《试析谢林艺术哲学的体系及其双重架构》,《学术月刊》2020年第12期,第5～13页。

[34] 杨俊杰:《艺术的危机与神话:谢林艺术哲学探微》,北京:北京大学出版社,2011年,第191页。

[35] [美]阿兰·邓迪斯编:《西方神话学读本》,朝戈金,等译,桂林:广西师范大学出版社,2006年,第1页。

[36] 户晓辉:《返回爱与自由的生活世界:纯粹民间文学关键词的哲学阐释》,南京:江苏人民出版社,2010年,第197页。

[37] [德]弗兰克:《浪漫派的将来之神——新神话学讲稿》,李双志译,上海:华东师范大学出版社,2011年,第84页。

[38] 转引自杨俊杰:《艺术的危机与神话:谢林艺术哲学探微》,北京:北京大学出版社,2011年,第22页。

[39] 刘小枫:《诗化哲学》,上海:华东师范大学出版社,2007年,第111页。

[40] [德]谢林:《艺术哲学》,魏庆征译,北京:中国社会出版社,1996年,第54页。

[41] 先刚:《哲学与宗教的永恒同盟——论谢林的宗教哲学思想》,《社会科学战线》2007年第3期,第34～40页。

英国维多利亚时期民间童话对文学童话的影响

甘 露

(长江大学外国语学院,湖北荆州,434023)

内容摘要:作为优秀传统文化资源的民间文学,本质上与现代文化产业资源存在着必然的冲突,口头创作与传承的资源形态,与现代印刷、出版、网络等密切相关的资源形态,不仅是传播媒介的差异,而且是文类差异的互动与博弈。尽管两者之间的异质性很明显,但并非是取代与消解的矛盾,而是融合共进的关系。梳理英国维多利亚时期民间童话的异军突起以及文学童话日趋繁荣直至顶峰的发展历程,我们可以构建一个促进"传统与现代"二者互融的策略,打通传统资源和现代资源的文化壁垒,促进民族民间文化更好的传承创新。在此基础上,为中国儿童文学提供可资借鉴的创作策略:即母题的化用、结构的借鉴及原始思维的渗透。

关键词:英国维多利亚时期;民间童话;文学童话;融合共进

在书面文学诞生以前,口头民间文学是娱乐和教化儿童的唯一载体。在儿童文学史上,第一部专门为儿童创作的书是 John Newbery 创作的 *A Little Pretty Pocket Book*(1774)(《可爱的小小袖珍书》)。这部童书包含有很多民间寓言、民间游戏等。到了 17 世纪和 18 世纪,廉价小册子的出版为儿童读物的普及奠定了重要的基础,这些读物收录了大量的传统民间故事。19 世纪是英国儿童文学史上的第一个黄金时期,并且这一时期,不论是儿童奇幻文学还是现实主义儿童文学都与民间文学、民俗学有特别密切的关系,这一时期的很多儿童文学作品,以两部"爱丽丝"为代表,成了享誉世界的儿童文学经典。20 世纪,儿童文学书籍出版业得到了快速发展,这一时期人们重新拾起了对传统民间文学的兴趣,部分原因可能是因为音像的、影像的媒介为儿童文学提供了更多元化的载体。正是在这一背景下,《指环王》的作者 J. R. R. 托尔金成了近代奇幻文学的鼻祖。进入新世纪以来,《哈利·波特》开启了英国儿童文学的第二个黄金时期,"哈利·波特"热证明儿童文学作者的热情仍聚焦于民间文学,不过已从单一的关注民间童话扩大到了民间神话、民间传说等其它民间文学体裁。

在人类文明史上,童话是最古老、最具生命力的文学样式之一,它经历了从古老的口头传统到后现代主义的重新创作的转变。童话在 1812—1912 年间达到了鼎盛的黄金时代[1]，并且在当代社会仍然经历着持续不断的重写和讲述，尤以中长篇童话小说的艺术形式成为当代儿童文学创作领域不可或缺的重要类型。童话的口头民间集体创作和个性化文学创作是世界童话文学的两种普遍形态。本文的民间童话是指被采录并书面转录的口头民间集体创作；文学童话是指作家对民间童话进行艺术加工后的个性化文学创作。

一、民间童话异军突起之路：民间童话英译潮

民间童话作为一种口头民间文学现象存在为时已久。民间童话在维多利亚时期异军突起并迎来民间童话英译潮，与这一时期儿童观念发生重大转折密切相关。

在原始社会时期，物质生活极度匮乏，成人尚且食不果腹，婴儿死亡率也极高，因此儿童一直是缺席的，完全是成人的附属品。一直到中世纪，儿童意识依然处于沉睡状态。如果说文艺复兴让人获得了重生，那启蒙运动则让儿童获得了新生。然而，受根深蒂固的基督教的影响，出现在人们的视野中的儿童仍旧是带有原罪的，恰如《旧约·圣经》箴言篇中所说的那样："不可不管教孩童，你用杖打他，他必不至于死。你要用杖打他，就可以从地狱的深渊救出他的灵魂。"[2]因此，此前坚持理性训诫的儿童文学占绝对优势，而张扬幻想精神的儿童文学一直遭受贬抑与压制。一直到浪漫主义时期，儿童观才发生了天翻地覆的逆转，儿童被认为是单纯可爱、天真无邪的，被尊为成人之父。从浪漫主义文学思潮的流行开始，童话的收集、加工、润色、再创作成为一种时尚性的事业，童话作家就这样逐渐成了儿童文学创作的主力军。从浪漫主义时期一直到维多利亚时期，儿童与民间浪漫想象合而为一，"民间"与"儿童"都成了"尊贵野蛮人"的卓越代表[3]。这也进一步推动了这一时期欧洲民间童话的英译，以及对英国本土民间童话的发掘与搜集。与民间童话英译潮同步兴起的民俗学热潮催生的两部重要的民俗学奠基之作 William Henderson 的 *Folklore of the Northern Countries of England*（1866）和 John Rhys 的 *Celtic Folklore, Welsh and Manx*（1901），以及考古热潮催生的 J. F. Campbell 的 *Popular Tales of the West Highlands*（1860—1862）都是这一时期系统、全面地搜集、整理英国本土民间童话的重要成就。在这一潮流的影响下，英国本土的民间童话《杰克与豆茎》《巨人杀手杰克》《三只小猪》《拇指汤姆》等也成走进各个阶层儿童，特别是中产阶级儿童甚至成人的阅读视野。

更值得一提的是，Andrew Lang（1844—1912）除了搜集英国本民族的民间文学素材外，还广泛地搜集了在世界各地流传的童话故事和民间故事，汇编出版了 12 卷本的彩色童话集——《蓝色童话集》《红色童话集》《棕色童话集》《黄色童话集》《深红色童话集》《灰色童话集》《紫色童话集》《橘色童话集》《绿色童话集》《紫罗兰色童话集》《橄榄色童话集》《粉红色童话集》。Andrew Lang 这部童话集子的取材范围非常广泛，横跨欧亚大陆，是北欧、法国、俄罗斯以及日本、印度等国民间文学的汇集。这些故事从出版以来就成了孩子们爱听的枕边故事，并且还对后来英国的很多儿童幻想文学大家比如 C. S. 刘易斯、J. R. R. 托尔金等产生了非常重要的影响。由此看来，维多利亚时期的绝大多数儿童文学作家进行民间童话改写或重写的创作模式

的产生,并以此推动文学童话创作热潮来临的谜团就迎刃而解了。

格林童话英译是对英国儿童文学的历史性变革起最大助推作用的民间童话集。Humphrey Carpenter 对《格林童话》的英译本给予了如下评价:"当《格林童话》于1823年抵达英国之后,道德主义者对于童话故事的顽固抵制开始瓦解。"[4]由此可以明显看出,《格林童话》英译潮的来临给英国儿童文学带来了一场非常彻底的革命,使得童话这一种文体的文学地位迅速提升,推动了这一时期文学童话创作热潮的来临。格林兄弟搜集的民间童话故事集初版《儿童与家庭童话集》(第一卷)(1812)和《儿童与家庭童话集》(第二卷)(1815)将儿童作为首要的受众,他们在搜集、加工整理民间童话、民间故事的先驱者身上发现了他们对民间文学作品过度加工、修饰的弊端,确定了自己民间童话的风格,即尽可能地保持民间口头文学那种朴实、稚嫩的原貌,尽量做到忠实记录。虽然他们的童话口述来源大多是中产阶级妇女,并非目不识丁的山野农夫,但是他们对待民间口头文学的审慎态度是非常值得肯定的。Edgar Taylor 将格林童话中的部分故事译成了两卷本 German Popular Stories,分别于1823年和1826年出版了[5]。该书出版后引起了家长们和儿童读者们的关注,不久就流传开来,使童话成了儿童读物中的重要组成部分。著名的民俗学家 Iona Opie 和 Peter Opie 在 The Classic Fairy Tales 中说:1823年,童话几乎在一夜之间成为古籍研究者心目中一项受人敬重的研究活动,成为诗人们的一种灵光,成为少年儿童得到认可的阅读神奇故事的一个来源。带来这一变化的就是由 Edgar Taylor 和他的家人从格林兄弟的《儿童与家庭童话集》翻译而来的《德国流行故事》的发表[6]。自此以后,理性说教性的儿童文学与浪漫幻想性的儿童文学水火不容的局面逐渐冰释。并且不容忽视的是,在包括英国在内的欧洲各国都迎来了搜集、整理本国民间童话的热潮,这也推动了英国作家改写和重写童话以及其它民间文学素材的传统,民间童话在助推文学童话创作热潮中起到的重要作用因此显而易见了。比如,除了英国以外,意大利的作家巴西尔(1575—1632)的《五日谈》的英译、法国贝洛《鹅妈妈故事集》的英译、丹麦《安徒生童话》的英译等等都在这一时期愈演愈烈。这些童话故事集虽不是原汁原味的民间童话,但是有着明显的民间童话印记,并且,涵盖的国家甚为广泛,日本、印度等东方国家的童话英译集都涌现出来,这是多元文化语境下世界民间童话的汇聚。这种汇聚对英国文学童话的创作及接受热潮的来临起到了不可替代的催化以及推动作用。

二、文学童话黄金时代之貌:文学童话创作潮

从维多利亚时期的文学童话整体面貌来看,对民间童话的改写和重写或进行颠覆性的再创作是这一时期文学童话的重要创作模式。

维多利亚时期最辉煌的文学成就是其批判现实主义小说,但是非常普遍的现象是很多批判现实主义小说大师在他们的创作过程中都或多或少的将目光投向了为儿童创作的文学童话,他们将民间童话母体进行了批判现实主义式的加工再创作,查尔斯·狄更斯、托马斯·胡德、托马斯·卡莱尔、约翰·拉斯金和威廉·萨克雷为代表的批判现实主义小说家,以创新的方式使用民间童话,以民间童话中明显的强与弱、善与

恶等二元对立关系影射了因英国工业革命引发的社会动荡，及其所带来的不公正和不平，产生了更加强烈的批判效果。在维多利亚时期，女性意识经历了从萌芽到觉醒的重大转折，这一时期出现了大量的女性作家，在儿童文学领域亦如此。贝特丽克丝·波特、夏洛特·勃朗特、乔治·艾略特、凯瑟琳·辛克莱、弗朗西斯·布朗、马洛克、克雷克、安妮·伊莎贝拉·里奇、吉恩·英格罗等儿童文学作家对传统民间童话中女权主义缺失的创造性改写，挖掘出了维多利亚时代人们对女性的态度以及女性自我意识的觉醒，塑造了维多利亚时期英国新女性的形象。维多利亚时期浪漫主义的余温尚未消失殆尽，以刘易斯·卡罗尔、乔治·麦克唐纳、詹姆斯·巴里、罗伯特·路易斯·史蒂文森、查尔斯·金斯利、罗金斯、肯尼斯·格雷厄姆为代表的儿童文学作家以民间童话为媒介展现了维多利亚浪漫主义愿景与功利主义的进步观之间的冲突，以民间童话为媒介揭露了功利主义者自相矛盾的尴尬处境。在维多利亚时期独树一帜的唯美主义小说家、戏剧家奥斯卡·王尔德同样将其创作的触角延伸到了儿童文学领域，他的文学童话集《快乐王子及其他》具有鲜明独特的气质，得益于其从形式和内容上对民间童话进行了创新。

以狄更斯为例，狄更斯的创作力之旺盛，触及的范围之广泛，比起莎士比亚和司各特均无逊色，但狄更斯的最大成就还是体现在其长篇童话小说的创作上。狄更斯的关注底层的民间立场使他形成了批判现实主义创作思想，成了19世纪英国极具代表性的批判现实主义作家。狄更斯关注底层社会的民风民情，其创作的民间立场是其成为畅销小说家的重要基础，其作品展现了19世纪英国风光无比的大都市伦敦的贫民窟一角，给19世纪的英国社会生活的历史画卷增添了浓墨重彩的一笔，使19世纪底层人民的喜怒哀乐、苦痛和希望都展现在了世人面前。情节设置与童话的这种隐形关系在18世纪的小说、伊丽莎白时代的戏剧和传奇文学中也都是可见的，但就对受压迫人民的关注与同情这一点而言，狄更斯的小说式最接近童话的本质的。在童话故事里，常常会出现年幼的兄弟获得了财富、丑小鸭变成了白天鹅、贫穷的放鹅姑娘最终嫁给了王子并且从此过上了幸福的生活。对狄更斯而言，这种在现实生活中几乎不可能的胜利是道德层面的胜利，在《家常话》杂志中的一篇文章中他曾说道：

> （我们）几乎无法估量善良与仁慈产生的无形力量。对穷苦人民和老年人的忍耐、礼貌和体贴，对动物的善意对待，对大自然的热爱，对独裁与暴政的憎恨等等美好的品质将会通过这种有益的方式滋养孩子们的心灵。[7]

"仙女教母""灰姑娘""丑小鸭""蓝胡子""三只熊"等童话情节大量出现在狄更斯的小说中，如《我们共同的朋友》（1865）中的故事情节实际上就是画眉嘴国王这则童话的变体；"蓝胡子"情节类型也多次出现在狄更斯的小说中。其中灰姑娘情结和仙女教母情结是最具狄更斯特色的，体现了狄更斯小说创作希望用善良和一点点魔法改变维多利亚世界的美好愿望。从与狄更斯小说如影随形的童话式的情节结构和童话式的人物形象我们不难发现，狄更斯的小说用童话式的模式展现出了魔幻的19世纪英国，这种模式是狄更斯小说创作的本质特征之一。如果说法国现实主义小说家深受科学与哲学思想影响,作品更具有客观性和哲理性,那么狄更斯的现实主义则具有很强的浪漫色彩、主观性和情感特征。然而,按照传统的现实主义理论,狄更斯小说虽然真真切切的关注现实社会生活,但只因其具有这种典型的浪漫主义特征因而应该被排除在现实主义作家之外,如此,传统现实主义理论模式的狭隘之处便越发显现了。

在英国,狄更斯生前就有众多作家追随他、效仿他,其中成就较大的有金斯利、里德、盖斯凯尔夫人和柯林斯等。这些作家跟狄更斯又直接的交往,有的甚至在狄更斯的指导下进行创作。狄更斯去世后,其影响丝毫未减,许多作家从他的作品中得到创作灵感、仿效其风格或者学习其方法。其中最著名的有乔治·辛、亨利·詹姆斯、康拉德和萧伯纳等人。在美国,狄更斯的作品在他身前就深受美国读者的喜爱,而且对不少美国作家也产生了巨大的影响,如马克·吐温、杰克·伦敦、麦尔维尔和德莱塞等人的作品,或多或少都带有"狄更斯味"。尤其是马克·吐温,素有"美国的狄更斯"之称,去采购员百分之一的风格和狄更斯极为相似,如善用幽默、夸张的笔调塑造出个性鲜明的艺术形象等等。另外,马克·吐温采用美国方言创造出生动的小说语言,也是从狄更斯那里得到启发的,因为狄更斯在小说中大量的使用了伦敦方言。在俄国,托尔斯泰、陀思妥耶夫斯基和屠格涅夫这三位文学巨匠最初也都受到过狄更斯小说的影响。托尔斯泰自己也承认,他在创作《安娜·卡列尼娜》时,就运用过类似于狄更斯的方法。较之与托尔斯泰,陀思妥耶夫斯基受狄更斯的影响更大。陀思妥耶夫斯基的小说就像狄更斯一样,总表现出对"底层""小人物"的无比同情和哀怜之情,有些人物形象和故事情节甚至有惊人的相似之处。屠格涅夫对狄更斯可以说是无限仰慕,受狄更斯的影响,屠格涅夫自己也时常通过对人物怪癖作生动、逼真的描绘。到了20世纪,欧美文学中仍然还有"狄更斯风格"和"狄更斯式人物"的身影。如英国的D. H. 劳伦斯、奥地利的弗朗兹·卡夫卡和瑞典的斯特林堡等著名现代作家都在不同程度上受到了狄更斯风格的影响。另外,美国20世纪60年代出现的"黑色幽默"小说,也与狄更斯式的幽默风格有关,或者说,是狄更斯幽默风格的现代变形。此外,狄更斯的影响还越出小说的范畴,出现在一些现代诗歌形象和戏剧创作中,为现代诗人和剧作家提供了有益的借鉴。他笔下有些人物,在20世纪已成为社会生活中某些概念的代名词,因此中国从事各类艺术创作的人都将其作为基本原型而加以模仿。

不管是哪一种派别的儿童文学作家,他们从自己的创作特点与创作愿景出发,对民间童话进行了创造性的加工与修饰,为维多利亚时期的文学疆域增添了浓墨重彩的一笔,也为后世的文学创作提供了宝贵的创作资源。

三、民间童话焕发生命之机:作家摄用获新生

幻想是民间文学世界甚至民间世界的永恒主题,在民间童话中,这种幻想性表现得尤为突出。刘守华教授曾在《多棱宝石——关于中国民间文学命运的思考》一文中援引过袁珂先生在《山海经校译》中的序言:"《山海经》是一部奇书,好象一块多棱的宝石,从不同的角度可以看出不同的光彩。"他提出民间文学堪比多棱宝石《山海

经》，会在不同的时代、不同的文化背景下通过不同的侧面持续地散发出不一样的迷人魅力[8]。"一个没有幻想、没有传奇的国家，过去没有、现在不能、将来也不会在世界上占据伟大的位置。"[9]的确如此，在维多利亚时期的英国，其文学童话出现如此繁荣的盛世，与其取材于充满了奇思妙想幻想因素的民间童话有着密切的关系。

但是民间童话并不是儿童文学，因为原始的民间童话中含有明显的血腥、暴力、性的场景，因此需要对这些民间口头文化遗产进行适当改写，正如儿童文学研究领军学者之一朱自强先生在《中国儿童文学与现代化进程》一书中所说的那样："民间文学是良莠杂陈、薰莸同器的，要想让它更好地娱悦儿童，更有利于儿童心灵的健康成长，成人有责任进行甄别、选择和重新创造。"[10]维多利亚时期的儿童文学作家在创作文学童话时，是以更加开放却同样审慎的态度来对待民间童话的，总结其吸纳民间童话的策略，有以下三个重要特征：

其一，这些作家对民间童话母题的化用是以直接镶嵌、间接借用和解构再造三种动态的形式展开的，而非单一僵死的。这一时期，"蓝胡子""画眉嘴国王""另一世界的旅行""奇异的生灵""美人鱼""海上女妖""天鹅女"等民间童话母题是儿童文学作家热衷的。有些母题展现了整体或片段的完整性；有些母题被作家们借用，却注入了作家自己的体验与情感；还有一类作家颠覆性的解构再造了民间童话母题，这种化用童话母题的多元方式使民间童话具有了时代特征、文化价值判断和文化意蕴。约翰·罗斯金对待大众古俗时的态度是格外认真的，他在搜集材料时往往都是竭尽全力地保持其是真实无误的，因此呈现在约翰·罗斯金的童话小说中的民间文化元素往往是真实地直接镶嵌的。像 Cunningham，Hogg 和 Burns 一样他改编了自己所采用的素材，但是他天生对民间传统文化的深刻理解让他在这条路上从未走错过一步。他的《金河王》不仅是一部经典的童话小说，也是辑录民俗非常有价值的文献，其创作风格明显地沿用了《格林童话》的叙事模式，除此以外，在他的一些随笔中有关仙女精灵等的描写也为他的文学创作提供了大量丰富的民俗资源。

其二，这些作家非常注重对民间童话结构的借鉴。二元对立结构、三迭式结构以及圆形封闭结构是民间童话中屡见不鲜的叙事结构，这些文学童话作家充分地借鉴了这些叙事结构。他们以弱者与强者、善良与邪恶、传统与现代、贫穷与富有等这些鲜明的二元对立结构体现了维多利亚时期贫富差距巨大、传统文化遭遇侵袭、伦理道德观念崩塌等主要矛盾、核心矛盾；以既具有纵深又容纳宽度的双向维度的三迭式叙事链结构体现的深层原始心理符合儿童的审美能力、逻辑能力和认识能力，并且有利于情节的展开、人物形象和人物性格的塑造和刻画、主题思想的表现等等。在民间文学领域，三迭式结构是民间叙事文学显著的表现手法，并且历来受到理论研究者的关注。在我国，屈育德是国内最系统地研究三迭式叙事结构的学者之一，她认为三迭式是民间叙事作品惯用的结构方式[11]。民间叙事文学中的三迭式重复叙事结构由三个（或五个或七个）连续的事件（E）组成。在国外，丹麦的奥尔里克对民间叙事的三迭式重复结构进行了更为细致的研究，他给三迭式重复结构中的重复的连续事件编号为 E1，E2 和 E3，并进一步指出，前两个事件 E1 和 E2 和最后一个事件 E3 之间，存在着同性和异性的关系，讲述人一般以最大的分量，亦即以奥尔里克所谓的"船尾的重量"来讲述 E3[12]。《金河王》《圣诞颂歌》等都是典型以三迭式结构进行叙事的经典儿童文学作品，并且日本学者小泽俊夫还指出，民间叙事文学中的三迭式重复结构就像体育竞技中的三级跳一样，前两步都是为了第三步跳得更远而作的不可或缺的有益铺垫，这种叙事结构是口头传承着在长期的实践中总结出来的，突出三迭式重复结构中最后一个重复事件最好、最有效的方法[13]；以民间童话或整个民间叙事领域占据主导地位圆形结构体现了作家对儿童等弱者真挚深厚的爱，这些弱者、贫穷者最终都获得了大团圆式的圆满结局。在维多利亚时期的很多文学童话中，男主人公往往遭遇的是遭遇窘境——历经磨难——负隅顽抗——终获成功这种封闭结构。这些都是典型的大团圆结局式的圆形（封闭）结构。再如狄更斯的《圣诞欢歌》中的 Scrooge 是一家商号的老板，他是个贪婪自私的人，是个季节的冷暖都与他无关的冷酷的人，是个十足的吝啬鬼。在风雪交加、阴冷潮湿的圣诞节前夜，他商号的办事员的火炉里只燃着一块煤，想再加一块也不行，因为煤块放在他自己的房间里。他说，穷人想过圣诞节是胡闹。穷人们死了倒好，可以减少过剩的人口。后来，三个幽灵在圣诞节前夜领着他们跑遍全城，让他看到了穷人的善良，看到冷酷残忍的人的下场。他于是醒悟了，第二天即圣诞节，他便给办事员加薪，祝贺人们新年快乐，愿上帝保佑每一个人。在童话小说的最后贫穷弱小的个体往往都有了美好的结局。狄更斯童话小说创作的圆形结构体现除了他对劳动人民深厚的爱，并无情地揭露了资本主义社会的罪恶、饥馑、失业的威胁等等。

其三，这些作家乐此不疲地借用民间童话中的原始思维。列维·布留尔在《原始思维》中指出，原始思维并不关心因果关系，原始思维认为世界上有一种神秘力量无处不在，它把任何离奇事件与这种神秘力量联系起来，因此，今天看来越是偶然的东西，在原始人眼里则越重要[14]。这看起来悖逆时代主流的宗教观念展现了这一时期主张"重返童年"的大背景下维多利亚时期的民间信仰与主流基督教信仰的冲突与对抗，达尔文的《物种起源》给了人们意识深处根深蒂固的创始说狠狠的致命一击，人们的宗教信仰体系就此崩塌了，"宗教怀疑论""宗教不可知论"等言论不绝于耳[15]。然而，不论是从世俗层面来说，还是从精神层面来说，人类都离不开信仰的劝导与慰藉，宗教变革便给了一直此消彼长、此长彼消的民间信仰一个很好的发展契机，民间信仰所构筑的奇幻的、魔法的、鬼魅的超自然的神秘世界与功利主义至上的中产阶级耦合，至此，民间信仰在维多利亚时期以绝对优势占据了上风。因此，这一时期的文学童话作家对民间童话热衷的主潮还展现了维多利亚时期尖锐的宗教问题。并且，贯穿 18 世纪文学的哥特复兴和自然主义为 19 世纪的文学思潮扫除了障碍，出现了像 Thomson, Crabb 和 Shenstone 等这一类的作家。哥特复兴成了后来的 19 世纪文学对远古时空事物和奇异、偏远事物的热爱的前兆；而自然主义发现了平凡的风景和乡村领地的新意义，为 19 世纪文学对自然风光、花草树木的关注开辟了道路。这显示出了 19 世纪文学的新观念，在这种氛围下民间信仰再次获得了关注，使得其中蕴藏的原始思维及其模式也渗透到了这一时期的文学童话中。

英国维多利亚时期是英国儿童文学史上第一个黄金时期，这种儿童文学的繁荣现象对我国的儿童文学创作有着重要的借鉴意义。为我国儿童文学作家如何汲取民间文

学素材进行创作,如何助推中国儿童文学创作及海外传播都提供了重要启示:

(1) 儿童文学作家需要冲破传统束缚,到民间去,植根于民间艺术。秦文君是当代中国儿童文学界颇为活跃也颇为多产的作家,其作品《我是花木兰》(2017)即将要在美国、日本、英国出版。在1998年迪士尼版《花木兰》上映后激起的国内木兰文化热初结硕果。然而这部作品的问世却暗藏艰辛:"我去荒漠,古战场,山川,体验花木兰上战场的感受。……为了探索花木兰的特质和天性,我还尝试从富有特色的地方戏着手。"[16]正是作家不畏艰辛,深入民间,才创作出了打动儿童甚至成人的花木兰,以至赢得了世界范围内的受众。另外,在当今国内儿童文学界颇受关注的作家彭学军,另辟蹊径出了新作《鲤山围》(2019),该作对客家文化的深入描述也得益于深入民间。这些都是有益的尝试,并且大获成功。

(2) 传播民间童话甚至民间文学其它体裁的同时注入自己的感情,关注并剖析时代症候,引领文化潮流,以期实现民间童话甚至民间文学其它体裁与儿童文学的双赢。对民间文学再创作需要文人融入自身的情感。中国儿童艺术剧院最近热演的儿童剧《叶限姑娘》(2019)和《长城的传说》(2019)都取材于民间故事《叶限》和《孟姜女哭长城》,中国国家话剧院原常务副院长、中国剧协副主席、国家一级导演王晓鹰复排《长城的传说》这部剧时,记者对他做了专访,他明言:"我希望实现民间民俗现代讲述,它是从传统文化里来的,是从民间民俗的那些形态形象和元素里来的,但是组合在台上完全不是回归民间民俗传统的原样,而是会有更多无拘无束的创意和想象,会给孩子更多的惊喜。"[17]在这部儿童剧中,不仅能让观众体会到《孟姜女哭长城》中的个人情感、家庭观念,更能让观众体会的家国情怀。这种创作理念值得在儿童文学作家们借鉴。

事实上,在民间童话影响文学童话的同时,文学童话的创作热潮也促进了民间童话的再发掘,助推彼此的发展也成就了彼此的辉煌。可以明显看出这一时期上层文化、大众文化与下层文化的互通、互鉴。民间童话对文学童话的影响使得不同阶层的文化壁垒被打破,助推文学童话实现了其黄金发展时期。从维多利亚儿童文学断代史的视野考察,民间童话对文学童话的影响呈现出明显的规律性特征,具体呈现为如下三种机制。其一,孕育反哺机制,具体而言这一时期民间童话孕育了文学童话、文学童话对民间童话又实现了反哺,形成了明显的双向互动现象;其二,吸纳整合机制,文学童话尤其是童话小说成为儿童文学领域重要文类的首要动因是其从文体的角度吸纳了民间童话与小说的特征,在文体上形成了二者交叉、互动、互渗与互补的动态发展过程,童话小说因此出现文体兼容性的艺术特征;其三,平行合并机制,这些既具有民间叙事特征又具有作家叙事特征的童话创作文本的有着深刻的隐喻意义,文学童话合并了口头叙事和作家叙事,这两种叙事艺术创造出混杂风格的叙事文本,并输出了其殖民主义价值观。并且,可以预测,在充分的市场化、传媒手段的多样化以及社会文化生态环境自由的背景下,各个阶层的文化互通互融、参与建构当代儿童文学新格局将成为必然趋势。

* 本文系湖北省教育厅社会科学研究项目"英国维多利亚时期儿童幻想文学的民

俗风情研究"【20Q030】的阶段性成果。

注释：

[1] J. Zipes, *The Golden Age of Folk and Fairy Tales: from the Brothers Grimm to Andrew Lang*, Wayne State University Press, 2016.

[2]《旧约·圣经》箴言 23:13。

[3] B. Rosenberg, *Folklore and Literature: Rival Siblings*, Knoxville: University of Tennessee Press, 1991.

[4] H. Carpenter, *Secret Garden: A Study of the Golden Age of Children's Literature*, Boston: Houghton Mifflin Company, 1985:3.

[5] E. Taylor, trans and eds., *German Popular Stories*, 2 vols, C. Baldwin, 1823, 1826.

[6] I. Opie, Peter Opie eds., *The Classical Fairy Tales*, Oxford: Oxford University Press, 1974:25.

[7] C. Dickens, *Frauds on the Fairies*, Household Words, 8, 1853, p.97.

[8] 刘守华:《多棱宝石——关于中国民间文学命运的思考》,《中南民族学院学报》(哲学社会科学版)1988 年第 3 期,第 1 页。

[9] C. Dickens, "*Frauds on Fairies*", In *Fantastic Literature: A Critical Reader*, David Sandner eds. Westport: Praeger, 2004:57.

[10] 朱自强:《中国儿童文学与现代化进程》,杭州:浙江少年儿童出版社,2000 年,第 56 页。

[11] 屈育德:《神话·传说·民俗》,北京:中国文联出版公司,1988 年,第 142 页。

[12] [丹麦]奥尔里克:《民间故事的叙事规律》,陈建宪、彭海斌译,《世界民俗学(中文版)》,上海:上海文艺出版社,1990 年,第 192 页。

[13] [日]小泽俊夫:《昔话的语法(日文版)》,福音馆书店,2002 年,第 292~299 页。

[14] [法]列维·布留尔:《原始思维》,丁由译,北京:商务印书馆,2010 年,第 359 页。

[15] Himmelfarb. *Darwin and the Darwinian Revolution*, Garden City, NY: Doubleday, 1959.

[16] http://www.chinawriter.com.cn/n1/2019/1017/c404073-31404653.html.

[17] http://www.chinawriter.com.cn/n1/2019/1120/c404076-31465359.html.

《华中学术》来稿注意事项

《华中学术》为华中师范大学文学院发表学术论文的园地以及开展学科建设和学术交流的平台,由文学研究所主持,欢迎学界同仁赐稿。有关事项说明如下:

一、所有来稿请遵守学术规范和学术道德,请勿一稿两投。因编辑人员全为兼职,人手有限,所有来稿均不退稿,请自留底稿。来稿若两个月内未接到用稿通知,可自行处理。

二、一般稿件篇幅以一万五千字以内为宜,特别约稿可在两万字左右。请将稿件直接发至本刊投稿邮箱:huazhongxueshu@163.com,不必再另寄纸质文本。如果有特殊字符(古文字、国际音标等),请同时附上PDF格式文件。

三、稿件首页包括题目、作者、作者单位、论文摘要、关键词;结尾处写明作者通讯处(包括邮编、作者地址、电话号码、电子邮箱等)。

四、来稿采用尾注,具体引文注释格式举例如下:

甲、中文非连续出版物

(一)普通图书

(1)专著

标注顺序:责任者/书名/出版地/出版者/出版年/页码(连续页码之间用波浪线连接)。注意:注释中的中文字体一般使用宋体,下同,例如:

[1] 张舜徽:《中国古代史籍校读法》,武汉:华中师范大学出版社,2004年,第52页。

[2] 张三夕主编:《中国古典文献学》,武汉:华中师范大学出版社,2003年,第25~26页。

外国人的中译本著作标注顺序:[国籍]/责任者/书名/译者/出版地/出版者/出版年/页码,例如:

[3] [德]黑格尔:《逻辑学》上卷,杨一之译,北京:商务印书馆,1976年,第30~35页。

[4] 参见[德]恩格斯:《自然辩证法》,北京:人民出版社,1971年,第21页。

(2)专著中析出文献

标注顺序:析出责任者/析出文献题名(或篇名)/原文献责任者(与析出责任者同为一人的,可不写)/原文献题名/出版地/出版者/出版年/页码,例如:

[1] [荷]杜威·佛克马:《走向新世界主义》,王宁、薛晓源编:《全球化与后殖民批评》,北京:中央编译出版社,1998年,第247~266页。

[2] 范文澜:《论中国封建社会长期延续的原因》,《范文澜历史论文选集》,北京:中国社会科学出版社,1979年,第41页。

[3] 章太炎:《俱分进化论》,《章太炎全集》四,上海:上海人民出版社,1985年,第391页。

(二)古籍

(1)古代出版的古籍

一般应标注朝代名/责任者/书名/卷次/版本,或责任者/篇名/书名/卷次/版本,例如:

[1](晋)慧远:《沙门不敬王者论》,《弘明集》卷五,碛砂藏本。

[2](宋)杨时:《陆少卿墓志铭》,《龟山集》卷三十四,《四库全书》本。

[3](宋)王应麟:《考史》,《困学纪闻》卷十一,清嘉庆十八年扫叶山房刊本。

(2)现代出版的标点本或校注本古籍

应标注责任者/篇名/书名/全集名/卷次/出版地/出版者/出版年/页码,例如:

[1](清)钱大昕:《汉书王子侯误字》,《十驾斋养新余录》卷中,《钱大昕全集》第7册,南京:江苏古籍出版社,1997年,第574页。

[2](清)张廷玉,等:《明史·艺文志序》,《明史》卷九十六,北京:中华书局,1974年,第2344页。

(3)地方志

地方志前一般应标明编修或刊刻年代,例如:

[1](明)正德《建昌府志》卷十五,上海:上海古籍书店,据天一阁明正德刻本影印,1964年。

乙、中文连续出版物

(一)期刊

标注顺序:责任者/篇名/期刊名/年期/页码,例如:

[1]李炳海:《〈离骚〉抒情主人公的配饰意象》,《华中师范大学学报》2008年第5期,第94~99页。

(二)报纸

标注顺序:责任者/篇名/报纸名/出版年月日/版面数,例如:

[1]邢宇浩:《文津阁〈四库全书〉刊行》,《光明日报》2005年12月23日,第1版。

[2]孙钦善:《魏建功先生与古典文献学专业》,《中华读书报》2001年6月20日,第11版。

丙、外文文献

(一)专著

标注顺序:责任者/书名(斜体,实词首字母大写)/出版地/出版者/出版年/页码(单页码标注如:p.6;连续页码标注如:pp.123-126)。注意:注释中的外文一般使用Times New Roman字体,下同,例如:

[1] J. J. Phillips, *Handbook of Training Evaluation and Measurement Methods*, Houston, TX: Gulf Publishing, 1991, p. 10.

[2] R. J. Montgomery, *Examinations: An Account of Their Evolution as Administrative Devices in England*, London: Longmans Press, 1965, pp. 17-43.

(二)期刊

标注顺序:责任者/篇名(加引号,正体,实词首字母大写)/期刊名(斜体,实词首字

母大写)/年期(期在前,年在后),例如:

［1］J. H. Greehaus,"Sources of Conflict Between Work and Family Roles", *Academy of Management Review*,10,1985.

(三)专著中析出文献

标注顺序:析出责任者/析出文献题名(或篇名,加引号,正体,实词首字母大写)/In/原文献责任者/原文献题名(斜体,实词首字母大写)/出版地/出版者/出版年/页码,例如:

［1］L. Weinstein, M. N. Swertz,"Pathogenic Properties of Invading Microorganism", in W. A. Sodeman,Jr. W. A. Sodeman, *Pathologic Physiology: Mechanisms of Disease*,Philadelphia: Saunders,1974,pp. 745-772.

丁、参考文献及带有说明意思的注释体例

例如:

［1］参见《上海总商会概况》,上海总商会1928年编印本。

［2］参见陈晋:《文人毛泽东》,上海:上海人民出版社,2005年。这些"读报诗"主要是有感而发的政论,如:"遍找全球侵略者,仅余此地一孤家。""人人尽说西方好,独惜神州出蠢虫。""新闻多多寻常出,独有今年出得殊。"主题与同时期写作且公开发表的《七律·和郭沫若同志》《卜算子·咏梅》《七律·冬云》等一致,但情露意粗,毛本人不愿正式公开发表。

戊、电子文献

除注明上述要求的各项内容外,还应加引用日期、获取和访问路径,例如:

［1］王建辉:《出版业的文化诉求:呼唤编辑大师》,《编辑之友》2007年第4期。[2008年9月29日] http://www. pubhistory. com/img/text/2/2272. htm.

［2］聂震宁:《文化软实力与文化硬实力》。[2008年10月14日] http://www. sinobook. com. cn/press/newsdetail. cfm?iCntno＝6967.

己、专利文献

有通过纸质文本获取和通过其他路径获取两种。应写明专利申请者或所有者、专利题名、专利号、公告日期或公开日期、引用日期、获取和访问路径,例如:

［1］姜锡洲:《一种温热外敷药制备方案》,中国,88105607.3,1989年7月26日。

［2］西安电子科技大学:《光折变自适应光外差探测方法》,中国,01128777.2,2002年3月6日。[2002年5月28日] http://211.152.9.47/sipoasp/zljs/hyjs-ys-new. asp? recid＝01128777. 2&leixin＝0.

庚、转引文献及其他注意事项

凡引文不是出自原文献,或找不到原文献而是通过他人论著转引,均须注明转引出处,不能把转引文献当作原始文献来引用,例如:

［1］《中国古籍善本书总目》收录善本标准,转引自程千帆、徐有富:《校雠广义》(版本编)第2版,济南:齐鲁书社,1998年,第289～290页。

凡只通过中文译文来引用的外文文献,须注明中文译文的出处,不得直接注明引自外文文献。

［2］丁韪良：《古代中国的外交》，转引自汪晖：《现代中国思想的兴起》上卷第二部《帝国与国家》，北京：生活·读书·新知三联书店，2015年，第711～712页。

凡同一文献在一篇文章中不同地方引用，不采用合注，例如：

［1］、［5］张舜徽：《中国古代史籍校读法》，武汉：华中师范大学出版社，2004年，第52页；第43页；

应采用分注，以便校对，例如：

［1］张舜徽：《中国古代史籍校读法》，武汉：华中师范大学出版社，2004年，第52页。

....

［5］张舜徽：《中国古代史籍校读法》，武汉：华中师范大学出版社，2004年，第43页。

《华中学术》编辑部

2021年10月